地理学研究生骨干课程教材

北京高等学校重点建设一流专业（人文地理与城乡规划）项目成果

U0854626

国土空间规划的理论与实践

吴殿廷　王金岩　张文新　乔家君
宋金平　黄大全　涂建军　李琳娜　◎编著

北京师范大学出版集团
BEIJING NORMAL UNIVERSITY PUBLISHING GROUP
北京师范大学出版社

图书在版编目(CIP)数据

国土空间规划理论与实践 / 吴殿廷等编著. —北京：北京师范大学出版社，2024.5

ISBN 978-7-303-29290-5

Ⅰ. ①国… Ⅱ. ①吴… Ⅲ. ①国土规划－研究生－教材
Ⅳ. ①F129.9

中国国家版本馆 CIP 数据核字(2023)第 125740 号

图书意见反馈：gaozhifk@bnupg.com 010-58805079
营销中心电话：010-58802181 58805532

出版发行：北京师范大学出版社 www.bnupg.com
北京市西城区新街口外大街 12-3 号
邮政编码：100088
印　　刷：北京天泽润科贸有限公司
经　　销：全国新华书店
开　　本：787 mm×1092 mm 1/16
印　　张：20.75
字　　数：482 千字
版　　次：2024 年 5 月第 1 版
印　　次：2024 年 5 月第 1 次印刷
定　　价：58.00 元

策划编辑：刘风娟　　责任编辑：刘风娟
美术编辑：焦　丽　李向昕　　装帧设计：焦　丽　李向昕
责任校对：陈　民　　责任印制：陈　涛　赵　龙

版权所有　侵权必究

反盗版、侵权举报电话：010-58800697
北京读者服务部电话：010-58808104
外埠邮购电话：010-58808083
本书如有印装质量问题，请与印制管理部联系调换。
印制管理部电话：010-58800608

内容提要

本书是地理学研究生骨干课程“国土空间规划的理论与实践”的专门教材。国家机构改革强化了国土空间规划的权威性和科学性，地理学从基础科学走向决策科学，要求研究生教学与时俱进，为国家培养先进、实用人才。以空间资源的合理保护和有效利用为核心，探索国土空间规划的基本理论、发展经验、重点内容、先进方法、关键技术和难点问题是本教材的主要内容。通过学习本教材，读者可掌握国土空间规划的基本原理，了解不同类别空间规划的基本内容和主要做法，学会国土空间分析的重要方法，并能在区域研究和空间规划实践中发挥一定的作用。本教材适合地理学各专业及城乡规划学专业研究生使用，也可供国土空间规划、区域发展及城乡建设等相关领域的工作人员阅读。

序

国土空间规划是完善区域治理与探索高质量发展的重要手段，系统编制国土空间规划的理论与实践方面的教材是培养高端人才的必然需求。本教材从响应新时代国家空间治理现代化的要求出发，以培养高端人才为目标，力争完善国土空间规划理论与方法，全面系统集成当代国土空间规划理论、方法与实践，可期成为研究生培养的重要专业教材。

北京师范大学是全国乃至世界最重要的地理学研究基地之一，也是最早参与全国国土规划理论建设与实践的单位之一。吴殿廷团队曾代表中国科学技术协会到日本和联合国区域发展中心专门考察世界发达国家的国土规划工作，由他主持完成的全国第二轮国土规划试点——辽宁省国土规划(总体规划)获辽宁省科技进步一等奖。为此，国务院学科评议组把地理学研究生骨干课程“国土空间规划理论与实践”教学大纲编写任务委托给北京师范大学吴殿廷团队，现在呈现在读者面前的这部教材就是与该课程配套的专门教材，也是北京高等学校重点建设一流专业(人文地理与城乡规划)项目的成果之一。

国土空间规划是一项极其复杂的工作，中国特色的区域空间治理更是不断探索的研究任务。作为研究生教材，本教材的很多理论和方法会因为时间的推移而更新。本教材遵循高等教育基本规律，设计了三个层次：基础层次的“授之以鱼”，进阶层次的“授之以渔”，高等层次的“授之以欲”——点燃学生的激情，逐级提升学生的创新能力，旨在成为“传道(激发热情)、授业(培养能力)、解惑(传授知识)”的重要工具。

创新是社会发展的核心动力，研究生创新能力培养是当代大学教育的中心任务。希望这部教材能在提高教师知识传授质量，构建学生知识体系和培养学生创新能力等方面起到积极作用。更希望使用本教材的师生，充分汲取其有益营养，结合广泛的实践，在国土空间规划理论、方法和实践探索过程中，不断取得进步，为国家、为家乡的空间治理做出贡献。

北京师范大学地理科学学部部长　宋长青

2023 年 12 月 26 日于北京师范大学

目 录

第一章　绪论①

本章要点： 介绍了国土空间规划的基本范畴、概念、类型及产生和发展，论述了国土空间规划的意义和主要任务，分析了国土空间规划在地理学科、城乡规划学科建设中的地位与作用及本课程的性质与未来方向。

第一节　国土空间规划的基本范畴

习近平总书记在党的二十大报告中提出，要深入实施区域协调发展战略、区域重大战略、主体功能区战略、新型城镇化战略，优化重大生产力布局，构建优势互补、高质量发展的区域经济布局和国土空间体系。作为一项基础性、战略性工作，国土空间规划就是要服务中国式现代化的推进，为实现第二个百年奋斗目标做出贡献。

一、国土、国土资源和国土空间

(一)国土

在国家层面，国土是国家主权与主权权利管辖范围内的地域空间，包括陆地、陆上水域、内水、领海以及它们的基底和上空(35 km 以内)。国土是由各种自然要素和人文要素组成的物质实体，是国家社会经济发展的物质基础或资源，是国民生存和从事各种活动的场所或环境。

在区域或城市层面，国土主要指土地资源。这里的土地既可以是平面形态，即地球表面；也可以是立体形态，即地表上下人类活动涉及的范围。大尺度的空间规划主要针对前者(地球表面)；中小尺度如城市及以下尺度的空间规划，就要考虑地上、地下范围了。

对人类而言，国土的功能可以概略地分为两类：一类是提供自然财富，如为人类提供食物、能源等物质化的功能，表现为直接价值；另一类是支撑与维持人类赖以生存的环境，如调节气候、涵养水源和提供社会文化需求等非物质化的功能，从而表现为间接价值。人类系统主要通过物质循环、能量流动以及信息交流等方式与自然系统实现交互作用。所以说，国土既是空间资源也是空间载体。

(二)国土资源

国土本身是一种资源，而且随着人口数量的增加，人类活动能力的增强，以及科学技术的发展，国土作为资源的价值越来越重要。

气候、土壤、水文、矿产资源等自然环境为人类从事生产、生活等基本活动提供了必要的物质条件。人类从自然生态系统中获取各种产品，如食物、水源、建材、天然生化药剂等物质和化石燃料、地热、潮汐、风能等能源。因地制宜地开发和利用国土空间所赋予的资源，在满足人类基本生存发展需求的同时，也有助于形成(而非支配)人类的

---

① 本章由吴殿廷、王金岩执笔完成。

生活方式，即人类充分发挥主观能动性以适应和改造地理环境。

按资源的再生性能，可将国土资源分成不可更新资源、可更新资源和流失性(恒定)资源三类。不同资源的特点不一样，开发利用的对策也不同。

不可更新资源(Unrenewable Resources)是指相对于人类自身再生产及人类经济再生产的周期而言，不能更新的各种地质和半地质资源，主要指各种矿产资源，如金属矿、非金属矿、核燃料、化石燃料等。不可更新资源总的开发原则是节约利用、综合利用、高效利用。

可更新资源(Renewable Resources)是指具有自我更新恢复特性，并可持续利用的一类自然资源，如土地资源、各种生物资源、水资源、森林资源等。可更新资源的开发利用必须以合理的开发和保护为前提，对它的消耗速度要小于这类资源的更新速度，同时应不断增加社会投入来保护其再生的环境，努力加速其恢复和再生的能力，以满足区域发展对可更新资源不断增加的需求。

流失性(恒定)资源(Constant Resources)包括太阳能、地热能、引力能、潮汐能、风能等宇宙能源及原子能等。它们在地表空间上的分布很不平衡，但在时间上变化很小，对特定地区来说几乎是恒定的。恒定资源的再生能力等于消耗率，不论人类开发利用与否，其总量不变，因而应积极利用。目前的问题是，这类资源的开发利用成本较高，完全按市场价格计算，特别是在不考虑资源、环境成本的核算体系下，开发利用这类资源所生产的产品缺乏竞争力，只能在该资源特别富集的地区有限地开发。但从全球变化和人类进步的角度看，这样的资源是大有开发前途的，也是应该予以提倡和适当扶持的①。中国“双碳目标”——2030 年碳达峰、2060 年碳中和的实现，主要靠开发、利用这类资源。

(三)国土空间

1. 国土空间的构成

一般而言，如果从提供产品的类别来划分，一国的国土空间可以分为生产空间、生活空间和生态空间，如图 1-1 所示。也可分为城市空间、农业空间、生态空间和其他空间四类。

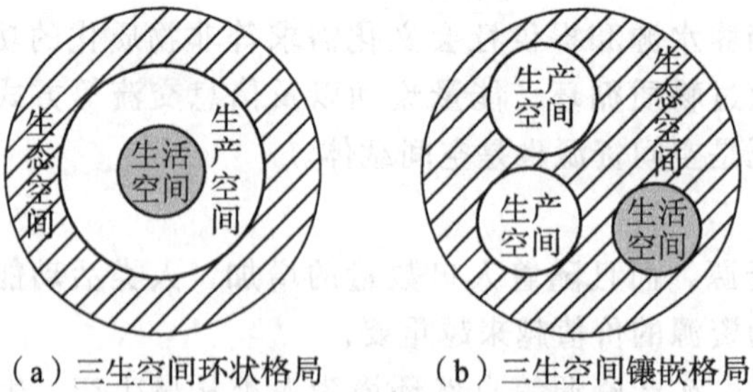

(a) 三生空间环状格局　　(b) 三生空间镶嵌格局

图 1-1　国土三生空间格局示意图②

---

① 吴殿廷. 区域经济学[M]，4 版. 北京：科学出版社，2019.

② 朱鹤，刘家明. 山岳型景区建设下乡村聚落的多维重构——基于云丘山旅游景区微观案例的实证研究[J]. 地理研究，2018，37(12)：2490-2502.

城市空间是指以提供工业品和服务产品为主体功能的空间，包括城市建设空间和工矿建设空间。城市建设空间包括城市和建制镇的建成区，工矿建设空间主要是独立于城市建成区之外的独立工矿区。城市空间是现代社会人类居住和活动的主体，人口多，居住集中，开发强度较高，产业结构以工业和服务业为主，居民点形态主要是规模较大的城市、都市区、城市群、城市圈等。

农业空间是指以提供农产品为主体功能的空间，包括农业生产空间和农村生活空间。农业生产空间主要是耕地，也包括园地和其他农用地等；农村生活空间为农村居民点和农村其他建设空间(包括农村公共设施和公共服务用地)。耕地、园地等也兼有生态功能，但其主体功能是提供农产品，所以定义为农业生产空间。在现代社会，相对于城市空间，农业空间的人口较少，居住分散，开发强度不大，产业结构以农业为主，居民点形态多为相对分散的小城镇和村庄。

生态空间是指以提供生态产品或生态服务为主体功能的空间。从提供生态产品多寡来划分，生态空间又可以分为绿色生态空间和其他生态空间两类。绿色生态空间主要指林地、草地、水面、湿地、内海，其中有些是人工建设的，如人工林、水库等，但更多的是自然存在的，如河流、湖泊、森林等。其他生态空间主要是指沙地、裸地、盐碱地等自然存在的空间。林地、草地、水面虽然也兼有农业生产功能，可以提供部分林产品、牧产品和水产品，但其主体功能应该是生态功能，若过于偏重于其农业生产功能，就可能损害其生态功能，因此，林地、草地、水面等应定义为生态空间。相对于农业空间，生态空间的人口稀少，开发强度很小，经济规模很小，居民点形态为点状分布的村庄。

其他空间是指纵横于上述三类空间中的交通、能源、通信等基础设施，水利设施以及军事、文化等特殊用地的空间。

2. 国土空间的功能

作为空间载体，国土空间的支撑服务是其他所有生态系统服务的基础。支撑服务是产生其他的生态系统服务而必需的基本生态系统服务。与供给服务、调节服务和文化服务对人类产生相对较为直接的短期影响不同，支撑服务对人类的影响是通过间接或长期的方式来实现的。例如：土壤形成过程是在超长时间尺度上通过影响农业生产方面的供给服务来对人类系统产生间接而至关重要的影响。支撑服务方面的其他例子包括：初级生产、大气中氧气的生产、土壤形成与保持、养分循环、水分循环和提供栖息地等。

国土空间载体具有缓冲调节功能，因而是维持物质能量平衡和保障人类系统可持续发展的基础。人类系统从自然中获取生存发展所需的物质和能量作为系统输入，经过谋求价值最大化的充分利用后，将没有(或很小)利用价值的废弃物输出到自然系统中，这种非平衡的单向物质能量流动必须借助自然系统的调节功能以维持人类系统的发展。这得益于自然生态系统是一个具有自我调节能力、能够维持自身系统(物质和能量)平衡和稳定的自组织复杂巨系统。自然系统的调节能力主要包括维持空气质量、调节气候、调控水分和土壤侵蚀、净化水质以及滤除和分解废弃物等。

同时，国土空间还有激发精神、提供美学灵感的功能。人类通过精神需求、认知发展、思考、消遣和美学体验等从自然生态系统获得非物质收益(如能力和经验)。文化是人类社会所特有的现象，是在长期适应和改造复杂多样并不断变化的自然环境的过程中逐渐形成的，具有多元性的特点。自然生态系统的文化服务因人与自然生态系统能够建立关系而产生，与人类的价值观，社会、经济和政治组织方面的人类制度和模式紧密相连。自然生态系统的文化服务功能最重要的体现是对于社会关系塑造的影响，比如农耕文化同游牧文化和海洋文化彼此间就表现出诸如生活习惯、价值观等诸多方面的差异。由此产生"地方感"这种文化价值判断。除上述功能外，还表现为具有精神与宗教价值、美学价值、生态旅游价值、文化遗产价值等。

二、 规划和空间规划

(一)规划是决策的一个中间环节

规划是个人或组织对未来整体性、长期性、基本性问题的考量和部署(结果)，也是设计未来整套行动方案的过程。规划的对象是一个系统，规划的过程也是一个系统(过程系统)，规划目标包括经济目标、社会目标、生态目标等①。

决策(Decision；Decision-making)有两重含义：一是决定的内容、结果，即部署、安排(Decision)；二是做决定的过程(Decision-making)。从过程的角度看，在一定人力、设备、材料、技术、资金和时间因素的作用下，人们为了实现特定的目标而从多种可供选择的策略中做出决断，以求得最优或较好效果的过程就是决策的过程。一个完整的决策过程可以分成三个阶段。

(1)问题识别，即认清事件的全过程，确立问题所在，提出决策目标。

(2)问题诊断，即明确一般原则，分析和拟定各种可能采取的行动方案，预测可能发生的问题并提出应对方案。

(3)行动选择，即从各种方案中筛选出相对理想的方案，并建立相应的反馈系统。

其中前两个阶段也叫决策支持，最后一个阶段叫决策选择。这样说来，我们大体可以得到这样的认识：

决策过程＝决策支持(研究过程)＋决策选择(做决定行为，得到决策结果)②。

由此可以看出，规划和决策之间的关系是：规划是决策的一个中间环节，规划成果是决策支持系统的重要组成部分。

(二)规划的内涵及其应用领域的变化

1. 规划的内涵界定

在古代汉语中，与现代通常语境中所称的"规划"相对应的词语表达为"规画"，意指谋划、筹划。其中的"规"原义指校正圆形的用具，也有筹划、打算之意③。虽然"规画"在现代汉语中仍然存在，但在通常的表达中却已十分罕见，并且演化为较全面或者长远的

---

① 吴殿廷，宋金平，陈光．区域规划概论[M]．北京：科学出版社，2018.

② 吴殿廷．区域开发决策及其支持系统的初步研究[D]．长春：东北师范大学，1993.

③ 《诗·小雅·沔水序》郑玄笺："规者，正圆之器也。"《淮南子·说山训》："事或不可前规，物或不可虑卒。"参见：辞海编辑委员会．辞海(1999年版缩印本)[M]．上海：上海辞书出版社，2000.

计划。在英语中，对应于规划或者计划的词语主要有 Plan、Programmed、Project、Blueprint、Layout，其中最常用的当属 Plan，意指“提前安排某种措施等(Arrange a Procedure etc. Beforehand)”①。规划就是个人或组织制订的比较全面长远的发展计划，是对未来整体性、长期性、基本性问题的思考和考量，以此形成未来整套行动的方案。

规划具有三个主要特征：其一，必须与未来有关；其二，必须与行动有关；其三，必须有某个机构(主体)负责促进这种未来行动②。和一般的科学研究及工程设计不同，复杂系统的规划，没有公式，无定解，无对错，无法测试，无法重复，无法列举答案，具有独特性，具有关联性，具有多因多果以及无犯错机会等特征③，国土空间规划就是如此。

2. 规划应用领域的变化

规划应用领域的演变，大体上可分以下几个时期。

第一个时期：规划的概念主要用于军事。“运筹帷幄，决胜千里”，就来自军事。《孙子兵法》中关于规划的理论，历史上著名军事家关于规划的理论，都是应该被尊重和认真研究的。

第二个时期：规划的概念主要用于经济。俄国十月革命后，经济计划的问题提到了议事日程上；在欧美地区，也建立了计量经济学。虽然在他们的认知中，规划的概念不完全一样，但总的来说，规划概念的内涵与外延均较第一个时期丰富。

第三个时期：20 世纪 40 年代，运筹学(Operation Research)在欧美地区兴起。从那以后，“规划”二字常与数学联系在一起：线性规划、非线性规划、动态规划统称为数学规划。人们对规划的思想找到了精确的表述方式——数学。此时，规划对象广泛庞杂，但万变不离其宗，人们都把规划的对象看作一个系统。

系统一词来源于英文 System 的音译，即若干部分相互联系、相互作用，形成的具有某些功能的整体。从系统科学的角度看，规划的基本要求是：第一，对在该系统中占重要地位和占次要地位的各种活动的理解(既要掌握有关各种活动的信息，又要掌握它们各种关系的信息)；第二，对持续起作用的外在条件和可能调动、调整的外在条件的了解；第三，关注投入后的效果，及其与总目标和局部目标的关系。

(三)空间规划

应该说，凡是涉及城市、区域、流域等与地表空间有关的规划，都可以叫空间规划，但不同国家、不同行业，对空间规划的理解不完全一样。欧洲空间规划制度中对空间规划做了如下定义：空间规划主要是公共部门使用的影响未来活动空间分布的方法，它的目的是创造一个更合理的土地利用和功能关系的领土组织，平衡保护环境和发展两个需求，以达成社会和经济发展的总目标。

空间规划实际上是一个体系，我国新时代的空间规划，就是以空间资源的合理保护

---

① ALLEN R E. The Concise Oxford Dictionary of Current English[M]. 8th ed. Oxford: Clarendon Press, 1990: 910.

② 李凌波. 行政规划研究——原理探究与实证分析[D]. 北京：北京大学，2004.

③ 赖世刚. 面对复杂的规划[J]. 城市发展研究，2018，25(7)：84-89.

和有效利用为核心，从空间资源（土地、海洋等）保护、空间要素统筹、空间结构优化、空间效率提升、空间权利公平等方面突破，探索“多规融合”①模式下的规划编制、实施、管理与监督机制。而国土空间规划就是指对国土空间保护、开发、利用、修复做出的总体部署与统筹安排。

三、国土空间规划的“5W2H”框架

（一）国土空间规划

国土空间规划是在空间和时间上对一定区域内国土空间开发保护做出的安排，包括总体规划、详细规划和相关专项规划。

国土空间规划是一个系统，具有4个“I”特性，即相关性（Interdependence）、不可分割性（Indivisibility）、不可逆性（Irreversibility）以及不完全预见性（Imperfect Foresight）②。其中，相关性指的是空间发展决策之间在功能及区位上是相互影响的。不可分割性指的是空间发展决策受制于规模经济的因素，不可任意开发。不可逆性指的是空间发展决策一旦制定并执行，若需要修改或恢复，必须投入很高的成本。不完全预见性指的是国土空间系统存在变量，如无法精准预测人口就业和产业规模。这四个“I”特性使得国土空间系统始终处于远离均衡、不断变动的状态，而这个观察与复杂经济学的观点一致③。传统规划学者用经济学及生态学的概念来解释国土空间系统的演变，殊不知国土空间系统与经济系统及生态系统不同，因此均衡理论并不适用于国土空间规划④。

（二）社会经济活动中的“5W2H”模式

社会经济活动及其决策（包括各级、各类规划）不外乎做什么、怎么做和为什么做等，这些问题可以概括为“5W2H”模式（图1-2）。“5W2H”分析法又叫七问分析法，是第二次世界大战中美国陆军兵器修理部首创的，常被用于对决策和执行性活动措施的谋划和部署。

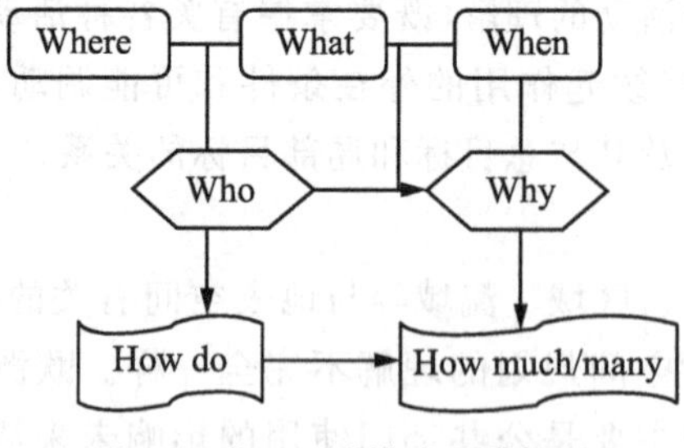

图1-2 “5W2H”模式思维框架

① 也叫“多规合一”，这里的“多规”包括区域规划、城乡规划、土地利用规划、环境保护规划等。

② 赖世刚．面对复杂的规划[J]．城市发展研究，2018，25(7)：84-89.

③ ARTHUR W B. Complexity and the Economy[M]. Cambridge: Oxford University Press, 2015.

④ HOPKINS L D. Urban Development: The Logic of Making Plans[M]. London: Island Press, 2001.

(三)国土空间规划中的“5W2H”

What：国土空间内涵、状态(优势、特点及问题)与国土空间规划的内容、特点和要求，这属于国土空间规划的本体论认识范畴。

Why：为什么要做国土规划？即国土空间规划的目的和意义。这属于国土空间规划的认识论范畴。

Who：为谁规划？谁来规划？要明确国土空间的所有者、投资开发者、经营者、管理者等。这属于国土空间规划的实践论范畴。

Where：规划对象——国土空间的方位、国土内部空间利用与保护的优化布局方案等。这也属于国土空间规划的实践论范畴。

When：国土空间对象在实践过程中的变化和规划的周期安排，如基期、目标期等。

How do：国土空间系统的变化过程与动力机制，国土空间规划的方式、方法或途径等。这也属于国土空间规划的实践论范畴。

How much/many：国土空间不同时空尺度上的数量特征及目标追求。这属于国土空间规划本体论、认识论与实践论的融合。

1. 国土空间规划中的“What”

这属于国土空间规划的本体论问题。包括两个方面，一是对国土空间本身的认识，二是对国土空间规划的要求。

(1)对国土空间本身的认识。

国土空间是地球表层一定范围内的空间系统，其中广义的国土指所有国土上的资源与人的活动(上管天，下管地，中间管空气)，狭义的国土就是指土地资源、地表空间资源。

要了解国土概念的内涵和特点，就要分析国土空间的结构——国土空间的组成要素及其相互联系、相互作用的现状、特点及问题；确定国土空间的功能，处理好生产、生活、生态产品及其制约、组合关系；协调国土空间与周边地域的联系。

(2)对国土空间规划的要求。

国土空间规划的要求包括国土空间规划的内容规定、国土空间规划的特点认识和国土空间规划的技术要求等。

日本政府在《国土综合开发法》中规定国土规划的内容包括五大领域：关于土地、水和其他自然资源的利用；关于水灾、风灾以及其他灾害的防范；关于调整城市和农村的规模以及布局；关于产业的合理布局；关于电力、运输、通信和其他重要公共基础设施的规模和配置，以及文化、福利、观光资源的保护及其设施的规模和配置。技术要求如下。

国土综合开发规划(10～15年)。其规划层级自上而下依次是：全国综合开发规划；三大都市圈建设规划、七大地区开发规划、特殊地区规划(岛屿、山村、欠发达地区等特殊地区)；都道府县综合发展(长期)规划；市村町综合发展(长期)规划；空间发展标准和总体思路。

国土利用规划(10年)。该规划相当于中国的国土空间专题规划，包括城市地区、农村地区、森林地区、自然公园地区、自然环境保护地区等个别计划，主要是提出土地利用标准。

经济计划(5～7年)。相当于我国的国土空间专项规划，包括住宅、道路、港湾、通信、交通、国土整治等14个公共投资建设长期计划，主要是提出财政预算分配标准。

2. 国土空间规划中的“Why”

“Why”是对国土空间规划的目的和意义的认识。一般的国土空间规划都会遇到这些问题。建立全国统一、责权清晰、科学高效的国土空间规划体系，是保障国家战略有效实施、促进国家治理体系和治理能力现代化、实现“两个一百年”奋斗目标和中华民族伟大复兴中国梦的必然要求①。

以上是国家层面编制国土空间规划的目的和意义。而对于其他层次的具体区域来说，我们需要弄清楚，本次国土空间规划中，利用和保护哪个更重要？即我们要编制的是一个发展性的规划，还是一个控制性的规划？抑或是二者兼顾？如何兼顾？

3. 国土空间规划中的“Where”

“Where”就是国土空间规划中的“空间”，即区位与方位、地点与地域、分区与优化布局等。《中共中央 国务院关于建立国土空间规划体系并监督实施的若干意见》中提出，要明确各级国土空间总体规划编制重点。全国国土空间规划是对全国国土空间做出的全局安排，是全国国土空间保护、开发、利用、修复的政策和总纲，侧重战略性，由自然资源部会同相关部门组织编制，由党中央、国务院审定后印发。省级国土空间规划是对全国国土空间规划的落实，指导市县国土空间规划编制，侧重协调性，由省级政府组织编制，经同级人大常委会审议后报国务院审批。市县和乡镇国土空间规划是本级政府对上级国土空间规划要求的细化落实，是对本行政区域开发保护做出的具体安排，侧重实施性。需报国务院审批的城市国土空间总体规划，由市政府组织编制，经同级人大常委会审议后，由省级政府报国务院审批；其他市县及乡镇国土空间规划由省级政府根据当地实际，明确规划编制审批内容和程序要求。各地可因地制宜，将市县与乡镇国土空间规划合并编制，也可以几个乡镇为单元编制乡镇级国土空间规划。

实践中，对于具体区域的空间规划，需要特别注意的问题如下。

(1)最基本地域单元是什么？是行政单元还是地理单元？一般情况下，国家层面以县域为基本地域单元，省域层面以乡镇为地域单元，县域层面是不是要以行政村或自然村为基本地域单元？

(2)是先做基层规划还是先做高层规划？如果是前者，会不会失之偏颇、见树不见林？如果是后者，那高层规划的依据是什么？地方特性及发展诉求怎么体现？基本原则是下级规划服从上级规划，上级规划兼顾下级诉求。

4. 国土空间规划中的“When”

“When”包括规划基期和规划周期。其中规划基期即规划的起始年；规划周期就是规划基期到目标年的那段时间，规划周期可以是5年、10年、15年、20年、30年等。一般说来，国土空间规划的规划周期应该更长一些，规划节点最好与国民经济和社会发展五年规划节奏呼应，可到2025年、2030年、2035年、2050年等。需要思考的问题是：每隔五年

① 中共中央 国务院. 关于建立国土空间规划体系并监督实施的若干意见[EB/OL]. (2019-05-23)[2022-11-08]. https://www.gov.cn/zhengce/2019-05/23/content_5394187.htm.

做一次的国民经济和社会发展规划，与国土空间规划是什么关系？近中期的规划(5 年)能不能作为中长期规划的依据？《中共中央 国务院关于建立国土空间规划体系并监督实施的若干意见》中提出的主要目标节点分别是 2020 年、2025 年和 2035 年，与习近平新时代中国特色社会主义建设目标和国家五年规划节奏相呼应。

5. 国土空间规划中的“Who”

“Who”包括国土空间的拥有者——当地居民，国土空间的管理服务者——政府，国土空间的利用者——企业家、开发商和小业主，国土空间的规划者——规划师，等等。乡村旅游开发中的“五协五赢”模型[①]也适合新时代国土空间规划。“五协”即利益相关者之间通过协商、协议、协调、协作达到协同发展的目的。“五赢”即当地居民从中获利；企业家、投资商有利可图；产品和服务的购买者(消费者)接受和喜欢；(地方政府)增加财政税收，改善投资环境，促进地方经济繁荣和社会进步；规划者、社会相关方视角下的生态环境和资源持续利用条件逐渐改善。“五协”是过程，“五赢”是结果。只有过程科学，才能保证结果合理；只有结果共赢，才能体现中国特色社会主义的核心价值观。

6. 国土空间规划中的“How much/many”

“How much/many”即国土空间不同空间尺度、时间节点上的数量特征及目标追求。这些特征或目标也可以从“三生”的角度加以描述，其中：

生产方面，如产品产量、劳动生产率、国内生产总值(GDP)、人均 GDP、固定资产投资、进出口贸易额等。

生活方面，如人均可支配收入、职工人均工资额、人口平均预期寿命、劳动人口平均受教育年限、城乡人均居住面积等。

生态方面，如森林覆盖率，能源消耗量，耕地保有量，城市空气质量，三废排放量、处理率，环保投入占 GDP 比例等。

各地区国土空间规划的目标是使该空间综合效益极大化，这就涉及不同方面的价值如何进行核算，限定值(如耕地保有量等)、承载力等如何确定等问题。

7. 国土空间规划中的“How do”

(1)国土空间系统是如何演化的——人地系统动力学分析。

国土空间系统是通过人类土地利用行为将人类社会经济要素与土地自然要素进行有序组织，形成具有一定时空结构和功能的自组织系统。人类的土地利用行为具有丰富的目的性，系统功能正是为了实现不同的目的对系统整体及其要素进行组织，以获得其作用、能力、行为和功效。国土空间系统“三生”功能就是将这些目的高度概括为土地生产功能、生活功能和生态功能。而“三生”功能又通过耦合协同作用构成国土空间系统。这个动态组织过程就形成了自下而上的系统层级结构[②]，如图 1-3、图 1-4 所示。

---

① 吴殿廷，朱桃杏，王瑜，等. 乡村旅游开发中的“五赢模型”——以海南毛感景区规划为例[J]. 北京第二外国语学院学报，2012(5)：1-8.

② 林佳，宋戈，张莹. 国土空间系统“三生”功能协同演化机制研究——以阜新市为例[J]. 中国土地科学，2019(4)：9-17.

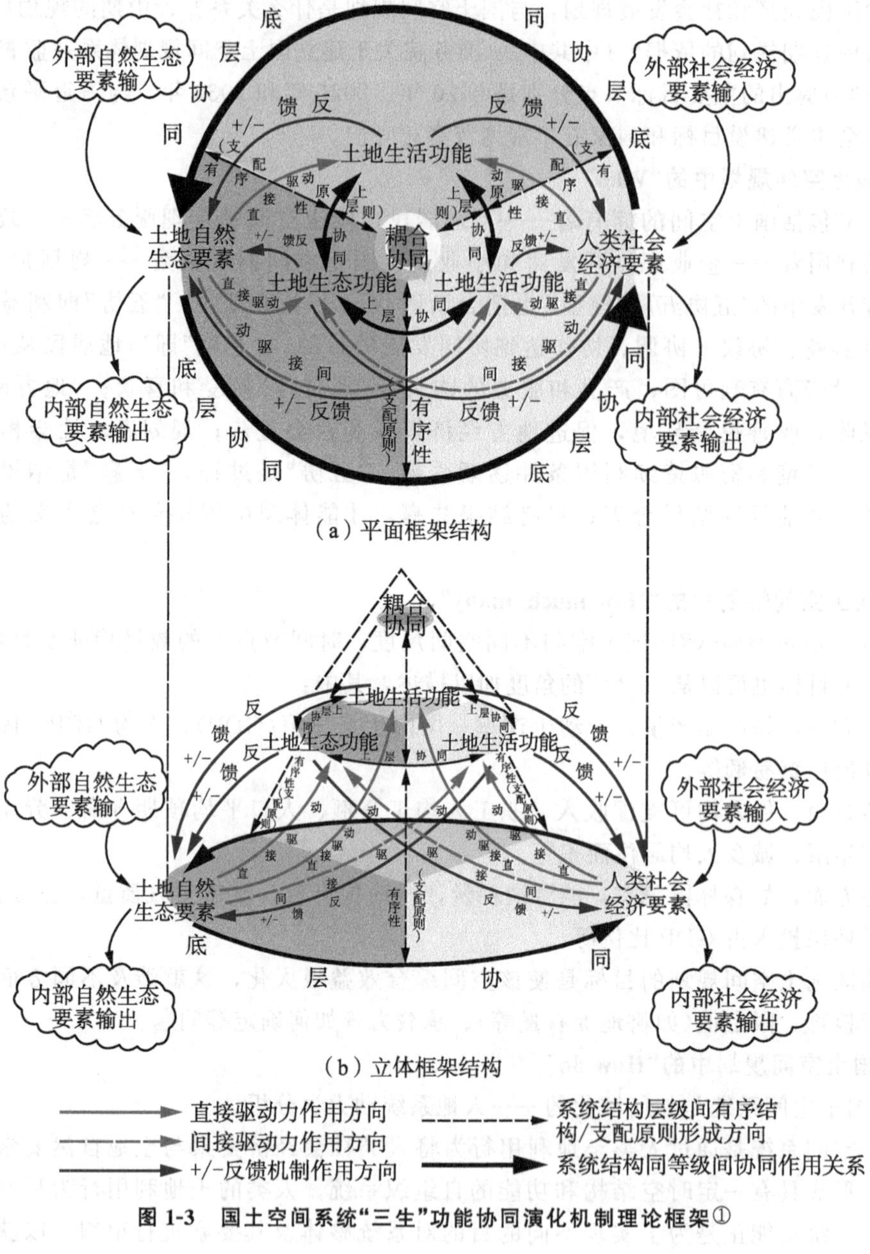

图 1-3　国土空间系统“三生”功能协同演化机制理论框架①

① 林佳，宋戈，张莹．国土空间系统“三生”功能协同演化机制研究——以阜新市为例[J]．中国土地科学，2019(4)：9-17.

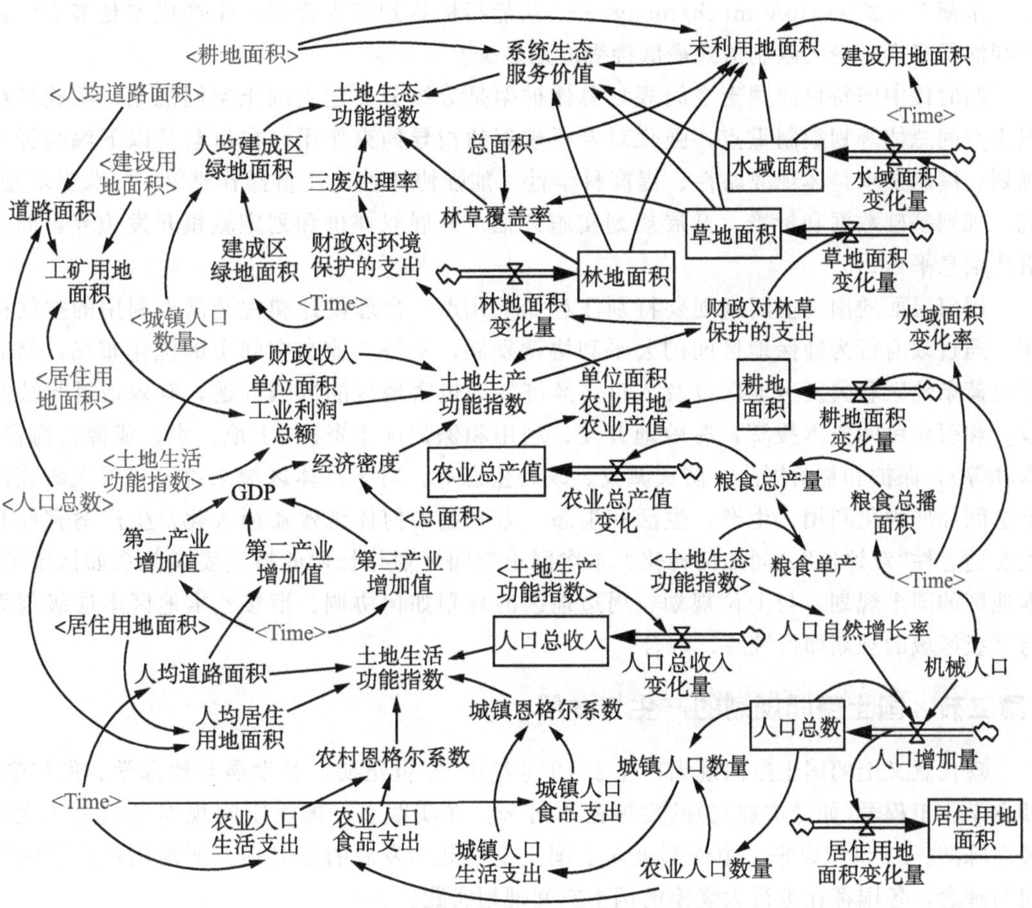

图 1-4 阜新市国土空间系统“三生”功能演化的系统动力学流图①

(2)如何做好国土空间规划。

按照“5W2H”一般框架，规划决策一般要经过如下 7 个步骤。

步骤 1：做什么(What)——条件是什么？哪一部分工作要做？目的是什么？重点是什么？与什么有关系？功能是什么？规则是什么？工作对象是什么？

步骤 2：怎样做(How)——怎样做省力？怎样做最快、效率最高？怎样避免失败？怎样求发展？怎样达到高效率、高效益？

步骤 3：为什么(Why)——为什么非做不可？为什么采用这个技术路线？等等。

步骤 4：何时(When)——基期如何确定？目标年是哪一年较好？规划何时要完成？

步骤 5：何地(Where)——何地最适宜某活动？何处布局某设施最经济？从何处买产品或服务最合理？还有什么地方可以联合或协作？

步骤 6：谁(Who)——是为了谁？过程必须依靠谁？谁来做最方便、合理？谁会购买我们的产品和服务？谁是决策人？谁会受益？

---

① 林佳，宋戈，张莹．国土空间系统“三生”功能协同演化机制研究——以阜新市为例[J]．中国土地科学，2019(4)：9-17.

步骤 7：多少(How much/many)——功能指标达到多少合适？生产成本是多少？销售利润是多少？最大限制值或最低接受值是多少？

新时代中国特色的国土空间规划总体框架是分级分类建立国土空间规划，明确各级国土空间总体规划编制重点，强化对专项规划的指导约束作用，在市县及以下编制详细规划；编制要求是体现战略性、提高科学性、加强协调性、注重操作性①。技术要求是：统一规划基础数据和标准，开展规划实施评估，开展双评价和划定城镇开发边界，同步搭建信息平台。

国家层面的国土空间规划要特别注意如下几点：合理设计和构造国土利用的空间框架，通过政府行为确保地区间的公平和协调发展，支持产业在空间上的优化布局，努力解决萧条地区和欠发达地区以及人口、经济活动过密地区的区域问题，有效地进行公共投资和引导民间资本投资，有效地开发、利用和保护国土资源(土地、水、能源、海洋、森林等)，保护和整治国土、防灾减灾、改善生态等。对于具体区域来说，要深入研究国土空间如何优化利用：生产、生活和生态三方效益如何体现效益极大化？生产适宜性和生态适宜性“双评价”之间如何转化？本次国土空间规划与长期的持续发展关系如何统筹？本地区的国土规划，与上位规划、周边地区的规划如何协调、衔接？本地区本层级规划与下级区域的规划如何统筹、融合？

第二节　国土空间规划的产生与发展

现代意义上的国土空间规划产生于 19 世纪末 20 世纪初，其发展与地理学、经济学、社会学、工程学(如城市规划)的发展密不可分。在实践上，国土空间规划经历过几次发展高峰期。21 世纪以来，中外都进入了国土空间规划发展的新时期，涌现出不少新的动向与理念，各国都在进行大规模的国土空间规划实践。

一、 西方及发达国家国土空间规划的发展

在西方语境下，区域规划几乎和国土空间规划是同义词，二者常常混用或通用。

(一)国土空间规划的起步阶段

国土空间规划是在城市地区规划和工矿地区规划的基础上发展起来的。霍华德(E. Howard)1898 年在其著作《明日的花园城市》中提出的“城市应与乡村相结合”的思想(图 1-5)，克鲁泡特金(P. Kropotkin)1899 年在《田野、工厂与作坊》中提出的从区域角度看待工业问题，以及盖迪斯(P. Geddes)1915 年在《进化中的城市》中强调城市的发展要同周围地区的环境联系起来进行规划的观点，为国土空间规划的产生奠定了思想基础。1930 年美国城市学家芒福德(L. Mumford)提出了区域整体发展理论，1933 年国际现代建筑协会(CIAM)颁布的《雅典宪章》指出，城市要与周围受其影响的地区作为一个整体来研究，这是国土空间规划思想在 20 世纪上半叶的进一步发展。

---

① 中共中央 国务院. 关于建立国土空间规划体系并监督实施的若干意见[EB/OL]. (2019-05-23)[2022-11-08]. https://www.gov.cn/zhengce/2019-05/23/content_5394187.htm.

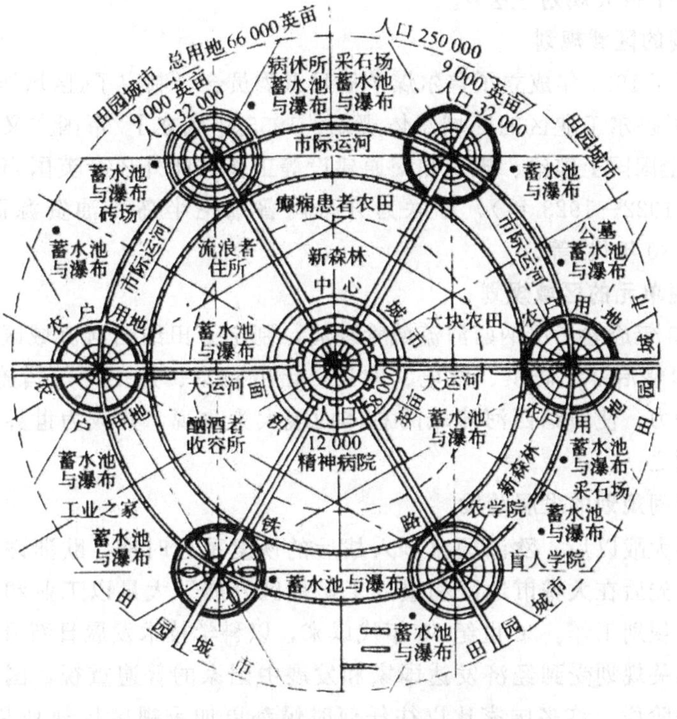

图 1-5 霍华德田园城市组合布局图①

在规划手段与方法上，20 世纪上半叶，苏联的国民经济计划体制，特别是部门之间、区域之间的平衡核算体系的广泛实行，以及美国田纳西河流域治理的成功经验，大大地扩展了国土空间规划实践领域。投入产出模型和运筹学模型的研制以及计算机的广泛应用，则使国土空间规划在方法体系和实用性上取得了长足进展。该阶段比较重要的规划实践有以下三项。

1. 市域范围的区域规划

19 世纪末由詹姆斯·霍布雷希特(James Hobrecht)所作的《首都柏林扩展规划》，成为德国大部分城市扩展计划的模板。1923 年美国区域规划协会(Regional Planning Association of America)成立，主要遵循霍华德与盖迪斯的思想，考虑第一次世界大战之后住房短缺及区域城市(Regional City)的问题。1921—1929 年，纽约区域规划协会(Regional Planning Association of New York，RPA)对纽约大都市地区进行了第一次区域规划，并编制了《纽约及周边地区区域规划》(*The Regional Plan of New York and Its Environs*)。1915—1945 年，澳大利亚的城市规划学者们将重点放在首都城市，在很大程度上忽视了区域性城市的发展；20 世纪 30 年代，由于北塔斯马尼亚城市规划协会等组织的工作以及著名建筑师致力于保护和延续朗塞斯顿作为美丽的花园城市的美誉，城镇规划意识开始萌发。1944 年，州政府开始支持城镇规划并通过了“城乡规划法”，这是塔斯

---

① 埃比尼泽·霍华德. 明日的田园城市[M]. 金经元，译. 北京：商务印书馆，2000.

马尼亚州的第一个重大规划立法①。

2. 矿区范围的区域规划

德国鲁尔区于1920年成立了鲁尔煤矿居民点委员会，制定了《区域居民点总体规划》，1923年又编制了鲁尔工业区的区域总体规划，1935年成立了“帝国主义居住和区域规划工作部”，负责全国国土整治、规划和交通建设等工作。此外还有英国当卡斯特煤矿的煤矿区区域规划(1922—1923年)，苏联为开采阿普歇伦半岛石油资源而制定的综合规划(20世纪20—30年代)等。

3. 自然地理单元的区域规划

美国于1933年成立了田纳西河流域管理局，制定了田纳西河流域区域规划，对流域进行综合开发和整治。把防洪、发电、航运、治穷致富、建工厂等措施有机结合起来。经过几十年的努力，使田纳西河流域的总体面貌大为改观，并成为世界区域规划和国土整治的成功范例之一。

(二)国土空间规划的发展阶段

第二次世界大战以后，欧洲国家步入战后的恢复重建时期，欧洲许多国家伴随着国内经济的复苏，先后在大城市地区和重要工矿地区开展了大量以工业和城镇布局为主题内容的国土空间规划工作。20世纪60年代以来，以科学技术发展日新月异及城市化进程加剧为背景，相关规划受到经济发达国家和发展中国家的普遍重视，国土空间规划进入了一个新的发展阶段。许多国家比以往任何时候都更加重视区域规划和城市规划工作，除了开展城市和工矿地区的空间规划外，还进行了农业地区、风景旅游和休疗养地区、流域综合开发地区，以及经济不发达地区等多种类型的空间规划工作。国土空间规划的范围与规模也明显扩大，研究地域范围从城市、大经济区、工矿地区扩展到大自然地理单元地区、流域地区和整个国家。规划者的眼界从市镇或城市扩展到更大的区域范围，从侧重建设规划转向侧重经济及社会的发展规划。

日本从1962年至今以整个国家为对象已进行了七次“全国综合开发规划”(简称“全综”)；荷兰从1960年以来已编制四次全国国土规划；韩国从20世纪70年代以来先后编制了四次全国国土规划；法国和德国把全国分为若干相互联系的区域进行了全面规划(在法国称为“地区整治规划”)。

国土空间规划的理论研究不断深化，佩鲁(F. Perroux)的增长极理论，弗里德曼(J. Friedmann)的“核心-边缘”模型，以及以理性主义为核心思想的理性综合规划模型、过程规划理论等都是该时期对区域规划工作影响较大的理论。此阶段的主要规划类型包括以下两种。

1. 以城市为核心的区域规划

在艾伯克隆比爵士主持下的1944年的大伦敦规划采取了“绿带+新城”的模式，在伦敦外围地区建设卫星城镇，并相互以绿带隔开，计划将伦敦中心区人口减少60%。这一规划计划在伦敦周围建成一个新城带，这些城镇具有“自给自足”和“社会安定”的特点，

---

① PETROW S. Town Planning in Regional Australia: The Case of Launceston 1915-1945[J]. Urban Policy and Research, 2013, 31(3): 325-342.

围绕伦敦外围绿带而建，这样就形成了四个圈层：中心层是伦敦城，第二层是郊区，第三层是绿带，第四层是外围郡县。此后，英国所有城镇集聚地区基本上都做了类似的区域规划。

哥本哈根于 1948 年制订了著名的“指形规划”(Finger Plan)，如图 1-6 所示。为了增加到中心城区的可通达性，该市规划了几条从核心延伸出去的高速交通线路，由于它们像手指一样伸展，规划由此得名。在交通轴线之间的区域是绿地。至 1960 年，整个哥本哈根城市地区的人口已从 1948 年的 100 万增长到 1 500 万，即 1948 年规划的远期目标上限，规划因此必须做出修编。新的区域规划采取在“指”伸展出去的远端设置“城市区(City Section)”的方式，城市区里提供制造业和服务业的就业机会。主要城市区的服务人口为 25 万，相当于丹麦当时最大省份人口值。这样，人们既可以在住家附近找到工作，如果必须到中心城区通勤，也有高速的指状交通轴线提供便捷的交通条件。经哥本哈根区域规划局(Copenhagen Regional Planning Office)计算，这种非集中化的规划布局每年能为政府节省 5×10^7 英镑的通勤费用。

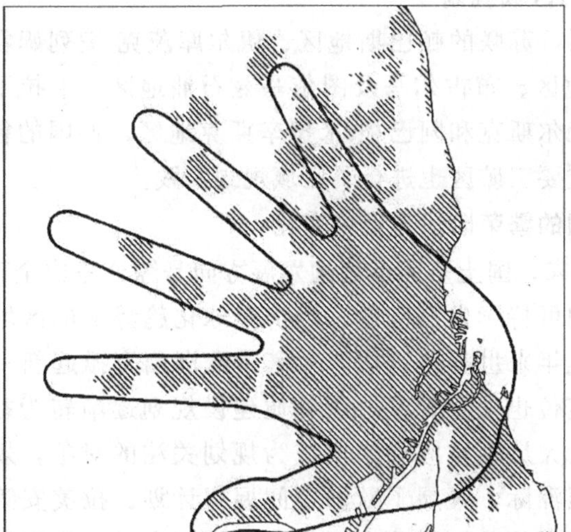

图 1-6 哥本哈根国土空间“指形规划”示意图①

斯德哥尔摩 1952 年的区域规划，把城市中心视为一个巨大的交通交换中心，从中心放射出去许多地下交通轴，轴线上每隔 800 m 设一个站。在郊区范围里，围绕地铁站设置组团，组团的密度遵循金字塔式的密度模式，由地铁站向周围递减。地铁站同时也是商业及服务业的中心，每站服务 1.5 万～3 万人(地铁站周边的地上步行出行者)，及 5 万～10 万人(地下乘地铁者和地面使用私家车出行者)。周围的次一级中心服务 1 万～1.5 万人。规划也采取了以绿带作为自然分界线及隔离带的做法。

巴黎 1966 年的区域规划，在预期人口未来 35 年(1965—2000 年)内从 900 万增长到 1 400 万的前提下，计划在塞纳河南北两条主轴线上建设 8 座新城，然而由于实际人口增

---

① 于晓萍，程建润．哥本哈根“指形规划”的启示[J]．城市，2011(9)：71-74.

长远低于预期，最后计划缩减到5座。20世纪90年代，巴黎人口为1 035万，未来25年左右将稳定在这一数字。为此而做的区域规划将重点放在以知识为基础的经济发展上，希望通过在教育、交通和通信设施等领域的投资，把巴黎建设成为顶级世界城市，在欧洲经济一体化后，能与欧洲其他大城市相抗衡。规划坚持平衡性大都市区的原则，发展省级城镇与大巴黎地区之间的连锁关系。

兰斯塔德(Randstad)地区是荷兰的大都市区域，也是欧洲本土最重要的城市区域之一，其密集程度超过英、法等国。兰得斯塔特地区奉行了多中心的区域规划策略。该地区中间一直靠空间规划强制政策保持着以农业及相关种植业为主的"绿心"(Green Heart)，使地区的城市化部分呈马蹄铁状，每一部分分别承担不同的功能：海牙是政府及行政中心所在地，鹿特丹是贸易中心，而阿姆斯特丹则是商业与文化中心。轻工业及地方级服务业则在小一些的地区中心如乌得勒支(Utrecht)、哈勒姆(Haarlem)、莱顿(Leiden)等。

此外，华沙、莫斯科、华盛顿、东京、汉堡等大城市也相继编制了以大城市为核心、覆盖其周边城市影响区域的空间规划。

2. 重要工矿地区的区域规划

第二次世界大战后，苏联的顿巴斯地区、伊尔库茨克-契列姆霍夫工业区、古比雪夫和伏尔加格勒水电站地区、布古尔马及图依马兹石油地区、卡拉干达工业区、爱沙尼亚页岩地区、克拉斯诺亚尔斯克和阿巴根-米努辛斯克地区，德国的鲁尔区以及若干新建大型水电站影响地带等重要工矿区也进行了区域规划实践。

(三)国土空间规划的繁荣阶段与近今变化

20世纪90年代以来，国土空间规划的发展方向是综合考虑全球性的人口、资源、环境与经济社会发展等的可持续发展问题。经济全球化趋势下的区域一体化进程和新区域主义的兴起，是近十五年来世界范围内，尤其是欧洲国家掀起新一轮空间规划高潮的主要原因。空间规划的定位也发生转变，由物质建设规划逐渐转为社会发展规划，由蓝图设计转变为公共政策。大尺度空间愈来愈成为规划关注的对象，规划的空间范围从国家进一步扩大到国际乃至洲际，开展了欧洲空间展望计划、拉美安第斯山脉周围地区区域规划、东欧八国空间规划等跨国、跨地区的区域规划实践。生态最佳化与发展循环经济成为未来空间规划的新方向，例如美国区域规划协会把表征生活质量的"3E"(经济，Economy；环境，Environment；公平，Equity)作为构成区域竞争力的新内容①。与此同时，还强调规划的灵活弹性，以多目标、多方案为特征，以指导性的柔性规划纲要替代了指令性的强制性规划；倡导规划中的互助合作，重视协商机制及多方参与等。

近年来，西欧各国的空间规划还对经济的地域结构变化及不同的结构所引起的环境变化做出经济预测，使空间规划能与实际发展相吻合。同时注重方法与技术经济的研究，采用了系统分析、博弈论及大型模拟技术等计量经济学的方法。运用电子计算机、模拟模型、系统工程分析方法，通过体系内部结构相互依存关系的定性定量分析，来帮助认识和预测国民经济的发展趋势，以求得最优化的综合规划方案。

---

① 殷为华. 20世纪90年代以来中外区域规划研究的对比分析[J]. 世界地理研究，2006(4)：30-34+47.

二、 我国国土空间规划的发展

(一)国土空间类规划的发展

我国国土空间类规划体系是一个动态演化的框架，1949 年以来，从“区域规划—城乡规划”的框架，逐渐发展成为主体功能区规划、国土规划、土地利用规划、区域规划、城乡规划、新型城镇化规划、生态保护红线规划及其他类型空间规划(如国民经济和社会发展规划)组成的复杂框架。由于我国各类规划长期分割在众多行政部门，所以对于各个空间规划序列之间的关系，甚至在学术界和社会中都存在广泛的争议，甚至是争论①。

除了上述公认常见的可以称为国土空间类规划以外，还存在着很多其他类型的国土空间规划。诸如交通运输部主管的公路、水路、铁路等的基础设施布局的建设规划，水利部主管的江河流域规划、水利设施规划、水利风景区规划，生态环境部主管的环境保护规划等。这些规划与上述各类空间规划是我国复杂空间规划体系的组成部分。多年来形成了“多龙治水”的格局。

2018 年政府机构及国土空间规划体系改革前，我国逐渐形成的国土空间规划体系，在行政体系上是多个部门分头主导；在运作体系上基本上可以看作“联合投影型”规划体系，当然也存在依据地域或特定情况的“拼贴型”规划体系；从运作体系的属性类型来看，我国的空间规划体系覆盖了“土地使用导引型”“社会经济规划型”“综合集成规划型”和“空间实用导向型”四个类型，有些规划往往“身兼数职”，规划的工作领域和业务范畴交叉现象非常普遍，表 1-1 只是概略地总结了其价值倾向；在法律体系上，有的规划已经形成了相对完整的法律体系，比如城乡规划和土地利用规划，而有的规划则还停留在国家的“政策”“通知”或“技术规范”导引阶段，总体上没有形成完整衔接的“空间规划法律体系”。另外，从规划的尺度覆盖上来看，并非所有的规划类型都涵盖各层级的行政地域，因此，我国的空间规划体系也并非严密的“联合投影型”。

表 1-1 我国现行国土空间规划体系中各类规划类型的价值倾向②

规划类型	土地使用导引型	社会经济规划型	综合集成规划型	空间实用导向型
城乡规划	↑	↓	↑	↑
区域规划	↓	↑	↑	↓
土地利用规划	↑	↓	↓	↑
国土规划	↓	↑	↑	↓
主体功能区规划	↑	↓	↓	↑
国民经济和社会发展规划	↓	↑	↑	↓
新型城镇化规划	↓	↑	↑	↓
生态保护红线规划	↑	↓	↓	↑

① 王金岩．空间规划体系与空间治理[M]．南京：东南大学出版社，2017.

② 同①。

在2018年国土空间规划体系改革前，某些规划序列的确还存在“环环相扣型”的内在要求。比如，主体功能区划只做到国家层面和省级层面，而后续的工作要与其他低层级规划有效衔接，最终才能落实到空间和地域上。城乡规划在全国层面上的“全国城镇体系规划”的编制和实施一直是“雷声大雨点小”，与地方上城乡规划相对成熟的运作相比，在全国层面上的运行结构还需进一步研究。另外，现行各类空间规划在“衔接”的时候往往出现困难。其一，纵向衔接困难。其二，横向沟通困难。这些规划中的“困难”，使得建立健康、完善的空间规划体系势在必行。

(二)“国土规划”的发展

我国1981年在国家城市建设总局(简称“建委”)内部成立国土局，将国土规划的任务规定为“使国民经济的发展同人口、资源、环境协调起来”，并编制了《全国国土总体规划纲要》。原国家计委在1987年颁布的《国土规划编制办法》中规定，国土规划为根据国家社会经济发展总的战略方向和目标以及规划区的自然、经济、社会、科学技术等条件，按规定程序制定的全国的或一定地区范围内的国土开发整治方案。20世纪80年代，我国开展了广泛的国土规划工作，国土规划由几个不同类型的试点推广至全国。多数省区编制了省区级的国土规划，有些省区还编制了省内经济区、地区或县域的国土规划。但因国土规划没有通过立法确立法定地位，也未报国务院审批，编制后约束力低，被作为基础资料使用，未发挥应有作用①。

2001年，国土资源部下发了《关于国土规划试点工作有关问题的通知》(国土资发〔2001〕259号)，决定在天津和深圳开展国土规划试点工作；2003年又下发了《关于在新疆、辽宁开展国土规划试点工作的通知》，这是20世纪80年代以来的第二轮大规模的国土规划实践，国土空间规划在内涵与性质上均发生了变化：首先，这一轮国土规划试点认识到国土具有双重含义，除了国土的资源价值外还有空间价值；其次，国土规划协调人地关系的作用凸显出来，该时期国土规划主要任务就是协调经济社会发展与资源环境间的关系，在地域空间上保障可持续发展目标的实现②。

2006年3月，《中华人民共和国国民经济和社会发展第十一个五年规划纲要》中明确提出：根据资源环境承载能力、现有开发密度和发展潜力，统筹考虑未来我国人口分布、经济布局、国土利用和城镇化格局，将国土空间划分为优化开发、重点开发、限制开发和禁止开发四类主体功能区，按照主体功能定位调整完善区域政策和绩效评价，规范空间开发秩序，形成合理的空间开发结构。《中华人民共和国国民经济和社会发展第十二个五年规划纲要》《中华人民共和国国民经济和社会发展第十三个五年规划纲要》进一步强调要实施主体功能区战略。“主体功能区规划”应运而生，该类型是“国土规划”的新形式。

主体功能区是指根据不同区域的资源环境承载能力和发展潜力，按区域分工和协调发展的原则划分的具有某种主体功能的规划区域。主体功能规划以地球表层和国土空间(包括陆地和水面)为对象，区划的目的在于空间管制，引导开发方向，控制土地利用方式(方向和强度)，提高国土利用的效益和可持续性。主体功能区规划与国土空间规划关系紧

① 胡序威. 我国区域规划的发展态势与面临问题[J]. 城市规划，2002(2)：23-26.

② 武廷海. 中国近现代区域规划[M]. 北京：清华大学出版社，2006.

密，划分主体功能区是国家实施可持续发展战略，实现空间科学发展的重大战略部署，而对于基层空间地域(如县、乡、村、屯)来说，主体功能区定位是其国土空间规划的依据。

总结国外经验和国内实践探索可得到如下几点启发：第一，新时代国土空间规划要以立法为突破口，确立国土空间规划的法律地位；第二，以城镇密集地区、城镇群、都市圈发展规划为依托，以各部门的行业规划、专项规划为基础，建构国土空间规划体系；第三，整合国土空间规划管理事权，明确管理主体和现实各部门职责，推进全国范围内的空间规划。

第三节　国土空间规划的意义和任务

一、新时代编制国土空间规划的必要性和紧迫性

2018 年政府机构改革前，我国与空间有关的规划很多，且分属不同部门管辖：主体功能区规划和国民经济发展规划，由国家发展改革委管理；城乡规划、城镇体系规划归住房和城乡建设部管理；土地利用规划、矿产资源开发规划等，归原国土资源部管理；环境保护规划、自然保护区规划等，归生态环境部管理。由于条块分割严重，行业利益冲突，这些规划“各说各话”，甚至连基础数据都不统一。“多龙治水”的国土空间管理体制，割裂了国土空间的完整性，影响了国土空间效能的提高。按照各地区城市规划目标，到 2020 年全国城镇规划人口加起来远远超过全国人口总和；各城镇建设用地加起来也可以覆盖大半个中国。

早在 1998 年国务院机构改革中，就已赋予了资源管理部门加强国土空间规划的职责任务。过去 20 多年来，我国做了大量理论和实践探索，但囿于规划体制等方面的原因，一直没有取得突破性进展。具体表现如下。

(一)管理体制呈现“多龙治水”格局，尚未形成统一的国土空间规划体系

我国自然资源管理机构虽经历多次调整，但尚未形成统一的国土空间规划体系，与生态文明体制改革不相适应，既损害了空间规划的形象和效力，也浪费了大量的行政资源。在机构改革历史过程中，基本形成了由国家发展改革委、自然资源部、住房和城乡建设部、国家林业局等部委分管国土空间规划的管理体系，也基本适应了当时生产力发展的需要。但总的来看，我国国土空间规划制度还不完善，特别是随着社会主义市场经济的发展，国土空间规划在生产力布局中的地位不断提升，各部委为争夺国土空间规划的龙头地位，必然导致在规划思想上强调“以我为主”，规划范围力求全覆盖，从原有领域不断向外扩张，结果形成一个部门一种规划，使得各个规划范围相互重叠，内容相互渗透，体制不衔接，影响了规划的实施。有的部门为扩张空间管控职能，不惜使用强制手段。个别省份林业部门与国土部门围绕开发未利用地的衔接冲突时有发生，进一步从体系上暴露出空间规划之间的矛盾。总之，机构改革前尚未形成统一的空间规划体系，制约了用途管制作用的发挥。

(二)国土空间规划缺少全局性，割裂“三生”空间的完整性

在先前的规划管理体系下，各类空间规划在国土空间安排上缺乏顶层设计，难以实施统一的国土空间开发与保护政策，一定程度上损害了国土空间本身的系统性，造成了

资源利用的低效、浪费乃至破坏。土地利用总体规划、城乡建设规划、林业规划以及相关规划在规模、布局、结构、期限等方面不衔接、不协调，区域布局有重叠，结构安排有重复，对于城镇空间、生态空间、产业空间的布局和管制作用没有得到有效发挥，致使一些地方在用地需求不断扩大情况下，盲目转向开发山地、林地、湿地(湖泊、滩涂)、地下空间等，致使全国生态空间被不断挤压。国土空间布局缺少统一安排，不仅造成资源的无序开发、重复投资、过度浪费，还造成城市开发边界、基本农田边界和生态保护边界不统一，缺少有效管控，建设用地挤占生态用地等问题，严重影响了各级政府的管理效能。2014 年，厦门市城乡规划、土地利用总体规划的差异图斑达 12 万块，合计 306km^2，约 55km^2 的建设用地指标不能被有效利用；该市 40km^2 的建设用地分布在生态控制区内，严重影响人居环境的改善。

(三)基础数据对不上，空间用途定位矛盾

一是土地调查中的新旧标准未能得到很好衔接。第一次全国土地调查(下文称“一调”)不仅将土地分到一二级地类，还根据草原学分类将牧草地分类到了三四级地类，但第二次全国土地调查只分到一二级地类，未往下延伸，导致分类不细，分类标准缺少衔接，在安排土地利用规划上难以科学掌握基础数据。二是原有资料未能得到充分利用。第二次全国土地调查在很大程度上主要参考了“一调”的土地利用现状图，而未充分挖掘利用“一调”的三四级地类资料，造成农用地类(特别是牧草地)分类不细，在空间规划利用的落实上交叉重复。对于林地，林业部门与国土部门制定的标准不一致，造成土地整理和项目用地审批受制于林业部门。例如，林业部门认定 2010 年的林地面积为 45.6 亿亩，而国土部门仅认定为 36.1 亿亩，有近 10 亿亩的差距。近年来，随着西北地区的气候由暖干向暖湿转型，许多荒滩地上的植被长出了牧草。根据第二次全国土地调查成果，这些地区的土地现状由未利用地变为天然牧草地，但其质量却和天然牧草地有很大的差距。由于地类从未利用地到农用地的转变，致使某些地区的许多项目在报批过程中受到了一定程度的影响。

(四)政策法规不协调，空间规划相互掣肘

在国土空间的法规、政策及规划层面，存在相互矛盾的现象，影响国土空间规划的统筹协调。目前，涉及国土空间规划和利用的法律法规主要有《中华人民共和国土地管理法》(以下简称《土地管理法》)、《中华人民共和国城乡规划法》《中华人民共和国水土保持法》《中华人民共和国森林法》(以下简称《森林法》)、《中华人民共和国草原法》等法律及相应的实施条例，由于立法背景、立法条件和规范对象不同，在立法过程中囿于当时的历史条件，对相关关系兼顾不够、相互衔接不充分，致使各类空间规划之间的法律关系模糊，法理地位不清晰①。在法律条款的制定上，除城乡规划法外，有关国土、环境、资源规划的内容按照部门和资源、环境要素，分别在各项环境保护和资源利用的法律中加以规定；土地利用总体规划和城市总体规划等诸多规划存在“多规共存，各自表述”的情况，不利于发挥规划的约束和整体管控作用。《土地管理法》和《森林法》所使用的林地概念不同。《土地管理法》主要是从经济意义或者物权客体意义上使用林地概念，而《森林法》主

① 杨荫凯. 国家空间规划体系的背景和框架[J]. 改革，2014(8)：125-130.

要从生态意义或者环境权客体意义上使用林地概念，即生态意义上的森林资源。例如，《森林法实施条例》第二条规定：林地，包括郁闭度 0.2 以上的乔木林地以及竹林地、灌木林地、疏林地、采伐迹地、火烧迹地、未成林造林地、苗圃地和县级以上人民政府规划的宜林地。这使得同一地块具有双重地类。另外，加之覆盖全域的国土空间利用基本法和国土空间保护开发利用规划缺失，相关政策和技术标准不统一，各部门编制规划衔接不够，导致同一空间在不同规划中用途差异较大、面积重叠，一个地块多个身份等问题突出，制约了国土空间的合理布局、优化利用和有效保护。

总之，各级各类空间规划在支撑城镇化快速发展、促进国土空间合理利用和有效保护方面发挥了积极作用，但也存在规划类型过多、内容重叠冲突，审批流程复杂、周期过长，地方规划朝令夕改等问题。整体谋划新时代国土空间开发保护格局，综合考虑人口分布、经济布局、国土利用、生态环境保护等因素，科学布局生产空间、生活空间、生态空间，是加快形成绿色生产方式和生活方式、推进生态文明建设、建设美丽中国的关键举措，是坚持以人民为中心、实现高质量发展和高品质生活、建设美好家园的重要手段①。

二、 国土空间规划的主要任务

世界各国空间规划没有固定和统一的模式，但在总体上还是呈现出一些共同特点，突出表现在重视提升地区竞争力的同时，更加强调绿色发展和自然生态保护，更加关注人文社会领域的多元价值。2013 年党的十八届三中全会提出，建立空间规划体系，划定生产、生活、生态开发管制边界，落实用途管制。2015 年中共中央、国务院印发的《生态文明体制改革总体方案》提出，构建以空间治理和空间结构优化为主要内容，全国统一、相互衔接、分级管理的空间规划体系，着力解决空间性规划重叠冲突、部门职责交叉重复、地方规划朝令夕改等问题。新时代国土空间规划的意义可从以下四个方面把握②。

(一)健全国土空间用途管制，维护国土空间开发市场秩序

现代空间规划起源于空间用途管制，目的是纠正市场机制失灵，解决空间开发负外部性问题。时至今日，国土空间用途管制仍然是各国空间规划的合法性基础。

党的十九大报告强调，使市场在资源配置中起决定性作用，更好发挥政府作用。规划与市场的关系是政府与市场关系的重要方面，目前我国空间规划运行体系，既有计划经济遗存至今的政府过度干预资源配置问题，也有市场经济发展过程中政府空间资源监管缺位和错位的问题。如何适应市场和规避市场缺位是国土空间规划体制改革面临的首要问题，而无论是适应市场规律、发挥市场配置资源的决定性作用，还是规避市场缺位、更好发挥政府作用，都需要健全国土空间用途管制。一方面，要摆脱计划经济思维，坚持有所为有所不为，避免做大包大揽、事无巨细的规划，着力营造良好的市场环境，推进资源市场化配置；另一方面，要围绕市场失灵所造成的空间发展失衡、公共设施欠缺、

---

① 中共中央 国务院. 关于建立国土空间规划体系并监督实施的若干意见[EB/OL]. (2019-05-23)[2022-11-08]. https://www.gov.cn/zhengce/2019-05/23/content_5394187.htm.

② 一诺农旅规划. 国土空间规划的由来、使命和愿景[EB/OL]. (2019-8-20)[2024-3-12]. https://www.sohu.com/a/335 031 715_120 046 640.

资源环境破坏等问题，改进规划管控方式方法，将用途管制扩大到所有自然生态空间，切实维护国土空间开发市场秩序。

(二)保护自然资源和生态环境，促进生态文明建设

《深化党和国家机构改革方案》在有关组建自然资源部的部分开宗明义强调："建设生态文明是中华民族永续发展的千年大计。必须树立和践行绿水青山就是金山银山的理念，统筹山水林田湖草系统治理。"这一论述，深刻揭示了生态文明建设的战略地位、生态文明建设与经济建设的辩证统一关系和自然生态系统的整体观，成为国土空间规划工作的重要遵循。

生态文明建设反映了全社会最为广大的公共利益，国土空间规划要体现国家意志和社会公共利益，必须把促进生态文明建设作为基本价值取向和重大历史使命。

要以资源环境承载力评价为基础，整合已有的生态保护红线、永久基本农田、城乡开发边界划定标准和成果，统筹划定生态保护红线、环境质量底线和自然资源开发上线，构建完整的国土生态安全保护屏障和格局，保障生态系统良性循环和自然资源永续利用。

要按照山水林田湖草是生命共同体的理念，推进山水林田湖草系统治理，开展全域国土综合整治，切实加强生态保护修复，提高国土空间承载力。

(三)优化国土空间开发格局，推动经济社会持续健康发展

国土是发展之基、生态之源、民生之本。我国社会主要矛盾已经转化为人民日益增长的美好生活需要和不平衡不充分的发展之间的矛盾。解决好国土空间开发不平衡不充分问题尤显迫切。

近年来我国国土开发和空间治理取得了明显进展，但区域空间开发失衡、城乡空间二元结构、产业空间布局失当、"三生"空间协调不力、陆海空间缺乏统筹等问题仍然突出，降低了发展质量，影响国际竞争力和可持续发展能力的提升。

优化国土空间开发格局、促进全域国土协同发展，是国土空间规划工作的重要使命。要深入贯彻新发展理念，紧紧围绕区域协调发展战略、可持续发展战略、乡村振兴战略、创新驱动发展战略等，统筹区域、城乡、产业、"三生"、陆海空间布局，优化土地、水、矿产、生物资源配置，全面推进交通、水利、能源、环保、信息等国土基础设施建设，着力构建和谐、绿色、开放、富有竞争力和可持续发展的美丽国土，为经济社会持续健康发展奠定坚实物质基础。

(四)推进空间治理现代化，维护国家安全和社会整体利益

党的二十大报告中明确提出，中国式现代化是人口规模巨大的现代化，是全体人民共同富裕的现代化，是物质文明和精神文明相协调的现代化，是人与自然和谐共生的现代化，是走和平发展道路的现代化。全面深化改革的总目标是完善和发展中国特色社会主义制度，推进国家治理体系和治理能力现代化。空间治理是国家治理在国土空间开发领域的具体体现，推进空间治理现代化是实现国家治理体系和治理能力现代化的重要组成部分。

三、国土空间规划的性质和作用

国土空间规划是国家空间发展的指南，是可持续发展的空间蓝图，是各类开发保护建设活动的基本依据。建立国土空间规划体系并监督实施，将主体功能区规划、土地利用规划、城乡规划等空间规划融合为统一的国土空间规划，实现“多规合一”，强化国土空间规划对各专项规划的指导约束作用，是党中央、国务院做出的重大部署。

按规划详略程度的不同，可以将国土空间规划分为国土空间总体规划、国土空间专项规划和国土空间详细规划。三种类型的规划在战略意义、规划作用和实际指导功能上都有较大的差异。

(一)国土空间总体规划

国土空间总体规划是对国土空间结构和功能的整体性安排，具有战略性、整体性、约束性、引导性等基本特性，是其他各类空间性规划的上位规划，是国土空间进行各类开发建设活动、实施国土空间用途管制和制定其他规划的基本依据。其中：全国国土空间规划是对全国国土空间做出的全局安排，是全国国土空间保护、开发、利用、修复的政策和总纲，侧重战略性；省级国土空间规划是对全国国土空间规划的落实，指导市县国土空间规划编制，侧重协调性；市县和乡镇国土空间规划是本级政府对上级国土空间规划要求的细化落实，是对本行政区域开发保护做出的具体安排，侧重实施性。

区域发展规划、城乡总体规划、土地利用总体规划、主体功能区规划等各类涉及空间要素的其他总体规划都应纳入或整合到国土空间总体规划，不再单独进行编制。

(二)国土空间专项规划

国土空间专项规划是在国土空间总体规划的控制下，针对国土空间的某一方面或某一个特定问题而制定的规划，如生态保育规划、交通港口规划、水利工程规划、国土整治规划、风景旅游规划等。专项规划必须符合总体规划的要求，与总体规划相衔接，同时又是总体规划在某一特定领域的细化，是对总体规划的某个重点领域所做的补充和深化，具有针对性、专一性和从属性。它具体可以区分为区域性专项规划和行业专项规划。区域性专项规划包括海岸带规划、以国家公园为主体的自然保护地规划、城市群和都市圈规划，以及跨行政区域或流域的国土空间规划等；行业专项规划是以空间利用为主的某一领域专项规划，包括交通、能源、水利、信息等基础设施，公共服务设施，军事设施，国防安全设施，以及生态环境保护、文物保护等专项规划。

(三)国土空间详细规划

国土空间详细规划是以国土空间总体规划或国土空间专项规划为依据，对一定时期内局部地区具体地块用途、强度、空间环境和各项工程建设所做的实施性安排，是开展国土空间开发保护活动、实施国土空间用途管制、进行各项建设等的法定依据。国土空间详细规划具有微观性和地方性，范围比较小，直接服务于具体项目。一般来说，国土空间详细规划具有明确的区域范围，明确的建设目标和内容，明确的各类用地指标调整方案，明确的工程布置或综合措施方案，明确的工程投资概算和资金保障。其内容应当包括：

土地使用性质及其兼容性等用地功能控制要求；容积率、建筑高度、建筑密度、绿地率等用地指标；基础设施、公共服务设施、公共安全设施的用地规模、范围及具体控制要求，地下管线控制要求；基础设施用地的控制界线即黄线、各类绿地范围的控制线即绿线、历史文化街区和历史建筑的保护范围界线即紫线、地表水体保护和控制的地域界线即蓝线等“四线”及控制要求。国土空间详细规划确定的各地块的主要用途、建筑密度、建筑高度、容积率、绿地率、基础设施和公共服务设施配套规定应当作为强制性内容①。

四、 国土空间规划与其他规划之间的关系

《中共中央 国务院关于统一规划体系更好发挥国家发展规划战略导向作用的意见》提出，要坚持下位规划服从上位规划、下级规划服务上级规划、等位规划相互协调，建立以国家发展规划为统领，以空间规划为基础，以专项规划、区域规划为支撑，由国家、省、市县各级规划共同组成，定位准确、边界清晰、功能互补、统一衔接的国家规划体系②。

(一)明确发展规划的统领作用

提高国家发展规划的战略性、宏观性、政策性，增强指导和约束功能，聚焦事关国家长远发展的大战略、跨部门跨行业的大政策、具有全局性影响的跨区域大项目，把党的主张转化为国家意志，为各类规划系统落实国家发展战略提供遵循。

发挥国家发展规划统筹重大战略和重大举措时空安排功能，明确空间战略格局、空间结构优化方向以及重大生产力布局安排，为国家级空间规划留出接口。科学选取需要集中力量突破的关键领域和需要着力开发或者保护的重点区域，为确定国家级重点专项规划编制目录清单、区域规划年度审批计划并开展相关工作提供依据。

以《中华人民共和国国民经济和社会发展第十四个五年规划和2035年远景目标纲要》中所列内容为例，规划中确立了“优化国土空间开发保护格局”的重要目标，并把“构建国土空间开发保护新格局”作为“推进区域协调发展和新型城镇化”的重要任务。围绕“优化国土空间开发保护格局”，提出立足资源环境承载能力，发挥各地区比较优势，促进各类要素合理流动和高效聚集，推动形成主体功能明显、优势互补、高质量发展的国土空间开发保护新格局。

(二)强化空间规划的基础作用

国家级空间规划要聚焦空间开发强度管控和主要控制线落地，全面摸清并分析国土空间本底条件，划定城镇、农业、生态空间以及生态保护红线、永久基本农田、城镇开发边界，并以此为载体统筹协调各类空间管控手段，整合形成“多规合一”的空间规划。

强化国家级空间规划在空间开发保护方面的基础和平台功能，为国家发展规划确定的重大战略任务落地实施提供空间保障，对其他规划提出的基础设施、城镇建设、资源能源、生态环保等开发保护活动提供指导，并进行约束。

(三)提高专项规划和区域规划的支撑作用

国家级专项规划原则上限定于关系国民经济和社会发展全局且需要中央政府发挥作

---

① 吴次芳，叶艳妹，吴宇哲，等. 国土空间规划[M]. 北京：地质出版社，2019.

② 中共中央 国务院. 关于统一规划体系更好发挥国家发展规划战略导向作用的意见[EB/OL]. (2019-05-15)[2022-11-08]. http://fgw.zhuzhou.gov.cn/c14809/20190926/i982135.htm.

用的市场失灵领域。其中，国家级重点专项规划要严格限定在编制目录清单内，与国家发展规划同步部署、同步研究、同步编制。国家级专项规划要围绕国家发展规划在特定领域提出的重点任务，制定细化落实的时间表和路线图，提高针对性和可操作性。

国家级区域规划主要以国家发展规划确定的重点地区、跨行政区且经济社会活动联系紧密的连片区域以及承担重大战略任务的特定区域为对象，以贯彻实施重大区域战略、协调解决跨行政区重大问题为重点，突出区域特色，指导特定区域协调协同发展。

省级规划、市县级规划依据国家发展规划制定，既要加强与国家级专项规划、区域规划、空间规划的衔接，形成全国"一盘棋"，又要因地制宜，符合地方实际，突出地方特色。

第四节　"国土空间规划的理论与实践"课程框架

一、"国土空间规划的理论与实践"课程的基本要求

2018 年，国务院学位办地理学科评议组计划提出地理学 11 门研究生骨干课程，"国土空间规划的理论与实践"位列其中。这里根据当时的精神提出该课程的基本要求，面向地理学和管理科学等学科，以及应用经济学、公共管理相关专业硕(博)士研究生，与经济地理学、区域分析与规划、城市规划等本科生课程衔接配套，努力从系统科学的角度，用科学规划理论作指导，结合我国丰富的实践，深入探讨国土空间规划理论、方法和实践规律，使学生掌握国土空间规划的基本原理，了解不同类别空间规划的基本内容和主要做法，学会国土空间分析重要方法，能在区域研究和空间规划实践中发挥一定的作用。

地理学本科生课程"经济地理学"注重的是生产力布局，"区域分析与规划"强调的是"区域发展规律与发展战略"等一般性的知识，而研究生的"国土空间规划的理论与实践"更侧重国土空间治理的新理论与中国实践的结合，以及空间规划方法与做法的实际运用①。

二、课程内容框架

新时期我国国土空间规划的体系，在横向上分为总体规划、专项规划、详细规划三种类型，其中，国土空间总体规划是详细规划的依据、相关专项规划的基础，相关专项规划要相互协同，并与详细规划做好衔接。纵向上建立"国家→省→市→县→乡(镇)"五级规划体系，统一完善国土空间规划管控体系，厘清国家和地方事权，健全传导和反馈机制，确保规划能用、管用、好用。有鉴于此，本课程的主要内容是：以区域为对象，以区域发展和协调发展为主线，以人地和谐论、区域发展论、空间治理论和科学规划论为指导，探讨国土空间规划的理论基础和国内外典型案例，结合中国特色的经济发展和社会治理实践，阐述国土空间规划的目的、任务、内容和重点，剖析国土空间规划的编制方法、实施、实施评价过程，以及国土空间规划常用的指标体系和数学模型。框架结构如图 1-7 所示。

---

① 吴殿廷，史培军，宋金平."国土空间规划的理论与实践"课程建设初探[J]．中国大学教学，2021(Z1)：42-45.

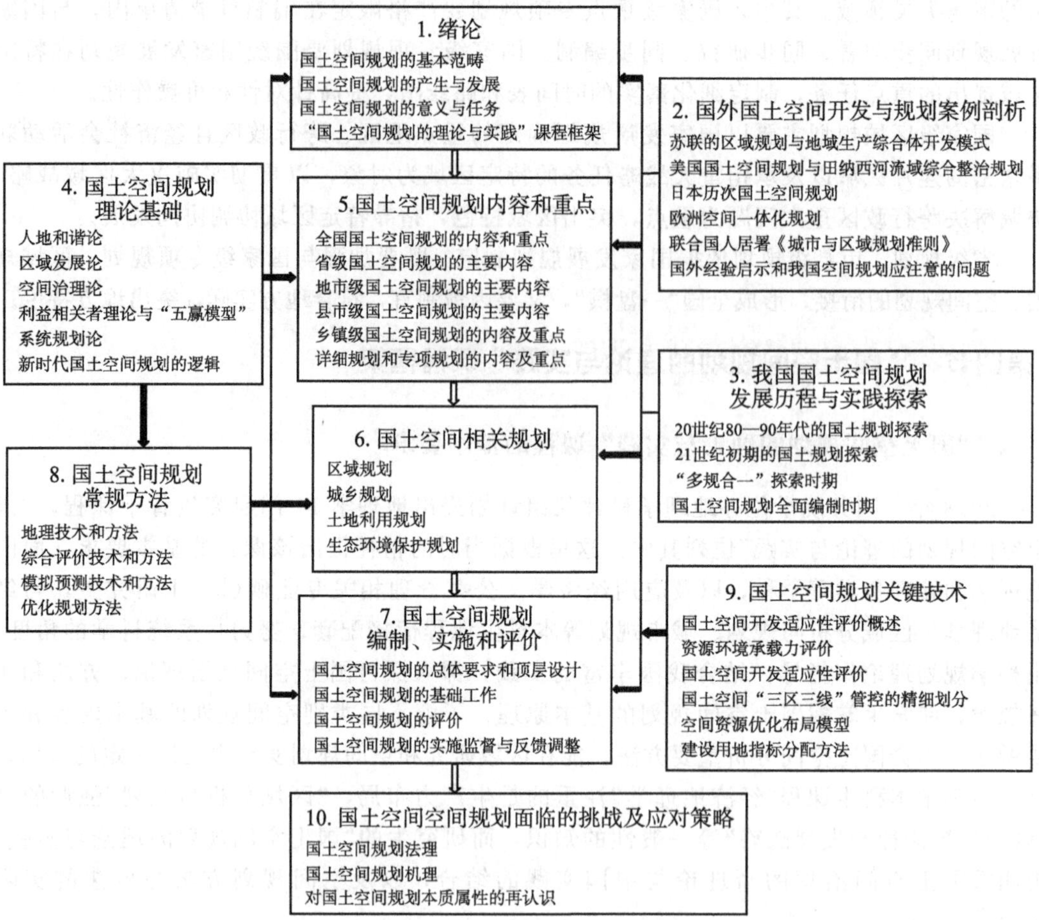

图 1-7 教材结构示意图①

复习思考题

1. 请你谈谈国土资源与国土空间之间的辩证关系。
2. 分析说明国土空间规划中的"5W2H"及其相互关系。
3. 新时代国土空间规划的意义和任务是什么？

阅读文献

1. 自然资源部国土空间规划局．新时代国土空间规划：写给领导干部[M]．北京：中国地图出版社，2021.

2. 自然资源部国土空间规划局．国土空间规划理论探索[M]．北京：中国地图出版社，2021.

3. 吴次芳，叶艳妹，吴宇哲，等．国土空间规划[M]．北京：地质出版社，2019.

4. 顾朝林，武廷海，刘宛．国土空间规划前沿[M]．北京：商务印书馆，2019.

① 吴殿廷，史培军，宋金平．"国土空间规划的理论与实践"课程建设初探[J]．中国大学教学，2021(Z1)：42-45.

5. 方创琳，等. 区域规划与空间管治论[M]. 北京：商务印书馆，2007.

6. 杨伟民. 发展规划的理论和实践[M]. 北京：清华大学出版社，2010.

7. 国家开发银行规划院. 科学发展规划理论与实践[M]. 北京：中国财政经济出版社，2013.

8. 王金岩. 空间规划体系与空间治理[M]. 南京：东南大学出版社，2017.

9. 吴殿廷，乔家君，曹康，等. 区域分析与规划教程[M]. 2版. 北京：北京师范大学出版社，2016.

10. ROSS C，LEE D，MEIJERS E，et al. Megaregions，Prosperity and Sustainability：Spatial Planning for Future Prosperity and Sustainability[M]. Oxford：Taylor and Francis，2019.

11. ROO G D，HILLIER J. Complexity and Planning[M]. London：Routledge，2016.

第二章　国外国土空间开发与规划案例剖析①

本章要点： 了解国外在空间治理方面的经验和做法，主要包括苏联、美国、日本、欧洲的空间规划探索，介绍了联合国《城市与区域规划准则》内容，注重这些经验、做法对我国空间规划的借鉴意义，也分析了其局限性。

第一节　苏联的区域规划和地域生产综合体开发模式

一、苏联区域规划实践

苏联的生产力布局规划体系是由经济区划、生产力布局总纲要和区域规划三个不同层次、不同内容、各具特点但相互联系的规划形式所组成②。其中，区域规划的核心任务是对社会经济的地域组织提出切实可行的部署，以实现国土空间结构的优化，提升经济社会发展的质量和效益。

(一)区域规划发展历程

20 世纪 20 年代到第二次世界大战之前，苏联区域规划发展处于初期探索阶段。此间，国民经济亟待恢复，头几个五年计划中工业和住宅建设量较大，需要对土地利用做出规划安排。但这一时期的规划工作并未在全国范围内广泛展开，主要针对部分重点地区进行区域规划方案的编制。如 1924 年，根据恢复石油工业的计划，对石油开采区阿普歇伦半岛进行了总体规划，这也是苏联的第一个区域规划设计方案③。第二次世界大战到 20 世纪 60 年代，苏联的区域规划进入蓬勃发展时期，主要表现为规划机构的数量大幅增长，规划实践几乎遍及全国，区域规划类型趋于多样化。总体来看，这一时期的规划工作表现出明显的部门性特征，尚未充分发挥区域规划自身的综合性优势。20 世纪 60 年代以来，区域规划进入了新的发展阶段，一系列综合性规划的出现，使得区域规划实现了从部门性规划向综合性规划的过渡。此外，全国和加盟共和国生产力布局方案、居民点分布方案的编制，以及一系列有关环境保护、历史文化古迹保护的决议与法规的通过，都为区域规划方案的拟定提供了重要依据，大幅提高了区域规划设计的效用。

(二)区域规划对象、类型和主要任务

1. 规划对象和类型

苏联的区域规划对象主要是以行政地域系统为主，包括加盟共和国、自治共和国、边疆区、州及其内部地域。按规划区域的功能特点，可分为工矿区、大型水电站建设地区、城市地区、旅游区、农业区等若干类④。区域规划方案的年限一般为 25～30 年，通

---

① 本章由宋金平、吴殿廷执笔完成。

② 范春永．苏联生产力布局和区域规划[J]．经济地理，1989(4)：292-296.

③ 王进益．苏联区域规划的情况和问题[J]．人文地理，1990(2)：22-25.

④ 同②。

常会划分若干阶段分步实施。从规划类型来看，苏联区域规划有两种法定类型：区域规划示意(策划)方案和区域规划设计方案。这两个类型的规划工作以不同的地域等级为对象。一般而言，区域规划示意(策划)方案所包括的区域面积为 2 万～30 万 km^2，而区域规划设计方案所覆盖的面积一般为 0.1 万～3 万 km^2。两种方案的区别在于它们的性质、工作深度和实施方案的渠道各有不同。

苏联区域规划兼具综合性和落地性两类特征。一方面区域规划需要把规划区域的各类经济活动作为一个整体来看待，需要采用更为综合的方法来组织和安排这些活动，需要考虑各方面的问题以及它们与地域的相互关系，综合性是区域规划的一个重要特点。另一方面区域规划又要强调落地性，区域规划不是笼统地研究国民经济各个部门在各个地区内的发展问题，而是专门研究这个部门各项建设的具体布局问题，需要指明各规划地区具体的用地发展方向。

2. 规划的主要任务

区域规划是在全国生产力布局总纲要和地区发展战略的基础上，对于规划区内社会经济的地域组织提出切实可行的建议，进而谋求规划地域空间结构的调整优化，实现经济效益、社会效益和生态效益的统筹。具体来看，主要的规划任务包括：一是对于规划区域内的资源、环境、人口和经济等条件进行综合评价，提出最佳的利用途径，明确地区经济的发展方向和专业化部门；二是从满足生产和居民生活需要出发，确定企业布局、基础设施以及其他重大工程项目的合理区位，实现经济活动空间分布的逐步优化；三是研判人口增长趋势，结合近期的经济建设安排，提出最适宜的城镇网络布局体系，完善设施配套，创造良好的居住条件；四是制定应对自然灾害、环境整治和生态恢复的有效措施，实现环境的有效利用、保护和完善，保障经济社会的可持续发展。

二、 地域生产综合体开发模式

(一)地域生产综合体的概念

地域生产综合体最早由苏联经济地理学家 H. H 科洛索夫斯基于 1948 年正式提出。他对地域生产综合体定义为：地域生产综合体是指能在一个工业点或整个区域内的经济上相互协调的组合，并且企业要与区域的自然条件、经济条件、运输和经济地理位置相协调①。从本质上来讲，地域生产综合体是充分发挥生产联合化的优越性，把专业化部门及其辅助部门相结合的综合开发模式，是一种社会化大生产的地域组织形式。按照内部构成和专业化方向，可以将地域生产综合体划分为：工业生产综合体、农业生产综合体、工业一交通综合体以及服务业综合体等。按照地域生产综合体的规模等级，可以将其划分为全国性地域综合体、区际综合体、区域综合体、区内综合体以及工业枢纽综合体等。

(二)地域生产综合体的构成和特点

从内部构成来看，地域生产综合体是由专业化生产部分、与其协作配套的辅助性生产部门以及地区自给性生产部门所组成。其中，专业化生产部门是地域生产综合体的经济支柱，决定了该综合体在全国经济发展中所扮演的角色。辅助性生产部门则是为了适

---

① 费洪平. 地域生产综合体理论研究综述[J]. 地理学与国土研究，1992(1)：40-44.

应或服务于专业化生产而发展起来的部门，是专业化部门实现持续发展的重要支撑。自给性生产部门则是建立在本地居民服务需求基础上的服务性部门。各构成要素间相互联系、相互配合、密切协作，共同推动地域生产综合体的良性运转。

地域生产综合体具有显著的计划经济特征。地域生产综合体并不是自发形成的，从综合体的建立目标、专业化生产部门的选择、地域空间布局的安排、建设的规模和时序、各类资源要素的投入等，都是严格按照国民经济计划执行，并由国家直接控制、管理的。首先，专业化是地域生产综合体的本质特征。地域生产综合体中的专业化生产部门是该综合体的经济支柱，是区域发展的核心部门，体现了其在国民经济中的地位和作用。其次，协作化是地域生产综合体的重要方面。地域生产综合体存在的底层逻辑是各类生产单元相结合的总体效率要高于局部效率，因此它并不是各类经济部门、人力和自然资源的简单组合，各单元间相互配合、相互联系的程度才是综合体成熟性的重要体现。最后，开放性是地域生产综合体的内在要求。地域生产综合体内外有着广泛的联系，是一个开放的地域经济系统，也正是这种外部联系决定了各综合体在区际劳动地域分工中的专业化方向。后来世界各国推崇的产业集聚集群、产业集聚区建设，都和地域生产综合体思想的延续和创新发展有关。

三、 对我国国土空间规划的启示

苏联相对成熟和完善的规划体系对我国规划工作的架构和推进产生了全面而深远的影响。苏联空间规划体系和管理制度的有效保障，使得国家城市建设和城市发展取得较大成绩。20 世纪 50 年代，我国城市规划开启了全面的“以俄为师”的做法，苏联有关城市规划建设的科学理论和思想观念不断向新中国引入，为新中国成立之初我国规划理论的形成奠定了重要基础。苏联的规划体系和工作机制也成为我国探索本土城市规划模式的逻辑起点。

现在再提苏联的规划思想和理念，似乎已经成为刻板教条工程思维的代名词，但其理性务实的规划理念仍然值得借鉴。一方面，当今的规划主体、规划需求已然不断呈现多元化的发展态势，城市规划需要更多的包容性、更大的弹性空间，而苏联的区域规划主要发生在计划经济时期，确实与当今时代存在部分脱节；但另一方面，其理性严谨的规划风格对我国的国土空间规划仍具有重要参考意义。虽然苏联规划具有明显的计划性思维，但也贯穿着科学主义的理性色彩，通过广泛吸收运筹学、工程学等其他学科的成果，努力提升城市规划的科学性和严肃性，从而可以切实解决实际建设中出现的各类问题。这种紧密结合国家经济计划、重视规划理性、发扬务实的规划风格仍然值得尊重和学习。

第二节 美国国土空间规划与田纳西河流域综合整治规划

一、 美国国土空间规划实践

(一)美国国土空间规划体系

美国国土空间规划体系主要包括联邦级、州级、区域级和地方级 4 个层级。其中，地方级规划更为具体、详细，州级和区域级规划次之，而联邦级规划主要以战略性总体规划为主。

1. 联邦级规划

21世纪以前，美国的规划体系仍以州市层面的地方规划和部门专项规划为主，尚没有一个全国性国土空间战略规划，但自2000年以来，美国的空间规划开始进入面向区域可持续发展的综合规划阶段①。“美国2050”作为一项持续性、滚动性的综合研究，是新世纪美国国土空间规划的典型代表。21世纪以来，面对全球经济格局重构、能源危机、气候变化、人口急剧增长、区域发展不平衡等问题的挑战，由美国联邦政府提议，洛克菲勒基金等资助，依托美国区域规划协会、大学等多科学背景、多利益主体共同组成研究团队，研究并构建了美国未来40～50年国土空间发展的基本构架。通过基础设施规划、大都市圈规划、发展滞后地区规划以及大型景观保护规划四个方面内容，力求促进各州合作发展，形成世界级的多式联运系统，从而创造优美的环境景观，实现全社会较为均衡的发展，建设具有全球竞争力的大都市圈。总体而言，“美国2050”是一个综合竞争力导向的战略框架，针对关键问题，瞄准重点区域，注重人口、环境和经济一体化发展，以期提升21世纪国家创新发展能力和经济向上增长动力。

2. 州级规划

美国是联邦制国家，各州的自治程度很高，国土空间规划体系也形成了以“州”为主轴的权利框架。美国各州政府在实现本地区经济社会发展中面临一系列重大而复杂的问题，涉及城市更新、土地利用、环境保护、教育发展、基础设施建设等，但现实中州政府的财政来源是相对有限的，因此需要借助总体规划的方式实现资源的合理分配。州级规划的主要任务是制定本州域经济社会发展等一系列战略目标，并做出具体的措施安排，从而建立州域的共同发展目标和共识。从规划重点来看，早期州级规划主要以总体规划或综合规划为主，旨在为本州长期发展指明方向，后期则逐步强调以实际问题导向的功能性规划或单项规划，进而引导长期目标的实施。与此同时，由于美国各州的自治程度很高，州级规划的名称、内容、形式和制定程序等差异很大，尚未形成统一的标准。不同时期，各州的空间规划皆是依据自身发展面临的关键问题，有所侧重地制定一系列目标和政策。

3. 区域级规划

区域级规划主要解决跨界或州际问题，缓和地区间的发展矛盾，促进各区域的共同发展。区域规划内容建立在一系列区域本底研究的基础上，包括社会经济运行情况、人口增长态势、用地结构分析等，结合此前各州或各地方的政府规划，提出本区域未来发展的目标、政策和建议等。从规划类型来看，美国的区域级规划主要包括流域综合开发规划、跨州经济开发区建设规划以及大都市区规划②。在流域综合开发规划中，比较有代表性的包括田纳西河综合整治规划、密西西比河综合开发规划以及哥伦比亚河水电开发规划等，其中田纳西河流域综合整治规划是美国流域综合开发规划的有益探索，也是较为有影响力的空间开发模式，被其他国家广泛效仿。20世纪60年代以来，跨州经济开发区建设规划不断涌现，旨在解决跨州地区面临的经济社会发展问题，其中，战后美国政

---

① 刘慧，樊杰，李扬．“美国2050”空间战略规划及启示[J]．地理研究，2013，32(1)：90-98.

② 孙春强，张秋明．美国国土规划及对我国的启示[J]．国土资源情报，2011(8)：11-17.

府对于阿巴拉契亚地区的开发具有典型意义。美国是大都市区概念的发源地，也是大都市区发展进程最快的国家，大都市区规划对于缓解区域发展中面临的行政分割和边界矛盾等问题具有重要作用。

4. 地方级规划

在美国国土空间规划体系中，地方级规划最具体、最详细。地方级规划的内容主要包括交通基础设施建设、公共服务与公共安全、资源环境保护、住房与就业部署等。地方级规划主要解决的是本地发展中面临的一系列突出问题，同时也注意与州级规划目标相衔接。相较其他层级的规划，地方级规划的民众参与程度更高，有利于形成区域发展的共识，也增强了规划的可实施性。地方级规划包括总体规划、分区规划和土地细分规划三级①。总体规划时限一般为 20 年，通常由地方管理机构规划委员会制定，并通过分区规划和土地细分规划来具体实施。分区规划由各市、镇等自行制定和通过，规定该地方政府辖区内的所有地块的土地利用、建筑边界、建筑类型和开发强度等。土地细分规划则是对于地块的布局、设计及设施配套等方面提出的更为具体的设计标准。

(二)美国国土空间规划的立法保障

从联邦层面来看，20 世纪 20 年代以来先后出台的《州分区规划授权法案标准》和《城市规划授权法案标准》成为美国国土空间规划的重要法律依据，为各州和地方制定分区规划和总体规划提供了必要的导引，提供了参考依据。然而，两部法案的实施逐步暴露出总体规划和分区规划之间衔接不足的问题。因此，在 1975 年美国法律协会又颁布了《土地开发规范》，对前两个规划法案进一步完善。此外，美国规划协会于 2000 年联合 60 家公共团体组成了“美国精明增长城市联盟”，并于 2002 年出版了《精明增长的城市规划立法指南》，为各州进行具体规划的编制和实施提供了标准模式，同时也对全国国土空间结构调整起到了关键作用。

从州层面来看，1968 年出台的《政府间合作法案》中指出，地方政府申请联邦基金必须要有州和区域规划部门的审核与推荐，以保证项目符合全州或区域的总体规划目标②，法案的出台进一步强化了州级规划的重要地位。此后，各个州的立法机构也先后为州级规划立法，并颁布了一系列规划实践与内容相关的目标。此外，由于地方政府是由州立法产生的，因此地方的规范法规基本是建立在州立法的框架内，州的授权法往往也明确了地方政府在规划方面的功能。

(三)美国国土空间规划的基本特点

美国国土空间规划没有统一架构，规划体系呈现显著的多元化和高度分散化特征。美国国土空间规划体系并没有形成显著的自上而下等级化的垂直结构特征，很多规划开展的目的是解决非常具体的实际问题。此外，由于美国各州的州情不同，规划呈现相对自由化特征。一方面，规划体系的多样化，不同地区对于规划的需求不同，因此各州往往自成体系，出现了多元化的规划形式；另一方面，各地的规划机构设置也呈现多样性特点，州层面包括州长规划办公室、内阁协调委员会和规划委员会等形式，其管理目标

① 徐雅贞，王筱春，彭芯. 美国国土空间规划及其启示[J].《规划师》论丛，2012(0)：140-145.

② 蔡玉梅，高延利，张建平，等. 美国空间规划体系的构建及启示[J]. 规划师，2017，33(2)：28-34.

和方式差异较大。此外，不同州建立规划机构的方式也不同，有些是依托法律授权成立，有些则是采取政府间协议的形式建立。

地方级规划占据主导地位，但近年来全国国土空间规划趋势逐渐强化。美国地方自治的政治体制决定了规划体系以地方规划为主。地方级规划是美国国土空间规划体系的核心，联邦级、州级以及区域级的规划的目标和构想，最终都要依靠地方政府来实施，联邦政府和州政府更多扮演监督者的角色，对于地方级规划主要起到指导作用。与此同时，近年来也出现逐步重视全国国土空间规划的趋势。2006 年，由联邦政府提议发起的“美国 2050”空间战略规划，就是为制定美国未来国土发展框架而采取的国家行动。此外，2009 年联邦铁路局发布了高速铁路战略规划，旨在进一步刺激美国经济的复苏，提高美国经济发展的稳定性和竞争力。

规划运作中以经济平衡和经济干预为主，法规控制为辅。美国作为自由主义市场经济的现实典型范式，十分强调市场力量对于经济发展的推动作用，联邦政府对于地方的控制手段也主要依靠经济手段，而不是行政手段。同样的，在空间规划的运行过程中，联邦、州和地方政府主要通过基金、投资、贷款等经济激励手段实现对于国土空间发展的总体调控和统筹。此外，为了保证国土空间规划的有效实施，将各类规划工作纳入法制化和程序化的轨道。因此，尽管美国尚未形成统一的全国国土空间规划体系，但是依然能够维持正常的空间规划秩序，不会受到领导人的更迭而产生重大变化。

二、 田纳西河流域综合整治规划

(一)田纳西河流域地区概况

田纳西河位于美国东南部，发源于阿巴拉契亚山脉，是密西西比河的二级支流，全长 1 050 km，地跨弗吉尼亚、北卡罗来纳、佐治亚、亚拉巴马、密西西比、田纳西和肯塔基七个州。田纳西河流域气候暖(温)湿，降水量大，加之地形起伏，水能资源十分丰富。此外，该地区还拥有丰富的煤炭、磷矿、锌矿等矿产资源。然而，20 世纪 30 年代初，田纳西河流域是美国最贫穷落后的地区之一。由于过度开垦，肆意砍伐森林，掠夺式开采矿物资源等原因，致使这里长期水旱灾害频繁，水土流失严重，田园荒芜，人口外流。本地丰富的水电、航运、旅游等资源均未得到有效开发，严重制约区域经济发展①。鉴于以上情况，1933 年，当时的美国总统罗斯福建议国会立法成立田纳西河流域管理局，开启了对田纳西河流域的综合规划与开发。

(二)田纳西河流域开发举措

田纳西河流域治理遵循统一开发、逐步建设的基本原则。田纳西河流域管理局成立初期，流域治理以防洪和航运建设为主。主要以田纳西河干流为开发重点，建造了几十座多目标水坝，防控洪水泛滥，同时还建设了 9 座船闸，控制河流水位，疏通河道。与此同时，开凿了一条长 650 英里(大约 1 046 km)的内陆水道，将南部内陆河、大湖区、俄亥俄河及密苏里与密西西比河水系连接起来，为发展航运奠定坚实基础。在此基础上，

---

① 陈湘满. 美国田纳西流域开发及其对我国流域经济发展的启示[J]. 世界地理研究，2000(2)：87-92.

充分利用区域内丰富的矿产资源和水能资源，修建水电站、火电站和核电站，发展铝工业、原子能工业、化学工业等高耗能产业。同时，为促进农、林、牧、副、渔业全面发展，依托肥料工业，提高区域土壤肥力，改善农业生产条件，植树造林，防止水土流失，兴建水库，带动渔业发展。重视对农民进行科技知识传授，提高农民的农业技术和管理水平。流域治理的中后期，在环境保护的基础上，不断延长区域发展的产业链，通过在山区建立公园、野生动物管理区，在水库沿岸建设风景区、宿营地和俱乐部等举措，带动区域旅游业发展①。总体来看，田纳西河流域治理注重开发的整体性和系统性，通过确定合理的开发时序，不断实现区域规划的有效实施。

(三)田纳西河流域开发经验

一是统一领导，建立较为独立的实权管理机构，保障各项规划的有效实施。1933年美国国会通过《田纳西河流域管理局法》，成立田纳西河流域管理局(Tennessee Valley Authority，TVA)作为联邦政府机构。田纳西河流域管理局只接受总统和国会的监督，能独立行使人事权；对土地具有征用权；对建设项目有开发权；行使流域内经济发展及综合治理和管理职能；促进地方经济发展，向更多领域投资与开发②。作为一个“政企合一”的管理机构，TVA即享有政府的权力，同时也具有私人企业的灵活性和主动性，有利于高效率解决开发建设中面临的各种问题。总体来看，设立较为独立的自主管理权管理机构保障了流域内各项规划、开发和治理工作的有效实施。

二是立法先行，确保流域开发与管理有法可依。为保障田纳西河流域开发整治工作的有效推进，美国国会于1933年颁布了《田纳西河流域管理局法》。这一法规对于田纳西河流域管理局的职能、开发任务和权力进行了明确细致的规定，例如管理局有权为开发流域资源而征用流域内土地，并以联邦政府机构的名义管理；有权在田纳西河干支流上建设水库、大坝、水电站等水利设施等③。该法的出台为田纳西流域开发规划的进一步落实奠定了坚实的法律基础。此外，伴随流域实际开发工作的推进，《田纳西河流域管理局法》自颁布后，也在不断进行修正和完善，以保证流域开发和治理的重要措施都能得到相应的法律支撑。

三是把水资源的开发利用与流域经济的发展结合起来，实施综合开发。田纳西河流域在规划以及规划的实施过程中，坚持以流域开发带动流域经济发展，坚持生态环保建设原则，注重在水资源开发利用的同时与流域内的生态建设、防洪、城市用水、工业布局、航运、休闲旅游等紧密结合，带动地方经济和社会的快速发展，这也是美国政府当初建立TVA的初衷。通过20多年的努力，随着干流和支流上49座水坝建成，既可控制洪水，又可疏浚航道，还可以生产大量廉价的电力，有力地促进了整个流域早期经济的发展。在20世纪50年代和70年代，水坝建设基本完成之后，根据当时经济发展的需求，适时地利用储量丰富的煤炭资源兴建大型火电厂，并发展核电站为流域经济持续发展提

① 谢世清. 美国田纳西河流域开发与管理及其经验[J]. 亚太经济，2013(2)：68-72.

② 戴倩，罗贻芬. 国外流域综合治理中的组织保障及其对我国的启示[J]. 水利经济，2003 (1)：48-50.

③ 谈国良，万军. 美国田纳西河的流域管理[J]. 中国水利，2002(10)：157-159.

供了可靠的能源保障，TVA把电力生产、电网建设和销售结合起来，其售电价格仅为全国平均价格的一半，为田纳西河流域农村普及电气化奠定了基础。通过几十年的建设，田纳西河流域的经济结构发生了很大的变化，1933年以前的田纳西河流域，经济落后，人民生活困难，主要以农、牧业为主，从业人数约占60%，而制造业、商业和服务业的比例均较低。随着水能的开发和廉价电力的提供，生态环境、交通的改善，逐步形成了田纳西河工业走廊，农业所占比例大幅度下降。目前农业就业人数仅占5%左右，这是农业生产条件改善后的必然结果。

四是规划有章，重视生态，强调经济、社会与资源环境的全面协调。TVA成立之初就按照《田纳西河流域管理局法》的要求，对于流域整体的开发建设时序进行了统一规划，并制定了一系列的具体建设方案，为田纳西河流域的长期发展奠定了良好的基础。此外，由于社会各界对于环保的日益重视，TVA在规划逐步推进的过程中，将生态建设和环境保护作为流域治理的重要原则。通过植树造林提高区域森林覆盖率，绿化美化水库和河渠的沿岸。与此同时，将生态建设与旅游发展相结合，打造区域经济的重要增长点，带动区域产业结构的转变，实现经济效益与生态效益的统一。

三、对我国国土空间规划的启示

一是要在统一的国土空间规划体系框架下，因地制宜，特色发展。由于美国各州的州情不同，国土空间规划形式呈现多样化、自由化的特征，因地制宜，特色发展也成为国土空间规划的重要原则。我国幅员辽阔，各地区的自然条件、人口体量、人文特色、产业结构和城镇化发展阶段等方面差别较大。国土空间规划体系的建设也必须充分考虑各地实际情况，在构建统一的国家、省和市县三级体系的前提下，结合区域各自的特点，包容不同的规划形式、思路和方法，走因地制宜的特色化发展之路。我们必须充分认清区域自身的特点，找准区域发展面临的突出问题，有针对性地提出解决方案，避免一刀切或是简单地照搬。

二是加强区域战略协同与政策联动，保障国土空间规划有效实施。美国的都市区规划和流域规划具有较长的发展历史，对于我国跨行政区规划、特别是客观存在的地理区域的规划具有重要的借鉴意义。伴随区域间合作的日益加强，区域协调变得愈发重要，我国以行政区为基础的传统治理模式已经难以适应跨行政区的社会经济发展需求，亟待实现从城市层面到区域层面的“尺度跃升”。然而，当前我国的城市群建设除了求助于中央政府的协调之外，至今还停留在一味地规划和倡导地方政府间合作的阶段。跨区域协调的制度化、体系化安排依然不足，尤其是中间层和治理载体的缺失，导致中心城市与广域的城市群难以有效衔接，城市群规划也多流于形式，政策力度有待进一步提升。流域方面的协调，如长江流域大保护、黄河流域绿色发展等，也是如此。

三是以人为本，强调规划过程中的公众参与，最大程度体现民意。美国的国土空间规划是建立在行为主体广泛参与的基础之上的，从规划的制定到实施始终贯彻公众参与的观念，保护公众知情权。以人为本的规划进程对于我国国土空间规划体系方法和形式的变革具有重要的启示意义。传统的自上而下的单一调控已经难以适应当今的发展需求，为了减少矛盾，增强共识，应积极吸纳地方政府以及各界的意见，最大限度地体现民意，实现对于大多数人利益的保护，确保自上而下和自下而上各种力量的协调和均衡。与此同时，这种公众参与制度应该贯穿规划的整个流程，在规划实施过程中也应借助社会监督机制，提高规划的实施度。

四是把流域作为一个整体开展经济、社会发展总体规划。充分发挥自然地理、人文地理、地理信息系统等多学科综合优势进行流域集成研究，开展长江流域、黄河流域、珠江流域等大江大河流域总体规划。

第三节　日本历次国土空间规划

日本是世界上国土空间规划做得较好的国家之一，不论是规划体系(尤其是相关法律体系)建设，还是规划实施效果，都比较好。日本根据不同发展阶段和世界局势变化主动调整国土空间规划的做法更值得我们学习。中国与日本的国土环境有一定的相似性，如人多地少，自然灾害频繁等。中国学习日本非但必要，而且现实可行。

一、 日本前五次国土空间规划的简要回顾

截至 2015 年，日本先后进行了七次国土空间规划，如表 2-1 所示。这些规划每次都有明确的目标和针对目标的主要开发方式。其中前五次国土空间规划的简述如下。

第一次国土空间规划的基本目标是促进地区间的均衡发展，是以“开发”为基调的、以量的扩大为目标的规划。所采取的开发方式为据点式开发。这种开发方式适用于区域开发的早期阶段(对日本来说是战后恢复时期)。对我国西部大开发，尤其是新疆、青海、西藏的开发具有借鉴意义。

第二次国土空间规划的基本目标是创造丰富的环境，采取的开发方式是大型开发项目带动，主要是通过基础设施项目如整备新干线、高速道路等网络通道带动，其实质是点轴式开发。这种开发方式适用于经济起飞阶段，我国在 20 世纪后期采取的就是这种方式，我国辽宁省 2008 年国土规划提出的“弓箭型开发”①模式就是点轴式开发模式。

第三次国土空间规划的主要目标是整治人类居住综合环境，所采取的开发方式是建设定居圈，从空间战略看属于都市圈开发模式。

第四次国土空间规划的基本目标是构建多极分散型国土空间，采取的主要措施是打造交流网络，属于网络式开发模式。

第五次国土空间规划的基本目标是形成多极型国土结构，采取的开发方式是实施 4 大战略(建设多自然居住区域、革新大城市、建设地区协作轴、打造广域国际交流圈)等，类似于网络式开发模式。

① 即以大连为龙头，以沈阳为中心，依托沈大产业带、城市带和京沈(辽宁段)—沈丹交通带，开发“五点一线”，大力发展外向型经济，扩大对山东半岛、长三角、珠三角地区的联系，以及对海外的联系。

表 2-1　日本七次国土空间规划①②

序次	背景	目标	开发方式
1962 年全国综合开发规划(全综)	经济发展进入高速增长阶段；城市过大化问题，收入差距的扩大；收入倍增计划(太平洋带状地带构想)	促进地区间的均衡发展	据点开发构想：为了达到目标需要分散工业，使开发据点与东京等既有大集聚地相连接，通过交通通信设施使之有机地相互联络相互影响，同时，在充分发挥周边地区特性的同时，促进连锁性开发，实现地区间的均衡发展
1969 年新全国综合开发规划(新全综)	高速经济增长；人口产业向大城市集中；信息化、国际化、技术化的进展	创造丰富的环境	大型开发项目方式：通过整备新干线、高速道路等网络通道，推进大型开发项目，纠正国土利用的错误倾向，解决过密化、过疏化以及地区差距问题
1977 年第三次全国综合开发规划(三全综)	稳定的经济增长；人口产业出现向地方分散的迹象；国土资源、能量等有限性问题凸显	整治人类居住综合环境	定居构想：在抑制人口和产业向大城市集中的同时，振兴地方，应对过密化、过疏化问题，在努力谋求全国国土均衡利用的同时营造适合人类居住的综合环境
1987 年第四次全国综合开发计划(四全综)	人口及各种功能的东京一极集中；由于产业构造的急速变化等而引起的地方圈雇佣问题的严重化；真正意义上的国际化的进展	构建多极分散型国土空间	交流网络构想：在充分发挥地区特性的同时，通过创意和努力推进地区整备；在国家或地方指导方针的指引下，在全国推进骨干交通、信息、通信体系的整备；通过国家、地方、民间主体的多方合作形成多样的交流机会
1998 年 21 世纪的国土宏伟计划(五全综)	地球时代(地球环境问题、大竞争、与亚洲各国的交流)；人口减少，老龄化时代、高度信息化时代	形成多极型国土结构	参与和协作——通过多样主体的参加和地区联合构建国土(4 大战略)：建设多自然居住区域、革新大城市、建设地区协作轴、打造广域国际交流圈
2008 年国土形成规划(六全综)	日本国际竞争力排名下降；边远地区过疏、区域差距大的问题仍没有得到根本改变	缩小全国地区差距，打造新国土轴	从注重“开发”到强调“形成”；以人为本建设宜居环境；设立国土审议会，强调规划的协议式、协商式与参与性结合；更重视东亚的背景、重视可持续发展、重视柔性国土
2015 年全国国土形成规划(七全综)	真正应对人口减少；重视地方个性；注重创新支撑经济增长	建设对流促进型国土	土地利用紧凑化与网络化，地区个性与彼此交流，地方定居与全球化

① 吴殿廷，刘睿文，吴铮争，等. 日本新国土规划考察和辽宁省新一轮国土规划的初步设计[J]. 地理研究，2009，28(3)：761-770.

② 王金岩. 空间规划体系论：模式解析与框架重构[M]. 南京：东南大学出版社，2011.

二、日本新国土空间规划的特点

进入21世纪，随着日本少子老龄化问题的日益严峻，跨境地区间的竞争日趋激烈。特别是日本国内严峻的资源和财政制约，日本亟须向与成熟社会相适应的以提高国土质量为目标的国土空间规划转变。于是，日本改“国土开发”规划为“国土形成”规划（强调“国土培育”），以更好体现可持续发展的理念。2005年，为了制定新的国土形成规划，日本对原来的《国土综合开发法》进行了修改，制定了《国土形成规划法》。2005年以后，日本不再编制传统意义上的“国土开发规划”。同时，也着手编制新的“国土形成规划”，并提出了“安全、安心、安定”的国土和国民生活的未来面貌。《国土形成规划法》有别于《国土开发规划法》对国土开发与资源利用的强调，而是注重国土的利用、开发和维护的综合协调与治理；强调规划的指导作用，并对中央与地方的职能进行了相对明确的分工。

在《国土形成规划法》指导下，2008年日本正式颁布了《全国国土形成规划》，学术界俗称“六全综”，该规划注重提高规划质量和强化规划实施效果，提出了五个全新的规划目标，主要包括：通过发达的交通网络形成一体化的亚洲；保持可持续发展的日本；形成具有超强抗灾能力的安全而有弹性的国土；美丽国土的管理与继承；形成以“新型公共主体”为支柱的地区建设等内容。规划的思路和方法在“五全综”基础上，更加注重新型治理模式的理念，并给予广域地区更大的发展特色空间。

2014年日本公布了《日本2050国土构想》，这是一个较为宏观的战略性规划，规划预测到2050年由于老龄化问题，日本国土空间中的无人居住区将达到62%。因此，该规划提出要在东京、大阪和名古屋区域，通过贯通的新干线，实现三地的一小时通勤圈，形成更加紧密的巨型城市区域，以提升国际竞争力。按照《国土形成规划法》，2015年日本又推出了全新版《全国国土形成规划》，学术上俗称“七全综”。这次规划在“六全综”强调地域特色发展与全球化的基础上，提出了建设对流促进型国土的理念，这是在日本经济长期低迷与人口持续减少发展状态下鼓励区域发展的全新指针。日本国土空间规划的演变体现了规划价值取向随经济、社会发展状况的变迁而调整的特点①。

三、日本国土空间规划体系

从政体上来看，日本实施君主立宪制下的立法、行政与司法的分立。行政区划分成两个层次，第一个层次为“都道府县”；第二个层次为“市町村”，这两个层级统称为地方团体。日本的都、道、府、县直属中央政府，但各都、道、府、县都拥有自治权。全国分为1个都（东京都：Tokyo）、1个道（北海道：Hokkaido）、2个府（大阪府：Osaka，京都府：Kyoto）和43个县，下设市、町、村。市、町、村三者的区别在于实体地域概念下的城镇化水平，而不是依托行政地域来进行确定。市的人口规模必须在5万以上，人口50万以上的市可以成为“政令指定市”，享受某些上级政府的权限。

日本国土空间规划体系也是依托其自然和人文地理特点而产生并发展起来的。与西方各国的国土空间规划体系不同，日本国土空间规划行政体系在国家层面上的核心机构是国土交通省，国土交通省（Ministry of Land，Infrastructure，Transport and Tourism）下设

---

① 王金岩．空间规划体系论：模式解析与框架重构[M]．南京：东南大学出版社，2011.

总政策局、国土规划局、土地与水资源局、城市与地域整备局、河川局、道路局、住宅局、铁路局、机动车交通局、海事局、港湾局、航空局等。其业务范围包括国土规划、城市规划、河川治理、住宅建设、道路建设、港湾建设、政府厅舍(楼堂馆所)建设等工作。在“都道府县”层面上，设有城市规划局、建设局等机构来负责空间规划事务。在“市町村”层面上也有相应的机构管理规划事务。

日本国土空间规划法律体系的核心法律有三个，分别是《国土形成规划法》[*National Land Sustainability Plan Act*，2005 年首版，继承并在《国土综合开发法》(1950 年首版)基础上形成]、《国土利用规划法》(1974 年首版)、《土地基本法》(1988 年首版)，其余的则为各个专项规划法律。三个核心法的存在，形成了日本平行存在的三类规划，这三类规划分别是国土形成规划(2005 年之前为国土综合开发规划)、国土利用规划和土地利用基本规划(其下包括各类专项规划)。其中，国土形成规划以国土利用、开发和维护的综合规划为导向(国土综合开发规划，强调国土开发的蓝图式目标)，国土利用规划偏重国土的分类利用目标和规模控制，土地利用基本规划(主要是其下的专项规划)根据国土利用规划编制。根据 1974 年的《国土利用规划法》，国土规划分为国土利用规划和土地利用基本规划两个大类。图 2-1 显示了国土利用规划与土地利用基本规划的衔接关系。土地利用基本规划主要是某些专项区域的专项规划。其中，“城市规划”是其中重要的一项规划类型。另外，在区域层面上，通常针对两个或者两个以上“都道府县”层面，根据 2005 年颁布的《国土形成规划法》规定，可以编制“广域地方国土形成规划”。各类规划贯穿各个行政层级，形成了日本国土空间规划的运作体系。日本的国土空间规划体系的框架是以全域国土空间为基础的。

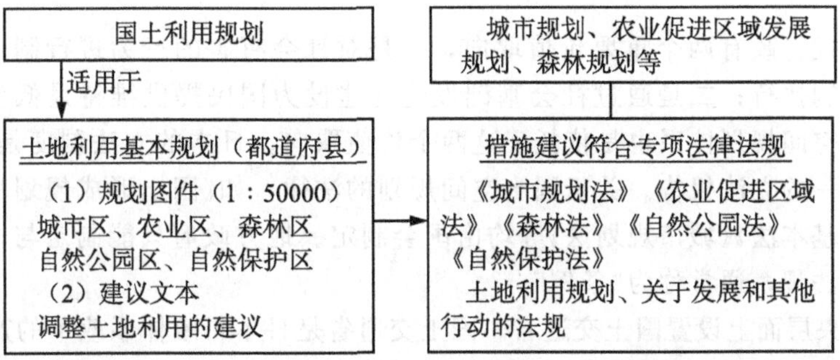

图 2-1　日本国土利用规划与土地利用基本规划的衔接关系①

依据以上描述，日本空间规划体系是以“国土利用与开发”为价值导向，以“国土规划”为核心的。表 2-2 从行政体系、法律体系与运作体系三个方面展现日本国土空间规划体系。

表 2-2　日本国土空间规划体系②

层级	行政体系	法律体系	运作体系		
国家	国土交通省	《国土形成规划法》 《国土利用规划法》 《土地基本法》	国土形成规划	——	国土利用规划

① 王金岩. 空间规划体系论：模式解析与框架重构[M]. 南京：东南大学出版社，2011.

② 同①。

续表

层级	行政体系	法律体系	运作体系		
区域	中央与地方形成的合作机构编制广域地方国土形成规划	《区域开发关系法》	广域地方国土形成规划（区域综合开发规划）	——	——
都道府县	城市规划局、建设局、住宅局、交通局、供水局、下水局，还设置有城市规划审议会	《城市规划法》《农业振兴区域开发建设法》《森林法》《自然公园法》《自然环境保护法》	都道府县综合开发规划	土地利用基本规划（都道府县根据全国、地方国土利用规划编制）；城市、农业、森林、自然公园、自然保护区域规划（分地域）	国土利用规划
市町村	市町村行政机构	《城市规划法》《建筑基准法等》	市町村综合开发规划	城市规划控制（城镇化地区与城镇化控制区、地域地区、促进区域、促进闲置土地转换利用地区、地区规划等），城市规划实施项目（设施、开发实施项目、开发实施项目预定区域）	国土利用规划

日本的现代行政有两个重要价值取向，一是对社会有害的行为进行制止，并基于全民利益进行强制执行；二是通过社会基础设施的建设为国民提供维持最低生活水准的保障。日本国土空间规划体系也是依托于这两个价值取向。日本的立法制度是全国统一的，国会是全国唯一的立法机构。关于国土空间规划的法律，如《国土形成规划法》《国土利用规划法》《土地基本法》《城市规划法》等均由国会制定。地方政府只能制定与国家法律不相冲突的地方性法规，通常称为“条例”。

日本在中央层面上设置国土交通省。国土交通省是日本行政体系改革的产物。2001 年 1 月，日本中央政府的机构改组得以最终完成，新的政府体制正式启动。原来的 1 府 22 个省厅被综合改编成 1 府 1 委 12 个省厅。空间规划体系的中央行政机构也在被改革之列。国土交通省是日本的中央省厅之一，在 2001 年的中央省厅再编中由运输省、建设省、北海道开发厅和国土厅等机关合并而成，其业务范围包括国土规划、河川、城市、住宅、道路、港湾、政府厅舍营缮的建设与维持管理等①。

日本设立国土交通省的目的十分明显。其一，增强中央政府特别是内阁在国家空间规划体系中的主导地位，发挥内阁的指挥权和管理权，强调在国土空间规划重大问题上的权力集中和决策的高效性。其二，重新界定了民间组织和政府机构在国土空间规划领域里的职权划分，大幅度削减了一般的管理权限，对于社区型的国土空间规划放权于民，实现了国土空间规划体系运作的高效性。其三，更加便于协调不同地区、不同部门之间

① 王金岩. 空间规划体系论：模式解析与框架重构[M]. 南京：东南大学出版社，2011.

由于利益分配和职能分工等造成的矛盾和冲突，突出中央机关的协调和沟通能力。其四，将各类规划的运作整合在同一部门内部，使得“国土形成规划”“国土利用规划”和土地利用的“基本规划”等各类规划由国土交通省统一负责，保证了价值取向的一致性。总结起来就是，该集权的更加集权，该放权的更加放权，做到“事权清晰”，改革后的规划体系更利于协调和协作。

名义上，日本实施的是地方自治体制，国家赋予了地方公共团体以广泛的自治权。地方公共团体的职能主要包括地方立法和地方行政两个方面。但是，地方政府实际上拥有的职权是有限的，在财政自主权方向更是如此。作为地方政府的自主性财政收入主要来源的地方税仅占三到四成，远低于中央政府财政收入的百分之七十左右来自税收的比例。这种财政体制形成于日本经济复兴时期，中央政府的集权大大提高了经济发展的效率。但是，随着经济发展进入相对成熟，中央政府对地方的过度干预，严重影响了地方资源的配置效率。所以，改革呼声高涨。国土空间规划体系中的行政权力博弈也是如此。在相当长的时期内，由中央政府主导和控制的全国综合开发规划长期处于核心地位，而地方性的“都道府县综合开发规划”和“市町村综合开发规划”长期效用不大。

因此，新的《国土形成规划法》确立了全国国土形成规划和广域地方国土形成规划两个层次，对国土空间的规划权力在承认现实的情况下，适当地向经济和社会联系紧密的“都市圈”区域倾斜。图 2-2 显示了改革前后日本国土利用规划和国土形成规划的关系。改革后，强化了国土利用规划和国土形成规划二者的衔接整合关系，并形成全国层面的规划集合，这实际上强化了空间规划在中央政府层面上的效率。同时，对于地方性的规划控制项目，如“每财年的实施项目”大部被废止，保留“基本开发规划”。而“非大都市区域的发展促进规划”废止后整合入“国土形成规划(包括广域地方国土形成规划)”之中。总的来看，改革后的日本空间(国土)规划体系在中央整合的同时，也给地方区域发展实体更多的自主权①。

四、对我国国土空间规划的启示

日本正在推进新一轮国土空间规划，努力建设安全、安心、安定的国土和国民生活的未来面貌。日本新国土空间规划的特点有三：从注重“开发”到强调“形成”；以人为本；协议式、协商式与参与性结合。考察日本前后七次国土空间规划的视角、目标和所采取的措施，可以得到如下几点启示。

第一，关注的重点领域逐渐从“国土的开发和保护”过渡到“国土的形成和保育”。

第二，追求的目标逐渐从重视“物质财富”过渡到“人的发展”。

第三，所采取的空间开发模式从“增长极开发模式”“点轴式开发模式”转变到“网络式开发模式”。

第四，考虑问题的视角从国内各地区的发展过渡到地区之间的协调发展，进一步扩展到与东亚及世界的融合和竞争。

① 王金岩. 空间规划体系论：模式解析与框架重构[M]. 南京：东南大学出版社，2011.

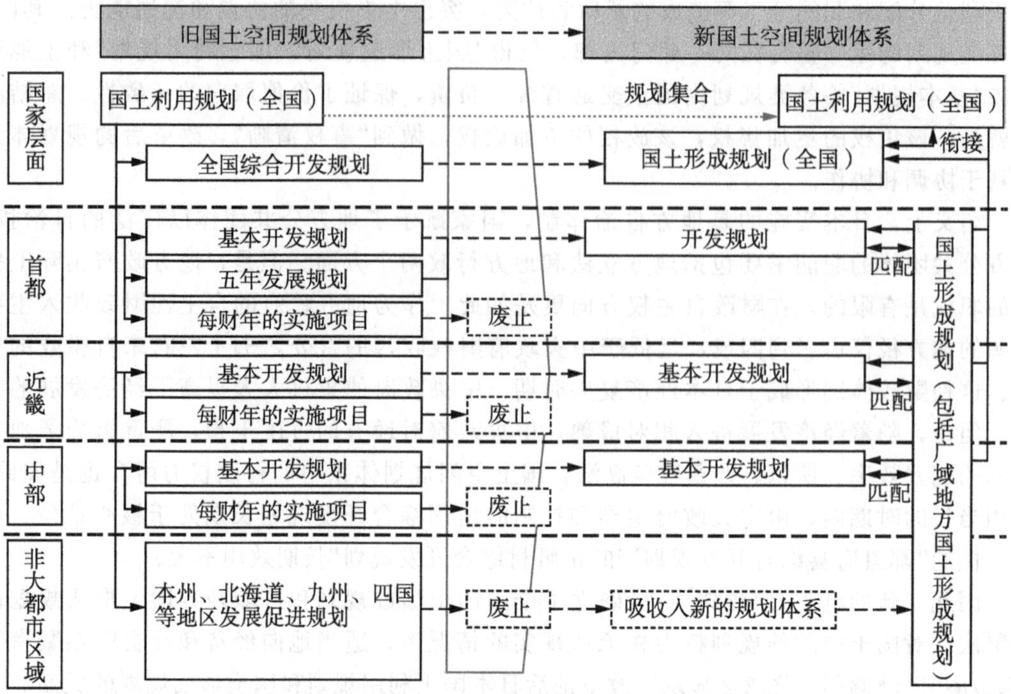

图 2-2　改革前后日本国土利用规划和国土形成规划的关系①

第五，规划的过程从封闭、半封闭逐渐过渡到社会的广泛参与。

第六，先立法指导规划，然后在规划及其实施过程中逐渐完善法律②。我国虽已经颁布过城乡规划、土地利用规划等方面的法规，但统一融合的国土空间规划法，对国土空间规划及其实施来说非常必要。

第四节　欧洲空间一体化规划

区域成员在多元利益目标导向下的自主行为被认为是制约区域协调发展的主要障碍，也是区域规划难以有效配置空间资源的关键问题。欧盟制定出台的“欧洲空间一体化规划”，在充分尊重多个政策主体利益的前提下，以谈判协商为政策制定平台，以多层级治理体系为政策推行手段，采取伙伴式合作的政策行动，提供了一个在多中心的区域发展格局下制定和实施规划政策的典型案例。

欧洲空间发展规划(European Spatial Development Perspective，ESDP)是欧盟各国历时多年制定完成的空间一体化规划政策，是欧盟区域政策的重要组成部分。ESDP 无论是从制定的方式还是从实施运行的机制来看，都充分体现了不同国家和地区之间运用规划手段，在实现共同利益的边界内，推进自身国家和地区发展的政策力量。

① 王金岩．空间规划体系论：模式解析与框架重构[M]．南京：东南大学出版社，2011.

② 吴殿廷，刘睿文，吴铮争，等．日本新国土规划考察和辽宁省新一轮国土规划的初步设计[J]．地理研究，2009，28(3)：761-770.

一、欧洲空间一体化规划的出台

欧洲联盟(简称“欧盟”)由欧洲共同体(简称“欧共体”)依据《欧洲联盟条约》(又称《马斯特里赫特条约》)演化而来，是当今世界一体化程度最高的区域政治经济集团组织，截至2022年10月，有27个成员国(地区)，4.4亿居民，面积414万km^2。

实现一体化发展的重要目标就是消除不平衡发展，但欧共体内部的不平衡发展不仅存在于国家之间，而且突出呈现在空间上。在欧洲的中心，包括伦敦、巴黎、米兰、柏林在内的大都市地区，20%土地上集聚了欧盟40%的人口，产生着50%的GDP。而在其他地区，包括德国、英国的一些地区在内，人均GDP只有欧盟平均水平的50%～60%。经济发展不平衡也引发了社会发展的不平等，如芬兰的失业率最低，仅为5%，西班牙则高达40%。为加强区域空间协调发展，欧盟在1991年成立了专项委员会——欧洲空间发展委员会(CSD)，其任务是协调与欧盟空间政策有关的活动。在1994年空间发展委员会的第四次会议上，德国、法国等国家提出对欧洲空间发展应有一个共同的远景蓝图；在1995年CSD第五次会议上，制定欧洲空间发展规划的提议获得了欧盟大多数国家认可，由此正式开始了欧洲空间发展规划(ESDP)的制定。1997年，CSD完成了ESDP“报告草稿”，在1999年5月召开的波茨坦欧盟首脑会议上，ESDP宣告达成。

二、共同的行动——欧洲空间发展规划

(一)“迈向空间一体化”规划的政策目标

消减各成员国家在经济社会发展中的不平衡是共同体的长期目标，而环境资源问题的日趋严峻和社会发展的阶层分化又带来新的空间不平衡，这一系列超越国家边界的问题要得到有效解决，需要采取协调一致的行动。

ESDP的目标是实现欧洲地域空间平衡和可持续发展，政策制定者希望通过实施欧洲空间发展战略，能够确保在欧盟所有的地区平等地实现欧洲三大基本政策：经济和社会的融合；保护和管理自然资源和文化遗产；提供欧洲地域范围内公平竞争机会。因此，ESDP的制定与实施被称为“迈向一体化欧洲的重要步骤”。

(二)制定政策的途径——多层次、多舞台的谈判和协商

在欧盟的多层级体系中，谈判和协商机制是保障政策制定实现民主与效率的关键，通过采用谈判和协商机制，把共同体利益和国别利益结合起来并落实到决策中。

1. 展开多层次、多舞台谈判和协商

ESDP的制定和决策，政策主体涉及超国家、国家和地区三个层面，因此，共同体、国家、地区和地方各不同政体之间的谈判和协商，构成了多层次介入的ESDP制定过程。

首先，在超国家的共同体层面，谈判和协商在负责区域事务的组织之间进行，有“委员会(the Commission)”“部长理事会(the Council of Minister)”“区域委员会(the Regional Commission)”和“欧洲投资银行(the European Investment Bank)”等，这些共同体组织从不同的角度和领域对空间事务和政策产生影响；其次，在国家之间，有专门协调空间发展的欧洲空间发展委员会，委员会主席由各国轮流担当，其任务重点是协调国与国在空间规划政策制定中的关系；在各国内部，地区的权利和利益也在地方政府与国家政府之

间的谈判中不断确立和明晰。

2. 谈判和协商成为决策的方式

ESDP 政策的形成历时 6 年，在这样一个漫长的谈判和协商过程中，不同的成员国得以在每一个环节充分发表意见，以体现自身的国别和地区利益，轮值主席制度也保证了不同区域国家的声音能够得到倾听。1997 年，第一份 ESDP 报告完成。随后，针对这份报告，开始了在成员国和欧盟委员会之间艰苦的咨询程序，通过一系列跨国研讨会，各组织、各国对内容条款不断展开谈判和协商，经过反复的修改和完善，最后形成了一个共同影响空间发展政策的文件(EUREK-Forum1999)。

(三)规划政策实施——多层级体系治理

欧盟是一个跨国家的区域，政治体系中没有统一的政府，其空间政策主体之多元、政策对象之交错、政策环境之复杂，超出任何国家或组织。

1. 强调建立多级、多方面的合作组织体系

有效的组织架构是实施政策的平台和运行框架，ESDP 在超国家、国家和地区三个层面推行政策实施合作。其中“水平合作”是指负责成员国事务的各国家官员、在每一个政策层面负责空间发展事务的官员之间的合作，而在超国家、国家和地区以及地方层面的组织之间的合作被称为“垂直合作”。

2. 以跨国家和地区层面的合作为重点联动不同空间层面的政策实施

欧盟将 ESDP 的实施分解为三个政策空间层面：欧共体、跨国家和地区以及地方，其中跨国家和地区是政策实施的核心层面，起着上承下接欧共体和地方两个层面的作用。跨国层面的合作行动主要有：首先在欧洲西南部、西欧中部、北海、大西洋沿海地区等 7 个地区成立跨国界“合作地区”；其次划分了两个由 4 个国家资助的食品缓冲和抗旱地区；最后选定了 4 个共同执行跨国飞行行动计划的区域。经过一段时间的运行，这些跨国界区域的合作初见成效，全部实现了参与方之间的“共同决策”。

3. 重视边界地区的公共设施结构和网络的建设

不同国家的边界地区有着极其紧密的空间联系，地方政府通过共建、共享公共设施，开展基于 ESDP 的合作，是实现区域空间发展政策目标的关键行动。ESDP 强调以“同一源泉”为战略思想，通过一系列的跨边界行动建设共用的发展平台，这些行动包括：推进跨边界合作，重点建设有区域影响的核心城市；加大地区之间公共交通联系，建设区域性的交通网络；在生态敏感区实施协调一致的景观建设和环境保护政策，创建跨地区的生态综合区。以德国和荷兰边界的斯坎迪拉维亚地区为例，合作建立了共用的公共体系(公路、电信等)，这些依托于空间发展战略建设的共享体系，充分显现了促进区域空间一体化发展的政策成效。

(四)贯穿伙伴关系原则的规划技术路线

ESDP 是一个非强制性的政策框架，其伙伴原则包括了地方和区域参与者合作实施区域规划的“纵向合作”、跨边境合作规划、城市和乡村之间创造性的合作等。在 ESDP 中，依托技术路线设计建立各参与方的伙伴关系。

1. 强化地区层面的伙伴关系

ESDP 建议在地区层面，各地方管理者之间要在可持续的空间发展领域建立极为密切的合作关系。具体技术措施有：利用跨地区(国家)的公共汽车形成连接区域之间的交通系统；扶持一体化交通设施的建设；制定乡村定居点保护规划；建立可持续的景观发展战略；建设具有区域性和欧洲特点的景观生态系统；共同编制包含对水资源利用管理在内的土地规划；共同编制公共文化遗产的保护和利用规划等。

2. 在地方层面重视空间合作行动

对于单个的地方政府而言，与周边城市政府的合作是推进一体化的具体步骤。推进合作的规划政策措施包括：制定着眼于建设城市合作和城市网络的经济多元化发展共同战略；以实现城市可持续发展为共同规划目标，包括建立有利于减少区域不必要出行的交通模式等；以城乡伙伴关系为指导建构创造性的、可持续的城市和周围区域的空间发展战略；制定保护城市遗产和提升城市建筑环境质量的项目规划等。

(五)ESDP 政策的监控与评价措施

1. 建立超国家层面的动态空间发展监控体系

作用于空间的政策因素较多，很难剔除其他政策因素来实现单一政策评价 ESDP 作为欧洲空间发展政策的第一步，需要为今后的空间政策需要搭建起平台，可以对政策实施进行监督和评价。

首先，按照 ESDP 的条款，各成员需要定期提供数据给空间委员会，通过汇总各成员国大量可以比较和分析的数据来拓展共同体的信息平台，以分析和研究跨边界、跨国和全欧洲范围的趋势对空间发展所造成的影响；其次，通过在可比较的平台上交换实践中的空间规划信息，来观察和评价 ESDP 的政策目标和行动对空间发展的关联，并建立恰当的评价标准和指标体系，为下一阶段细化和提升区域空间规划政策做准备。

2. 配合具有空间影响的区域政策共同运行，实现绩效奖励

在欧盟的区域政策中，以“结构基金”“泛欧洲网络(TENs)”“环境政策”“普遍性农业政策”对空间的影响最大，它们都是以共同体的资金和项目援助为支撑，直接对空间发展形成影响。

各成员国家和地区通过实施 ESDP，将更容易获得欧盟的项目和资金支持，愿意实施区域合作的地区更容易受益于欧盟的区域政策。像占欧盟年度开支四分之三以上的“结构基金”就明确规定，基金的受益地区是以区域而不是以成员国的国土为单位。以“泛欧洲网络(TENs)”为例，其交通发展支持重点在建设功能完善和可持续的交通体系，80%的交通体系建设投资用于完善交通管理体系、整合交通区位系统和交通流线系统，如修建跨国高速公路、铁路与公路的换乘枢纽等。

三、 ESDP 对我国国土空间规划的启示

欧盟在空间发展规划政策中所体现出来的多层级政治网络特点和非强制性政策性质，对研究和发展我国的区域政策、统筹区域发展极具借鉴意义。

(一)引入“治理”——突破区域政体限制的政策机制

缺失统一的政体一直被认为是制约区域政策有效实施的最大障碍，“治理”在公共事务管理中是指政府与民间、公共部门与私人部门之间的合作与互动，欧盟给出了在非政府组织框架下，运用治理力量实施公共政策的范例。在现行区域规划体制下引入治理的

理念，在没有单一政府作为政策主体的前提下，全面动员政府、企业和社会的力量，将引导性和弹性的政策框架导入层级式的政策网络中，激发各级地方政府、企业及社会的力量，使其成为区域规划政策的复合主体，以社会、经济和环境可持续协调发展为目标，协调各行业、部门的利益，赋予区域成员公平的发展权利，合理利用各类空间资源，以期实现对经济和社会发展的合理布局。

（二）谈判和协商——搭筑规划政策制定的新平台

在我国的规划实践中，政府行为统揽了规划政策的全过程。作为公共政策的区域规划，需要回应区域成员的发展和竞争博弈，需要解决公共物品的外部性问题、遏制区域环境的恶化势头。在这样一个复杂的政策系统中，区域规划政策的拟定方式，要摒弃传统意义上的行业性界限，充分尊重地方参与政策的权利，激发企业和社会的力量，在区域规划政策制定中建立谈判和协商平台。纵向上，规划政策要尊重不同等级政府对空间资源的配置要求；横向上，不仅土地、交通、环境等不同行业、部门的发展要求在空间资源配置上应该得到体现，企业和社会的意愿也需要得到尊重。

（三）网络式合作与协同——构建规划政策实施的新模式

区域管理是典型的多中心管理体制，纵横交错的众多政策相关者，要求集体的行动必须得到参与者的广泛支持才能奏效，因此政策行动的协同是保障区域政策得以实现的前提。合作不仅发生在不同等级地方政府之间，也包括同一地域层级的政府、企业和社会之间，由此产生的是网络式的合作行动。我国区域规划政策的参与者，从纵向看既包括省（直辖市）一级政府，也包括地市级城市政府、县级政府，还可能涉及国家级的不同行业管理部委之间的协同。从经济社会构成的角度看，不同层级地域上的地方政府、企业和社会组织及民众又构成了政策行动的横向主体，其伙伴关系构成了横向政策实施机制。

区域政策体系的跟进——完善政策监督与激励机制。对区域空间产生影响的政策源出多家，各项指导建设、产业发展、环境、土地和基础设施的规划和政策主体分属不同行业部门，在各级政府中，这些部门均处于平行关系的组织架构中，所提交的政策缺乏相关性和匹配度，政策目标也不尽相同，各为其主、各行其是是必然结果。

建立与区域规划相匹配的区域政策体系，是全面实现规划政策目标的保障，如区域产业发展政策、区域投资政策、区域环境政策、区域基础设施发展建设政策等，需要整个政策体系的协同运行才能充分实现统筹区域协调发展的战略目标。因此，在强化对“区域一体化”认同的基础上，加大对不同行业部门在区域政策制定中的协调力度，建立起制度化的政策协调行动，形成协同、互动的政策体系，建立政策监督与绩效奖励机制，区域空间发展政策才能真正推行、监控和激励。

（四）提高社会参与度——营造和谐的政策环境

欧盟是一个超国家组织，常规的非政府组织和社会公民很难对共同体政策进行参与，在 ESDP 中同样体现了欧盟制度上的软肋，社会对区域空间政策的参与度很低。

共性的问题也存在于我国的区域规划中，近年推行的“规划公示”也只是一种事后的告示，单一的主体和参与机制的缺乏，使得企业与社会几乎没有任何的话语权。参与者没有对政策目标的源头认同，不可能对政策实施采取自愿合作与协同行动。在区域规划中建立起规划全过程的参与制度，是要给予区域成员和政策参与的企业和社会以发言权，营造和谐的社会政策环境，以谈判和协商为方式，提供多层次、多元的参与平台，并据此开展合作的政策行动。

统筹区域发展是实现可持续发展的必由之路，借鉴欧盟在空间一体化发展规划上的经验，在我国现行行政区划体制下，充分发挥区域多元主体的作用，在区域规划政策过程中，以参与区域规划为前导，通过多级、多元的协商和谈判来制定政策，采取各层级政府与企业、社会协同合作的政策行动，最终实现高效地配置区域资源和社会福利最大化的区域空间规划政策目标①。

第五节 联合国人居署《城市与区域规划国际准则》

联合国人居署于2013年启动了《城市与区域规划国际准则》的研究制定工作，邀请来自全世界各地的专业团体、国际组织和政府部门的三十多位专家组成了《城市与区域规划国际准则》制定专家组。中国城市规划学会作为正式成员单位，代表我国参与了《城市与区域规划国际准则(草案)》的起草和修改，提供了最终中文正式文本的校译服务，并负责在中国的实施推广工作。

《城市与区域规划国际准则》最终案于2015年4月正式提交，并作为2016年第三次联合国住房与可持续城市发展会议的关键支撑。这是联合国机构首次以国际组织的官方名义就城市和区域规划提出指引。

从宏观和中观层面看，国土空间就是城市与乡村两种形态，等同于"区域"。所以，《城市与区域规划国际准则》完全可以看作联合国人居署的国土空间规划准则。以下是在联合国《城市与区域规划国际准则》原文(中译本)基础上简单修改而成的《国土空间规划准则》(简称《准则》)，可以看作国际社会对国土空间规划(亦即广义的"区域规划")的共识，但与我国的国土空间规划不完全相同，对生态环境的保护与治理方面涉及不多。

一、 定义和范围

国土空间规划是一个决策过程，它通过制定各种空间愿景、战略和方案，运用一系列政策原理、政策工具、体制机制、参与和管治程序，实现经济、社会、文化和环境的目标。

国土空间规划具有促进经济社会和生态环境发展的基本功能。作为一种重塑国土空间形态和功能的手段，规划能够培育本土经济的增长、促进繁荣和就业，同时也是应对最脆弱、最边缘化或无法充分享受服务的群体需求的有力工具。

《准则》将推广国土空间规划的关键原理和建议，帮助所有城市和区域，有效地引导城市人口变化——无论是增长、停滞，还是减少，改善现有及新城市住区的生活质量。

根据权利行使的基层原则和各地区的具体治理安排，应在以下各个尺度层面的空间规划中使用本《准则》。

(1)跨(国)境层面。跨(国)境区域战略能够直接引导投资，应对气候变化和能源效率等全球性问题，推动跨境区域内的城市地区整合扩展，降低自然灾害的风险，改善共有

① 谷海洪，诸大建. 欧洲空间区域一体化规划[J]. 城乡建设，2005(11)：60-63.

自然资源的可持续管理。

(2)国家层面。国家层面的规划能够利用现有及规划中的经济支柱和大型基础设施，以便支撑、构建和平衡包括城市走廊、江河流域在内的城镇体系，从而完全释放其经济潜力。

(3)城市区域和大都市层面。该层面的规划可以提升区域的规模经济和集聚经济效应，提高生产力和繁荣程度，加强城乡联系和适应气候变化影响的能力，降低灾害风险和能耗强度，应对社会和空间不平等问题，以及促进增长地区和衰落地区的地域融合和互补。

(4)城市层面。城市发展战略和综合发展规划有助于对投资决定进行优先排序，鼓励彼此割离的城市地区之间协同互动。土地利用规划有助于保护环境敏感地区，加强土地市场监管。城市扩展规划和填充式规划有助于最大限度地降低交通和服务供应成本，优化土地的利用，支持城市开放空间的保护和布局。城市提升和更新改造规划有助于提高居住和经济密度，促进社区的社会融合。

(5)社区层面。街道开发和公共空间规划布局有助于提高城市质量、社会凝聚力和包容性，改善对当地资源的保护。通过推动社区参与公共空间和公共服务等城市公共品的管理，参与式规划和参与式预算有助于减少空间隔离，改善空间连通性，提升社会安全和抵御能力，促进地方民主，提高社会责任感。

目前，我国已经有很多不同种类的国土空间规划方法和实践：包括主体功能区规划、城市群规划、城乡规划、土地利用规划等。这些类型规划的实践会对国土空间形态和功能产生影响，并通过各种不同方式得以实现；即使未实施的规划，也会对现实世界产生影响。规划方法的范围很广泛，包括自上而下和自下而上的方法，面对各种特定情况，它们得到不同程度的结合使用，并演变成系列方法。

无论采用何种方法，一个规划的顺利实施，需要强大的政治意愿、所有利益相关方参与的恰当的伙伴关系，以及三个关键的促成因素。

(1)透明且可执行的法律框架。应强调建立规章制度体系，为城市和区域发展提供一个稳定且可预测的长期法律框架。应特别关注问责制、可实施性和法律框架必要的强制执行能力。

(2)健全且灵活的规划和设计。国土空间设计是创造空间价值的主要因素之一，应特别关注公共空间的设计，通过提供合理的建筑形式和道路连通性，配置开放空间。此外，明确可建设街区和地块的布局也同样重要，包括适当的紧凑度和建成区的混合经济功能等，以此减少交通需求和服务供应的人均成本。最后，公共空间设计应促进社会融合互动，提升城市和区域的文化内涵。

(3)可负担且具有成本效益的财政计划。一个空间规划的顺利实施，取决于其良好的财政基础，包括启动公共投资，以产生经济和财政效益，并覆盖运行成本的能力。政府的财务方案应包括实事求是的收入计划，包括所有利益相关方共享空间资源价值，以及能满足规划要求的支出计划。

上述三个要素应达成平衡，以确保在空间治理方面取得积极且可实现的成果。这必将带来不断增强的跨部门合力、成果导向的伙伴关系以及简化有效的工作程序。

二、国土空间政策和治理

（一）原理

国土空间规划不仅是一项技术工具，更是一项综合解决利益冲突的参与式决策进程，并且与共同愿景、总体发展战略和各项国家、不同国土空间和地方政策相互衔接。

国土空间规划是国土空间治理新范式的核心组成部分，可以促进地方民主、参与度、包容性、透明度以及问责制，以期确保可持续城镇化和空间质量。

（二）中央政府的责任

各国政府应与其他各级政府机构、相关合作伙伴一道。

(1)一方面，制定国家层面的国土空间政策框架，推广国土空间可持续利用模式，设计当前和未来居民的适足生活水平、经济增长和环境保护、国土空间和其他人类住区之间的平衡体系，以及所有公民的明确土地权利和义务（包括贫民土地权保障），以此作为各级国土空间规划工作的基础。另一方面，国土空间规划将成为一项工具，用以将政策转化为行动方案，并为政策调整提供反馈。

(2)为国土空间规划制定有力的法律和制度框架。

①确保在制定国土空间规划时充分考虑经济社会发展的周期性特征，以及国家各部门的政策，并确保在开展国家规划工作时充分体现地方经济的特色和优势。

②承认国土空间之间的差异，以及空间协调和国土空间均衡发展的必要性。

③根据权利行使的基层原则，对自下而上和自上而下方法的结合使用做出适当安排，促进区域与城市、地方空间和国家规划之间的联系和协同，确保各项举措在部门和空间层面协调一致。

④制定基本规则，并建立相应机制，协调城市与区域间的规划与管理。

⑤将合作伙伴关系和公众参与正式确定为政策的核心原则，让公众、民间社会组织和私营部门的代表参与到国土空间规划活动中，确保规划人员在实施这些原则时发挥积极的支持作用，并建立广泛的磋商机制，举办论坛，推动有关国土空间发展问题的政策对话。

⑥促进对土地和房地产市场的监管，保护人工环境和自然环境。

⑦允许制定新的监管框架，促进连续不断地以互动方式，实施并修订完善国土空间规划。

⑧为所有利益相关方提供公平的竞争环境，以刺激投资，提高透明度，尊重法治，减少腐败。

(3)根据《关于权力下放和加强地方主管部门的国际准则》，界定、实施和监测权力下放工作和基层政策，加强地方主管部门的作用、职责、规划能力和资源。

(4)构建城市与区域间合作框架，衔接多层次治理体系，支持建立各类跨区域、跨城市的机构，辅以适当的监管框架和财政激励机制，从而确保国土空间规划和管理工作在适当的规模范围内开展，相关的项目能够获得必要的资金支持。

(5)推动立法工作，明确地方主管部门对于规划的制定、审批和修改负有领导责任，同时明确，如果需要将规划变成具有法律约束力的文件，必须保证规划与其他各级政府机构制定的政策并行。

(6)加强并授权地方主管部门，确保规划原则、条例和规章得到实施，有效地发挥作用。

(7)开展与专业规划组织和网络、研究机构以及民间社会的合作，建立国土空间规划方法、模式和实践的观察机制，以便记录、评估和综合各国经验，组织并分享案例研究，向公众提供信息，并按需向地方主管部门提供帮助。

(三)地方主管部门的责任

地方主管部门(自然资源厅、局)应与其他各级政府机构、相关合作伙伴一道。

(1)为制定国土空间规划提供政治领导，确保与部门规划、其他空间规划以及周边地区的发展相互衔接配合，从而在适当的空间范围内规划和管理国土空间。

(2)负责其管辖范围内的国土空间规划的审批、持续的评估和修订(例如每 5 或 10 年一次)。

(3)将提供公共服务纳入规划过程，参与城市与区域间以及多层级合作，促进产业、住房、基础设施和服务设施的建设和融资。

(4)促进国土空间规划与国土空间管理相结合，确保上位规划和下位的实施相互衔接，确保长远目标与各项计划、短期管理活动以及部门项目之间协调一致。

(5)对具体承担国土空间规划制定工作的专业人员和私营公司进行有效监管，确保各项规划方案符合地方政治愿景、国家政策和国际原则。

(6)确保国土空间法规得到执行并有效发挥功能，采取必要行动，避免非法开发行为，尤其是要关注面临风险、具有历史、环境或生态、农业价值的地区。

(7)建立利益相关者的多方监测、评价和问责机制，以便透明地评估各项计划的实施情况，并为必须对长短期项目和计划方案采取的纠正行动提供反馈意见和信息。

(8)分享各自的国土空间规划经验，参与城市与区域间合作，以推动政策对话和能力建设，推动地方政府联盟参与国家和地方层面的政策与规划工作。

(9)建立适当的参与机制，促进国土空间利益相关方，尤其是社区、民间社会组织和私营部门，有效而平等地参与到国土空间规划的制定和实施工作中，促进民间社会的代表，尤其是青年，参与实施、监测和评价工作，确保他们的需求在规划过程中得到考虑和回应。

(四)民间社会组织及其协会的责任

民间社会组织及其协会的责任如下。

(1)参与国土空间规划的制定、实施和监测工作，帮助地方主管部门识别需求和优先事项，并尽可能根据现有法律框架和国际协定，行使其参与协商的权利。

(2)动员群众，代表群众，尤其是不同年龄、性别的贫民和脆弱群体，参与国土空间规划的公共协商，推动公平的国土空间发展，倡导和平的社会关系，优先考虑最不发达地区的基础设施和公共服务。

(3)提高公众认识，动员公众舆论，防止非法和投机的投资行为，尤其是那些可能危害自然环境、导致低收入和脆弱群体流离失所的开发建设。

(4)促进确保国土空间规划长远目标的持续性，即使在政治变革或出现短期障碍时也不例外。

（五）规划专业人员及其学会的责任

规划专业人员及其学会的责任如下。

（1）在规划制定和修订的各个不同阶段，贡献其专长，动员关心其意见的利益群体，促进国土空间规划进程。

（2）在倡导更加包容平等的发展中发挥积极作用，具体方法既有促进公众广泛参与规划工作，也包括把相关内容纳入规划、设计、法规、章程和规则等规划手段中。

（3）推动国土空间规划领域的研究，促进规划知识的增长，组织各类研讨会和协商论坛，提高公众对本《准则》中所提建议的认识。

（4）与各类学习和培训机构合作，审查和编写国土空间规划方面的大学课程和专业课程体系，在这些课程中引入本《准则》的内容，并作必要的改编和进一步的阐述，促进能力提升。

三、 可持续发展的国土空间规划

国土空间规划能够在诸多领域促进可持续发展，它应该与可持续发展的三个互补方面紧密联系：社会发展和社会包容、可持续经济增长以及环境保护和管理。以协同方式整合这三方面的内容，既需要政治承诺，也需要所有参与国土空间规划进程的利益相关方的共同参与。

（一）国土空间规划与社会发展

1. 原理

国土空间规划的首要目的是在当今和未来社会的各个领域，实现恰当的生活水平和工作条件，确保国土空间发展的成本、机会和成果得到公平分配，特别是要提高社会包容性和凝聚力。

国土空间规划从本质上讲是一项对未来的投资，它为提高生活质量、成功实现尊重文化遗产和文化多样性的全球化进程，以及承认不同群体的多样性需要提供必要的前提条件。

2. 各国政府的责任

各国政府应与其他各级政府机构和相关合作伙伴一道。

（1）监测国土空间的空间利用格局的演变，支持地方主管部门和社区旨在提高社会和地域凝聚力及包容性的规划努力。

（2）推动制定减贫战略并加以具体落实，支持创造就业岗位促进所有人体面地工作，包括解决流动人口和流离失所者等脆弱群体就业的特殊需求。

（3）提供适当的财政激励和针对性的补贴，加强地方财力，授权地方主管部门，通过国土空间规划手段确保有助于解决社会不平等问题，促进文化多样性。

（4）促进在国土空间规划过程中实现文化遗产和自然遗产的认定、保护和发展的一体化。

3. 地方主管部门的责任

地方主管部门应与其他各级政府机构及相关合作伙伴一道。

（1）编制和推行包含以下内容的国土空间规划。

①一个清晰、分步骤、有重点的空间框架，确保所有人享有基本公共服务。

②一个关于土地、城市建设和交通方面的战略指引和规划图，特别关注低收入和社

会脆弱群体的当前和预期需要。

鼓励社会融合和土地混合使用的法规，为广大民众提供有吸引力的、可负担得起的公共服务、住房和就业机会。

(2)提倡社会和空间的融合度和包容性，为改善社区的社会文化生活做出贡献。

(3)根据男女老少不同的需求，提供高质量的公共空间，改善和活化现有的公共空间，如广场、街道、绿地和体育场馆，使它们更加安全，并且人人都可享用。这些场所是国土空间活力和包容性生活不可或缺的平台，也是基础设施建设的主要内容。

(4)确保每位居民都能够获得安全、可负担得起的饮用水和充足的卫生服务。

(5)促进土地混合使用，构建安全、舒适、可负担且可靠的交通系统，以及根据不同地区地价和房价的差别，采用不同的保障性住房解决方案，以缩短居住、工作和服务国土空间之间的通勤时间。

(6)充分认识发展国土空间文化、尊重社会多样性是社会发展的组成部分，并且具有重要的空间意义，鼓励开展室内(博物馆、剧院、电影院、音乐厅等)和户外(街头艺术、歌舞游行、乡村旅游等)文化活动。

(7)保护和重视文化遗产，包括传统住区和历史街区、宗教和历史古迹、考古国土空间以及文化景观。

(二)国土空间规划与可持续经济增长

1. 原理

国土空间规划是经济可持续和包容性增长的催化剂，它提供了一个有力的框架，有助于创造新的经济机会，监管房地产市场，及时提供充足的基础设施和基本服务。

国土空间规划是一个强大的决策机制，可确保可持续经济增长、社会发展和环境可持续性改善齐头并进，以促进各个地域层面之间更好地相互连通。

2. 各国政府的责任

各国政府应与其他各级政府机构和相关合作伙伴一道。

(1)通过适当的产业、服务和教育机构集群发展，规划并支持相互连通的多中心城市的发展，以此为战略，提升毗邻城市之间、城市与其农村腹地之间的专业化、互补性、协同效应，以及规模经济与集聚经济效应。

(2)与包括私营部门在内的有关各方建立动态伙伴关系，依据规模经济和集聚经济效应、就近原则和连通性原则，确保国土空间规划协调经济活动的空间区位和分布，从而提高生产力，提升竞争力，促进繁荣发展。

(3)支持城市与区域间的合作，确保资源得到优化应用和可持续利用，防止地方主管部门之间的不正当竞争。

(4)制定地方发展政策框架，将地方经济发展的关键概念适当聚焦，通过鼓励个人和私人的主动精神，在国土空间规划进程中扩大或复苏地方经济，增加就业机会。

(5)制定信息和通信技术政策框架，该框架充分考虑到地域限制和机会，加强地域实体和经济活动者之间的联系。

3. 地方主管部门的责任

地方主管部门应与其他各级政府机构及相关合作伙伴一道。

(1)承认国土空间规划的主要作用之一是为高效的主干基础设施建设、提高流动性、促进构建国土空间增长极提供必要的依据。

(2)确保国土空间规划能够创造更为有利的条件，以建立安全可靠的公共交通和货物运输系统，同时尽量减少个人交通工具的使用，从而以节能和负担得起的方式加强国土空间流动性。

(3)确保国土空间规划有利于为经济主体和居民提供更多、更均衡和负担得起的信息基础设施和服务，促进国土空间内基于知识的开发建设。

(4)将清晰详尽的投资规划内容纳入国土空间规划，包括公共和私人部门在承担投资、运营和维护成本方面预期可能做出的贡献，以便合理调动资源(地方税、内源性收入、可靠的转移机制等)。

(5)利用国土空间规划以及相关先进的土地用途管制规则，如基于形态的设计准则，或基于绩效的分区管制，管理土地市场、建立开发权市场、调动国土空间金融(包括如以土地为基础进行融资)，以及部分回收基础设施和服务方面的公共投资。

(6)利用国土空间规划来引导和支持地方经济发展，特别是创造就业机会，发展地方社区组织、合作企业、小微企业，推动产业和服务的适度集聚。

(三)国土空间规划与生态环境

1. 原理

国土空间规划提供一个空间框架，保护和管理国土空间的自然环境和人工环境，包括生物多样性、土地和自然资源，确保综合性可持续发展。

国土空间规划有利于加强环境和社会经济的抵御力、促进减缓和适应气候变化、加强管理自然和环境的危害和风险，从而提升人类安全。

2. 各国政府的责任

各国政府应与其他各级政府机构和相关合作伙伴一道。

(1)制定标准与法律法规，保护水、空气和其他自然资源、农业用地、绿色开敞空间、生态系统和生物多样性等，实现可持续管理。

(2)推动国土空间规划工作，强化城乡互补，提高粮食安全和生态安全，促进城市与区域间的相互联系和协同增效，将国土空间规划和国土空间发展联系起来，在国土空间层面(包括跨境国土空间)确保国土空间凝聚力。

(3)制定和推广合适的工具和方法，采用激励机制和管制措施，推动环境影响评估工作的开展。

(4)倡导发展紧凑型聚落，对城镇、村落蔓延现象严加管控，结合土地市场管理，制定渐次加密战略，优化国土空间利用，降低基础设施成本，削减交通需求，限制国土空间化地区的生态足迹，有效应对气候变化的挑战。

(5)推动节能减排，更多地使用清洁能源，减少化石燃料消耗，推行合理的能源组合，提高建筑业、工业和多模式交通运输业的能效。

3. 地方主管部门的责任

地方主管部门应与其他各级政府机构及相关合作伙伴一道。

(1)制定国土空间规划，提供一个应对气候变化的减缓和适应框架，提高人类住区(尤其是位于脆弱和非正规地区的人类住区)的抵御力。

(2)建立和实行高效的低碳经济发展模式，提高能源使用效率，增加可再生能源的产量和使用。

(3)在低风险地区提供必要的公共服务、基础设施和住宅开发，通过自愿参与的方式，促使高风险地区的居民到更合适的地方重新定居。

(4)评估气候变化的意义和潜在影响，保证国土空间的关键功能在灾难或危机中继续发挥作用。

(5)将国土空间规划作为改善水和卫生服务供应、减少空气污染和水资源浪费的行动计划。

(6)综合私营部门和民间社会组织的力量，通过国土空间规划，认定、复兴、保护和建造具有特殊生态或遗产价值的高质量公共空间和绿色空间，避免产生热岛效应，保护当地的生物多样性，支持建立多功能公共绿色空间，如可滞留和吸收雨水的湿地等。

(7)确定和认可已趋衰落建筑环境的价值并加以振兴，以便利用原有资产，加强社会对其价值的认同。

(8)将固体和液体废物管理及回收纳入空间规划，包括填埋场和回收场地的选址。

(9)与服务供应商、土地开发商和土地所有者开展合作，将空间和部门规划紧密联合起来，促进部门间各类服务(如供水、排污和卫生设备，能源和电力，通信和交通)的协调和协同增效。

(10)通过激励机制和限制措施，推动建造、改装和管理“绿色建筑”，同时监测其经济影响。

(11)做好街道设计，鼓励步行、非机动交通和公共交通，有利于种植树木遮阴，吸收二氧化碳。

四、国土空间规划的要素

(一)原理

国土空间规划在不同的时间和空间范围内整合若干空间、体制和金融维度，它是一个持续反复的过程，以强制性的规定为基础，旨在提高空间利用效率，加强地域之间的协同增效。

国土空间规划使得基于不同愿景的政治决定更加顺利，也更加相互衔接，它将这些决策转化为行动，改造物质和社会空间，支持国土空间的综合开发。

(二)各国政府的责任

各国政府应与其他各级政府机构和相关合作伙伴一道。

(1)推动将空间规划作为一种促进机制和弹性机制，而不是作为一张固定不变的蓝图。应以参与性的方式制定空间规划，各种版本的空间规划应便于广大民众访问和方便使用，并且便于他们轻松理解。

(2)提高公众的国土空间规划意识，提升民众的能力，尤其需要强调，国土空间规划不只是不同空间尺度的产品(规划方案、相关规则和法规)，更是一个过程——制定、修改和实施规划的机制、过程。

(3)建立人口、土地、环境资源、基础设施、服务和相关需求的数据库、注册系统和地图测绘系统，并加以必要的维护，以此作为制定和修订空间规划和法规的基础条件。这些系统的建设，应该结合利用当地的知识、现代信息与通信技术，充分考虑国土空间的具体分类数据。

(4)对国土空间规划建立全面的分期、更新、监测和评估体系，必要时通过立法予以落实。这些系统最根本的要素，包括绩效考核指标体系和利益相关方的参与。

(5)支持设立专门的规划机构，保证其结构合理、资源充足，并且技能不断提升。

(6)建立有效的金融和财政框架，支持地方层面开展国土空间规划。

(三)地方主管部门的责任

地方主管部门应与其他各级政府机构及相关合作伙伴一道。

(1)制定共同的空间战略愿景(以必要的规划图为支持)，确立一套各方认同的目标，清晰地反映政治意愿。

(2)详细拟定国土空间规划方案，保持彼此相互衔接，包括下列多个空间组成部分。

①发展愿景。其制定要对人口、社会、经济和环境趋势进行系统分析，充分考虑土地利用和交通运输之间的重要关系。

②明确的优先次序和分期安排。针对希望达成或可能实现的空间结果，在恰当的时间尺度上，在合理的可行性研究基础上提出。

③反映国土空间预期增长规模的空间布局方案。包括国土空间拓展规划安排、国土空间的合理加密与再开发、紧密相连的城市群体系，以及高质量的公共空间；

④规划设计方案。以环境条件为基础，优先保护重要生态地区和灾难多发地区尤其关注土地的混合使用、聚落形态与国土空间结构、交通与基础设施开发，灵活应对未来不可预见的变化。

(3)确立体制安排，建立参与框架和伙伴关系框架，达成利益相关方协议。

(4)设立一个能通报国土空间规划进程，并允许对提案、规划方案和最终的成果进行严格监测和评估的知识库。

(5)设计一项人力资源开发战略，提升本地的能力，必要时可寻求其他政府部门的支持。

(6)尤其应确保做到以下几点。

①土地利用和基础设施的规划与实施，应在空间上相互关联和协调，因为基础设施建设离不开土地，而且会对土地价值产生直接影响。

②除其他事项外，基础设施规划必须重点研究主干铁路网、干线公路网、数字通信和应急抢险之间的关联。

③国土空间规划的制度组成部分与财务组成部分密切相关，为此目的应建立合理的实施机制，如参与式预算、公私伙伴关系和多层级融资计划。

(四)民间社会组织及其协会的责任

民间社会组织及其协会的责任如下。

(1)通过参与式进程，包括咨询所有利益相关方，在与民众关系最密切的公共部门推动下参与制定总体空间愿景，对项目的优先程度进行排序。

(2)宣传能够促进下述方面的土地使用规划和法规：社会和空间包容，保障贫民土地权益，可负担性，合理提高密度，土地混合使用和相关的分区制度，充足且便利的公共空间，保护重要的农业用地和文化遗产，以及有关土地所有权、土地注册系统、土地交易和土地融资的改进措施。

(五)规划专业人员及其学会的责任

规划专业人员及其学会的责任如下。

(1)开发新工具，跨地区、跨部门转让知识，推进一体化、参与式和战略性规划。

(2)将预报和预测结果转化为规划的备选和设想方案，帮助政府决策。

(3)在不同阶段、不同部门和不同规划尺度范围内，确认并确保协同增效。

(4)支持对脆弱和弱势群体及土著居民的赋权，建立和宣传规划的实证方法。

五、 国土空间规划的实施和监测

(一)原理

充分、全面地实施国土空间规划，需要政治领导力、合理的法律和制度框架、有效的国土空间管理、更好的协作、凝聚共识的方法和减少重复劳动，如此才能持之以恒地、积极有效地应对当前和未来的挑战。

国土空间规划的有效实施及评估，尤其需要在各个层级对实施过程进行持续监测、定期调整，还需要具备充分的能力，可持续的筹资机制和技术保障。

(二)各国政府的责任

各国政府应与其他各级政府机构及相关合作伙伴一道。

(1)对法律法规定期进行严格审查，将其作为规划实施的重要工具，确保其切合实际且便于执行。

(2)确保所有居民、土地和投资商及从业人员遵守法制。

(3)在规划实施的伙伴中，推动各方落实问责和冲突解决机制。

(4)对国土空间规划的实施情况进行评估，为地方主管部门提供财政和财务激励及技术援助，主要用于应对基础设施短缺的问题。

(5)鼓励学术和培训机构参与国土空间规划的实施，提升所有规划相关学科的高等教育程度，为国土空间规划专业人员和国土空间管理者提供在职培训。

(6)围绕国土空间规划的实施进程、调整方案和面临的挑战，以及国土空间数据及统计资料的公开自由获取，推动相关的监测和报告工作。吸纳国土空间规划专业人员、民间社会组织和媒体的积极参与。

(7)鼓励城市与区域间的经验交流，促进国土空间之间的合作，以此作为改进规划、实施和国土空间管理实践的重要方式。

(8)开发、建立健全国土空间规划的监测、评估和问责制度，根据成果和过程的跟踪指标，汇总定量和定性信息及分析结论，接受公众监督。以国家和本地制度为基础，交流国际经验教训。

(9)推行无害环境技术、数据采集地理空间技术、信息和通信技术、大数据技术、企业注册和财产备案系统，促进交流和知识共享，从技术和社会两方面支持国土空间规划的实施。

(三)地方主管部门的责任

地方主管部门应与其他各级政府机构及相关合作伙伴一道。

(1)对国土空间规划中规定的各项实施活动，采用高效、透明的机构设置，明确领导和伙伴关系，协调各地区、各部门的责任。

(2)选择切实的财务方案，推动渐进式、阶段性的规划工作，明确所有预期的投资来源(预算内或预算外、公共或私营等)、资源开发和成本回收机制(拨款、贷款、补贴、捐赠、用户收费、土地费用和税收)，以确保财政可持续性和社会承担能力。

(3)确保各级政府按规划中确定的需求，分配公共资源，并且有计划地引导其他资源。

(4)确保创新筹资来源得到开发、测试、评估和必要的推广。

(5)通过培训、经验和专业知识交流、知识转让和有组织的评论，在地方层面的规划、设计、管理和监测工作中，加强机构和人员的能力建设。

(6)支持实施过程中所有阶段的公共信息、教育和社区动员活动，让民间社会组织参与到规划方案的设计、监测、评估和调整中。

(四)民间社会组织及其协会的责任

民间社会组织及其协会的责任如下。

(1)动员相关社区、联络伙伴团体，在相关委员会和其他体制安排中，表达对包括贫困人群在内的公众的关切，为实施各项规划做出积极贡献。

(2)就规划实施各阶段可能遇到的机遇和挑战，向主管部门提供反馈，并就必要的调整和纠正措施提出具体建议。

(五)规划专业人员及其学会的责任

规划专业人员及其学会的责任如下。

(1)为不同类型规划的实施提供技术援助，支持空间数据的收集、分析、使用、共享和传播。

(2)设计和组织培训班，提高政策制定者和地方领导人对国土空间规划问题的认识，尤其是使其认识到这些规划需要持续、长期的实施和问责制。

(3)承担与实施这些规划有关的在职培训和应用型研究，以汲取实践经验，为决策者提供实质性反馈意见。

(4)制作可用于公共教育、提高认识和广泛动员的规划模型。

第六节 国外经验启示和我国空间规划应注意的问题

一、 国外经验启示

(一)借鉴学习国外国土空间规划经验很有必要

构建统一高效的“国土空间规划体系”并非我国首创，不少西方发达国家由于城镇化进程开始较早，相关法律法规较为健全，也更早对国土空间规划体系进行了探索，并形成了美国、日本、荷兰及德国四类具有代表性的国土空间规划体系。对其他国家的国土空间规划体系建设经验进行归纳总结，可以为我国国土空间规划体系改革提供有益的借鉴。

(二)各国有各国的特点，要实事求是、因地制宜

美国、日本、荷兰、德国国土空间规划体系图如图 2-3 所示。美国幅员辽阔，但是并没有全国性的国土空间规划，每个地区都是根据自身的需要编制相应的国土空间规划，按等级主要分为联邦级、州级、区域级和地方级规划，其中联邦级规划往往以政策指导为主，地区级规划又包括总体规划、分区规划和土地细分规划三级。日本国土空间规划主要包括国土形成规划、国土利用规划和土地利用基本规划三类，其中国土形成规划又被称为“全国综合开发规划”，一般只在国家层级编制；国土利用规划的编制涵盖国家、都道府县和市町村三个级别；土地利用基本规划作为地方规划，一般只在市町村层面编制，对应我国的市县城市规划。荷兰国土空间规划体系也经历了三次变革才确定现在的体系结构，在2011年制定的荷兰《环境和空间规划法》要求下，国家和省级层面必须编制“环境愿景”，并以此为市级层面的“环境规划”提供引导。德国国土空间规划分为联邦级、州级、区域级和地方级四个层级，其中联邦级空间规划主要作用为制定战略目标；州级空间规划主要制定各州发展目标和原则，并安排空间结构和基础设施；区域级空间规划主要起到上下级空间协调的作用；而地方级空间规划主要内容包括法定指标、文本和图则三大板块，与我国城市规划中的控制性规划作用相似。

(三)大国崛起呼唤中国自己的国土空间规划体系

我国国土空间规划多年来一直被认为是“一流实践、二流理论”“外国规划师的理论试验场”，主要原因在于我国长期没有构建统一完整的国土空间规划理论体系。这也与时代发展背景有很大的关系，如今的中国发展增速趋于稳定，国土空间治理体系也逐渐与世界同步。有学者表示，“一个生态文明理念下的，一个适应大国崛起的，一个走向‘一带一路’的国家空间体系”，将在明天诞生于世界的东方，而相对应的国土空间规划理论基础及方法想必也能为世界提供中国智慧和中国方案①。

二、 我国国土空间规划应注意的问题

2018年，《中共中央 国务院关于统一规划体系更好发挥国家发展规划战略导向作用的意见》对“国家规划体系”的内涵框架提出了明确的要求。旨在立足新形势新任务新要求，明确各类规划功能定位，理顺国家发展规划和国家级专项规划、区域规划、空间规划的相互关系，避免交叉重复和矛盾冲突。结合国外发达国家在国土空间规划方面的经验和教训，提出我国国土空间规划应该注意的问题。

(一)明确不同规划的功能定位

国家规划的架构由国家发展规划、国家级专项规划、国家级区域规划、国家级空间规划组成。国家发展规划，即中华人民共和国国民经济和社会发展五年规划纲要，是社会主义现代化战略在规划期内的阶段性部署和安排，主要是阐明国家战略意图、明确政府工作重点、引导规范市场主体行为，是经济社会发展的宏伟蓝图，是全国各族人民共同的行动纲领，是政府履行经济调节、市场监管、社会管理、公共服务、生态环境保护职能的重要依据。国家级专项规划是指导特定领域发展、布局重大工程项目、合理配置公共资源、引导社会资本投向、制定相关政策的重要依据。国家级区域规划是指导特定

① 朱雷洲，谢来荣，黄亚平. 当前我国国土空间规划研究评述与展望[J]. 规划师，2020(8)：5-11.

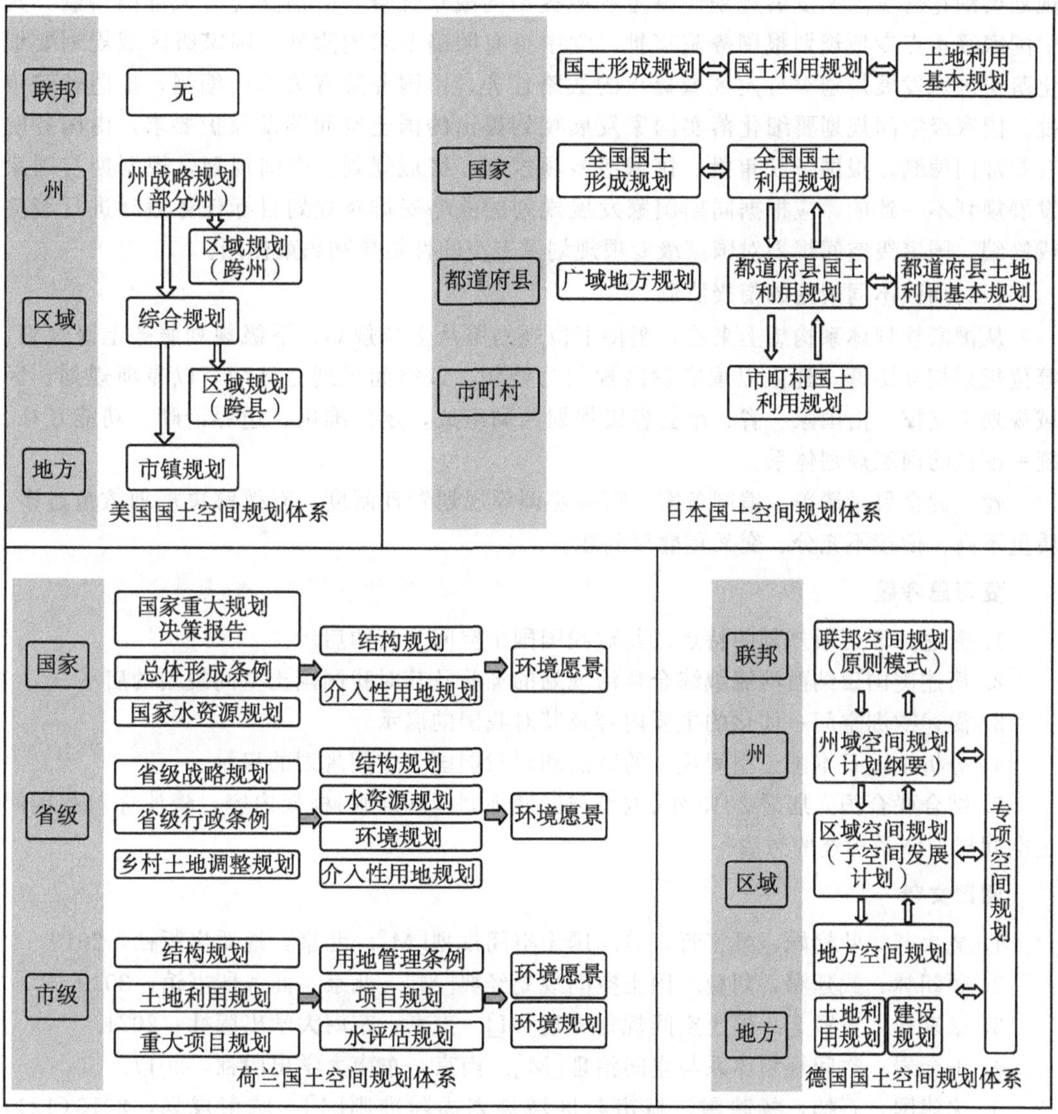

图 2-3　美国、日本、荷兰、德国国土空间规划体系图①

区域发展和制定相关政策的重要依据。国家级空间规划以空间治理和空间结构优化为主要内容，是实施国土空间用途管制和生态保护修复的重要依据。

（二）完善相关规划的内在联系

国家发展规划根据党中央关于制定国民经济和社会发展五年规划的建议，由国务院组织编制，经全国人民代表大会审查批准，居于规划体系最上位，是其他各级各类规划的总遵循。

国家级专项规划、区域规划、空间规划，均须依据国家发展规划编制。国家级专项

① 朱雷洲，谢来荣，黄亚平．当前我国国土空间规划研究评述与展望[J]．规划师，2020，36(8)：5-11.

规划要细化落实国家发展规划对特定领域提出的战略任务，由国务院有关部门编制，其中国家级重点专项规划报国务院审批，党中央有明确要求的除外。国家级区域规划要细化落实国家发展规划对特定区域提出的战略任务，由国务院有关部门编制，报国务院审批。国家级空间规划要细化落实国家发展规划提出的国土空间开发保护要求，由国务院有关部门编制，报国务院审批。国家级专项规划、区域规划、空间规划，规划期与国家发展规划不一致的，应根据同期国家发展规划的战略安排对规划目标任务适时进行调整或修编。国家级空间规划对国家级专项规划具有空间性指导和约束作用。

(三)加强不同规划的衔接协调

从国家规划体系构想上来看，坚持下位规划服从上位规划、下级规划服务上级规划、等位规划相互协调，建立以国家发展规划为统领，以空间规划为基础，以专项规划、区域规划为支撑，由国家、省、市县各级规划共同组成，定位准确、边界清晰、功能互补、统一衔接的国家规划体系。

建立健全目录清单、编制备案、衔接协调等规划管理制度，有效解决规划数量过多、质量不高、衔接不充分、交叉重叠等问题。

复习思考题

1. 简述苏联区域规划的特点及其对我国国土空间规划的启示。
2. 简述美国田纳西河流域综合整治规划的经验及其对我国国土空间规划的启示。
3. 简述欧洲空间一体化的主要内容及其对我国的启示。
4. 分析论述日本国土空间规划的特点和对我国国土空间规划的启示。
5. 结合联合国人居署2013年《城市与区域规划国际准则》框架内容，谈谈你对我国国土空间规划体系构建的想法。

阅读文献

1. 吴次芳，叶艳妹，吴宇哲，等. 国土空间规划[M]. 北京：地质出版社，2019.
2. 顾朝林，武廷海，刘宛. 国土空间规划经典[M]. 北京：商务印书馆，2019.
3. 张京祥，黄贤金. 国土空间规划原理[M]. 南京：东南大学出版社，2021.
4. 王金岩. 空间规划体系与空间治理[M]. 南京：东南大学出版社，2017.
5. 沈建国，石楠，杨映雪. 城市与区域规划国际准则[J]. 城市规划，2016(12)：9-18.
6. ROO G D，HILLIER J. Complexity and Planning[M]. London：Routledge，2016.
7. CULLINGWORTH B，NADIN V. Town and Country Planning in the UK[M]. London：Routledge，2006.
8. WITTE P，HARTMANN T. An Introduction to Spatial Planning in the Netherlands[M]. Now York：Routledge，2021.
9. WILLIAMS RICHARD H. Planning in Europe：Urban and Regional Planning in the EEC[M]. London：Routledge，2018.
10. ROSS C，LEE D，MEIJERS E，et al. Megaregions，Prosperity and Sustainability：Spatial Planning for Future Prosperity and Sustainability[M]. Oxford：Taylor and Francis，2019.

第三章　我国国土空间规划发展历程与实践探索[1]

本章要点： 介绍了我国国土规划、“多规合一”以及 2019 年以来全面开展国土空间规划的发展历程与实践案例。让学生了解我国开展国土空间规划的背景、目标、取得的成效和存在的问题，掌握新时代我国国土空间规划的特点。

我国国土空间规划思想的萌芽可以追溯到古代社会，从蕴含着国土开发与整治内容的中国第一本区域地理著作《禹贡》(公元前 500—前 300 年)起算，至今有 2 000 多年的历史。但是，由于现代国土空间规划的理论和方法主要从国外传入，在新中国成立以前，我国并没有真正意义上的国土空间规划，但与空间有关的规划，特别是区域规划，早有探索[2]。

张謇的“村落主义”及苏北沿海地区现代化实践是中国近现代空间规划出现的标志。新中国成立后，在仿照苏联模式的高速工业化战略以及大规模基本建设的战略方针指导下，我国迎来了第一个区域规划高峰期。1956 年原国家建设委员会(简称原国家建委)制定了《区域规划编制和审批暂行办法》，并分别在 1956—1957 年和 1958 年进行了两批区域规划试点，规划范围从工业区或城镇居民点扩大至城市地区及省内经济区(或地区)。但接踵而至的国民经济困难时期，使区域规划工作陷于停顿。1978 年改革开放以来，经济体制转轨，国民经济发展迅猛，我国迎来了第二个区域规划发展高峰期。继 20 世纪 80 年代兴盛一时的国土规划后，以城乡协调为中心的区域城镇体系规划、以城市发展为中心的战略规划/概念规划，及以保护耕地为中心的土地利用规划成为当时空间规划工作的重点，这些工作在国家经济建设中均取得了巨大的成就。虽然国土空间规划与这些工作有联系，但是在出发点、目标、重点及适用范围等方面也有所区别。因此，一方面要学习、总结这些工作的理论、方法和经验，另一方面也要勇于探索，不断实践，建立适合中国未来需要的空间规划理论、方法体系[3]。由于城乡规划、土地利用规划等发展历程在相关教材中有充分的论述，限于篇幅，本章仅对改革开放后的国土规划、“多规合一”以及 2019 年以来我国全面开展国土空间规划的发展历程与实践探索进行梳理。

第一节　20 世纪 80—90 年代的国土规划探索

一、发展概况

国土规划作为我国政府部门一项明确的工作职能，始于 20 世纪 80 年代。1978 年实行改革开放政策之后，随着国民经济迅速恢复和大规模国土开发活动的展开，我国社会

① 本章由张文新、吴殿廷执笔完成。

② 武廷海. 中国近现代区域规划[M]. 北京：清华大学出版社，2006.

③ 黄征学，黄凌翔. 国土空间规划演进的逻辑[J]. 公共管理与政策评论，2019(6)：40-49.

经济快速发展，各项事业日新月异，但资源开发无序、区域之间投资攀比、恶性竞争、重复建设、资源浪费、环境污染和生态破坏等问题变得较为突出。针对这些情况，党和国家领导人提出要开展国土整治与国土规划工作。

1981年，中央书记处第97次会议做出了关于“搞好我国的国土整治”的决定，提出“国家建委要同国家农委配合，搞好我国的国土整治。建委的任务不能只管基建项目，而且应该管土地利用、土地开发、综合开发、地区开发、整治环境、大河流开发，要搞立法，搞规划。国土整治是个大问题，很多国家都有专门的部门管理协调这件事，我们可不另设部，就在国家建委设一个专门机构，提出任务、方案，报国务院审批。总之，要把我们的国土好好管起来。”这是中央第一次就国土规划工作做出明确指示。

1981年10月，国务院批准在原国家建委设立原国土局，并要求各省(区、市)有领导、有步骤地开展国土规划工作。随后原国家建委举办了由各省市原建委领导和有关部门领导参加的国土整治研究班。

1982年3月，原国家建委在京津唐、湖北宜昌、吉林松花湖、浙江宁波沿海地区、新疆巴音郭楞蒙古自治州、河南豫西地区6个典型地区开展国土规划试点，正式拉开了我国国土规划工作的序幕。

1982年4月，原国家建委与原国家计划委员会(简称原国家计委)合并，原国土局也转到了原国家计委，由原国家计委主管国土工作。

1984年7月，原国家计委出台《关于进一步搞好省、自治区、直辖市国土规划试点工作的通知》。此后，国土规划在全国各省(区、市)和重点区域全面展开，并推进到地市和县级行政单位。

1985年3月，国务院批转原国家计委《关于编制全国国土总体规划纲要的报告》。

1987年10月，主要参照日本的经验，原国家计委完成《全国国土总体规划纲要》(试行稿)，并于1990年2月形成《全国国土总体规划纲要(草案)》。与此同时，在许多省区都开展了全省和地市一级的国土规划，一直延续到1991年，国土规划在全国范围开展①。

据不完全统计，到1993年年底，全国有30个省(区、市)、223个地市、640个县开展了国土规划编制工作。京津唐地区、长江三角洲地区、以山西为中心的能源重化工基地等区域编制了跨行政区国土规划。长江、黄河、珠江、松花江、辽河、淮河等流域编制了流域整治规划②。

20世纪90年代中期以后，由于对社会主义市场经济条件下国土规划的职能认识不足，加之国土规划与相关规划的关系未完全理顺，一些国土规划未能及时审批和实施，国土规划的作用未能充分体现出来。但各级国土规划提出的许多设想和建议被采纳，发挥了重要作用。如，京津唐国土规划中提出的将工业和城市的发展向滨海地区推进的战略，促进了京津唐沿海地区发展；提出严格控制首钢等重化工业的扩建，将其转移到唐山曹妃甸发展的意见，最终得以实施。

---

① 李相然. 试述我国国土规划的现状与发展趋势[J]. 国土与自然资源研究，1995(2)：6-8+18.

② 郝庆，孟旭光，周璞. 我国国土规划的发展历程与编制思路创新[J]. 科学，2012，64(3)：42-45+4.

二、主要特点

(一)重点围绕国土开发整治开展工作

这一时期的国土规划主要是从国土开发整治的角度展开，主要任务是对资源综合开发、生产力布局和生态环境综合整治进行宏观调控，协调好经济发展与人口、资源、环境的关系，主要内容包括：国土资源评价，国土资源开发利用现状分析，主要自然资源的开发规模和布局；人口、产业、城镇的合理布局；交通、通信、动力和水源等区域性重大基础设施合理布局，重大建设部署；国土开发整治分区，生态环境保护和治理等。国土整治包括对国土资源的考察、开发、利用、治理、保护五个方面的工作，国土整治工作的中心任务是搞好国土规划，因此国土规划在一些地区又称为国土开发整治规划。

(二)理论和方法不成体系

虽然通过京津唐、湖北宜昌等国土规划试点探讨了国土规划的理论、方法，但由于国土规划工作开展比较晚，并一度处于停滞状态，国土规划的理论体系和方法体系尚处于初期发展阶段。

(三)与相关规划协调性不够

这一时期，国民经济发展规划、城市规划、土地利用总体规划等规划也相继编制，如原城乡建设环境保护部在1984年组织编制了全国城镇发展布局战略要点，原国家土地管理局于1987年组织编制了《全国土地利用总体规划(1986—2000年)》。这一时期，国土规划无论是在规划编制的思路、内容上，还是在规划编制的方法、形式上都处于初期探索阶段，国土规划与国民经济发展规划、城市规划、土地利用总体规划、区域发展规划等之间的衔接程度不高，内容相互重叠较多。

第二节　21世纪初期的国土规划探索

一、总体概况

21世纪初期，随着城市化、工业化和社会经济的快速发展，我国面临人口众多、资源不足、基础欠强、生态破坏、环境脆弱的多重压力，出现国土开发和建设布局无序乃至失控现象，迫切需要能起统筹协调作用的国土规划。编制并实施国土规划，对资源的合理开发利用、人口、城镇、产业、重大基础设施的合理配置以及重大生态环境问题的综合治理，对促进国家及区域可持续发展，都具有十分重要的意义。

1998年国务院机构改革“三定”方案，将国土规划职能从原国家计委划归原国土资源部。这一时期，国土规划工作所处的宏观背景发生了较大变化，资源环境与经济社会发展之间的矛盾、区域发展不协调、城乡差距拉大、粮食安全等深层次问题更加突出，国土规划任务更加艰巨。原国土资源部大力推进国土规划理论研究，并进行了大规模的国土资源调查评价工作，为全面开展国土规划奠定坚实基础。

2001年8月原国土资源部选择经济实力较强、城市化水平较高并具有一定代表意义的天津和深圳两个城市作为国土规划编制的首批试点城市，启动试点省市国土规划编制，重新开启国土规划工作。从2002年开始，原国土资源部与联合国区域发展中心和中国科协合作，分别在西安、郑州和广州举办了三期国土规划国际培训班，请联合国区域发展中心、日本、韩国、德国、法国等国外专家授课。2004年和2005年，原国土资源部又分别选择辽宁和广东两个省开展省域国土规划试点工作。

党中央、国务院对国土规划高度重视。2005年，时任中共中央总书记胡锦涛在中央人口资源环境工作座谈会上指出：要充分发挥国土规划、土地利用总体规划在调整经济结构和转变经济发展方式方面的调控作用。2005年，正式开展"全国国土总体规划纲要前期研究"工作，成立了专门的组织机构、工作机构和课题组顾问，安排了专项研究经费。2007年"全国国土总体规划纲要前期研究"结题。2009年，原国土资源部又启动了福建、重庆、山东、广西、浙江、上海、贵州等省(区、市)，以及河南中原城市群、广西北部湾经济区、湖南长株潭经济区等10个省区市或经济区的区域国土规划编制工作。

2013年，广东省、辽宁省、天津市、深圳市等试点地区的国土规划编制工作已经完成。福建海西经济区、广西西江经济带、广西北部湾经济带、湖南长株潭城市群、河南中原城市群等区域国土规划编制工作也基本完成，获得了一定的经验。2017年，国务院印发《全国国土规划纲要(2016—2030年)》，国家层面国土规划实践结出硕果。

二、主要进展

1998年国土规划职能划归原国土资源部后，国土资源部在探索市场经济条件下就如何开展国土规划工作方面做了大量工作，开展了国土规划理论与方法研究，举办了国土规划国际培训班，开展了五个省级国土规划试点工作，国土规划有了较大的发展。

(一)进一步丰富和完善了国土规划理论和方法

围绕党中央、国务院不断加强国土资源管理和建设资源节约、环境友好型社会的要求，开展了国土规划理论与方法研究，对国土规划的概念、定位、理论依据、主要任务、主要内容、编制方法等进行了有益探索，形成了《新时期国土规划探索——天津、深圳国土规划理论与实践》《中外专家论国土规划》《国土规划理论与方法》等专著和文集。

(二)加强了与国际学界和业界的交流与合作

从2002年开始，国土资源部与联合国区域发展中心合作，连续3年在我国举办了3期国土规划国际培训班，学习日本、韩国、德国、法国等国家开展国土规划工作的经验。与韩国等国家达成多项国土规划领域合作协议。通过学习国外国土规划工作的先进经验，加强了国际交流与合作，加强了队伍建设和人才培养。

(三)对国土规划的重要性认识不断提高

通过国土规划试点工作，政府部门和专家学者对国土空间开发不协调、地区之间恶性竞争、基础设施重复建设等问题有了更深刻的认识，希望发挥国土规划的空间统筹作用，在更高层次上对国土开发和布局无序乃至失控现象进行宏观引导和调控。我国现行各种规划如城乡规划、土地利用规划、生态环境保护规划等存在不协调甚至矛盾冲突等问题，需要最高层次的空间规划——国土规划发挥协调作用。完善政府宏观调控职能，需要国土规划发挥"抓手"作用。

(四)更加重视国土规划科学性和可实施性

国土规划编制中不但重视理论与方法的创新，而且重视规划的实施。规划不但关注编制方案的科学性与合理性，而且关注可操作性和可实施性，例如，提出实施差异化土地政策，建立节约集约用地约束机制和引导机制，对不同类型国土功能区实行严格的土地用途管制等。

三、试点案例——《辽宁省国土规划（2006—2030年）》

《辽宁省国土规划(2006—2030年)》从2003年开始立项、前期可行性研究，2005年正式开始编制工作，到2008年通过验收论证，前后历时五年时间。成果包括国土资源评价报告27个，专项资源开发利用规划研究报告24个，重大问题研究报告22个，以及《辽宁省国土规划纲要》说明书、图集、地理信息系统等成果。各类报告总计1 000万字，在此基础上提炼出《辽宁省国土规划(2006—2030年)》成果200余万字。该规划由辽宁省人民政府发展研究中心主持，总体规划由北京师范大学吴殿廷团队主笔完成，该成果获得辽宁省2010年科技进步一等奖。

(一)规划背景

编制辽宁省国土规划是实施东北振兴战略的客观需要。2003年，《中共中央 国务院关于实施东北地区等老工业基地振兴战略的若干意见》(中发〔2003〕11号)下发实施，正式启动东北振兴战略，这是党中央、国务院在21世纪新阶段做出的一项重大战略部署，为辽宁省经济社会发展带来了新的历史机遇。辽宁省以东北振兴为契机，及时启动了国土规划试点工作，针对全省发展战略定位、国土资源开发利用格局、重大基础设施布局、广域国土合作开发等重大问题，进行全面系统的规划。

(二)规划范围与期限

规划范围是辽宁省行政辖区，包括陆域和海域。规划期限为2006—2030年。其中：近期为2006—2010年；中期为2011—2020年；远期为2021—2030年。基期为2005年。

(三)规划定位

辽宁省国土规划以“振兴和可持续发展”为主题，定位为统筹全省人口、资源、环境、经济、社会发展的基础性、战略性、长期性的综合规划和全省国土空间开发的高层规划。规划为调控国土空间，优化配置国土资源，促进辽宁振兴和可持续发展提供重要依据。

(四)主要规划内容

该规划确定了多项主要内容，包括资源与环境的承载力评价、高效开发利用与培育资源、国土资源开发利用的空间布局、国土资源开发利用中的环境保护、国土资源开发利用的科学管理等。提出了辽宁未来国土空间开发的总格局：优化提升中部，组织产业生态聚焦，实现高密度、高效益；重点开发沿海，集约高效利用海陆资源，实现高起点，集群化；沿海与中部互动，做强做优沈大带；保育东西两厢，优先生态补偿，拓殖生物工程和生态功能，实现多元化、生态化；推进点式发展，实现差异化、特色化。总体规划结构示意图如图3-1所示。

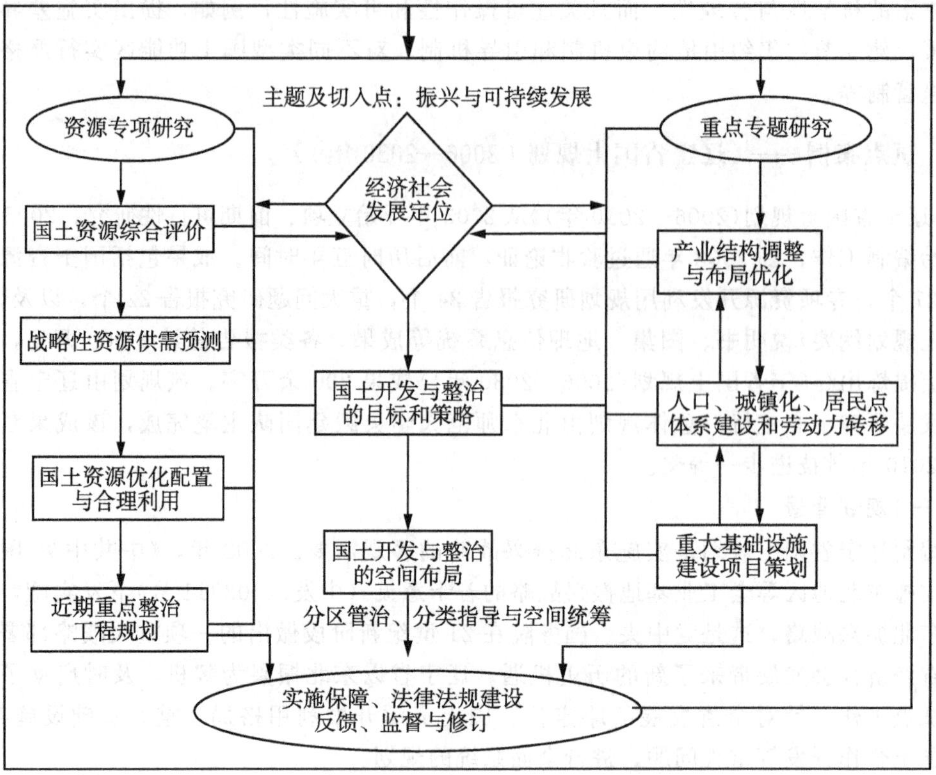

图 3-1 辽宁省国土规划·总体规划结构示意图①

（五）规划原则和目标

（1）尊重自然规律、经济社会发展规律，突出“振兴与可持续发展”主题。从辽宁省实际出发，以科学的态度编制规划；树立科学的发展观，努力实现经济社会与人口、资源、环境协调发展；找准定位，发挥优势，在东北老工业基地振兴中发挥龙头和核心作用；围绕辽宁省老工业基地振兴战略，立足解决全省当前及未来经济建设与社会发展中的主要矛盾问题，充分发挥国土规划作为政府对区域经济可持续发展和国土资源可持续利用的调控功能。

（2）超前谋划，体现特色。突出国土规划的地域性、战略性、综合性特点，突出辽宁省特色，增强规划的指导性和预测性；加强区域合作，实现优势互补，促进共同发展；注重国土规划的动态性、开放性、多目标性；用足用好政策，争取新突破。

（3）注重国内外经验的学习，力争继承和创新结合。西方发达国家在国土规划、区域规划和流域开发与整治方面，积累了丰富的经验，创造了很好的模式。国内天津市、深圳市的规划试点，也提供了值得借鉴的做法。辽宁省的国土规划必须定好坐标系，选好参照系。但是，世界上只有一个辽宁省，任何他国、他地的经验，都只能作为参考。要在充分学习和借鉴的基础上，刻苦钻研，大胆尝试，不断探索，积极创造。努力把辽宁

① 吴殿廷，刘睿文，吴铮争，等．日本新国土规划考察和辽宁省新一轮国土规划的初步设计[J]．地理研究，2009，28(3)：761-770．

省国土资源的真实家底端出来，把变化的趋势把握住，把客观的需要算出来，把宏观的布局安排好。要树立新理念、应用新方法，力求观念创新、方法创新和技术创新。注重综合协调、公共咨询与经验的借鉴，提高公众参与程度，增加可操作性。

(4)统筹保护与发展诉求，注重“五新”，突出“四大”。摒弃过去那种就国土谈国土、仅根据自身国土特点谈国土开发方案与整治对策的做法。要跳出国土、跳出辽宁省来做辽宁省的国土规划，要围绕辽宁省经济社会发展的需要，统筹考虑资源、环境和人口问题，高效利用资源与要素，优化空间配置。把该管、该控制的东西管好、控制住，把需要协调的事情协调好。注重“五新”，突出“四大”。其中，“五新”即：

①理论新。即四个字——协调、统筹。以科学的发展观为指导，强调可持续发展和循环经济。其理论主线是PRED(人口、资源、环境与可持续发展)模式。

②方法、手段新。过去的规划以统计、调查数字为基础，以实地调查和“拍脑袋”为主。这次要全面使用现代信息技术，包括信息的获取、传输、处理和再现。

③切入点新。过去的规划从资源开发和环境整治出发，这次从社会经济发展的实际需要出发，通过目标导向和问题导向的结合来研究资源和环境的规划问题。根据新的国际、国内环境背景把握辽宁省的发展方向和功能定位、战略目标，预测资源和环境容量，优化配置资源，高效利用资源；用足用好政策，创造条件，争取资源，改善环境。

④视角新。过去的规划就国土谈国土，就一个地区谈该区域的国土规划。这次要跳出国土看国土，从更高的层面来认识国土，规划国土；跳出辽宁省来做辽宁省国土规划，从更大的视野，从世界经济一体化、产业集聚区域化等角度编制辽宁省国土规划。

⑤内容新。这次辽宁省的国土规划，要坚持继承和创新结合，国外经验和国内实际结合，充分吸收第一次国土规划编制中的合理部分，参考日本多次国土综合开发规划、法国国土规划、德国区域规划等做法，充分吸收各专题、专项规划成果及有关行业、各厅局的相关成果，在更高的层面、从更综合的角度整合内容体系和重点，努力做到既系统全面，又重点突出。把该管的管好，主要是公共资源、公共环境、公共安全、公共利益，特别要把土地资源和生态环境管住、用好。

“四大”即：大国土(PREES——人口、资源、环境与经济、社会协调发展)，大资源(包括自然资源和人文资源、内部资源与外部资源、现实资源与潜在资源等)，大辽宁(跳出辽宁省看辽宁省)，大发展(综合的发展、全面的发展、以人为本的发展)。

(5)努力探索和总结，形成可资借鉴和推广的经验。国土规划和建设的目标是安全国土、绿色国土、高效国土和文化国土；辽宁省综合发展目标是永续辽宁、富强辽宁、和谐辽宁和魅力辽宁。将二者有机地结合起来，通过国土规划促进辽宁省的振兴和可持续发展，就是要：构筑安全国土，打造和谐辽宁；建设绿色国土，形成永续辽宁；培植高效国土，实现富强辽宁；拓展文化国土，塑造魅力辽宁；统筹广域国土，构建开放辽宁。

第三节　“多规合一”探索时期

一、“多规合一”背景

1998年国土规划职能划归原国土资源部后，我国国土规划有了较大的发展。但与此同时，由于历史原因和各部门职能的差异，有关部门分别组织编制了许多涉及空间开发利用的规划，如主体功能区规划、区域发展规划、城镇体系规划、城乡规划、土地利用总体规划、矿产资源规划、生态功能区划、海洋功能区划、重大基础设施规划等，初步形成了以主体功能区规划、城乡规划、土地利用总体规划等为主体的规划体系。这些规划在促进区域发展、合理配置资源、保护生态环境等方面发挥了积极作用。但是，由于部门利益影响规划编制，不同部门主导的规划，内容交叉与重叠甚至冲突在所难免，我国规划体系也存在一些突出问题，主要表现在以下几个方面。

(1)各部门牵头编制的规划存在规划自成体系、时间不统一、基础数据不同、内容冲突、内容重叠、甚至互不协调等问题，影响管理效率。

(2)不少地方规划重局部轻全局、重当前轻长远，地区分割、职能不清、各行其是，急功近利、贪大求洋，导致国家规划的管控作用在逐级落实中层层衰减，影响国家空间发展、资源节约、环境保护等战略和政策的有效实施。

(3)规划编制过程中科学论证不够，规划实施过程中随意修改规划现象比较普遍，影响到规划的科学性、严肃性和执行力。

当时，统一的空间规划体系尚未形成，相关规划各自为政、交叉重叠甚至相互冲突，严重制约政府管控国土空间的能力。为解决这些突出问题，我国出台“多规合一”相关政策，以便强化政府空间管控能力，实现国土空间集约、高效、可持续利用和改革政府规划体制，建立统一衔接、功能互补、相互协调的空间规划体系。

二、“多规合一”的发展过程

“多规合一”主要是将经济社会发展规划、城乡规划、土地利用规划、生态环境保护规划等融合，形成一个市县一本规划、一张蓝图，解决现有各类规划自成体系、缺乏衔接、内容冲突等问题。

我国“多规合一”的探索大致可以分为三个阶段。第一个阶段为理念探索期(2008 年之前)，如 2003 年广西壮族自治区钦州市提出“三规合一”的概念，并确定了 6 个规划体制改革试点，但由于种种原因，“多规合一”流于形式，这种规划的协调被称为“多规合一”的 1.0 版本。第二个阶段为地方政府自发实践期(2008—2013 年)，主要集中在一些较为发达的特大城市和地区，是一种自下而上地向国家部委争取空间管理政策和权限的过程。第三个阶段为国家推动期(2014 年之后)，特征为自上而下的授权式改革①。

时任国务院副总理李克强 2012 年 9 月在省部级领导干部推进新型城镇化研讨班座谈会的讲话中要求：“在市县层面探索经济社会发展规划、城乡规划、土地利用规划‘三规合一’”。2013 年 12 月，习近平总书记在中央城镇化工作会议上指出：“在县市通过探索经济社会发展、城乡、土地利用规划的‘三规合一’或‘多规合一’，形成一个县市一本规划、一张蓝图，持之以恒加以落实。”2014 年，住房城乡建设部印发《关于开展县(市)城乡总体规划暨“三规合一”试点工作的通知》。2014 年 3 月，《国家新型城镇化规划(2014—2020)》提出推动有条件地区的经济社会发展规划、城市规划、土地利用规划等“多规合

① 许丽君，朱京海，战明松，等. 市县“多规合一”试点实施现状总结及展望[J]. 规划师，2016，32(S2)：185-189.

一”，标志着规划的融合从“两规合一”“三规合一”正式走向“多规合一”①。

2014 年 8 月，国家发展改革委、原国土资源部等部门联合印发《关于开展市县“多规合一”试点工作的通知》(发改规划〔2014〕197 号)，提出在全国 28 个市县(辽宁省大连市旅顺口区、黑龙江省哈尔滨市阿城区、黑龙江省同江市、江苏省淮安市、江苏省句容市、江苏省泰州市姜堰区、浙江省开化县、浙江省嘉兴市、浙江省德清县、安徽省寿县、福建省厦门市、江西省于都县、山东省桓台县、河南省获嘉县、湖北省鄂州市、湖南省临湘市、广东省广州市增城区、广东省四会市、广东省佛山市南海区、广西壮族自治区贺州市、重庆市江津区、四川省宜宾市南溪区、四川省绵竹市、云南省大理市、陕西省富平县、陕西省榆林市、甘肃省敦煌市、甘肃省玉门市)开展“多规合一”试点，探索“多规合一”的具体思路，研究提出可复制、可推广的“多规合一”试点方案，形成一个市县一本规划、一张蓝图。同时探索完善市县空间规划体系，建立相关规划衔接协调机制。具体而言，提出了四项试点工作的主要任务。第一，探索确定统一协调的规划期限，在规划时间上统一。第二，研究“多规合一”的核心目标，合理确定规划目标，实现目标统一，合理确定指标体系。第三，按照资源环境承载能力，合理规划引导城市人口、产业、城镇、公共服务、基础设施、生态环境和社会管理等方面的发展方向与布局，探索整合相关规划的控制管制分区。第四，构建市县空间规划衔接协调机制，探索整合各类规划以及衔接协调各类规划的工作机制。推进市县“多规合一”是“中央全面深化改革领导小组第二次会议”确定的 2014 年经济体制和生态文明体制的一项重要任务。

2015 年 6 月，中央深化改革领导小组第十三次会议同意海南省开展省域“多规合一”改革试点。2016 年 4 月，中央深化改革领导小组批准宁夏回族自治区开展省级空间规划(“多规合一”)改革试点，宁夏回族自治区成为继海南省之后，中央深化改革领导小组批准的第二个省级空间规划改革试点省区。为贯彻落实党的十八届五中全会关于以主体功能区规划为基础统筹各类空间性规划、推进“多规合一”的战略部署，深化规划体制改革创新，建立健全统一衔接的空间规划体系，提升国家国土空间治理能力和效率，在市县“多规合一”和省级空间规划试点工作基础上，2017 年 1 月，中共中央办公厅、国务院办公厅印发了《省级空间规划试点方案》。根据方案，在海南省、宁夏回族自治区试点基础上，综合考虑地方现有工作基础和相关条件，将吉林省、浙江省、福建省、江西省、河南省、广西壮族自治区、贵州省 7 个省份纳入省级空间规划试点范围。开展省级空间规划试点，进一步推进“多规合一”的战略部署，全面摸清并分析国土空间本底条件，划定城镇、农业、生态空间及生态保护红线、永久基本农田和城镇开发边界，注重开发强度管控和主要控制线落地，统筹各类空间性规划，编制统一的省级空间规划，为实现“多规合一”、建立健全国土空间开发保护制度积累经验、提供示范。

“多规合一”试点工作的开展，使我国国土空间规划的研究和实践迈向一个新的阶段。“多规合一”在具体实践中类型多样，在城乡规划和土地利用规划两规衔接方面，上海、深圳、武汉和浙江等省市都做了很多工作，包括对国土资源局、规划局的合并。广州、

① 李雯香，巫炜宁，范秀娟，等．“多规合一”开展现状及成效分析[J]．中国环境管理，2018，10(3)：65-69.

云浮等城市开展了“三规合一”，重庆等地尝试了“四规叠合”。

“多规合一”由市县级逐步扩大到省级。但无论是国家部委部署的“多规合一”试点，还是地方自发尝试，仍然主要针对各类规划重叠冲突、部门职责交叉重复问题，着眼于提高行政管理效能①。28个市县“多规合一”试点分别由国家发展改革委、原国土资源部、住房和城乡建设部等部门牵头编制，不同部门各有侧重。例如，原国土资源部牵头的7个市县试点明确提出把编制“国土空间综合规划”作为试点目标，系统探索了“国土空间综合规划”的组织方式、主要内容、基本方法、成果要求和实施机制。住房和城乡建设部负责联系的8个试点市县，主要按照“发展战略＋空间布局＋实施策略”的工作思路，以城乡规划为统领，以空间坐标为核心，通过“五定”(定性、定量、定形、定界、定策)，实现“五统”(统一发展目标、统一技术指标、统一空间坐标、统一图例标准、统一实施平台)，实现各类规划的有机衔接，建立健全覆盖城乡、事权清晰、上下衔接的空间规划体系，促进行政审批效率提高，构建结构优化、功能完善、交通顺畅、环境优美、形象独特的立体空间格局。

三、“多规合一”的主要工作

(一)注重各种规划之间的衔接与协调

这一时期国土规划注意重视各种规划之间的衔接与协调，注意有效协调各种规划之间的空间冲突，强调“多规合一”，强调对土地、矿产等国土资源进行统一布置，约束和引导国土空间的优化布局，协调和合理配置居住、产业、生态等各种国土利用类型与结构。

(二)强调底线约束

按照资源环境承载能力，注重统筹考虑经济社会发展规划、城乡规划、土地利用规划、生态环境保护规划等规划，探索整合相关规划的空间管制分区，划定城市开发边界、永久基本农田红线和生态保护红线，形成合理的城镇、农业、生态空间布局，探索完善经济社会、资源环境政策和空间管控措施。

(三)转变规划理念

一是从关注陆域空间向推进陆海统筹转变，全面摸清家底；二是从关注发展速度向质量和速度并举转变；三是从关注保护向自然资源和生态体制改革转变，维护优质生态环境。

(四)注重信息化和数据库建设

“多规合一”是利用信息化手段建立统一的空间规划体系，是实现统筹发展的方法和平台。它通过形成一个“最大公约数”，制定出凝聚各方共识、大家共同遵守的空间规划秩序，进而带动发展方式、城市治理模式、行政体制等方面的综合性、引领性改革。利用信息化手段是进行“多规合一”的主要方式。多规合一注重衔接基础数据、用地分类标准和用地边界，统一各类图纸坐标系，搭建多规合一业务协同平台，统一管理空间规划数据，形成一张蓝图。

---

① 沈迟．我国“多规合一”的难点及出路分析[J]．环境保护，2015，43(Z1)：17-19.

28个市县和9个省级“多规合一”大致形成了由国家发展改革委与原国土资源部、住房和城乡建设部分别指导的试点方案，各试点基于问题导向和目标导向，围绕规划编制内容，管控体系建设以及规划的实施等方面，构建市县空间规划衔接协调机制，取得了一定成效，“多规合一”理念日益被社会各界接受，在规划整合、规程规范、体制机制、立法保障、省级试点等方面进展明显，积累了一些经验。但同时，部门之间条块分割的局限性依然存在，多数试点仅局限于城乡总体规划和土地利用规划的融合，各种规划由于编制依据和标准不同，最终目标仍然存在差异，在规划期限、规划主体、规划层次、规划审批、规划法律等方面仍存在明显的制度性约束，尚未形成全面、统一、明确的解决办法和标准，没有形成“多规合一”中可借鉴可推广的经验①。上述问题的原因，主要还是体制机制的问题。为进一步推进“多规合一”，需理顺“多规合一”的体制机制。

四、 实践案例——福建省厦门市“多规合一”规划

2013年以来，厦门市承担了“多规合一”、城市开发边界、城市总体规划、土地利用总体规划等多个国家试点任务，逐步形成了以“一个战略”统筹多规合一，以“一张蓝图”支撑规划编制，以“一个平台”支撑空间管理，以“一张表单”推动审批改革，以“一套机制”保障改革推进的工作成果②。厦门市作为全国“多规合一”试点城市，以问题为导向，积极探索，先行先试，逐个破解“多规合一”难题，取得一定成效③。

(一)规划背景

2014年3月，厦门市全面启动“多规合一”改革，以《美丽厦门战略规划》提出的城市理想空间形态为指引，衔接基础数据、用地分类标准和用地边界，统一各类图纸坐标系，形成覆盖全市域城乡的一张蓝图。原厦门市规划委作为“多规合一”的牵头职能部门，坚持统筹规划的理念，以规划引领城乡建设、优化产业布局、服务经济发展、保障民生服务、完善基础设施。

(二)核实资源家底，统一规划底图

各种规划存在数据涉及部门多、准确性不足、标准不统一以及缺乏统一的评估评价技术规范等问题。因此，国土空间基底的整合分析是“多规合一”的基础。

(1)明确现状底板。以“三调”数据为基础，将用地、建筑、设施等现状数据及社会、经济、环境资源类等统计数据进行整合，绘制“全域现状一张图”，统一坐标系、用地分类等技术标准，核实城市资源家底。

(2)统一规划底图。以国土“三调”工作为基础，开展“双评价”“双评估”工作，更加科学地分析国土空间基底，统一规划底图。

(三)突出战略引领，统筹城市发展

2013年，厦门市委、市政府通过组织专家反复深入研究和广泛征求全市市民意见，

---

① 高国力．我国市县开展“多规合一”试点的成效、制约及对策[J]．经济纵横，2017(10)：41-46.

② 厦门市自然资源与规划局．厦门经验：构建“多规合一”的国土空间规划体系[EB/OL]．(2019-07-31)[2022-11-08]．https://www.sohu.com/a/330697617_275005.

③ 邓伟骥，谢英挺，蔡莉丽．面向规划实施的空间规划体系构建：厦门市“多规合一”的实践与思考[J]．城市规划学刊，2018(S1)：32-36.

制定了《美丽厦门战略规划》，确定了山海城相融的理想城市格局。这是具有全市共识及法律效力的纲领性文件，形成了统筹城市发展、推进“多规合一”的顶层设计。厦门市“多规合一”的第一个“合”就是与《美丽厦门战略规划》相符合。在《美丽厦门战略规划》这一顶层设计的引领下，形成全市统一的空间规划“一张蓝图”，空间战略规划统筹了国民经济和社会发展规划、城乡规划、土地利用规划、环境规划和其他规划，探索了“多规合一”的科学路径。

《美丽厦门战略规划》中确定了厦门“两个一百年”的发展愿景、五大城市目标定位、三大发展战略、十大行动计划及共同缔造的实施路径。在新的国土空间规划体系中，厦门市进一步落实新理念、新要求，加强战略落实，构建了“战略—目标—指标—策略”的落实路径。

(四)统筹各类规划，构成“全域规划一张图”

第二个“合”则是在实践层面。通过统筹规划的方式，将厦门市各个部门专项规划在空间规划体系上进行梳理，让各种规划在“一张蓝图”上达成“共识”，不再各说各话，将各部门专项规划“合”至空间规划体系，形成了由生态控制线、城市开发边界、海域系统和城市承载力四大板块构成的“全域规划一张图”。

(五)统筹山水林田海城，构建全域空间格局

对“多规”矛盾进行梳理，统筹山水林田海城，划定生态控制线和城市开发边界。以主体功能区规划、城市总体规划、土地利用总体规划、海洋功能区划等为基础，进一步融合其他各专项规划，逐步形成真正意义上的“多规”融合。强调城市与自然山水空间的融合，对山水林田海城开展全域统筹，确定全域空间格局。在此基础上，突出生态优先，明确需要保护的各类自然资源。

(六)强化陆海统筹

统一岸线认定标准，解决陆海冲突问题。纳入海洋功能区划内容，构建陆海协调、科学合理的海岸带空间布局，协调近岸海域功能和陆域后方功能，并调整陆域上可能对海洋保护造成影响的产业布局和项目。

(七)凸显底线约束

在生态控制线的基础上，对“三线”进行优化。一是对陆域生态保护红线进行整合优化，同时纳入划定的海域生态保护红线，保障生态系统的连续性和完整性；二是基于“双评价”和景观生态学的研究，延续并优化十大山海通廊，分时序、分类别，优化城镇开发边界。

(八)科学配置要素，建设高质量、高品质的城乡空间

构建“三个全覆盖”的公共服务体系，提升城市宜居度。通过全面、系统的专项规划编制，在全域范围内科学合理地配置要素，公共设施配置规模、范围、圈层等各项标准全面对应目标人群，形成教育、文化、公共空间等多层次的生活圈。实现公共服务覆盖所有人群、覆盖人的全生命周期、覆盖所有公共设施。通过“三个全覆盖”，全面提升城市宜居度、提高人民群众幸福感。

强化交通、市政和安全设施的整体性，提升城市承载力。建设国际标准、区域协同的综合交通枢纽，构筑绿色化、智能化的城乡综合交通体系，为高质量经济发展、高品质空间营造保驾护航。此外，不断强化基础设施保障体系的安全性、便捷性与高效性，在生态安全、防灾减灾、城市生命线保障等方面不断提升城市承载能力。

第四节 国土空间规划全面编制时期

一、国土空间规划体系建立背景

2018年3月，中共中央印发《深化党和国家机构改革方案》，决定组建自然资源部，着力解决自然资源所有者不到位、空间规划政出多门与内容重叠等问题。在空间规划方面，将国土资源部的土地利用规划、矿产资源规划等职责，国家发展改革委的组织编制主体功能区规划职责，住房和城乡建设部的城乡规划管理职责整合，成立国土空间规划局，其职责主要是拟订国土空间规划相关政策，承担建立空间规划体系工作并监督实施。组织编制全国国土空间规划和相关专项规划并监督实施。承担报国务院审批的地方国土空间规划的审核、报批工作，指导和审核涉及国土空间开发利用的国家重大专项规划。开展国土空间开发适宜性评价，建立国土空间规划实施监测、评估和预警体系。

2019年1月23日，中央全面深化改革委员会第六次会议审议通过《关于建立国土空间规划体系并监督实施的若干意见》(简称《若干意见》)，2019年5月10日正式印发。该文件中明确提出，国土空间规划是国家空间发展的指南、可持续发展的空间蓝图，是各类开发保护建设活动的基本依据。建立国土空间规划体系并监督实施，将主体功能区规划、土地利用规划、城乡规划等空间规划融合为统一的国土空间规划，实现“多规合一”，强化国土空间规划对各专项规划的指导约束作用，是党中央、国务院做出的重大部署。《若干意见》从开展国土空间规划的重大意义、总体要求、总体框架、编制要求和实施与监管等方面对国土空间规划工作进行总部署并提出要求。

为贯彻落实《若干意见》，2019年5月28日自然资源部下发《自然资源部关于全面开展国土空间规划工作的通知》，要求各级自然资源主管部门要将思想和行动统一到党中央的决策部署上来，按照《若干意见》要求，主动履职尽责，建立“多规合一”的国土空间规划体系并监督实施。按照自上而下、上下联动、压茬推进的原则，抓紧启动编制全国、省级、市县和乡镇国土空间规划(规划期至2035年，展望至2050年)，尽快形成规划成果。各地不再新编和报批主体功能区规划、土地利用总体规划、城镇体系规划、城市(镇)总体规划、海洋功能区划等。已批准的规划期至2020年后的省级国土规划、城镇体系规划、主体功能区规划，城市(镇)总体规划，以及原省级空间规划试点和市县“多规合一”试点等，要按照新的规划编制要求，将既有规划成果融入新编制的同级国土空间规划中。

2019年11月，中共中央办公厅、国务院办公厅印发了《关于在国土空间规划中统筹划定落实三条控制线的指导意见》，这是我国在全面深化改革大背景下，构建国土空间规划体系的又一个纲领性文件。三条控制线即生态保护红线、永久基本农田保护红线和城镇开发边界，是整个国土空间布局的骨架和基础。

以自然资源部的组建为契机，统领性权威规划——国土空间规划应运而生，开启了国土空间规划的新时代。当前，国家、省、市、县、乡镇各级国土空间规划基本实现了全域国土空间覆盖。

二、国土空间规划体系的建立

经过“多规合一”的多年探索，新时期国土空间规划的内容体系逐步得到明确，主要包括“五级三类四体系”。

(一)分级分类建立国土空间规划

国土空间规划是对一定区域国土空间开发保护在空间和时间上做出的安排，包括总体规划、详细规划和相关专项规划。国家、省、市、县编制国土空间总体规划，各地结合实际编制乡镇国土空间规划(详细规划)。相关专项规划是指在特定区域(流域)、特定领域，为体现特定功能，对空间开发保护利用做出的专门安排，是涉及空间利用的专项规划。国土空间总体规划是详细规划的依据、相关专项规划的基础；相关专项规划要相互协同，并与详细规划做好衔接。

新的国土空间规划体系包括“五级三类四体系”，其中“五级三类”规划体系如图 3-2 所示。新的国土空间总体规划，主要统筹了原主体功能区规划、土地利用总体规划和城乡规划中的城镇体系规划、城乡总体规划等部分。

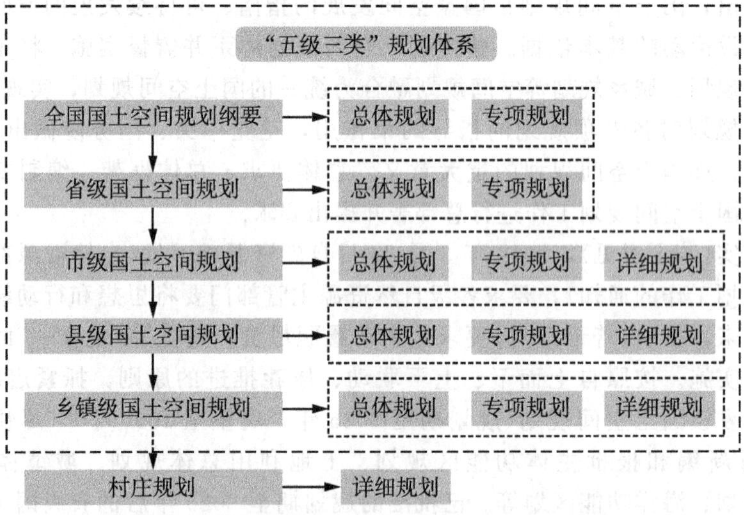

图 3-2　国土空间规划的“五级三类”规划体系示意图①

“五级”指与我国行政管理层级相对应的国家、省、市、县、乡镇，不同层级的规划体现不同空间尺度和管理深度要求。五级规划自上而下编制，落实国家战略，体现国家意志，下层级规划要符合上层级规划要求，不得违反上层级规划确定的约束性内容。

“三类”指总体规划、详细规划和相关专项规划。

“四体系”是国土空间规划体系的四个子体系，即规划编制审批体系、实施监督体系、法规政策体系、技术标准体系。其中，规划编制审批体系和实施监督体系包括从编制、审批、实施、监测、评估、预警、考核、完善等完整闭环的规划及实施管理流程；法规

① 陆学，李启军. 论市县国土空间总体规划的基本内涵[C]//面向高质量发展的空间治理：2020 中国规划年会论文集(20 总体规划). 2021：745-755.

政策体系和技术标准体系是两个基础支撑。

(二)强化对专项规划的指导约束作用

海岸带、自然保护地等专项规划及跨行政区域或流域的国土空间规划，由所在区域或上一级自然资源主管部门牵头组织编制，报同级政府审批；涉及空间利用的某一领域专项规划，如交通、能源、水利、农业、信息、市政等基础设施，公共服务设施，军事设施，以及生态环境保护、文物保护、林业草原等专项规划，由相关主管部门组织编制。相关专项规划可在国家、省和市县层级编制，不同层级、不同地区的专项规划可结合实际选择编制的类型和精度。

(三)市县及以下编制详细规划

详细规划是对具体地块用途和开发建设强度等做出的实施性安排，是开展国土空间开发保护活动、实施国土空间用途管制、核发城乡建设项目规划许可、进行各项建设等的法定依据。城镇开发边界内的详细规划，由市县自然资源主管部门组织编制，报同级政府审批；城镇开发边界外的乡村地区，以一个或几个行政村为单元，由乡镇政府组织编制"多规合一"的实用性村庄规划，作为详细规划，报上一级政府审批。

三、《全国国土空间规划纲要(2020—2035年)》简介

面对粮食安全、生态安全、新型城镇化、新科技革命、资源约束、气候变化、城乡统筹等问题，国土空间规划将在新时代国家发展战略部署中承担前所未有的重要使命，做出规划引领和科学应对。为有序推进我国国土空间规划工作，自然资源部于2019年开始牵头组织编制我国第一部"多规合一"的《全国国土空间规划纲要(2020—2035年)》(以下简称《纲要》)。《纲要》编制的重点任务是综合考虑全国人口分布、经济布局、国土利用、生态环境保护等因素，整体谋划新时代国土空间开发保护格局，促进国家治理体系和治理能力现代化。

《纲要》位于"五级三类"国土空间规划体系最顶层，其编制要求突出战略性，对未来15年全国国土空间做出全局安排，是全国国土空间保护、开发、利用、修复的政策和总纲。2022年9月，历时3年多的《纲要》编制完成。《纲要》以"三区三线"为基础("三区"即城镇空间、农业空间、生态空间三种类型的国土空间，"三线"分别对应城镇空间、农业空间、生态空间划定的城镇开发边界、永久基本农田红线、生态保护红线三条控制线)，通过"三区三线"划定，为我国的粮食安全、生态安全、能源安全和城乡可持续发展提供了基础保障。在划定"三线"的时候，体现耕地保护优先，先划耕地保护红线、生态保护红线，再划城镇开发边界，倒逼土地节约集约利用，促进经济社会绿色转型。通过在国土空间规划"一张图"上协调各类专项规划的空间需求，真正落实"多规合一"，同时也促进了空间治理的数字化转型。《纲要》的编制完成对推动我国"多规合一"改革和推进省、市、县、乡(镇)等各级国土空间规划都有着十分重要的意义。

复习思考题

1. 试分析我国前几轮国土规划不太顺利的根本原因。
2. 为什么说新时代国土空间规划极具艰巨性和探索性？
3. 试分析新时期国土空间规划的主要特点。

4.“多规合一”的关键在哪里?

5. 分析说明国土空间规划“五级三类四体系”的基本内容。

阅读文献

1. 自然资源部国土空间规划局. 国土空间规划理论探索[M]. 北京:中国地图出版社,2021.

2. 自然资源部国土空间规划局. 自然资源部宣传教育中心. 国土空间规划管理手册[M]. 北京:中国大地出版社,2021.

3. 顾朝林,武廷海,刘宛. 国土空间规划前沿[M]. 北京:商务印书馆,2019.

4. 吴次芳,叶艳妹,吴宇哲,等. 国土空间规划[M]. 北京:地质出版社,2019.

5. 辽宁省国土规划总项目组. 区域(辽宁)国土规划研究[M]. 沈阳:辽宁人民出版社,2010.

6. WANG Y Z. The Spatial Layout and Planning and Construction of the Eco City in China[M]//LIU J K, SUN W P, HU W Z. The Development of Eco Cities in China. Singapore: Springer, 2016: 61-81.

7. SHAN L P, WU Y Z, SHENG Z. On Territorial Planning Reconfiguration in China: A Critical Review of the Existing Planning System[M]//CHAU K W, CHAN I YS, LU W S, et al. Proceedings of the 21st International Symposium on Advancement of Construction Management and Real Estate. 2017: 1055-1063.

第四章 国土空间规划理论基础[①]

本章要点：从人地关系、空间关系和系统过程等角度认识国土空间规划的内在规律，掌握规划的类型、特征及规划科学的主要范畴。人地和谐论、区域发展论、空间治理论是从地理学的角度认识国土空间规划内在规律的关键，系统规划论则是从技术层面把握国土空间规划的关键。

国土空间规划涉及很多领域，需要多学科支持，不同学科对其基础理论的认识不同。作为地理学研究生骨干课程教材，本章着重从地理学和规划技术的视角来探讨其理论基础。

地理学(Geography)，是研究地球表层空间地理要素或者地理综合体空间分布规律、时间演变过程和区域特征的一门学科。地理学的基本理论，包括地理学第一定律(距离衰减、时空临近性)、地理学第二定律(空间异质性和地域差异性)、人地关系论和区域协同论等，都应该作为国土空间规划的理论依据。规划(Plan)不是一个学科而是一项工作过程及其成果，即个人或组织为达成某一目标而制订的比较全面长远的发展计划，是对未来整体性、长期性、基本性问题的思考和考量，是对未来整套行动方案的设计。从系统工程的角度看，规划也是有规律可循的，这些规律对国土空间规划也有指导意义。本章着重论述人地和谐论、区域发展论、空间治理论、利益相关者理论与“五赢模型”、系统规划论和空间规划逻辑。

第一节 人地和谐论

一、传统的人地关系认识

(一)人地关系概述

人地关系论(Theory of Man-land Relationship)是关于人类及其各种社会活动与地理环境关系的理论。

人地关系是自人类起源以来就客观存在的关系。人类的生存和活动，都要受到一定的地理环境影响。人地关系就是指人类社会向前发展的过程中，人类为了生存的需要，不断地扩大和加深改造和利用地理环境，增强适应地理环境的能力，改变地理环境的面貌，同时地理环境影响人类活动，产生地域特征和地域差异。

(二)人地关系的变化

人地关系大体经历了三大阶段，即人作为地的奴隶阶段、人试图成为地的主宰阶段、人作为地的伙伴阶段。

第一阶段，即人作为地的奴隶阶段，大体相当于工业化以前的农业社会时期。此时，人类处在“靠天吃饭”阶段，或者逐水草而居，或者广种薄收，听天由命，屈从于自然，

① 本章由吴殿廷、王金岩执笔完成。

当然对自然的破坏能力也很小。

第二阶段，即人试图成为地的主宰阶段，大体相当于工业化快速发展时期。随着大机器的出现，工业化进程加快，人类改造自然的能力大为提高，甚至出现了漠视自然规律、把“人定胜天”绝对化的思潮，对自然的掠夺和破坏日益广泛、深刻，环境也因此而恶化了。

第三阶段，即人作为地的伙伴阶段，大体相当于工业化发展成熟以后。人们逐渐认识到人和地之间其实是伙伴关系，没有地哪有人，人也是不可能完全“战胜”地的，因而注重人地和谐，在社会经济发展的同时，环境也在逐渐恢复和改善。

(三)环境库茨涅茨规律

美国经济学家库兹涅茨于 1955 年指出了经济增长与收入分配关系的“倒 U 形假定”：在经济发展初期，国民收入分配将随着经济发展水平的提高而趋于不平等。其后，收入分配经历暂时无大变化的平稳维持时期，当到达经济充分发展的阶段，收入分配又将趋于平等。这一假定被后人称为“库兹涅茨曲线”。

环境经济学家研究发现，一个国家或地区的环境恶化程度与经济发展水平之间的关系，大体也遵循这一规律。如图 4-1 中曲线 ACB 所示，在早期的工业化或经济发展的初级阶段，由于经济发展水平较低，环境受人为干扰或破坏的程度较小。到了工业化进程加快或经济起飞初期，此时的经济增长主要依赖于对自然资源的耗费与初级开发，生产与消费过程产生的废料、废气会超过环境在自然状态下的自净与分解能力，导致生态环境严重失衡。当经济发展到更高阶段，由于生产设备的改进与技术水平的进步会极大提升生产效率，产业的低耗能化趋向以及人们对生存环境质量需求的不断增强，环境质量得以逐渐恢复和改善。这一规律被环境经济学家称为环境库兹涅茨曲线（Environmental Kuznets Curve，EKC）。

在图 4-1 中，横轴表示经济发展水平，纵轴表示对环境的破坏程度。P_1P_2 表示环境污染安全线，它表示环境的自我维系或对污染物的消化能力。显然在不同地区安全线的位置高度是不同的。在生态比较脆弱的地区，如我国的西部，安全线的位置较低，而在雨量充沛的东南部地区位置较高。在安全线 P_1P_2 以下，表示对环境的破坏程度是社会、环境自身可承受或可以依靠自身能力消化的。对于一个经济发展到水平 L_1 的发展中国家来说，点 A 只意味着一个经济起点，如果该国经济政策的制定忽视环境效益和社会效益，完全依赖自由竞争机制这只看不见的手对资源进行分配、调节，那么与经济进一步发展相生相伴的可能是对生态环境造成较大的破坏，即存在着所谓“市场缺陷”或“市场失灵”的现象。用循环经济理论来表述，此时的 EKC 的形状可能如曲线 ACB 所示，当经济发展到 L_0 时，对环境的破坏程度达到最高点 C，大大超过了安全线 P_1P_2。但如果能借鉴发达国家的经济发展制度管理模式与环境保护经验，其发展轨迹则完全可能低于 ACB 曲线，形成具有自身特色的 EKC 通道。

图中的曲线 ADB、AEB 表示两种不同政策效果的 EKC 通道情况。在 ADB 通道中，环境状况虽有所改善，但其部分阶段仍会高于安全线 P_1P_2。而 AEB 曲线则表示，在经济增长与环境保护关系中，由 E 点表示的环境污染最高水平已经位于安全线 P_1P_2 以下，说明已走上经济发展与环境保护相互协调、共赢的可持续发展模式①。

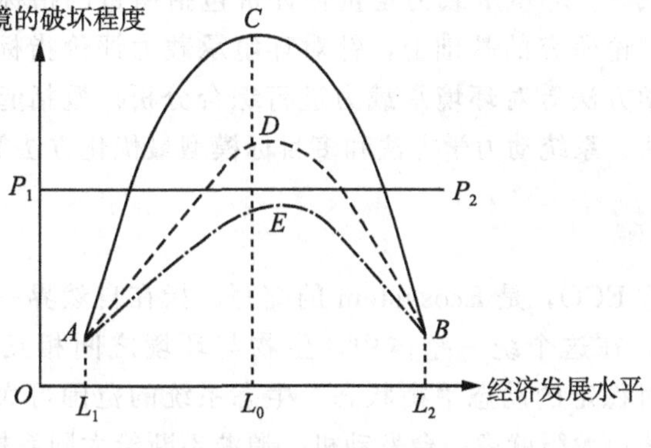

图 4-1　环境库茨涅茨曲线②

从发达国家的实践来看，当经济发展到一定阶段，环境质量确实存在向好的方面转化的可能。但是，必须强调，环境质量不会自动改善，经济增长也不会自动去弥补环境的破坏，支撑经济增长和环境改善的力量是人和制度。因此，加强环境管理和法规建设与提高全面环境保护意识是必要的。

(四)环境承载力

经济发展与生态环境保护相辅相成，但这项规则有个前提，即人口和产业的集聚程度不超过环境的承载力，否则，生态环境与经济发展将是相互冲突、恶性循环的。

环境承载力(Environmental Bearing Capacity)又称环境承受力或环境忍耐力。它是指在某种环境状态下，某一区域环境对人类社会、经济活动的支持能力。目前人类所依存的环境是自然生态系统和人工生态系统构成的复合环境系统，所以，环境承载力应为自然环境系统与人工环境系统的复合承载力。

环境要素的供应量和产出速度是有限的，环境要素组合方式的形成速度是极其缓慢的，环境的自净能力更是有限的，也就是说在一定的时空条件下环境对于人类社会的经济发展活动的支持能力是有限的。因此，我们应根据环境资源的有限支持能力来确定人类经济活动的方向和速度。另外，环境是有价值的，环境价值的重要性不低于经济价值的重要性。环境价值与经济价值之间有着十分密切的联系，人们需要经济价值，更需要环境价值。然而，环境价值与经济价值之间却存在着严重的不协调。例如，2007 年 5 月底至 6 月，江苏无锡太湖出现了大规模蓝藻暴发事件，太湖出现水危机事件，2008 年太湖蓝藻再次暴发。然而太湖周围所有的苏、浙县域都是百强县，而且在十强县中也占据了 2/3 的席位，甚至全国所有的县域都在学习苏南模式，羡慕苏南县域经济的强大。“太湖悖论”揭示了一直以来单纯追求 GDP 增长而忽略发展成本甚至不计代价的非持续性发展模式，随着近两年来“环保风暴”越来越猛，这种发展模式正在日复一日地受到来自民间和中央的双重压力。

开展环境承载力的理论及应用研究，对于人们转化经济行为方式，树立科学发展观

① 张爱文，陈俊芳．循环经济与传统经济理论比较研究[J]．经济问题，2004(10)：7-9.
② 同①。

具有重大的理论意义和实践意义。进行环境承载力研究必须分清承载体和承载对象，并计算出承载体的承载率。环境承载力定量化评价包括衡量的指标体系和衡量的方法两部分内容。主要是在理论研究的基础上，针对环境承载力评价指标的具体数值，采用统计学方法、系统动力学方法等对环境承载力进行综合分析。概括起来，目前主要有指数评价法、承载率评价法、系统动力学方法和多目标模型最优化方法等。

二、 生态系统理论

生态系统，简称ECO，是Ecosystem的缩写，指在自然界一定的空间内，生物与环境构成的统一整体，在这个统一整体中，生物与环境之间相互影响、相互制约，并在一定时期内处于相对稳定的动态平衡状态。生态系统的范围可大可小，相互交错，太阳系就是一个生态系统，太阳就像一台发动机，源源不断给太阳系提供能量。

地球最大的生态系统是生物圈，最为复杂的生态系统是热带雨林生态系统。人类主要生活在以城市和农田为主的人工生态系统中。生态系统是开放系统，为了维系自身的稳定，生态系统需要不断输入能量，否则就有崩溃的危险；许多基础物质在生态系统中不断循环，其中碳循环与全球温室效应密切相关，生态系统是生态学领域的一个主要结构和功能单位，属于生态学研究的最高层次。

人类直接或间接地从生态系统得到的利益，包括向经济社会系统输入有用物质和能量、接受和转化来自经济社会系统的废弃物，以及直接向人类社会成员提供服务(如人们普遍享用洁净空气、水等舒适性资源)。与传统经济学意义上的服务(它实际上是一种购买和消费同时进行的商品)不同，生态系统服务只有一小部分能够进入市场被买卖，大多数生态系统服务是公共品或准公共品，无法进入市场。

然而，随着经济社会发展对生态环境的压力增大，以及人们对生态产品服务的多样化需求增强，生态系统服务供给不足已成为制约社会发展和进步的重要因素。国土空间规划的要义是基于一定发展阶段和国土利用的主要矛盾，综合考虑人们自身的物质、安全和精神需求，对生态系统功能进行选择性利用和空间配置。更根本地，空间规划体系中通过强调资源环境承载力、生态保护红线、生态修复任务和目标等生态环境保护内容，反映了对生态系统结构、功能和过程的考量，从而影响生态系统服务生产驱动的合理性和服务供给的公平性，以及最终人类福祉的增减①。

新的国土空间规划体系划分了国家、省、市、县、乡镇5个层级，明确了各层级总体规划的功能定位和内容重点。其中，国家国土空间规划的编制与实施要突出战略性和政策性，是国土空间保护、开发、利用、修复的政策和总纲；省级规划侧重协调性和引导性，为区域利益协调发展提供制度保障；市、县和乡镇层面是对上级规划的细化和落实，强调可操作性。但如何使各层级规划功能得以落实和强化，又如何促进上下协同对话是纵向体系构建的关键。面对这些挑战，生态系统服务理论方法和相关议题提供了可行路径，如图4-2所示。

---

① 李睿倩，李永富，胡恒．生态系统服务对国土空间规划体系的理论与实践支撑[J]．地理学报，2020，75(11)：2417-2430.

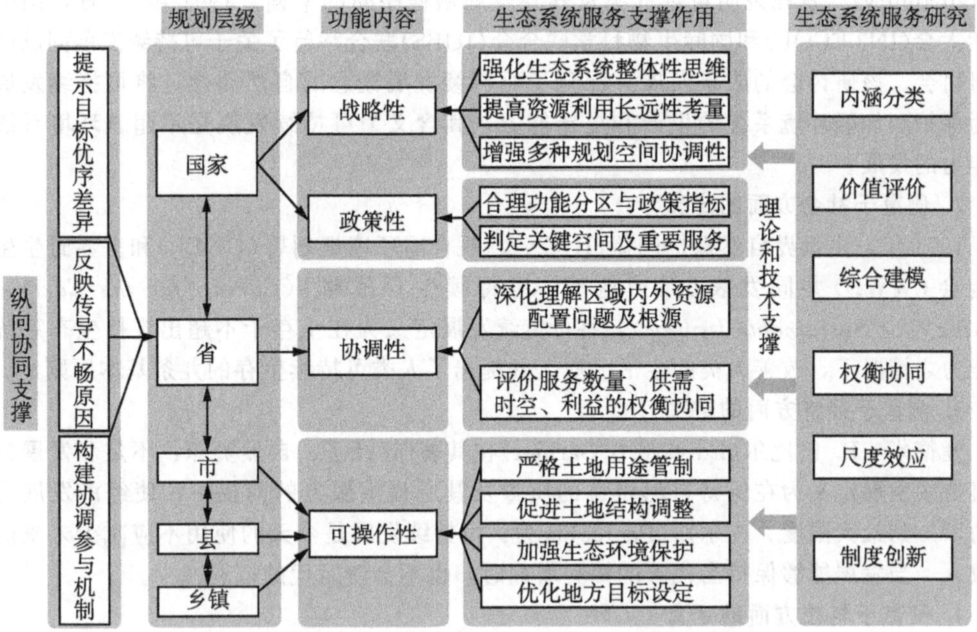

图 4-2 生态系统服务对不同层级国土空间规划的支撑①

三、可持续发展论

可持续发展是当代人类社会进步的指导原则，是关系到人类文明的延续，直接参与国家最高决策的不可或缺的基本要素。从区域角度研究区域经济要素间的相互衔接与配合，以及区域经济要素与区域自然要素、非经济要素的协调，是可持续发展研究的核心问题。

(一)可持续发展的由来

1972 年斯德哥尔摩环境大会提出了“我们只有一个地球”的警告，1992 年 6 月，联合国环境与发展大会在巴西里约热内卢通过了《里约环境与发展宣言》《21 世纪议程》等纲领性文件。1994 年《中国 21 世纪议程——中国 21 世纪人口、环境与发展的白皮书》制定，标志着可持续发展已成为包括中国在内的各国既定发展战略。

(二)可持续发展的内涵

目前对可持续发展的内涵共识程度较高的理解是：可持续发展是既满足当代人的需求，又不对后代人满足其需求的能力构成危害的发展。由于研究者所站的角度不同，对可持续发展所作的定义也就不同②。大致可归纳为以下四个方面。

1. 侧重自然方面的定义

“持续性”一词首先是由生态学家提出来的，即所谓“生态持续性”(Ecological

① 李睿倩，李永富，胡恒．生态系统服务对国土空间规划体系的理论与实践支撑[J]．地理学报，2020，75(11)：2417-2430.

② 奚洁人．科学发展观百科辞典[M]．上海：上海辞书出版社，2007.

Sustainability)。意在说明自然资源及其开发利用程序间的平衡。1991 年 11 月，国际生态学大会(INTECOL)和国际生物科学联合会(IUBS)联合举行了关于可持续发展问题的专题研讨会。该研讨会的成果发展并深化了可持续发展概念的自然属性，将可持续发展定义为保护和加强环境系统的生产和更新能力，其含义为可持续发展是不超越环境系统更新能力的发展。

2. 侧重于社会方面的定义

1991 年，由世界自然保护同盟(IUCN)、联合国环境规划署(UNEP)和世界野生生物基金会(WWF)共同发表《保护地球：可持续生存战略》(*Caring for the Earth*：*A Strategy for Sustainable Living*)，将可持续发展定义为在生存于不超出维持生态系统涵容能力之情况下，改善人类的生活品质，并提出了人类可持续生存的九条基本原则。

3. 侧重于经济方面的定义

爱德华·B. 巴比尔(Edivard B. Barbier)在其著作《经济、自然资源：不足和发展》中，把可持续发展定义为在保持自然资源的质量及其所提供服务的前提下，使经济发展的净利益增加到最大限度。皮尔斯(Pearce)认为：可持续发展是今天的使用不应减少未来的实际收入，当发展能够保持当代人的福利增加时，也不会使后代的福利减少。

4. 侧重于科技方面的定义

斯帕思(Jamm Gustare Spath)认为可持续发展就是转向更清洁、更有效的技术——尽可能接近零排放或密封式工艺方法——尽可能减少能源和其他自然资源的消耗。

(三)可持续发展战略要点

可持续发展不仅是一个被普遍接受的理论，也是当前乃至今后相当长时期内的发展战略。用可持续发展理论指导国土空间规划，要把握好如下要点。

1. 可持续发展的系统观

可持续发展把当代人类赖以生存的地球及局部区域，看成是由自然—社会—经济—文化等多因素组成的复合系统，它们之间既相互联系，又相互制约，其相互作用因地而异，且处于变化之中。这种系统科学观点是可持续发展的理论核心。一个可持续发展的社会，有赖于资源持续供给的能力；有赖于其生产、生活和生态功能的协调；有赖于自然资源系统的自然调节能力和社会经济的自组织、自调节能力；有赖于社会的宏观调控能力，部门间的协调行为，以及民众的监督和参与意识。因而在制定和实施资源战略时，需要打破部门和专业的条块分割以及地区的界限，从全局着眼，从系统的关系进行综合分析和宏观调控。

2. 可持续发展的效益观

经济发展与环境保护应该是相互联系和互为因果的。忽视对资源的保护，经济发展就会受到限制，没有经济的发展和人民生活质量的改善，特别是最基本的生活需要的满足，也就无从谈到资源的保护。因此，一个资源管理系统所追求的，应该包括经济效益、生态效益和社会效益的综合，并把系统的整体效应放在首位。经济效益、生态效益和社会效益是可以而且应该是互相促进的。例如，投入教育和健康的钱，可以增加人们的生产能力，而经济的发展又为更多的人受教育提供了良好的机会。

3. 可持续发展的资源观

可持续发展要求保护和加强人类生存与发展所必须依靠的资源基础。保护资源不仅是为了满足当代人的需要，也是为了子孙后代的生存与发展。当人们没有其他办法可选择时，对资源的压力就会增加。因此，关键的问题是给人们寻找出路。例如，在山区，可以引导农民种粮食作物与种树种草，将发展传统农业与发展畜牧业结合起来，走持续农业或生态农业之道路。过去我们对鱼塘和热带森林的经营主要是对天然资源的开发，从可持续发展的观点出发就要求我们改进生产方法，以取得更多的鱼类、薪材和林产品。

4. 可持续发展的技术观

对于发展中国家来说，必须加强其技术革新的能力，以便能更有效地迎接可持续发展的挑战。同时，技术的方向必须改变，并对环境因素给予更多的关注。可持续发展要求注意生产"社会产品"，如改进空气质量，或增加产品的生命，或解决通常企业在计算价格时没有考虑的环境及废物排放的问题。

发展环境合理的技术与对风险的管理有着密切关联。例如，原子反应堆、电力网、通信系统和大量的运输系统，如果超过一定的限度都有一定的脆弱性。为此要采用完善的分析方法，吸取过去的教训，综合进行技术设计、制定标准和安排应急措施，这样才能减少问题的后果和大大减缓意外事件的破坏性。

5. 可持续发展的体制观和法制观

可持续发展要求打破传统的条块分割、信息闭塞和决策失误的管理体制，建立一个能综合调控社会生产、生活和生态功能、信息反馈灵敏、决策管理水平高的管理体制，这是实现社会高效、和谐发展的关键。

把可持续发展的指导思想体现在政策、立法之中，通过宣传、教育和培训，加强持续发展的意识，建立与可持续发展相适应的政策、法规和道德规范。

6. 可持续发展的群众观

社会发展工作主要依靠广大群众和群众组织来完成。要充分了解群众的意见和要求，动员广大群众参加到可持续发展的全过程中来。为此要动员决策人员、科技人员、地方各级领导干部和广大群众参加到实现可持续发展的行动中，群策群力，协同完成。

7. 可持续发展的社会平等观

可持续发展主张人与人之间、国家与国家之间的关系，互相尊重，彼此平等。一个团体的发展，不应以牺牲另一个团体的利益为代价，这种平等的关系不仅表现在当代人与人、国家与国家、团体与团体的关系上，同时也表现在当代人与后代人之间的关系上。

8. 可持续发展的全球观

当前世界上的许多资源与环境问题已超越国界和地区界限，具有全球性效应。我们要实现全球的可持续发展，必须建立起巩固的国际秩序和合作关系，对于发展中国家，发展经济、消除贫困是当前的首要任务，国际社会应给予帮助和支持。保持环境、珍惜资源是全人类的共同任务，经济发达的国家负有更大的责任。对于全球的公物，如大气、海洋和其他生态系统要在统一目标的前提下进行管理①。

① 牛文元. 持续发展导论[M]. 北京：科学出版社，1994.

四、 生态文明论

(一)从可持续发展到生态文明

随着社会的进步，以自然经济为特征的农业文明被先进的工业文明所取代，而以单程式经济发展为特征的工业文明在其发展过程中弊端的显现，周围环境要素的制约表明其已不适应现有的发展需求，人与自然之间的不平衡状态呼吁以循环经济为核心的生态文明的出现。

生态文明是指人类的主流价值取向和社会实践已经把自然生态效应纳入社会经济活动中，以实现可持续发展为着眼点，强调人与人、人与自然以及人与社会之间的和谐关系，重视现实资源和生态的支撑力，实现经济、自然与社会的共生、良性循环、全面协调可持续发展。其出发点是“以人为本”，其目的是满足人的需求，突出人及其发展的重要性，与“以物为本”的传统文明观相比更包含有深刻的人文精神。

建设生态文明，不同于传统意义上的污染控制和生态恢复，而是克服工业文明弊端，探索资源节约型、环境友好型发展道路的过程。生态文明建设不但包括人类在生态问题上所有积极的、进步的思想观念建设，而且包括生态意识在经济社会各个领域的延伸和物化建设。

2005 年 8 月 15 日，时任浙江省委书记的习近平在浙江省湖州市安吉县考察时，首次提出了“绿水青山就是金山银山”的科学论断。后来，他又进一步阐述了“绿水青山”与“金山银山”之间三个发展阶段的问题。2022 年 10 月 16 日，习近平总书记在党的二十大会议上强调，我们坚持绿水青山就是金山银山的理念，坚持山水林田湖草沙一体化保护和系统治理，生态文明制度体系更加健全，生态环境保护发生历史性、转折性、全局性变化，我们的祖国天更蓝、山更绿、水更清。

习近平总书记的“两山”重要思想充分体现了马克思主义的辩证观点，系统剖析了经济与生态在演进过程中的相互关系，深刻揭示了经济社会发展的基本规律，更是生态文明理念在新时代的升华。按照“两山”重要思想，规划先行，是既要金山银山，又要绿水青山的前提，也是让绿水青山变成金山银山的顶层设计。在推动发展过程中要重视国土空间规划问题，优化国土空间开发格局，把它作为实践“绿水青山就是金山银山”的战略谋划与前提条件。

1. 经济层面

生态文明建设的经济层面，是指所有的经济活动都要符合人与自然和谐的要求，主要包括第一、第二、第三产业和其他经济活动的“绿色化”、无害化以及生态环境保护产业化。这就要求我们做到以下三点。

大力发展循环经济。资源是有限的，要满足人类可持续发展的需要，就必须在全社会倡导节约资源的观念，努力形成有利于节约资源、减少污染的生产模式、产业结构和消费方式。应大力开发和推广节约、替代、循环利用资源和治理污染的先进适用技术，发展清洁能源和再生能源，建设科学合理的能源资源利用体系，提高能源资源利用效率。把建设资源节约型、环境友好型社会放在现代化发展战略的重要位置，并具体落实到单位、家庭、个人。

实施清洁生产。清洁生产，不仅指生产过程要节约原材料、能源并减少排放物，同时也要求最大限度地减少整个生产周期对人的健康和自然生态的损害。"预防污染"是清洁生产的本质特征，它适宜于包括工业生产在内的第一、第二、第三产业。传统生产是一种只强调物质生产而忽视生态环境保护的生产方式。改变这种生产方式，需要不断进行清洁生产意识教育，引导人们转变传统生产观念，让清洁生产的要求和方式深入人心，使采用清洁能源、预防和减少污染成为政府、企业、社会的自觉意识和行为。

增强环保产业的职业责任意识。环保产业作为专门为改善生态环境而开发提供实用技术、商品和服务的产业，不但是一种实体、一种市场行为，而且具有十分重大的社会责任。因此，在大力发展环保产业的基础上，应进一步通过广泛开展生态环境宣传教育，不断提高环保产业单位和从业人员的生态职业责任意识。

2. 政治层面

生态文明建设的政治层面，是指党和政府要重视生态问题，把解决生态问题、建设生态文明作为贯彻落实科学发展观、构建和谐社会的重要内容。这就要求我们做到以下四点。

树立正确的发展观和生态观。把生态文明建设作为实现好、维护好、发展好人民群众根本利益的一项重要任务，特别是领导干部要树立正确的发展观和生态观。各级政府应发挥主导和主体作用，为推进生态文明建设提供制度基础、社会基础以及相应的设施和政治保障。把生态文明建设的绩效纳入各级党委、政府及领导干部的政绩考核体系，建立健全监督制约机制。

加强生态法治建设。随着我国社会主义市场经济的发展和建设社会主义法治国家进程的加快，生态保护的法律法规在生态文明建设中发挥着越来越重要的作用。应调动人民群众主动自觉地进行生态环境保护、参与生态环境保护监督管理的积极性，明确生态环境保护的职责、权利和义务，学会运用生态环境保护法律法规来维护自身的生态环境权益，并敢于对污染和破坏生态环境的行为进行检举和控告。同时，要通过建立和实施生态环境违法违规责任追究制度，激发和强化各级领导干部、环保执法人员、环保产业单位及其从业人员和广大人民群众的生态文明建设责任意识。

重视生态行政建设。正确引导各级领导干部深刻认识发展与人口、资源、环境之间的辩证关系，了解经济活动对生态变化的影响及其变化规律，提高对生态质量变化的识别能力和解决问题的能力，增强保护和改善生态环境、建设生态文明的自觉性和主动性。

推进生态民主建设。推进生态文明建设，必须发挥人民群众的主体作用。没有人民群众的参与热情和主体作用的发挥，生态文明建设将一事无成。应保证人民群众生态文明建设的知情权、参与权和监督权，让人民群众从生态文明建设中深切体会和明确认识自己的利益所在，从而激发其参与生态文明建设的热情。

3. 文化层面

生态文明建设的文化层面，是指一切文化活动包括指导我们进行生态环境创造的一切思想、方法、组织、规划等意识和行为都必须符合生态文明建设的要求。这就要求我们做到以下三点。

树立生态文化意识。生态文化是人与自然和谐发展的文化。21 世纪新阶段，人类已逐渐认识到长期对自然进行掠夺性索取、破坏必将遭受惩罚，一个从征服自然、破坏自然到回归自然、珍爱自然的新理念正在形成。全民生态意识觉醒之日，就是我国生态环境改善之时。因此，进行生态教育，提高人们对生态文化的认同，增强人们对自然生态环境行为的自律，牢固树立生态文化意识，是解决生态问题的一项重要举措。

注重生态道德教育。生态与道德不可割裂。生态环境的优劣，反映着人们生态道德水准的高低，同时，人们生态道德水准的高低，也极大地影响着生态环境的优劣。生态道德驱动着人们的生态意识和行为的自觉性、自律性与责任感。加强生态道德教育，可以使人们自觉地承担保护生态环境的责任和义务，同一切破坏生态环境的行为作斗争。应广泛动员人民群众参与多种形式的生态道德实践活动，努力形成防止污染、保护生态、美化家园、绿化祖国的社会文明新风尚。

加强生态文化建设。生态文化作为一种社会文化现象，摒弃了人类自我中心思想，按照尊重自然、人与自然相和谐的要求赋予文化以生态建设的含义。具体说来，生态文化大致包括生态哲学文化、生态伦理文化、生态科技文化、生态教育文化、生态文艺文化、生态美学文化、生态传播学等几个方面。

4. 社会层面

生态文明建设的社会层面，是指重视和加强社会事业建设，推动人们生活方式的革新。这就要求我们具备以下意识。

创造良好的社会生活环境。建立法制化、民主化和安定团结的秩序以及高效率的社会管理体系，形成以生态文化意识为主导的社会潮流，树立以文明、健康、科学、和谐生活方式为主导的生态文明具有丰富的内容。就其内涵而言，主要包括生态意识文明、生态制度文明和生态行为文明三个方面。

生态意识文明。它是人们正确对待生态问题的一种进步的观念形态，包括进步的生态意识、进步的生态心理、进步的生态道德以及体现人与自然平等、和谐的价值取向。

生态制度文明。它是人们正确对待生态问题的一种进步的制度形态，包括生态制度、法律和规范。其中，特别强调健全和完善与生态文明建设标准相关的法制体系，重点突出强制性生态技术法制的地位和作用。

生态行为文明。它是在一定的生态文明观和生态文明意识指导下，人们在生产生活实践中推动生态文明进步发展的活动，包括清洁生产、循环经济、环保产业、绿化建设以及一切具有生态文明意义的参与和管理活动，同时还包括人们的生态意识和行为能力的培育①。

(二)发展循环经济，保护“绿水青山”

在追求“金山银山”的基础上保障“绿水青山”的途径很多，包括节约资源，高效、综合利用资源，尽量利用清洁资源、可再生资源。但在当前大规模生产、集中化生活的状态下，最有效的途径是大力发展循环经济。

1. 循环经济理论与模式

循环经济(Circular Economy)即物质闭环流动型经济，是指在人、自然资源和科学技术的大系统内，在资源投入、企业生产、产品消费及其废弃的全过程中，把传统的依赖

---

① 陈寿朋. 牢固树立生态文明观念[J]. 北京大学学报(哲学社会科学版)，2008(1)：128-130.

资源消耗的线性增长的经济，转变为依靠生态型资源循环来发展的经济。循环经济模式是以资源的高效利用和循环利用为目标，以“减量化(Reduce)、再利用(Reuse)、资源化(Recycle)”为原则(简称 3R 原则)，以物质闭路循环和能量梯次使用为特征，按照自然生态系统物质循环和能量流动方式运行的经济模式。它要求运用生态学规律来指导人类社会的经济活动，其目的是通过资源高效和循环利用，实现污染的低排放甚至零排放，保护环境，实现社会、经济与环境的可持续发展。循环经济是把清洁生产和废弃物的综合利用融为一体的经济，本质上是一种生态经济，它要求运用生态学规律来指导人类社会的经济活动。

推动循环经济发展可以从以下三个层次展开。

在企业大力推行清洁生产，从生产源头和全过程充分利用资源，使每个企业在生产过程中废物最小化、资源化、无害化；建立生产者责任延伸制度，实行污染产品押金或保证金制度。

在工业集中地区、经济开发区积极发展生态工业，在企业清洁生产基础上，使上游企业的废物成为下游企业原料，不断延长生产链条，实现区域或企业群资源的最有效利用。

在一定区域内，用生态链条把工业与农业、生产与消费、城区与郊区、行业与行业有机结合起来，最大限度地综合利用资源，大力发展资源循环利用产业，逐步建成循环型社会。

2. 循环经济理念下的资源开发战略

在我国发展循环经济要注重从不同层面协调发展，即小循环、中循环、大循环和资源再生产业(也可称为第四产业或静脉产业)协调发展。

小循环——在企业层面，选择典型企业和大型企业，根据生态效率理念，通过产品生态设计、清洁生产等措施进行单个企业的生态工业试点，减少产品和服务中物料和能源的使用量，实现污染物排放量最小化。

中循环——在区域层面，按照工业生态学原理，通过企业间的物质集成、能量集成和信息集成，在企业间形成共生关系，建立工业生态园区。

大循环——在社会层面，重点进行循环型城市和省区的建立，最终建成循环经济型社会。

资源再生产业——建立废物和废旧资源的处理、处置和再生产业，从根本上解决废物和废旧资源在全社会的循环利用问题。

要更新发展理念，大力发展循环经济。彻底摒除我国地大物博、资源能源丰富的思想观念，摒弃只注重“生产量”的消耗型经济增长模式，树立循环经济理念，提高能源利用效率，合理发展资源复合利用的循环式经济；建立发展循环经济的技术支撑体系和有利于能源技术创新的激励约束机制；处理好市场机制下资源配置的基础性作用和政府职能之间的关系，提高资源配置和使用效率；以法律、经济和行政等综合手段各取所长，共同促进资源能源的有序、高效的开发和利用。

3. 推行循环型生产方式

加快推行清洁生产，在农业、工业、建筑、商贸服务等重点领域推进清洁生产示范，从源头和全过程控制污染物产生和排放，降低资源消耗。加强共伴生矿产及尾矿综合利用，提高资源综合利用水平。推进大宗工业固体废物和建筑、道路废弃物以及农林废物资源化利用。按照循环经济要求规划、建设和改造各类产业园区，实现土地集约利用、废物交换利用、能量梯级利用、废水循环利用和污染物集中处理。推动产业循环式组合，构筑链接循环的产业体系。

4. 健全资源循环利用回收体系

完善再生资源回收体系，加快建设城市社区和乡村回收站点、分拣中心、集散市场“三位一体”的回收网络，推进再生资源规模化利用。加快完善再制造旧件回收体系，推进再制造产业发展。建立健全垃圾分类回收制度，完善分类回收、密闭运输、集中处理体系，推进餐厨废弃物等垃圾资源化利用和无害化处理。

5. 推广绿色消费模式

倡导文明、节约、绿色、低碳消费理念，推动形成与我国国情相适应的绿色生活方式和消费模式。鼓励消费者购买使用节能节水产品、节能环保型汽车和节能省地型住宅，减少使用一次性用品，限制过度包装，抑制不合理消费。推行政府绿色采购，逐步提高节能节水产品和再生利用产品比重。

6. 强化政策和技术支撑

加强规划指导、财税金融等政策支持，完善法律法规和标准，实行生产者责任延伸制度，制订循环经济技术和产品名录，建立再生产品标识制度，建立完善循环经济统计评价制度。开发应用源头减量、循环利用、再制造、零排放和产业链接技术，推广循环经济典型模式。深入推进国家循环经济示范，组织实施循环经济示范行动。

(三)建设资源节约型和环境友好型社会

我国所面临的资源环境瓶颈及生态危机，是经济保持快速发展的拦路虎，而资源节约型和环境友好型社会作为经济发展与环境要素博弈下的产物，是全面落实科学发展观，秉持可持续发展理念，统筹解决人口、资源、环境与经济发展的问题，实现人与自然及人与人的和谐的最优选择。

资源节约型和环境友好型社会以追求人与自然的和谐为目标，以环境承载力为基础，以遵循自然规律为核心，以绿色科技为动力，倡导环境文化和生态文明，目的在于用最少的资源消耗，获得最大的利益产出和最为优良的生态环境，实现可持续发展。资源节约与环境友好相辅相成，资源节约是在生产、流通、分配、消费的各个环节，以最少的资源消费满足人们的合理需求，降低资源消耗强度，提高资源利用效率；环境友好强调生产和消费活动对于自然生态环境的影响，尽量采用对环境无害的生产生活方式和消费模式，少排放最好是零排放污染物，建立人与环境互动的关系，以实现经济社会的可持续发展。

大力发展循环经济。按照减量化、再利用、资源化的原则，减量化优先，以提高资源产出效率为目标，推进生产、流通、消费各环节循环经济发展，加快构建覆盖全社会的资源循环利用体系。

加大环境保护力度。以解决饮用水不安全和空气、土壤污染等损害群众健康的突出环境问题为重点，加强综合治理，明显改善环境质量。

强化污染物减排和治理。实施主要污染物排放总量控制，实行严格的饮用水水源地保护制度，提高集中式饮用水水源地水质达标率。加强造纸、印染、化工、制革、规模化畜禽养殖等行业污染治理，继续推进重点流域和区域水污染防治，加强重点湖库及河流环境保护和生态治理，加大重点跨界河流环境管理和污染防治力度，加强地下水污染防治。推进火电、钢铁、有色、化工、建材等行业二氧化硫和氮氧化物治理，强化脱硫脱硝设施稳定运行，加大机动车尾气治理力度。深化颗粒物污染防治。加强恶臭污染物治理。建立健全区域大气污染联防联控机制，控制区域复合型大气污染。地级以上城市空气质量达到二级标准以上的比例达到80%。有效控制城市噪声污染。提高城镇生活污水和垃圾处理能力，城市污水处理率和生活垃圾无害化处理率分别达到85%和80%。

注意防范环境风险。加强重金属污染综合治理，开展重金属污染治理与修复试点示范。加大持久性有机物、危险废物、危险化学品污染防治力度，开展受污染场地、土壤、水体等污染治理与修复试点示范。强化核与辐射监管能力，确保核与辐射安全。推进历史遗留的重大环境隐患治理。加强对重大环境风险源的动态监测与风险预警及控制，提高环境与健康风险评估能力。

加强环境监管。健全环境保护法律法规和标准体系，完善环境保护科技和经济政策，加强环境监测、预警和应急能力建设。加大环境执法力度，实行严格的环保准入，依法开展环境影响评价，强化产业转移承接的环境监管。严格落实环境保护目标责任制，强化总量控制指标考核，健全重大环境事件和污染事故责任追究制度，建立环保社会监督机制。

坚持保护优先和自然修复为主，加大生态保护和建设力度，从源头上扭转生态环境恶化趋势。加强重点生态功能区保护和管理，增强涵养水源、保持水土、防风固沙能力，保护生物多样性，构建以重要水系为骨架，以其他重点生态功能区为重要支撑，以点状分布的各级各类禁止开发区域为重要组成的生态安全战略格局。

按照谁开发谁保护、谁受益谁补偿的原则，加快建立生态补偿机制。加大对重点生态功能区的均衡性转移支付力度，研究设立生态补偿专项资金。推行资源型企业可持续发展准备金制度。鼓励、引导和探索实施下游地区对上游地区、开发地区对保护地区、生态受益地区对生态保护地区的生态补偿，积极探索市场化生态补偿机制，加快制定实施生态补偿条例①。

落实生态空间用途管制，划定并严守生态保护红线，确保生态功能不降低、面积不减少、性质不改变。建立森林、草原、湿地总量管理制度。加快建立多元化生态补偿机制，完善财政支持与生态保护成效挂钩机制。建立覆盖资源开采、消耗、污染排放及资源性产品进出口等环节的绿色税收体系。研究建立生态价值评估制度，探索编制自然资源资产负债表，建立实物量核算账户。实行领导干部自然资源资产离任审计。建立健全生态环境损害评估和赔偿制度，落实损害责任终身追究制度②。

---

① 中华人民共和国国民经济和社会发展第十二个五年规划纲要[EB/OL].（2011-03-16）[2022-11-08]. https://gov.cn/20111h/content_1825838.htm.

② 中华人民共和国国民经济和社会发展第十三个五年规划纲要[EB/OL].（2016-03-17）[2022-11-08]. https://gov.cn/xinwen/2016-03/17/content_5054992.htm.

五、人地协同论

(一)协同学

协同学(Synergetics)是20世纪70年代初由联邦德国理论物理学家赫尔曼·哈肯创立的，主要研究远离平衡态的开放系统在与外界有物质或能量交换的情况下，如何通过自己内部协同作用，自发地出现时间、空间和功能上的有序结构。

协同论以现代科学的最新成果——系统论、信息论、控制论、突变论等为基础，吸取了结构耗散理论的大量营养，采用统计学和动力学相结合的方法，通过对不同领域的分析，提出了多维相空间理论，建立了一整套的数学模型和处理方案，在微观到宏观的过渡上，描述了各种系统和现象中从无序到有序转变的共同规律。

协同论是研究不同事物共同特征及其协同机理的新兴学科，是近十几年来获得发展并被广泛应用的综合性学科。它着重探讨各种系统从无序变为有序时的相似性。协同论的创始人哈肯说过，他把这个学科称为“协同学”，一方面是由于我们所研究的对象是许多子系统的联合作用，以产生宏观尺度上结构和功能；另一方面它又是由许多不同的学科进行合作，来发现自组织系统的一般原理。

客观世界存在着各种各样的系统。社会的或自然界的，有生命或无生命的，宏观的或微观的系统等，这些看起来完全不同的系统，却都具有深刻的相似性。协同论则是在研究事物从旧结构转变为新结构的机理的共同规律上形成和发展的，它的主要特点是通过类比对从无序到有序的现象建立了一整套数学模型和处理方案，并推广到广泛的领域。它基于“很多子系统的合作受相同原理支配而与子系统特性无关”的原理，设想在跨学科领域内，考察其类似性以探求其规律。哈肯在阐述协同论时讲道：“我们现在好像在大山脚下从不同的两边挖一条隧道，这个大山至今把不同的学科分隔开，尤其是把‘软’科学和‘硬’科学分隔开。”

方创琳深刻研究了京津冀城市群的协同发展关系，如图4-3所示，其认为城市群作为远离平衡态的开放系统，通过与外界的物质或能量交换，推动城市群内部各城市之间发生协同作用，自发地形成时间、空间和功能上的有序结构①。协同论认为，在城市群发展环境中，各个城市子系统间存在着相互影响、相互合作、相互干扰和制约的非线性关系。由多个城市组成的城市群系统，由于城市子系统的相互作用和协作，呈现出某种程度的协同规律性。协同论应用于城市群，可将城市之间的关系分成竞争关系、合作关系和共生关系三种情况，每种关系都必须使城市之间的各种因子保持协调消长和动态平衡，才能适应环境而持续健康发展。

(二)地理协同论

2019年，史培军团队提出了“地理协同论”思想(图4-4)，建议在理解人-地关系的基础上，通过科学的设计“人-地协同”，“适度改造自然”，为人口已超载的地球减负；通过生态文明建设，创新发展、协调发展、绿色发展、开放发展、共享发展，提高地球的承

① 方创琳. 京津冀城市群协同发展的理论基础与规律性分析[J]. 地理科学进展，2017，36(1)：15-24.

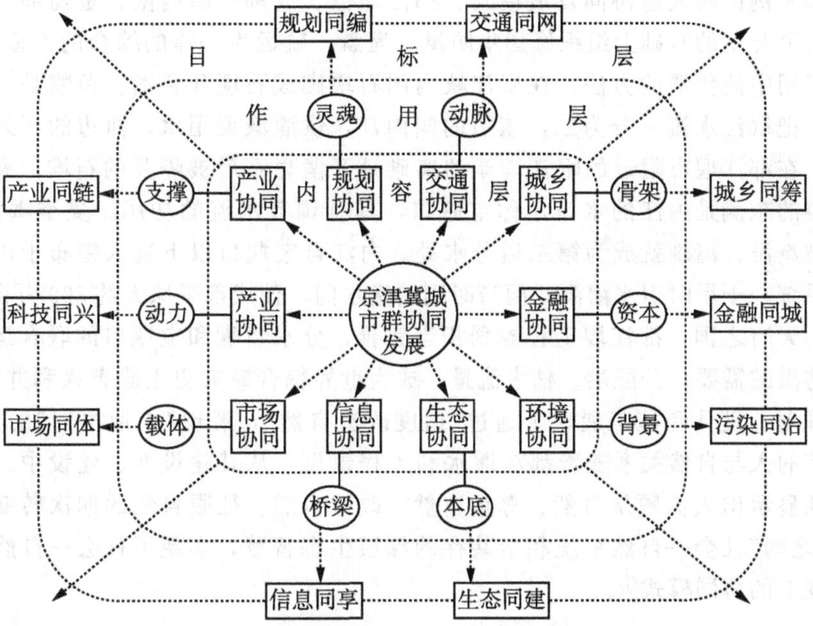

图 4-3 京津冀城市群协同发展的科学释义示意图①

载力，扩大阈值、缓减环境风险，实现地球与世界的可持续性。“地理协同论”的科学基础是协同学，其理论思考源于中国传统的“天地人和”“天人合一”等哲理。

针对人类地球表层地理环境多因素、多尺度、多过程的复杂性，以及其形成机理、过程、动力学特征，地学及相关学科从多学科的角度，提出建立和发展全球变化科学、地球系统科学、可持续发展科学、灾害风险科学等超大学科群。“地理协同论”就是科学理解地球表层系统与区域可持续性机理、过程与动力机制。

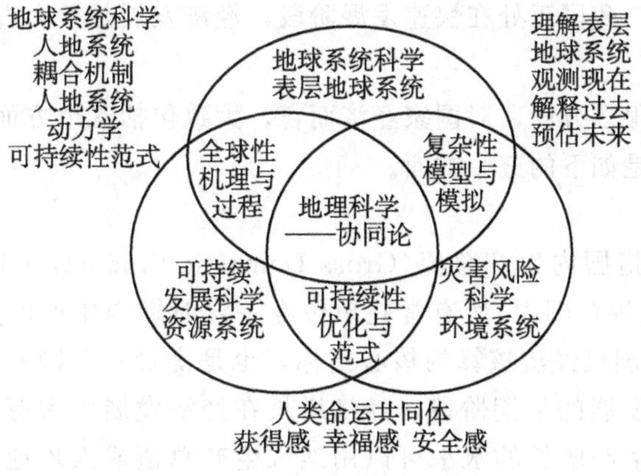

图 4-4 “地理协同论”思维框架②

① 方创琳. 京津冀城市群协同发展的理论基础与规律性分析[J]. 地理科学进展，2017，36(1)：15-24.

② 史培军，宋长青，程昌秀. 地理协同论——从理解“人-地关系”到设计“人-地协同”[J]. 地理学报，2019，74(1)：3-13.

现再举一例说明人地协同发展模式。都江堰位于成都平原西南，是蜀郡太守李冰父子在前人鳖灵开凿的基础上组织修建集防洪、灌溉、航运为一体的综合的大型水利工程。李冰父子采用中流作堰的方法，在岷江峡内用石块砌成石埂和鱼嘴。鱼嘴是一个分水的建筑工程，把岷江水流一分为二，东边的叫内江，供灌溉渠用水，西边的叫外江，是岷江的干流。在都江堰市附近的岷江南岸的离碓是开凿岩石后被隔开的石堆，夹在内外江之间。离碓的东侧是内江的水口，称宝瓶口，具有调节水流的功用。夏季岷江水涨水，都江鱼嘴被淹没，离碓就成为第二道分水处。内江自宝瓶口以下进入密布于川西平原之上的灌溉系统，干旱时引水灌溉，雨涝时则堵塞水门，使成都平原大约300万亩良田成为旱涝保收的天府之国。都江堰工程规划相当完善，分水鱼嘴和宝瓶口的联合运用，能按照灌溉、防洪的需要，分配洪、枯水流量，成为世界综合减灾史上除害兴利并举的典范。都江堰的规划、设计和施工展现了通过“适度改造自然”，展现“人地协同”的发展模式。“天府之国”的人与自然关系随着都江堰水利工程建设，从其建设前、建设中、发展利用和近代时期显示出人们顺从自然、尊重自然、改造自然、征服自然的四次转变，同时揭示了“天府之国”社会—自然系统和谐共存的深层生态智慧，实现了社会—自然系统在不同时空维度上的协同模式①。

第二节　区域发展论

国土空间规划的目的是促进特定地域(区域)的发展和可持续发展，因此，必须首先弄清楚区域发展的内涵。

一、 区域发展的内涵

(一)区域发展

区域发展就是指在一定的时空范围内以经济、社会、生态等方面处在更好的状态，即所谓的“三生有幸”。我国正处在快速发展阶段，经济发展是社会进步的主要表现形式。

(二)经济发展

经济发展表现在很多方面，对国家经济而言，大致包括八个方面②，而对区域经济而言，有意义的基本上是如下的五个方面。

1. 经济增长

狭义的经济增长指国内生产总值(Gross Domestic Product，GDP)的增加。GDP指一个国家或者地区(国界范围内)所有常驻单位在一定时期内生产的所有最终产品和劳务的市场价值。GDP是国民经济核算的核心指标，也是衡量一个国家或地区总体经济状况的重要指标。在经济发展的早期阶段，经济增长在经济发展中占有中心地位，但并不等于经济发展的全部。生产增长的水平可以用地区生产总值或人均地区生产总值测定，不宜单纯用工农业总产值和社会总产值等指标，因这两个指标中有相当一部分(中间消耗部

① 颜文涛，象伟宁，袁琳. 探索传统人类聚居的生态智慧——以世界文化遗产区都江堰灌区为例[J]. 国际城市规划，2017，32(4)：1-9.

② 方甲，吴春波，彭世元，等. 西方经济发展理论[M]. 北京：中国人民大学出版社，1989.

分)是没有社会经济意义的。

2. 技术进步

技术进步(Technological Progress 或 Technical Progress)包括工具和机械的发明与改良、生产技术方面的知识增加、新产品的开发、劳动生产率的提高、资本效益的提高、成本的降低、大批量生产技术的开发、产品质量的提高、资源节约、环境改善等。由分工和大规模生产而带来的生产率的提高也是其重要的特征之一。

3. 产业结构的改进

产业结构(Industrial Structure)是指各产业的构成及各产业之间的联系和比例关系。在经济发展过程中，由于分工越来越细，因而产生了越来越多的生产部门。这些不同的生产部门，受到各种因素的影响和制约，会在增长速度、就业人数、在经济总量中的比重、对经济增长的推动作用等方面表现出很大的差异。因此，在一个经济实体当中(一般以国家和地区为单位)，在每个具体的经济发展阶段、发展时点上，组成国民经济的产业部门是不一样的。各产业部门的构成及相互之间的联系、比例关系不尽相同，对经济增长的贡献大小也不同。因此，把包括产业的构成、各产业之间的相互关系在内的结构特征概括为产业结构。

区域经济发展的历史就是区域产业结构演变的历史。典型的情况是，在区域经济形成和发展早期，社会从事农业这一单一的商品生产，后来随着新产业的兴起和它们之间的有机结合，各个产业的生产增加了，结果整个社会也进步了。各产业兴起的时间不同，发展速度不同，各产业之间的关系也不同。产业结构标志着地区经济的发展水平。促进区域经济的发展，就要适时地培育和扶持战略型新兴产业，使产业稳步地向有利于发挥地区优势、增加区域经济竞争力的方向发展。

4. 资本的积累

资本积累(Capital Accumulation)是资本所有者把利润的一部分用于购买扩大再生产规模所需追加的资本要素和劳动要素，如购买工具、机械设备、工厂、建筑物、库房等。上述经济发展中技术进步和产业结构的变化等现象，都是与投资活动有联系的，这些投资就来自资本积累。所以说，把新创造价值的一部分转换为生产设备的资本积累，是引起技术进步和产业结构变化并由此扩大生产的必要条件。资本积累一般用固定资产投资额来描述，目前更注意人力资本的积累，也逐渐开始重视生态资本的变化。

5. 与外界关系的改善

对于空间范围不大的区域来说，靠自产自销是发展不起来的，要增加收入就得出售产品。同样的道理，只靠区域内的资源是满足不了进一步发展需要的。要保证生产资料的供应和产品的销售，就要与外界发展联系，是一个地区经济的开放性。与周边地区、与国外有稳定良好协作关系，这是一个地区经济成熟的标志，也是今后发展的重要保障。当然，这种联系，这种协作关系是有原则的，也是互惠互利的。不能只讲协作，不顾区域本身的物质利益，不顾国家利益。关键是要在发挥自身的优势、生产出有竞争力产品的基础上，勇于开拓市场，讲信誉，守合同，与其他地区、其他国家建立起良好的协作关系。中国进行改革开放、积极加入世界贸易组织(World Trade Organization，WTO)、建立自由贸易区等，意义就在于此。

总之，经济发展不完全等同于区域经济增长，区域经济发展的表现是多方面的，而且这些方面是相辅相成的。

(三)社会进步

社会进步既包括物质文明的发展也包括精神文明的发展，诸如人民生活水平的不断提高、国家在国际上的影响力越来越大、人民各方面素质的发展和完善、公民人权得到尊重和保障等。国土空间规划中，常用城镇化水平、人均预期寿命、人均受教育年限、科技进步贡献率、社会保险率、劳动就业率等指标来描述。

(四)生态改善

从本质上说，生态改善是生态资产价值提高、生态服务质量改进、生态系统可持续能力增强等。具体表现为人均绿地面积增加，森林覆盖率、生物多样性水平、受保护国土面积占比、三废综合利用率、大气环境质量、河流断面水质监测质量、环保投入占GDP比例或环保从业人员占总就业人员比例等提高。

二、 区域经济发展的基本规律

(一)时间过程规律

1. 区域经济发展的趋势和方向

区域发展的过程主要表现在产业的非农化(特别是工业化)、聚落的城镇化，以及生产、生活方式的现代化。

从主要生产要素变化的角度说，世界经济、大的国家和区域的经济都是沿着“资源经济—劳动经济—资本经济—知识经济”的过程发展的。亦即在区域经济发展的早期阶段，生产的投入主要靠资源，特别是土地资源，相应的产业是农业，包括种植业、畜牧业、林业和渔业等；然后是投入简单的、廉价的劳动力，相应的是轻纺工业、餐饮业等；后来发展起了大工业，机械设备、厂房等的投入成了经济发展的关键，对应的产业有机械、石油、化学工业和交通运输业等。目前，科学技术已经成为发达国家、发达地区经济发展的决定性力量。当然，这种趋势性变化也是不平衡的，有时快，有时慢，有时因自然灾害或政治动荡而暂时有所下降，但最终仍会继续发展。

区域经济发展速度的变化规律是：区域发展初期，水平低，规模小，速度慢；伴随着工业化、城市化的推进，区域经济进入快速发展阶段，规模迅速扩大，水平迅速提高；经过一段高速发展时期，区域经济进入成熟阶段，水平已经很高，规模已经很大，再提高、再扩大都不容易，经济发展速度进入稳定、缓慢状态。英国、日本、韩国等，都曾经历过了这样的过程。目前全世界发达国家的平均发展速度在1%～3%，西欧、北欧等相当一些国家的GDP增长速度几乎为零；而我国在改革开放后连续多年经济增长速度都在7%以上。这些事实都在验证着上述规律。

区域经济发展的这种趋势性是由两方面因素决定的。首先是社会需求的拉力——人们的消费需求永无止境；其次是科学技术的推动——科学技术的进步也是无休无止的。

一个地区的科技进步及其推广应用是不平衡的，有时快，有时慢；有时深刻，有时平淡无奇。伴随着每一次深刻的科技革命，都或迟或早地促动着产业方向的重大变革，出现产业革命，这必然导致经济发展过程表现出明显的阶段性。从这个角度说，区域经济总量在大的S形曲线下，还会出现多个小的区段，或者说，若干个小的S形曲线组合成一个大的S形曲线；经济发展速度也是在一个大的倒U形曲线下分解出若干个小的倒U形区段。

根据以上分析可以得出结论，即区域发展的方向和趋势，就是城镇化不断提高的过程，非农产业不断扩大的过程，从物质经济到知识经济的过程。与此对应的，是城镇化规律、工业化规律、知识经济发展规律等。

另外，从数量和质量、内循环和外循环的角度看，区域经济发展也体现了由数量型增长向质量型增长、由内循环、外循环驱动向双循环驱动的方向发展，恰如2022年10月16日，习近平总书记在党的二十大会议上提出的发展要求——要坚持以推动高质量发展为主题，把实施扩大内需战略同深化供给侧结构性改革有机结合起来，增强国内大循环内生动力和可靠性，提升国际循环质量和水平，加快建设现代化经济体系，着力提高全要素生产率，着力提升产业链供应链韧性和安全水平，着力推进城乡融合和区域协调发展，推动经济实现质的有效提升和量的合理增长。

2. 产业结构的演变

习惯上，将第一次产业、第二次产业和第三次产业分别简称为第一产业、第二产业和第三产业。

第一产业是指直接取自于自然界的自然物的生产，包括广义的农业和矿业。

第二产业是指对自然物进行加工的生产，主要有广义的工业和建筑业。

第三产业是指服务并繁衍于有形物质生产之上的无形财富的生产。指除第一、第二产业以外的所有的社会经济活动，提供服务是其主要特性。由于第三产业门类庞杂，人们在三次产业划分的基础上，对第三产业做了进一步的划分，将其划分为三个部分：主要为生产服务的第三产业、主要为生活服务的第三产业和社会性的基础设施产业。

区域内所有的社会经济活动可形象地比作一棵大树，第一产业如同庞大的树根，深入土地吸取最原始的和最基本的营养；第二产业如同粗壮的树干，支撑着整棵大树，代表着树的规模与水平；第三产业则如同茂密的枝叶，使大树显得繁荣、富有活力和吸引力。

这种三次产业的划分得到全世界经济学界的普遍认同。但是，对有些过渡性的和边缘性的产业的归属，各国认识并不一致，比如矿业，理论上划分为第一产业，现实经济生活中通常把它划入第二产业；电力、供暖和自来水供应等，在美国等西方国家是作为第三产业的，但在我国则划归第二产业。

1985年，国务院办公厅批转的国家统计局《关于建立第三产业统计的报告》，规定了中国三次产业的划分标准。

第一产业：农业(包括种植业、林业、牧业和渔业)。

第二产业：工业(包括采掘业、制造业、自来水、电力、蒸汽、热水、煤气)和建筑业。

第三产业：除第一、第二产业外的其他各业。它又可分为两个部分，流通部门和服务部门。

通过对主要发达国家劳动力转移的实证研究可以得出结论：随着经济的发展，即随着人均国民收入水平的提高，劳动力首先由第一产业向第二产业转移，进而再向第三产业转移；从劳动力在三次产业之间的分布状况看，第一产业的劳动力比重逐渐下降，第二产业特别是第三产业劳动力的比重则呈现出增加的趋势。这就是配第-克拉克定律。

(二)空间演变规律

城镇是各种经济活动在地域上的结合点，是地域空间组织的中枢，城镇体系是区域空间结构的核心。工业、服务业和农业的分布特征影响城镇体系的特征，对于区域空间结构的研究，可以以部门结构分析为基础，从不同阶段部门结构的发展特征来分析部门空间分布对城镇分布的影响。据此，提出与部门结构演变相对应的区域空间结构演变四阶段模式①。

1. 低水平的均衡阶段

以经济活动分散孤立、小地域范围内的封闭式循环为特征的空间结构。这个阶段，区域处于准封闭型的自给自足的小农经济结构中，区域经济水平低下，非基本部门占有绝对优势，其规模有限，影响空间范围狭小，经济主体是农业，此外还有为本地服务的商业、地方农产品加工业和地方小型制造业等。它们在一定地域范围内构成内部封闭循环的空间单元。一般地，县域是这种封闭空间的最基本单元，县域内经济活动前向、后向联系甚少。因此，在城镇体系中，城镇等级均衡，各级城镇单个和总体的规模较小，城镇的职能均较单一，相互联系较少，以上、下等级城镇之间的行政、商业以及其他服务性活动的联系为主，同级城镇之间缺乏较密切的联系及职能分工；区域被以相互孤立的县域为中心的各个较小封闭区域所分割，形成低水平的、均衡的、稳定的城镇体系。

2. 极核发展阶段

以极核发展为特征的空间结构。在此阶段，基本部门开始形成，以水平发展为主，地理位置优越、交通条件、经济基础较好的具有优势区位的城镇，集中发展几个主要的基本部门，形成区域发展的极核点(地带)，在极核点(地带)上也吸引了基本部门较大规模的积聚。此阶段的总特征为：基本部门在空间集聚发展，促使较高等级城市发展迅速，形成区域经济发展极核；但基本部门结构并不复杂，城市经济结构比较简单，较低等级城镇变化不大，城镇之间联系仍以不同等级的纵向联系为主，形成了极核城镇发展较快的非均衡城镇体系；区域经济总体基础仍旧薄弱。

3. 扩散阶段

以由极核城市(地带)向外扩散为特征的空间结构。此阶段区域经济发展已具一定基础，基本部门体系以垂直发展为主，前向联系向纵深发展，层次更加丰富，在极核城市(地带)涌现出新的更高层次的经济活动，开始向较低等级城镇进行扩散。基本部门的垂直发展和空间分布变化，城镇发展由极核城市的发展转向在城镇体系中由高到低、逐级递进和均衡化方向发展，极核城市与基本部门所扩散的城镇之间有较为密切的经济联系，形成非均态的、由极核城市向较低等级城市逐步扩散发展的城镇体系。

4. 高水平的均衡发展

以网络化、均衡化、多中心为特征的空间结构。此阶段区域社会经济已比较发达，产生了一些新的基本部门，形成了多样化、多层次的基本部门体系，在空间上呈非集聚、网络状交错分布，促使城镇体系结构多样化，各城镇出现职能分异，区域内多种较高等

---

① 薛普文. 区域经济成长与区域结构的演变[J]. 地理科学，1988(4)：379-384.

级经济活动在空间上出现分异，由集中于单一中心城市转为分布于多个城市，城镇体系向均衡化发展。此阶段城镇体系的特征是：城镇化水平加高，城镇群体在空间分布和规模结构较为均衡，以一个综合性中心城市或数个职能分异、互补的中心城市为核心，构成大、中、小城镇之间交错联系的均衡网络。

区域空间结构的形成和演变是一个客观的经济现象和过程，在这一过程中它表现出一些内在的方向性、趋势性和规律性。首先，区域经济的发展总是在均衡—不均衡—均衡的螺旋式循环中进行。极化和扩散是区域发展的两种背向力量，极化使区域从均衡走向非均衡，而扩散正好相反，区域经济的发展就是两种力量不断对比、较量和抗衡的过程，二者相互交替、相互转化。其次，区域空间结构演变总是遵循由点到轴，由轴带到网络，再由网络到域面的进化过程，而点、轴、网、面则构成了区域空间结构的基本要素，也成为区域经济的空间载体。最后，区域空间结构演进由点发起，点的极化和扩散是其根本力量。节点一般表现为城镇，因此节点的极化与扩散过程就是城镇化不断推进的过程，这也说明城镇化对于区域发展具有引领和带动作用。

三、 区域发展观的演变

发展观是一定时期经济与社会发展的需求在思想观念层面的聚焦和反映，是一个国家或地区在发展进程中对发展什么及怎样发展的系统看法。确立什么样的发展观，是世界各国面临的共同课题，它也是伴随各国经济社会的演变进程而不断完善的。发展观的核心问题是：为什么发展？发展什么？怎样发展？这里主要从哲学的高度，对区域科学发展的最本质特征和战略性对策进行讨论，特别关注较小区域的开发问题。

从社会经济宏观视角看，我国的发展观，当然也是区域发展观，大体经历了以实物生产为主、以财富(GDP)生产为主和以人为本三个不同的阶段，可分别称作实物崇拜的发展观、财富(GDP)崇拜的发展观和以人为本的发展观。

改革开放前，我国的国民经济管理采取的是物质产品平衡表体系(System of Material Product Balance，MPS)。该体系是经互会(经济互助委员会，The Council for Mutual Economic Assistance，Comecon)组织根据会员国的实践经验制定的、适用于计划经济国家的国民经济核算方法。制定 MPS 的基本依据是马克思主义的再生产理论，它根据劳动的性质将国民经济划分为物质生产领域(农业、工业、建筑业、运输业和商业)和非物质生产领域；非物质生产领域投入的社会劳动，不增加供社会支配使用的物质产品总量，所以不创造国民收入。

可以看出，该体系是典型的以实物生产为主的发展观，即简单、直接追求物质财富，比如以粮为纲、以钢为纲等。我国从“一五”计划到“七五”计划，都把粮食产量、钢铁产量或工农业总产值、社会总产值等物质生产规模作为经济社会发展的最主要目标。

不仅当时的经互会国家如此，联合国发展研究所及哈根、里维罗斯基等所提出的区域规划目标也都非常重视人均钢产量、人均电视机拥有量等物质指标：在联合国发展研究所提出的 15 个国民经济发展规划指标中，人均钢产量、人均能源消耗量等实物性指标就达到 5 个；经济学家哈根提出的 9 个规划目标中，实物性目标有人均能源消耗量、人均电话机数、人均机动车拥有量等 5 个，超过一半；里维罗斯基提出的 13 个规划目标中，实物性指标竟达 8 个，超过六成。实物崇拜，即以实物产量为主的发展，是当时的经济发展观念。

改革开放后，我国引入联合国“国民经济核算体系”(the System of National Accounts，即SNA体系)，经济发展观转向以国内生产总值即GDP为核心。国内生产总值常被公认为衡量国家经济状况的最佳指标，它不但反映一个国家的经济表现，更反映一国的国力与财富。正因为如此，人们越来越重视GDP、越来越追求GDP，逐渐形成了GDP崇拜，即片面追求GDP绝对值的增长，忽略了其他因素，比如经济结构的平衡，环境成本、社会福利等等。对于GDP增长率的片面追求曾经是世界上一些新兴市场经济国家或者向市场经济体制转型国家的“共发症”，我国国内更是出现了盲目追求GDP的热潮，各地方政府热衷于基础设施和经济项目的大投入、大建设，甚至不惜牺牲生态环境、民生福祉为GDP让路。而统计数据造假或“注水”，用地方发展绑架中央调控，更是“GDP崇拜”的直接恶果。

实际上，GDP不是万能的。GDP没有充分反映公共服务在经济发展中的重要作用，不能反映经济发展的质量差异，不能准确地反映财富的真正增长——财富的损失未计入其中，战争、自然灾害反而可以扩大GDP，没有反映非市场性家务劳动，不能体现生活质量的提高和社会的进步。

党的十六大和《国家“十一五”规划纲要》提出以人为本的科学发展观，党的十七大、十八大、十九大和二十大进一步强调生态文明和五位一体总体布局，使我国的区域发展观念自此进入新阶段——以人为本的发展阶段。所谓以人为本，就是改变传统的以物质生产为中心的经济增长模式，强调发展的目的是人的全面发展，发展的过程要依靠人(而不是过度地消耗自然资源和污染环境)，发展的成果要惠及大多数人(而不是由少数利益集团瓜分)，特别关注弱势群体。习近平新时代的发展观，就是以人民为中心，不论是国家层面，还是城市或区域层面，必须坚持以人民为中心的发展思想，把增进人民福祉、促进人的全面发展作为发展的出发点和落脚点，发展人民民主，维护社会公平正义，保障人民平等参与、平等发展权利，充分调动人民积极性、主动性、创造性①。

第三节 空间治理论

一、地域分工、区域合作、区域一体化与协同发展论

(一)地域分工论

1. 地域分工的含义

分工是人类社会发展过程中一种固有的现象，也是一种重要的社会经济规律。关于分工的概念，常见的有以下四种。

(1)自然分工：指早期原始社会氏族中，以性别、年龄为基础的原始分工。如男耕女织。

(2)社会分工：也称为社会劳动分工、劳动分工。社会分工是指人类社会于自然分工之后所进行的分工的总称。社会分工一般包括企业内部分工、部门分工和地域分工三大

① 王明生. 正确理解与认识坚持以人民为中心的发展思想[J]. 南京社会科学，2016(6)：1-5.

部分。但区域规划、经济地理学是关于宏观规律的综合科学，侧重于对部门分工和地域分工的研究。广义的部门分工包括企业内部的分工。

(3)部门分工，也叫产业分工，分为劳动部门分工、生产部门分工、产业部门分工。主要指人类经济活动按产业部门所进行的分工。

(4)地域分工，也叫劳动地域分工、地理分工、区域分工。是指人类经济活动按地域(地理、空间)的分工，即是指各个地域依据各自的条件与优势，着重发展有利的产业部门，以其产品与外区交换，又从其他地区进口其所需要的产品，这种一个地区为另一个地区生产产品并相互交换其产品的现象。它是区域之间经济联系的一种形式，发生前提是资源与要素不能完全、自由流动，分工原则则遵循比较利益的原则。

2. 地域分工的一般理论

(1)亚当·斯密绝对成本学说。

英国古典政治经济学创始人亚当·斯密(Adam Smith)在 1776 年出版了《国民财富的性质和原因的研究》(又名《国富论》)一书，提出了绝对成本学说。该学说认为，分工可以提高劳动生产率；分工的直接表现是相互交换产品；分工的根本原因是各国(地区)要素禀赋不同：各国或各地区都存在着某种绝对优势，因而都拥有实际成本即劳动耗费小于其他国家或地区的某种或某些商品。各国为了自身利益，都专业化地生产本国具有优势的商品，即实行地域分工，这样不仅可以使每个国家(或地区)在贸易中获得好处，而且使社会总产量提高，总成本降低。亚当·斯密的地域分工和绝对利益原则的贡献在于将国际贸易的理论基础从流通领域转至生产领域。

客观地说，该学说也存在一定问题，诸如绝对优势并不总存在，但区域分工现象却总是存在。因此，用此学说不能解释所有的分工布局现象。

(2)大卫·李嘉图的比较成本说。

继亚当·斯密之后，英国又一位古典政治经济学家大卫·李嘉图(David Ricardo)在 1917 年的《政治经济学及赋税原理》一书中，提出了比较成本学说(或称相对成本论)。该学说可以用一个简单的例子(假想)加以说明。

假定甲、乙两地都需要 A、B 两种产品，甲地生产这两种产品的生产费用都低于乙地，具有绝对优势。在此情况下，甲地也没有必要同时大量生产这两种产品，而是在这两种产品中优中取优，多生产优势更大的那种产品。乙地则生产劣中取次劣(相对优)的那种产品，用以与甲地交换本地需要、相对生产成本较高的产品，这将使各地资源得到最有效的利用，使双方获得比较利益。

例：甲地生产一单位 A 产品，赚 100 元，一单位 B 产品赚 80 元。

乙地生产一单位 A 产品，赚 80 元，一单位 B 产品赚 70 元。

假如生产要素不能流动，甲、乙两地生产能力均有限，市场总需求有限。此时，若不实行交换，则：

甲生产 A 产品、B 产品各一单位，赚 180 元
+乙生产 A 产品、B 产品各一单位，赚 150 元
甲、乙合赚　180+150=330 元

但如果分工合作，市场容量不变，甲具有绝对优势，优中取优，生产两单位A产品，比分工前多赚200－180＝20元；乙不具绝对优势，劣中取次劣，生产两单位B产品，比分工前少赚150－140＝10元，虽少赚了10元，但比不生产多得140元。而若不进行分工，除非贸易保护，否则，什么也生产不成。而保护的结果，将更落后，发展更慢。

分工后，有：

甲、乙合赚　200＋140＝340元

分工利益(分工后比分工前收益增加)：340－330＝10元

比较成本说忽视了生产要素的可流动性和商品价格竞争的现象，因而在实践中也有一定的局限性。生产要素流动，就打破了A产品、B产品生产合作的局限性。

3. 马克思主义劳动地域分工理论

马克思主义劳动地域分工理论集中体现在几位经典作家的论著中，其基本观念可以概括如下。

(1)地域分工是部门分工在地域上的体现与落实。

经济活动必须在一定的地域空间上才能进行，因此，部门分工必然要在地域上有所表现。这势必导致一个国家或地区为另一个国家或地区劳动，该劳动成果由一个地区转移到另一个地区，使生产地和消费地分离。

劳动社会分工是由劳动部门分工和劳动地域分工两大部分组成的。劳动部门分工是劳动社会分工的基础，而劳动地域分工则是劳动社会分工(主要指劳动部门分工)在地域上的表现和落实。

劳动部门分工即人类经济活动按部门所进行的分工。马克思在《资本论》中把部门分工分为三个层次：把国民经济分为工业、农业、交通运输业三大部门的分工称作一般分工；在三大部门基础上又细分为众多部门的分工称作特殊分工；把工厂内部的分工称作个别分工。目前，世界各国对众多产业部门的划分方法不一，一般分为第一产业(农业、林业、牧业、渔业等)、第二产业(采掘工业、原材料工业、加工工业和建筑业等)、第三产业(交通运输业、科技文教业、金融业、通信业、旅游业、服务业等)和第四产业(信息咨询产业等)。今后，随着生产力的进一步发展，部门分工还将进一步深化下去。

劳动地域分工是劳动社会分工的空间表现形式。产业的部门分工不是抽象的经济形式，而是与具体的地域相结合的，生产的部门分工必然在不同的空间尺度中表现出来。在人类的社会物质生产过程中，并不是所有地区都生产相同的产品，如果那样，当然也就谈不到分工了，而是依各个地区不同的条件因素，遵循比较利益的原则，把各个产业部门和企业落实在各自有利的地域上从而实现了地域之间的分工。因此，巴朗斯基提出劳动地域分工(地理分工)是社会(劳动)分工的空间形式，它表现为一个国家和地区为另一个国家和地区劳动，该劳动成果由一个地区转移到另一个地区，使生产和消费不在一个地区。

劳动地域分工与劳动部门分工之间的关系是：劳动部门分工是劳动地域分工的基础，没有劳动部门分工，也就不会有劳动地域分工；有了部门分工，就必然要把各个部门落实在具体地域上。随着生产力的不断发展，部门分工将愈分愈细，而地域分工也将不断深化，从而又进一步推动生产力不断向前发展。关于地域分工问题，列宁在《俄国资本主义的发展》一书中谈道，同一般分工有直接联系的是地域分工，即各个地区专门生产某种产品，有时是某一类产品，甚至是产品的某一部分。

(2)地域分工的根本动力是经济利益。

形成地域分工有三种情况。

①由于自然条件和经济技术限制，某一国或地区不能生产某产品，如煤炭、石油等，只在特定地域赋存，其他地域无法生产，只能靠区外调入。

②由于生产成本很高，不如由区外调入某种产品更有利。这包括两种情况，一是“本地成本＞外地成本＋运费(＋关税等)”或“本地价格＞到岸价格”，如我国的飞机制造业，应该说，在21世纪以前，我国制造飞机的技术是有的，但造一架飞机比买一架飞机的费用大得多，故需进口飞机；二是本地生产此种产品不如生产别种产品更能赚钱，如日本、韩国均能造船，但如其把劳动力、资金用于造船，不如用于生产电子、汽车等更赚钱，所以其逐渐放弃了造船业。

③规模经济的作用——对条件相同的地区而言，分工协作，既可保证需求，又可得到规模经济的利益。如目前我国的汽车组装业，可以说，除西藏自治区外，各省(自治区、直辖市)都有技术条件开展此项工业，但没有必要都去做。

(3)地域分工的发展。

生产要求分工，分工反过来推动生产的发展，因而地域分工必然随着生产的发展而不断深化，表现为越来越复杂，越来越广泛。

(二)区域合作论

1. 区域合作的意义

区域合作是与地域分工相伴而产生的。因为，伴随着区域之间竞争的加剧，区域之间相互依赖程度也逐渐加深。出于各自发展利益的需要，区域之间在分工的基础上就必然要开始寻求合作。

区域合作是现代区域经济发展的普遍现象，它的经济意义在于，区域之间通过要素互补、设施共享或优势叠加，把分散的经济活动有机地组织起来，形成一种合作生产力。通过合作所获得的经济综合优势所产生的经济效益是分散条件下所难以取得的。通过合作可以冲破要素区际流动的种种障碍，促进要素向最优区位流动，加强区际经济联系，形成区内和区际复杂的经济网络，提高区域经济的整体性和协调能力①。

2. 区域合作的基本原则

在区域经济发展过程中，相互竞争是主流，合作是为了最终竞争胜利的需要。所以，区域合作就必然要遵循一定的原则，否则合作就无从产生和继续。具体来说，区域合作需要遵循以下几个原则。

(1)自愿平等，互惠互利。由于各个区域进行合作实际上是为了更好地追求和维护自己的经济权益，所以区域合作就必须是自愿、平等的。更重要的是，合作必须给参与的各方都带来比单独发展更多的经济收益。否则，合作就缺乏凝聚力，不可能长期维持。

(2)优势互补，相互协调。区域合作要尽量发挥各个区域的经济优势，相互取长补

① 李小建．经济地理学[M]．北京：高等教育出版社，1999.

短，优势互补，扩大经济优势的影响力。这样，才能形成区域经济发展的合力，创造出单个区域所无法获得的经济效益。

(3)区域之间在空间上尽量相连。空间上相连的区域一般都存在各种各样的传统经济联系，这是促成合作的重要基础。同时，区域之间在空间上相连便于要素流动，有利于开展合作。此外，空间上相邻的区域往往具有相同或相似的社会文化背景，这对于开展合作是很有利的。但是，随着现代经济的发展，空间关系对区域合作的影响并不是决定性的。

3. 区域合作的类型

从要素配置的角度考察，区域合作包括了区域之间的要素自由流动、建立共同市场、建立经济联合组织、协调资源开发、合理保护环境、协调经济发展政策、共同维护经济秩序、保持经济的稳定性、对外采取一致的经济政策和行动以增强竞争力等。从形式上看，区域合作主要有行业合作、区域全面合作。

行业合作是指区域之间同一经济部门或几个经济部门的相关企业按照一定的组织原则与方式相互结合，优势互补，共同发展。行业合作包括区域性的生产合作、商业合作、运输合作、物资合作、金融合作和综合行业合作。具体而言，区域性生产合作是分布于不同区域的生产企业按照相互间的原料、燃料、产品技术、资金、设备等方面的联系组织在一起，开展合作。区域性商业合作是依靠分布于各区域的商业企业与其周围的生产企业的联系，扩大进货渠道，及时了解各地的市场供求信息；同时，在各商业企业之间实行联购分销、分购联销、相互调节、相互委托代办购销业务等，从而有利于各商业企业的发展，又有利于搞活区际商品流通。区域性运输合作是区域之间各种运输企业为开展联合运输或综合运输而进行的合作，通过相关运输企业开展联运业务，进行合理分工和密切配合，可以减少中转环节，从而保证准时、安全、高效地进行区域之间商品、人员等的运输。区域性物资合作能够使各物资企业之间互通有无，沟通区域间的物资供求信息，进行物资的合理调配，共同建立物资供应基地，既有利于各企业的发展，又有利于建立统一的区域物资市场，搞活区域之间的物资流通。区域性金融合作是区域之间各金融机构为加快资金周转、提高资金使用效率、满足区域经济发展对资金的需求而开展的合作，能够充分利用各区域在资金使用方面的时间差或空间差，通过各金融企业之间的相互合作，沟通信息，融通资金，发展区域金融市场，满足区域经济发展对资金的需求。区域性综合行业合作是区域之间相关的多个部门的企业所开展的合作。它能够把分散于不同区域的资源开发、产品加工、商品运输、商品销售等经济活动有机地联系在一起，大大增强区域之间的联系，推动区域经济一体化。

区域全面合作是指区域之间在有关政府的推动下，相互之间开展多方面或全面的经济合作。它的功能体现在以下六个方面。其一，建立区域市场，推动内部各区域之间资源、要素的合理流动。通过举办商品交易活动，建立各种大型交易市场，形成多形式、多层次、多渠道的商品流通网络，互通有无，平抑物价，稳定市场。其二，联合开发资源。对各区域的自然资源、技术、资金、人力等采取联合开发，加工增值，多方受益，提高资源利用效率。其三，联合改善区域交通条件。共同修建跨区域的交通干线和通信设施，方便区域间要素流动、信息传递。其四，开展资金横向融通。各区域的金融机构联合起来形成多渠道、多形式的金融合作网，在区域之间调节资金余缺，加快资金周转。其五，建立信息网络。通过各区域之间相关行业的横向合作沟通信息，建立综合信息中心来传递信息。其六，共同协调、解决跨区域的环境保护问题。

从区域的层次看，我国的区域全面合作有三种类型：若干省(区)之间的全面经济合作；省(区)比邻地区之间的全面经济合作；省(区)内部部分地区之间的全面经济合作。

(三)区域一体化与协同发展论

1. 区域一体化

区域一体化始于20世纪中期，活跃于20世纪末期，对世界经济的发展和国际经济关系的变化产生了重要影响。从20世纪90年代至今，区域一体化"斑块"的数量急剧增加，形成了诸如北美自由贸易区、欧洲联盟、亚太经济合作组织、南美洲共同体与纽约都市圈、长江三角洲和珠江三角洲等区域经济联合体，来响应经济全球化。

(1)区域一体化的内涵。

区域一体化是两个或两个以上的国家和地区，为谋求经济上的共同发展，通过签订经济合作的条约、协议，促使区域内部商品和生产要素流动自由化，形成一个区域经济联合体的过程①。其本质是消除贸易壁垒，减少交易成本，促进生产要素在一体化内部的自由流动。从空间尺度上看，区域一体化可以分为两个层次：空间上相邻的两个或数个国家内部为开展经济上的深度合作，而形成的区域一体化组织；在一个主权国家范围内，空间上临近的地区，试图跨越行政区划，构建统一市场，促进生产要素的自由流动，实现区域经济一体化，如纽约都市圈、东京都市圈、长江三角洲和珠江三角洲等。

从结构层面看，区域一体化包括经济一体化、制度一体化等。区域经济一体化是在开放的空间系统中建立生产要素充分自由流动的机制，实现生产要素的优化配置，提高区域整体的经济效率②。其主要包括从产品市场、生产要素市场到经济政策统一的逐步演化。区域制度一体化是依靠条约或协议的签订，逐步统一经济政策和发展措施，甚至建立超地区的统一组织机构，并由该机构制定和实施统一的运行规则③。其实质就是消除区域分割的人为制度障碍，代之以促进要素流动、建立统一市场、优化配置公共资源、提高公共服务、联防共治公共问题的制度安排。区域经济一体化的发展来自市场经济自发的内在要求，当它发展到一定阶段时，必然要求制度性一体化提供保障和发展动力。因此，区域的经济和制度层面的一体化是相互作用、不可分割的，实现区域一体化的完美发展必须在经济和制度上同时达到一体化。

从组织层面看，区域一体化表现在以下五个方面：区域市场一体化、产业分工一体化、空间发展一体化、基础设施建设一体化、环境资源开发和保护一体化。其中，市场一体化是区域一体化的基础，其本质是使资源的配置不断优化；产业分工一体化是区域

---

① 李郇，殷江滨．国外区域一体化对产业影响研究综述[J]．城市规划，2012，36(5)：91-96.

② 刘焱．区域一体化进程中的改革与创新：兼论天津滨海新区功能区与行政区联动体制机制[D]．上海：华东师范大学，2008.

③ 谢宝剑．基于路径依赖视角的中国区域一体化发展研究[J]．学术研究，2012(1)：44-48.

市场一体化的实现形式；空间发展一体化是产业与市场一体化的空间载体；而基础设施建设与环境资源开发和保护一体化是区域高效率运转的条件和可持续发展的保障①。这五个方面相辅相成，共同组成区域一体化发展的主要内容和目标，即在科学、合理的空间范围，实现人口、资源、环境的协调发展，保持区域竞争优势，从而实现区域可持续发展。

(2)区域一体化的作用。

区域一体化的根本特征是“对内自由贸易，对外保护贸易”，这就造成它对多边贸易体制和全球经济的影响必然是双重的，既有一定的积极影响，又具有一定的消极影响。

国家或地区间形成经济联合体有助于联合体内部的生产要素得到再配置，实现生产要素的最佳配置，促进劳动地域合理分工和经济结构调整，从而产生规模效应，增强国家或地区的竞争力，提升经济实力，为区域经济发展带来一系列的正效应，如减少贸易壁垒，增加贸易流量；降低交易成本，优化资源配置；产生规模经济效应和竞争效应；重构空间产业结构。

区域一体化也是一把双刃剑，虽然对世界、国家和地区的经济发展产生积极作用，但是也会给部分区域的发展带来负效应。区域一体化能带来生产转移效应和投资转移效应，在这两种效应的作用下，虽然一体化区域整体效益是提高的，但在一定程度上也会损害部分区域(尤其是生产和投资的迁出地)的相对利益，为其经济发展带来负效应。此外，一体化集团内部产生的虹吸效应使得相对落后地区的部分支柱企业、优秀人才和对部分耐用品的消费需求转移到相对发达地区，这不仅为发达地区的发展带来土地、就业、基础设施建设等方面的压力，还使得欠发达地区失去发展的动力及条件，限制落后地区的发展。

2. 区域协同发展

协同发展就是指协调两个或者两个以上主题，相互协作完成某一目标，达到共同发展的双赢效果。协同发展论已被当今世界许多国家和地区确定为实现社会可持续发展的基础。

区域协同发展是指区域内各地域单元(子区域)和经济组分之间协同和共生，自成一体形成高效和高度有序化的整合，实现区域内各地域单元和经济组分“一体化”运作的区域经济发展方式。协同发展的区域体系有统一的联合与合作发展目标和规划，区际之间有高度的协调性和整合度，共同形成统一的区域市场，商品及生产要素可以自由流动与优化组合，具有严谨和高效的组织协调与运作机制，内部各区域之间是平等和相互开放的，同时也向外部开放，使协同发展的区域体系形成一个协调统一的系统，既有利于内部子系统的发展，又有利于与外部系统(如全国性经济系统或全球经济系统)的对接和互动②。

2014年2月26日，习近平总书记在北京主持召开座谈会，强调实现京津冀协同发展，是面向未来打造新的首都经济圈、推进区域发展体制机制创新的需要，是探索完善

① 赵民，陶小马. 城市发展和城市规划的经济学原理[M]. 北京：高等教育出版社，2001.

② 黎鹏. 区域经济协同发展及其理论依据与实施途径[J]. 地理与地理信息科学，2005(4)，51-55.

城市群布局和形态、为优化开发区域发展提供示范和样板的需要，是探索生态文明建设有效路径、促进人口经济资源环境相协调的需要，是实现京津冀优势互补、促进环渤海经济区发展、带动北方腹地发展的需要，是一个重大的国家战略，要坚持优势互补、互利共赢、扎实推进，加快走出一条科学持续的协同发展道路。中国区域经济协同发展由此掀起高潮。近年，由于"一带一路"倡议的顺利实施，"命运共同体"的概念逐渐深入人心，区域合作共赢、区域协同发展理念越来越得到全社会的认可。

二、空间管治论

(一)新的治理模式——管治

20 世纪 60 年代以后，由于国家、市场、社会之间的关系发生了新的变化，出现了各种社会经济新情况和与之相伴随的新问题，这些问题再也不能简单地借助于纯粹"社会主义型"自上而下的国家计划或凭借单一"资本主义型"的市场中介的无为而治寻求解决了。尤其是传统的自上而下的臃肿而无所不包的政府管理体系，已经无法适应急速变化的经济、社会、文化环境，一种寻求计划与市场结合、集权与分权结合、正式组织与非正式组织结合的"新社会治理观"——管治理论逐渐形成。

Governance 一词多被翻译为管治，其本质上区别于传统的"统治"或我们常用的"管制"概念，其产生正是为了克服传统管理方式的简单与不足，因而有学者建议将之译为"协治"。至此我们可以概括出管治的四个基本特征。

(1)管治不是一套规章制度，而是一种综合的社会过程。

(2)管治的建立不以"支配""控制"为基础，而以"调和"为基础。

(3)管治同时涉及广泛的公私部门及多种利益单元。

(4)管治虽然并不意味着一种固定的制度，但确实有赖于社会各组成间的持续相互作用。

(二)城市与区域治理——空间管治

与传统的以控制和命令手段为主、由国家分配资源的治理方式不同，空间管治是指通过多种集团的对话、协调、合作以达到最大程度动员资源的统治方式，以补充市场交换和政府自上而下调控之不足，最终达到"双赢"的综合的社会治理方式。

由于管治在某些情况下提供的具有无法替代的优越性，因此在机构之间关系松懈或各自拥有自主运作权，彼此之间相互依赖而关系复杂，存在较大的空间与时间跨度，共同参加某些项目而又具有共同的利害关系时，管治便成为一种特别有效而适宜的调节方式，如运用在技术创新、集体行动战略或公共政策等方面，特别是在城市与区域规划及管理(城市与区域管治的核心支撑)中。

1. 以空间资源分配为核心的城市与区域管治

城市与区域管治是一种地域空间管治的概念，它是将经济、社会、生态等可持续发展，资本、土地、劳动力、技术、信息、知识等生产要素综合在内的整体地域管治概念，既涉及中央元(AC)，又涉及地区元(LG)，也涉及非政府组织元(NGO)等多组织元的权力协调，其中政府、公司、社团、个人行为对资本、土地、劳动力、技术、信息、知识等生产要素控制、分配、流通的影响起着十分关键的作用。城市与区域管治的本质在于用“机构学派”的理论建立地域空间管理的框架，提高政府的运行效益；有效地发挥非政府组织参与城市与区域管理的作用，以提高空间规划的社会基础、科学基础和可实施基础。

西方国家城市与区域空间管治的研究正处于发展之中。较之于传统的研究，其研究内容主要表现为如下新理念：探究经济全球化背景下，各级政府所应扮演的角色，以争取发展策略的主动权；研究如何适应经济、社会发展的新特征，使非政府组织在公共服务中担任更为重要的角色；重新界定当地有关正式、非正式部门的权力和职能，以及相应产生的许多新权力中心的运作。

在市场经济环境中，空间资源的分配是协调各社会发展单元的相互利益的重要方式，空间资源的分配一向是政府握有的为数不多而行之有效的调控社会整体发展的手段之一。因而，以实现空间资源合理配置为目标的城市与区域规划及管理是城市与区域管治的核心支撑。但随着社会经济环境的变革，传统的城市与区域规划及管理中所奉行的单一、纵向的空间资源控制方式已愈来愈难以付诸实施。这就必然亦需要系统而明确地引入“管治”的思维。毫无疑问，以“空间资源管治”为核心的城市与区域规划及管理是“广泛社会管治”的重要组成内容和基本实现渠道之一。

应该说，管治对城市与区域规划及管理来讲并不完全是一个新的思想，从20世纪60年代大卫杜夫(Dvidoff)的“倡导性规划理论(Advocacy Planning)”直到今天在规划领域中一再提及的“公众参与”，实际上也都是针对城市与区域规划及管理工作的复杂性、政策性、社会性而采取的一种管治思维。但如果说，以前规划中的“公众参与”主要是出自一种宣传口号或某些情况下无奈的选择，那么今天，管治正成为城市与区域的规划及管理得以持续发挥作用的重要基础，并越来越成为一种明确的理念得以确立，因而越来越成为一种主动的过程和无法替代的工作方式。

2. 城市与区域管治体系

(1)城市与区域规划法系。

在市场经济条件下，许多城市与区域问题通过社会化、企业化的途径加以解决，要比通过行政化的途径更快、更有效一些。20世纪80年代，西方工业国家的议会和政府普遍处于右翼党派的控制之下，城市规划的权威性逐步受到削弱，一个重要的表现就是城市规划核心法地位的下降。但是20世纪90年代中期以后这一状况有了改变，西方国家通过检讨由于弱化城市规划及将规划权力向下级组织分配的非集中化所造成的混乱与失误，而不得不思考重新建立更为合适的城市与区域规划法系。

(2)城市与区域规划编制体系。

城市与区域规划编制体系，实际上也在一定重要的层面上反映了规划权力在不同级政府之间、政府与非政府力量之间的分配。因而对市场力量处于绝对作用主体的国家或地区，其规划编制体系往往表现为缺乏具有宏观法定意义的空间规划，而更推崇地方、社区小规模的行动规划。其规划一般更强调通过法规形式对社会普遍行为进行约束，如美国零散的规划编制工作及区划法的实行。在政府力量处于绝对作用主体的国家与地区，其规划编制体系一般较为健全而且表现为各层次之间的严格逻辑关系、强烈约束关系，更为推崇空间形态规划的制约作用，如中国的城市规划编制体系。介于两者之间的是欧洲的规划编制体系，更强调权力分配的清晰，对不同的空间尺度的地域规划采用不同的制约强度标准，较好地体现了当下管治理念的特征。

(3)城市与区域协调管理体系。

当今世界城市与区域发展的总体态势可以概括为区域发展的日趋城镇化、城镇发展的日渐区域化。随着社会经济发展的加速，城镇日益呈现出群组化、网络化的演进特征，而其所在的区域亦表现出不同一般的演化过程。伴随着全球化进程加快及全球城市、全球区域的形成，区域规划在世界范围内重新得以盛行。但区别于从前简单的自上至下的“区域控制”，如今的区域规划更强调通过“规划”这一过程的进行，达成区域中各发展单元关于利益的共识，以使得国家、区域与地方在政策上趋于协调统一，争取更优越的内外发展环境。在区域规划过程中，管治的管理与方法得到了充分的运用：由于区域发展过程日益复杂，规划逐步被要求采用新型的、具有前瞻性的和有限步骤的形式，利用面向发展过程的引导方式(信息、咨询、中介、合作、协作、倡导、共同出资、实施)以及采用更特殊的机构和组织管理，以适应这种过程化的管理模式。

著名城市社会学家芒福德曾经指出，如果区域发展想做得更好，就必须设立有法定资格的、有规划和投资权的区域性权威机构。西方国家的城镇往往是作为自治体而存在，各级地方行政机构都有很强的独立性。但是自20世纪初以来，欧美城市化高度发展，特大城市集聚区逐渐增多，城镇间以及城镇与其所在区域间许多问题需要共同解决，大都市发展地区的各种城市与区域协调管理体系应运而生。这些为对付日益严重的城镇—区域问题而创立的协调管理体系及建立的有关机构的性质是不尽相同的。

3. 中国实施空间管治应该注意的问题

管治并不是万能的，管治擅长于进行横向协调及协商规范，但却往往疏于通盘权衡。它根本性的短处在于它试图通过引进市场式的决策模式从而排斥通过政治来治理社会，存在着在某些领域同常规政策分离的倾向。管治概念的一个严重问题便是它无法考虑政治权力的特殊性，过分强调横向管治便减少了中央政府在主要问题上推行长期政策的合法性和可能性。正如科林所说，一味地强调管治将可能导致决策脱离公众控制而使权力向特殊利益集团转移，那种不带政治的技术官僚的管治在短期内可以改进某些领域的政策实施，但从长期看，它不大能够解决目前所存在的社会及经济“治理危机”。从操作层面上看，管治要排除中央集权的组织和控制思想，它主张的是多种组织、多个层次和决策当局共同作用的模式，但这些多层、多变动结构中的多个成分难以自发地连接起来；同样难以想象的是，这样的结果就能产生协调的计划，达到人类各种群体所希望的各种目标①。

三、主体功能区理论

(一)主体功能区的概念

任何地域空间都具有多种功能，有的是以生产为主的功能，如各级各类的开发区、

① 张京祥. 城市与区域管治及其在中国的研究和应用[J]. 城市问题，2000(6)：40-44.

产业集聚区；有的是以生活、居住和公共服务为主的功能，如城市化地区；有的是以生态服务为主的地区，如水源涵养地、生态屏障区等；有的以资源保护为主，如自然保护区和自然、文化遗产地等。主体功能区理论是我国地理学者最先提出的，并在国家"十一五"规划中得到了推广应用。所谓主体功能区指基于不同区域的资源环境承载能力、现有开发密度和发展潜力等，将特定区域确定为特定主体功能定位类型的一种空间单元。

主体功能区即各地区所具有的、代表该地区的核心功能。各个地区因为核心(主体)功能的不同，相互分工协作，共同富裕，共同发展。核心(主体)功能是自身资源环境条件、社会经济基础所决定的，也是更高层级的区域所赋予的。

主体功能不同，区域类型就会有差异。大致可分为以提供工业品和服务产品为主体功能的城市化地区，以提供农产品为主体功能的农业地区，以提供生态产品为主体功能的生态地区等。

2006 年 3 月，《国家"十一五"规划纲要》明确提出：根据资源环境承载能力、现有开发密度和发展潜力，统筹考虑未来我国人口分布、经济布局、国土利用和城镇化格局，将国土空间划分为优化开发、重点开发、限制开发和禁止开发四类主体功能区，按照主体功能定位调整完善区域政策和绩效评价，规范空间开发秩序，形成合理的空间开发结构。国家"十二五"规划和"十三五"规划，进一步强调要实施主体功能区战略。

(二)主体功能区划分的关键问题

主体功能区，是指根据不同区域的资源环境承载能力和发展潜力，按区域分工和协调发展的原则划分的具有某种主体功能的规划区域。划分主体功能区是国家实施可持续发展战略、实现空间科学发展的重大战略部署。

1."主体功能区"中的"功能"

"主体功能区"的"功能"，即区域的功能，即土地的功能，不外乎生产、生活、生态及其服务。可以简单地归结为生产生活、生态两大类功能。主体功能区划以地球表层和国土空间(包括陆地和水面)为对象，区划的目的在于空间管制，引导开发方向，控制土地利用方式(方向和强度)，提高国土利用的效益和可持续性。明确"主体功能区"中的"功能"是进行主体功能区划的基本前提。

2. 主体功能区类型

目前我国在主体功能区规划中提出了以下四类主体功能区(图 4-5)。

优化开发区域是经济比较发达、人口比较密集、开发强度较高、资源环境问题更加突出，从而应该优化进行工业化城镇化开发的城市化地区。

重点开发区域是有一定经济基础、资源环境承载能力较强、发展潜力较大、集聚人口和经济的条件较好，从而应该重点进行工业化城镇化开发的城市化地区。优化开发和重点开发区域都属于城市化地区，开发内容总体上相同，开发强度和开发方式不同。

限制开发区域分为两类：一类是农产品主产区，即耕地较多、农业发展条件较好，尽管也适宜工业化城镇化开发，但从保障国家农产品安全以及中华民族永续发展的需要出发，必须把增强农业综合生产能力作为发展的首要任务，从而应该限制进行大规模高强度工业化城镇化开发的地区；另一类是重点生态功能区，即生态系统脆弱或生态功能重要，资源环境承载能力较低，不具备大规模高强度工业化城镇化开发的条件，必须把增强生态产品生产能力作为首要任务，从而应该限制进行大规模高强度工业化城镇化开发的地区。

禁止开发区域是依法设立的各级各类自然文化资源保护区域，以及其他禁止进行工业化城镇化开发、需要特殊保护的重点生态功能区。国家层面禁止开发区域，包括国家级自然保护区、世界文化自然遗产、国家级风景名胜区、国家森林公园和国家地质公园。省级层面的禁止开发区域，包括省级及以下各级各类自然文化资源保护区域、重要水源地以及其他省级人民政府根据需要确定的禁止开发区域。

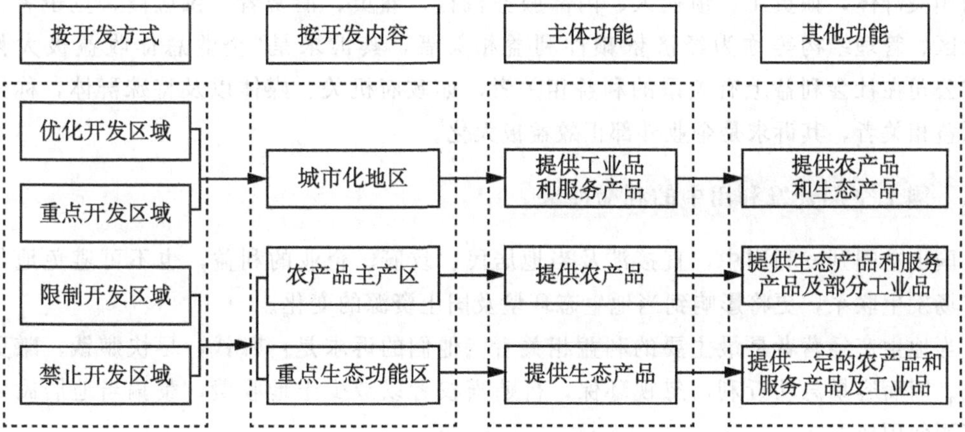

图 4-5　主体功能区类型体系示意图①

3.“主体功能区”中“区”的形态

“主体功能区”中的“区”包括点、线、面三种形状。其中禁止开发区域、重点开发区域以点状为主，兼有条带状；优化开发区域、限制开发区域以“面状”为主。因此，“区”不一定集中连片，特别是禁止开发区域、重点开发区域，全国范围、一省范围不可能集中连片。因此，较大范围的地区不是仅划分四大块即可，而是嵌套式区划。

4.“主体功能区”的“开发”内涵

主体功能开发，主要指产业集聚和人口集聚，尤其是产业非农化(主要是工业化)和人口城镇化(产业集聚/工业集聚和人口集聚等)。无论工业化还是城市化，都涉及土地利用方式的非农化、非生态化。因此，控制了“土地利用方式及强度”，就实现了主体功能区的管制②。

2019 年 5 月，《中共中央 国务院关于建立国土空间规划体系并监督实施的若干意见》中明确提出，建立国土空间规划体系并监督实施，将主体功能区规划、土地利用规划、城

① 国务院办公厅. 全国主体功能区规划的通知[EB/OL]. (2011-06-08)[2022-11-08]. https://www.gov.cn/zwgk/2011-06/08/content_1879180.htm.

② 吴殿廷. 区域分析与规划教程[M]. 北京：北京师范大学出版社，2008.

乡规划等空间规划融合为统一的国土空间规划，实现“多规合一”，强化国土空间规划对各专项规划的指导约束作用，是党中央、国务院做出的重大部署。主体功能区规划虽然不再单独编制了，但主体功能区理论对于各级各类的国土空间规划仍具有重要指导意义。

第四节 利益相关者理论与“五赢模型”

利益相关者是能够影响一个组织目标的实现，或者受到一个组织实现其目标过程影响的所有个体和群体①。弗里曼(Freema)认为，利益相关者由于所拥有的资源不同，对企业的诉求不同，对企业产生的影响也不同：①持有公司股票的一类人，如董事会成员、经理人员等，称为所有权利益相关者，其诉求是“股权利益极大化”；②与公司有经济往来的相关群体，如员工、债权人、内部服务机构、雇员、消费者、供应商、竞争者、地方社区、管理结构等称为经济依赖性利益相关者，其诉求是“企业总体收益极大化”；③与公司在社会利益上有关系的利益相关者，如政府机关、媒体以及特殊群体，称为社会利益相关者，其诉求是企业外部正效益极大化。

一、 国土空间开发利用中的利益冲突

国土空间开发利用中，直接涉及当地居民、政府、企业的利益，也不可避免地与外界市场发生联系，更将影响到当地生态环境及国土资源的变化。

当地生产经营者是最主要的利益相关者，他们的诉求是：赚钱，尽快赚钱，赚更多的钱。因而容易急功近利，忽视环保，行贿当权者以减少土地收费，蒙骗当地居民以减少资源使用成本。

政府管理部门是区域治理的直接主管部门，是主要的利益相关者。当地政府的开发诉求是：改善当地的投资环境，提高当地的知名度，增加就业，扩大税收来源，力争公共投入越少越好。这样的心态难免会产生忽悠投资经营者扩大投入、尽快投入、欺骗当地居民以减少利益分配等现象，也容易造成形象工程。

当地居民是国土资源的真正拥有者，是主要的利益相关者。他们的诉求是：尽量提高和分享国土资源使用价值，改善当地的生活设施和居住环境，参与经济活动(打工或自主经营等)并从中获利。因此希望政府的公共投入越多越好，开发商或国有企业的经济外部性越大越好。这难免会与政府及其他企业产生矛盾，不当的生产生活方式也会对当地资源环境本底造成伤害。

对于一个规模不大的区域来说，产品和服务的购买者(客商)是区域发展成功与否的“试金石”，因此在众多的利益相关者中也是很重要的一个。客商的主观诉求是：花费尽可能少的经费与时间，获得尽可能多、尽可能好的商品或服务体验，这必然会和区域的管理者、经营者及当地居民之间产生利益冲突。

国土资源是区域赖以生存和可持续发展的基础。要保证生态环境优美，国土资源不遭破坏，就要规范人类活动的方式，增加保护和治理方面的投入。这与前述的四大

① 张永强. 工程伦理学[M]. 北京：北京理工大学出版社，2011.

利益主体的诉求不完全一致、甚至是恰恰相反的。国土资源本身不会说话，但可以通过社会良知、媒体、大众为其代言，也可以由受人尊敬和信赖的政府、人民代表出面对其负责。

二、以人为本、生态优先——国土空间开发利用中的“五赢模型”

(一)以人为本，生态优先

尊重各方利益，遵循自然—社会规律，是区域发展中必须遵循的基本原则。为此，国土空间开发利用中必须坚持“以人为本，生态优先”。其中的“人”涉及当地居民、开发商、管理者和客商。

(1)以当地居民为本。国土资源首先是属于当地居民的，国土空间开发利用必须以当地居民为本，促进城乡建设，增加收入和就业。这是习近平以人民为中心执政理念的基本要求。

(2)以开发商为本。开发商不是慈善家，开发公司也不是福利机构。要让开发商和经营者“有利可图”，规避风险。切忌“忽悠”开发商，以免造成较大浪费和经济损失。

(3)以管理者为本。方便管理操作，增加地方税收，促进当地文化传承与社会进步，提升当地知名度和竞争力。

(4)以客商(当地产品和服务的购买者)为本。要保障客商的利益，维护市场的信用。“金杯银杯不如客商的口碑”，只有得到客商的认可，才能保证本区域的产品和服务持续繁荣。

(5)以生态环境与国土资源为本底。“以人为本”不是绝对的、无条件的。国土空间真正的“本”是其“本底”——生态环境与国土资源。良好的生态环境和一定质量与数量的国土资源是当地发展和可持续发展的前提。在国土空间开发利用中，必然坚持生态有限、守住底线的原则，尽量减少对国土空间的破坏。

(二)国土空间开发利用中的“五赢模型”

在国土空间利用中，前述的五大方面似乎哪一个也不应该出问题。

如果生态环境或国土资源破坏了，区域发展就成为无本之木；如果没有当地居民的理解和支持，国土空间开发就会成为“中看不中用”的花瓶；开发商不是慈善家，赔本的买卖没有一个开发商愿意做；如果没有管理者的协调和服务，这样的国土空间治理是不会成功的。如果没有客商的认可和购买，一般较小的区域就难以起飞，甚至会夭折。

因此，国土空间开发利用应该实现五赢。即：第一赢，资源环境逐渐改善；第二赢，当地居民从中获利；第三赢，企业家、开发商有利可图；第四赢，客商接受和喜欢；第五赢，增加财政税收，改善投资环境，促进地方经济繁荣和社会进步。

五个利益相关者(生态环境与国土资源也看作一个相关者，可以由媒体或非政府组织来代表)都要有所得，他们之间的关系，不是简单的线性关系，而是网络关系，如图 4-6 所示。

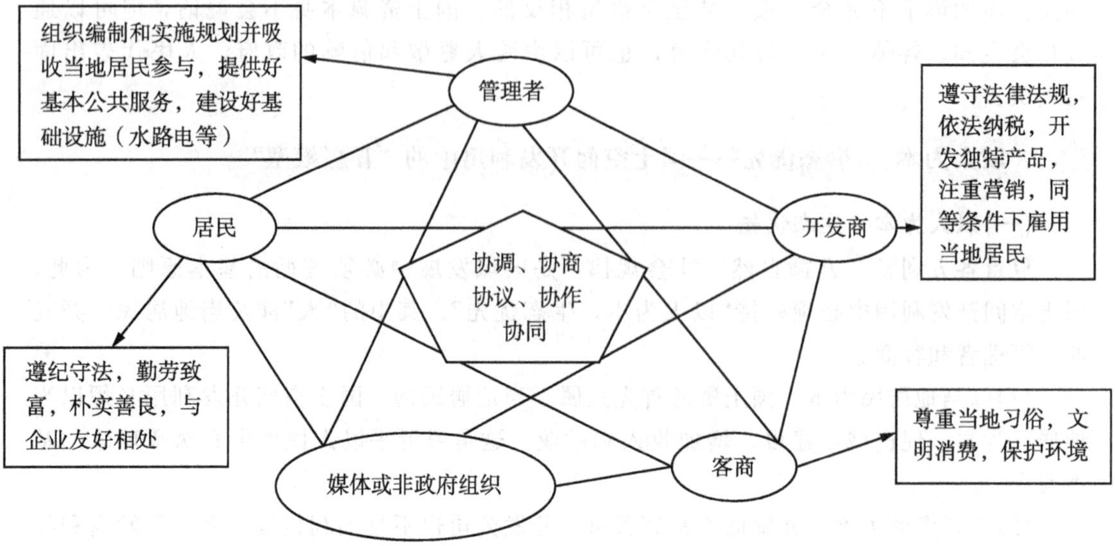

图 4-6　国土资源开发利用中的“五赢模型”

三、国土空间开发利用中“五赢模型”的实现

先把蛋糕做大再把蛋糕分好，进一步把蛋糕做得更大分得更好，由此实现良性循环和可持续发展，是处理多利益相关者共赢的基本过程准则①。国土资源开发利用五赢目标的实现，需要守住生态环境底线，制定科学的规划，统筹协调各方利益，打造独特的产品体系，加强营销和品牌建设。

(一)用科学的规划协调各方矛盾

国土空间规划既要注意规划理念的先进性，也要注重规划措施的落地操作性。跳出国土看国土，跳出规划区看规划区的发展。国土空间规划者不是国土资源开发过程中的直接利益相关者，所以，不会受到利益主体的思维限制。要用科学的规划协调各方矛盾，规范各利益主体的责权利。在此基础上，用反规划的方法守住资源与环境本底②。

一般规划强调“以人为本”，是发展的规划，弊端是颠倒了人与自然、现代与历史关系的规划。传统的规划从根本上忽视了规划对象是一个有机的系统，缺乏对国土空间应有的连续性和整体性考量；超前的规划使大量土地撂荒，实际上都导致了建设用地扩张的无法和无序以及土地资源的浪费；传统的城市规划使绿地系统和生态环境保护规划事实上是被动的点缀，是后续的和次级的，从而使自然过程、历史过程的连续性和完整性得不到保障。

从“以人为本”到“生态优先”，应该用反规划(逆规划)的思想和方法来实现，即反思规划、反过来规划、“负”的规划成果：为区域留下一个永远得到保护的“不建设”空间；

① 陈志永，李乐京，梁玉华．乡村居民参与旅游发展的多维价值及完善建议——以贵州安顺天龙屯堡文化村为个案研究[J]．旅游学刊，2007，22(7)：40-46.

② 俞孔坚，李迪华，韩西丽．论“反规划”[J]．城市规划，2005(9)：64-69.

不规定必须做什么，只强调一定不要做什么，不能在某些地方做什么，即守住生态底线、守住遗产底线。目前自然资源部正在推进的各地保护地体系调整规划，值得推崇，也希望该规划做得好、实施得好，而不要成为当地“以调代改”的妥协品。

(二)建立和完善利益相关者协商—协议机制保证五赢

(1)明确产权关系，签订契约合同并严格履行之，是保证各方利益的基本前提。一是要明确各利益相关者的角色定位。比如，政府管理部门的责任就是控制、协调、引导、规范其他利益相关者的目标和行为而不是去干涉企业经营中的日常工作，或是去参与国土资源开发的利润分配，这样就能够更好地协调政府管理部门和企业经营者之间的冲突，甚至化解他们之间的矛盾和利益上的冲突。

(2)要完善利益相关者参与国土空间治理的机制。一方面，应随着国家治理现代化和相关法律法规的进一步完善，结合实际，为利益相关者参与空间治理机制的实现提供制度保障，要强调与利益相关者进行充分的信息沟通，从法律制度上保证利益相关者参与管理。另一方面，应该使国土资源利用者明确其在空间治理中的特殊地位，加强自身合法权益的保护意识，主动地参与到空间治理中。因此，应建立激励机制使利益相关者为区域长期绩效的提高而努力，只有各利益相关者充分履行其职责，才能够实现共同治理，推动区域长期绩效的提高与实现①。

实现“五赢”的关键是“五协”，即“协调、协商、协议、协作、协同”。由政府主导，通过编制规划、检查监督等方式，协调各方矛盾，建立协商机制，通过协议管理，促使各方加强协作，实现协同。

四、小结和讨论

上述“五赢”都很重要，但在特殊情况下“四赢”甚至“三赢”也是可以的。

首先，第五赢——管理者之赢(不赢也是可以的)。在特殊情况下甚至可以主动放弃，比如北京市、成都市的乡村振兴就是如此。一般大都市的郊区，特别是近郊区也完全可以如此，因为大都市的政府“不差钱”，其乡村旅游开发的目的就是为当地致富，为市民提供休闲度假的好去处，追求社会效益。政府并不想借此机会赚多少钱。

其次，第四赢——开发商之赢(赢是应该的，但短期内不赢也是可能的)。一般情况下，投资经营都是有周期的，有时直接的经济效益也是有限的。正因为如此，我们才有“区域开发的外部性”之说，才强调政府在区域开发中的主导地位。要保证开发商之赢，一是政府在基础设施建设方面多投入，二是在税收政策等方面多让利，三是通过其他途径对开发商予以补偿。

最后，其他“三赢”，包括生态环境与国土资源之赢、当地居民之赢和客商之赢，则是必须的，一个也不能少。否则，国土资源开发利用就是失败的。

总之，国土资源开发利用中矛盾冲突大，利益关系复杂，必须不断探索，才能实现良性循环和可持续发展。这里只对其做出了初步的探索，与其说是提出了“五赢”理论，莫不如说是提出了“五赢”问题，还有很多深层次的矛盾和操作性的问题没有解决。

---

① 姚远. 旅游景区开发中利益相关者的利益冲突与协调[J]. 旅游论坛，2009(1)：72-73.

第五节　系统规划论

规划对象是一个系统，规划过程是一个系统，规划成果也是一个系统。所以，国土空间规划要用系统规划理论作指导。

一、规划的主体与客体

(一)规划的主体

规划的主体，即规划的利益相关者。包括规划对象的管理决策者、规划编制人员、规划实施人员或单位、规划对象范围内的居民(拥有者)等。

一般来说，规划实施主体和当地居民，应该参与到规划的编制之中，只有这样，才能使规划成果体现规划主体的愿望，也才能保证规划的基础扎实，实施顺利。我们特别反对简单地从外面请来规划编制人员，而这些规划编制人员只在实地转上两圈，收集些资料，然后就回去闭门造车。虽然是“远来的和尚好念经”，恰如跳出地球看地球才能发现地球是圆的一样，但不了解实际情况，不做深入细致的调查研究，不与规划实施主体或当地居民进行深入交流，是不可能编制出一个科学、合理、可行的规划来的。为此建议，要成立规划办公室和研究机构、领导小组以及工作技术人员能够协同参与的规划班子。由于区域发展规划的综合性，其覆盖的知识面广，涉及学科、部门多，纵横关系多，条条块块矛盾多，所以规划班子应由一个多层次、多学科、多方面的人才组成。既要有权威的强有力的决策领导机构，又要有一批专家和从事实际工作的技术力量。

首先是统筹协调机构(领导小组)，包括主管部门领导和决策人员，是规划班子的最高层次机构，负责决策、协调和指挥。如果规划区域是在一个行政区域内，规划领导机构必须有行政区的主要负责人参加。如果规划区域是两个或两个以上的行政区组成，则规划领导机构必须有他们共同的上级行政区的主要负责人参加。

其次是实际参与规划方案设计的工作班子，工作班子应该有负责综合规划方案编制的规划人员和负责各项专项规划的专业人员，主要负责调查研究，分析综合，成果整理等工作。此外还有顾问委员会，主要由老干部、相关专家组成，包括国民经济计划、经济、科技、科研、农业等部门人员，以利于信息沟通和各部门间的协调。

此外，传统上，规划一般由规划专家完成，如城市规划师、管理人员或其他政府部门人员。当地居民常常觉得规划人员通过设置复杂的参与方法限制了当地居民的参与。但是，近年来，规划人员同当地居民共同开发了网上参与平台，大大提高了市民参与城市规划的兴趣和能力，让当地居民真正地成为规划的参与者①。同时，有学者认为在规划过程中应该多倾听青年人的声音，利用他们在规划决策过程中的独特视角塑造未来世界②。

---

① ERTIÖ T P，BHAGWATWAR A. Citizens as planners：Harnessing information and values from the bottom-up[J]. International Journal of Information Management，2017，37(3)：111-113.

② OSBORNE C，BALDWIN C，THOMSEN D，et al. The unheard voices of youth in urban planning：using social capital as a theoretical lens in Sunshine Coast，Australia[J]. Children's Geographies，2017，15(3)：349-361.

(二)规划的客体

规划客体即规划对象。规划的对象不同，规划类型体系也不同。

国土空间规划对象包括空间一般载体(如区域，城市，乡村等)、物质载体(如基础设施、资源、环境、行业、企业等)、非物质载体(如人口、文化、体制、机制、法规等)。不同的规划对象，规划的内容、目标和重点不同，实施规划的途径和措施也不同。深入研究规划客体本身的特点及其运动变化规律，明确规划客体的时空界限，是编制国土空间规划的首要前提。规划客体的空间界限一般比较清晰，时间界限不一而足，但大多分为近期、中期和长期几个阶段，其中3～5年的为近期规划，5～10年的为中期规划，10年以上的为长期规划。当然，对于一个乡镇/村屯这样的小样本而言，5年也可以称作中长期规划。

(三)发展经济学视角下的规划论

在我国当前情况下，区域层面上的空间规划更多是指区域发展规划，而区域发展则属于发展经济学范畴，发展经济学是区域发展规划最重要的理论基础。

1. 规划是建立在人对自然和社会不断认识基础之上的决策支持

欧洲文艺复兴以后，自然科学和唯物主义哲学迅速发展，人们发现世界是可以被认识的，在主动把握自然和社会发展规律的基础上就有了规划的雏形。最早的具有现代意义的规划起源于英国，发展于苏联，在法国实施得最好。英国工业革命时期，工业化带动大量农民涌入城市，形成了大量卫生条件恶劣的“贫民窟”，这直接影响到了城市安全和工业发展，为此英国出台了一部融入城市规划理念的《公共卫生法》。十月革命后，苏联借鉴运筹学方法将规划发展到了极致，通过制定军事、产业和社会发展规划，迅速从落后的农业国变成了工业国，组建了华沙条约组织和经济互助委员会，形成了一度与美国和北大西洋公约组织对抗的社会主义阵营。第二次世界大战后法国前总统戴高乐为复兴法国和欧洲，制定了核工业发展规划、航空航天工业发展规划，现在法国核电占其能源结构的80%，石油涨价、市场波动对它的影响非常有限；空中客车公司也是由法国推动建立的，在国际市场上占据半壁江山；阿丽亚娜系列火箭也在国际航天领域占有重要位置。此外，戴高乐还积极推动欧共体在经济、政治和货币一体化方面的规划。经过半个世纪的努力，法国恢复了一流国家的自信和在关键领域的重要地位。

2. 规划是系统的谋划，具有全局性的拉动作用

在过去的计划经济中，绝大部分社会性工作是操作层面的财政集中方式。这一方式具有集中力量办大事的能力。在市场竞争环境下，有人认为不再需要规划，自由竞争就可以了，这是非常错误的想法，会导致盲目性。盲目自由竞争虽然最后可能会找到解决办法，但代价是巨大的，需要上百年甚至几百年时间。因此，市场经济更需要规划。规划做好了，对于我们的各项工作是一个必要的前提和先决条件，也是一个关键环节，没有科学的规划，后期就会出现盲目建设、重复建设等问题。

3. 规划不同于一般计划和策划

在英文中，规划和计划是同一个词(都是Plan)，没有太大差别。但在中文里却有明显的差别。规划代表了一种指导性、方向性的目标，是相对于事物的整体特征而言的，是指比较全面长远的发展计划，带有空间含义；而计划则侧重短期，是规划中的具体环节或由规划在操作中演变的具体项目，建立在运筹学的基础之上，是运筹学的发展、运用和延伸。我国从1953年开始编制的十个五年计划，极大地促进了国民经济发展和人民生活水平提高。从“十一五”开始，我国把计划变为规划，这一个字的改变体现了我国从计划经济到市场经济这种理念上的转变和政府职能的转变。从前的计划侧重于层层分解下达的指令性指标，主要靠行政手段来实现；而规划侧重于解决宏观性、战略性、长远性问题，提出指导性的思路和对策，主要靠经济手段来实现。

规划也不同于策划。规划主要着眼于宏观领域，有时间跨度长、选择空间小、变量少、操作技术成熟的特点，比如，国土布局、水资源、矿产资源、基础设施等物质条件都相对固定、不可替代，在这个基础上编制的规划就可以管十几年，甚至几十年、上百年。策划主要是根据短期内的多变量多情景制定预案，特点是时间跨度小、变量多。规划与策划没有明显的界线，通常是同时出现，互相渗透和转化，实现大的规划往往需要一系列的策划。从人类发展的历史与积累的知识经验看，我们完全能够通过明确长远发展的目标、路径和实现战略，制定百年规划①。

二、 发展性规划与管制性规划

从规划目标来看，规划不外乎两种类型，一种是发展为主的发展性规划，如国民经济和社会发展规划等；另一种是控制为主的管制性规划，如环境保护规划、生态治理规划。其中，狭义的管制性规划，强调单一主题制定规则，其他主题服从；广义的管制性规划也可涵盖“管制性规划”，强调多元主体制定规则，多主体服从。前者没有下限，后者没有上限，只有底线。目前我国这两种规划都有，但以发展性规划为主，与我国所处的历史阶段相符。发达国家以管制性规划为主，我国将来也会出现管制性规划为主的局面。

(一)发展性规划

发展性规划指以发展为主题，按照目标导向的思路追求利益极大化的规划。下面以国民经济和社会发展规划为例，说明发展性规划的有关知识。

新中国成立后，我国一直对经济社会发展进行这种中长期的安排或谋划，具体表现形式就是各个时期的五年计划。“十一五”规划将实行了五十多年的“计划”改为“规划”。尽管在有些国家的语言中，“计划”与“规划”是同一个词，但在中国，这一改变有着不同的、特殊的意义，标志着我国从计划经济时代的“计划”转向了市场经济时代的“规划”。

1. 国民经济和社会发展规划的概念

规划是指为达到某种目标，对规划对象未来发展变化状况的设想、谋划、部署或具体安排。政府编制的规划是政府对一定范围内的经济、社会、文化、政治各领域在时空上的设想、谋划、部署或具体安排。任何机构或组织都可以编制自己的规划，这里主要是指政府组织编制的规划。做好规划、把握规划概念，要注意以下几点。

(1)规划要有明确的规划对象。国民经济和社会发展规划的规划对象是经济和社会，主体功能区规划的规划对象是国土空间，城市规划的规划对象是城市，等等。国家国民

---

① 国家开发银行规划院．科学规划的理论与实践[M]．北京：中国财政经济出版社，2013.

经济和社会发展的规划对象是全国的经济社会系统，地方国民经济和社会发展规划的规划对象是本地辖区的经济社会系统。强调这一点的原因是，我国许多规划的对象不明确，至少是规划的界限不清、范围不明。有些部门编制的专项规划就混淆了规划对象与部门工作的界限，把本部门根据职责要开展的工作放到规划中。有些规划则超越规划对象，跨入其他规划的范围，导致规划之间相互交叉、无法执行。

(2)不是什么领域都适宜编制规划。具有经济杠杆性质的政策工具就不宜编制规划。财政、投资、利率、货币、外资等是其他实体领域发展的手段或工具，必须依附于其他实体领域才有意义。财政收支、政府投资等，不能仅仅是因为做了几年的时间安排就算是规划，如果脱离了需要投入或支持的具体领域独立编制，就只能是一种预算安排，不属于规划。若明确了需要支持的具体领域，则是一种规划，但就与国民经济和社会发展规划的内容重复了。金融领域，如果仅仅提出几年之间要发行多少货币、债券、股票等是没有意义的，关键是要明确哪些领域，但若明确了，也就是与国民经济和社会发展规划无异了。如果金融领域是作为一个实体领域，规划金融机构和市场以及布局、规模等是可以作为规划的，这就是金融领域的专项规划了。

(3)规划不仅仅是对时间的安排。过去认为，规划只是在一定时期即规划期内做些什么、怎样做和做到何种程度等。其实，规划也可以而且应该明确在何处做，即在什么空间或哪些区域做什么。也就是说，规划既是对时间的安排，也是对空间的安排。而且，有些规划也可以不规定一定时期必须达到什么程度，不对时间进行安排。例如，国土空间规划、交通布局规划，甚至城市规划等，可以不对时间提出明确的目标，即可以不提出到哪年开发到什么程度，不提出哪条高速公路要到哪年建成，不提出一个城市到某年必须发展到多大规模等。如果国土空间规划明确了哪些空间单元应该开发，哪些不应该开发，交通布局规划只是明确了在哪里、要建设几条高速公路，城市规划只是明确了城市内部的各类功能区等，这种只安排空间、不安排时间的也是规划。另外，区域规划也是以空间布局为主的规划。

(4)规划不仅仅是指导性的。在计划经济下，计划是指令性的。进入社会主义市场经济后，我国存在着走向另一个极端的倾向，认为规划仅是指导性、预测性的。导致规划编制时轰轰烈烈，实施中无声无息。事实上，在市场经济条件下，有些规划也是必须执行或实施的，关键要看是哪些领域、哪些方面的规划，要看规划中哪些内容是必须执行的。如国家“十三五”规划、国家“十四五”规划中的节能减排和保护耕地等指标，主体功能区规划中的开发原则和不同区域的主体功能定位，城市规划关于各类功能区的安排、自然保护区的规划等，都是必须执行、具有约束力的，因为这些领域和方面关系着公共利益、关系着国家的可持续发展。

(5)规划不仅仅是为促进增长的。规划大多数是促进增长的，属于鼓励、动员、激励性的安排，但也有些规划是约束增长的。经济方面的规划，有些规划或者有些规划的部分内容就是约束增长的。约束增长，实质是为了更全面、协调、可持续的发展。美国《地方政府规划实践》提出，规划既要培育和促进增长，同时也要管理增长；规划要驾驭平衡，使经济增长、基础设施、资源环境、公共服务、人口相互均衡分布；过快、过度的经济增长会给资源环境、公共服务、基础设施带来压力，并可能导致生活质量的下降。

2. 发展规划的功能

实行市场经济不是不要规划，也不是不加区别地把所有政府编制的规划都定位为战略性、宏观性、政策性的规划，也不应该是所有的规划指标都是指导性、预测性的。不同的经济体制，规划的功能不同；不同对象的规划，也有不同的功能。在社会主义市场经济体制下，总体上说，规划具有促进国家战略目标实现、弥补市场失灵、有效配置公共资源、促进全面发展、协调发展和可持续发展的功能。具体地说，有以下三种基本功能。

(1)规划是社会共同的行动纲领。任何规划都在一定范围、一定程度上凝聚了社会共识。任何一部法律都是凝聚社会共识的平台，将社会共识凝聚成国家利益并通过法律这种形式表达出来。在这一点上，规划与法律具有共同性，只不过表达方式是规划，而不是法律。凝聚了社会共识，才会成为行动的纲领，即大家认同应该这样做。

(2)规划是政府履行职责的依据。现代经济都是混合经济，纯粹的市场经济只是理论的抽象。政府干预经济活动，首先应该依法干预，其次要依规行事。因为任何一部法律都不可能细化到政府应该如何干预经济，政府应该批准这个项目还是应该批准那个项目，给这个领域的资金多一点、给另一个领域资金少一点的程度。为此，需要相对法律更加灵活的规划这种形式来规范政府的行为，使政府在履行经济调节、市场监管、社会管理和公共服务职责时，除了法律的依据外，也有规划作为依据。

(3)规划是约束社会行为的“第二准则”。市场经济是资源由市场配置，公民、法人有充分的自主权、决策权的经济体制。但公民、法人的有些行为会损害社会公共利益，如有污染的项目建在居民点附近，就会对居民的生活和健康带来危害；建设大商场，尽管不违法，但如果建在不恰当的地点，可能致使一定区域的公共交通拥挤，导致公共交通效率低下。通过编制规划，可以告诉市场主体，哪些事情在什么地点可以干，哪些事情在什么地点不能干。所以，在这个意义上，规划是对法律制度的补充，是公民、法人也必须遵循的行为准则。

3. 发展规划体系

我国规划体系按层级分为国家级规划、省级规划、市县级规划。按类型分为国民经济和社会发展总体规划、专项规划、专题规划。

(1)总体规划，即国民经济和社会发展总体规划，是以国民经济和社会发展各领域为对象编制的规划，是根据中央或上级部署编制的统领规划期内经济社会发展的宏伟蓝图和行动纲领。

国家发展规划，即中华人民共和国国民经济和社会发展五年规划纲要，是社会主义现代化战略在规划期内的阶段性部署和安排，主要是阐明国家战略意图、明确政府工作重点、引导规范市场主体行为，是经济社会发展的宏伟蓝图，是全国各族人民共同的行动纲领，是政府履行经济调节、市场监管、社会管理、公共服务、生态环境保护职能的重要依据。

(2)专项规划，即国务院有关部门、设区的市级以上地方人民政府及其有关部门，对其组织编制的工业、农业、畜牧业、林业、能源、水利、交通、城市建设、旅游的有关专项规划。专项规划一般都由实体性的管理协调部门负责编制和实施。

(3)专题规划，即就某一具体问题所做的专门规划。如京津冀旅游业协同发展规划、大湾区协同协作规划等。

专项规划和专题规划的区别是相对的，如京津冀旅游业发展规划也可称专项规划。只是前者是相对于“部门”或“行业”的管理；后者是相对于“专门问题”的治理或建设。前者的规划内容更宽泛一些，与日常工作相衔接；后者的规划内容更集中一些，与特殊情况、特殊对象、特殊问题相联系。

（二）管治性规划

1.“管治”与“空间管治”

“管治”的概念最初起源于环境问题，随后被逐渐引入到处理国际、国家、城市、社区等各个层次的各种需要进行多种力量协调平衡的问题之中。“管治”有别于传统意义上的政府“统治”，是指通过多种集团的对话、协调、合作以达到最大程度动员资源的统治方式，以补充市场交换和政府自上而下调控的不足，最终达到“双赢”的综合社会治理方式，其人文色彩与和谐成分较为突出。

“空间管治”是将经济、社会、生态等可持续发展，资本、土地、劳动力、技术、信息、知识等生产要素综合包容在内的整体地域管治概念，以跨行政、行业界限的空间资源环境保护与协调发展为主要对象，对跨行政界限空间资源进行统一保护与权益分配，协调中央、地方、非政府组织等多方利益，促进各种生产要素的综合融通，以利跨区域的重要工程和决策的实施。其本质在于建立地域空间管理的框架，提高政府的运行效益，有效地发挥非政府组织参与区域管理的作用，以提高空间规划的社会性、科学性和可操作性。

2. 我国的管治性规划

和区域发展规划等强调发展、赶超、跨越、利益极大化等不同，国土规划、主体功能区规划、土地利用规划、生态保护规划等规划，主要目的不是去发展什么和怎样发展，而是不允许做什么或不允许做到什么程度等，此类规划属于管治性规划。实际上，国外的规划，包括区域规划、城市规划等，多关切“限制”“禁止”内容，更像是管治性规划，欧盟更是把空间规划做成空间管治规划；我国正处在“发展”时期，发展是硬道理，区域规划、城市规划等多强调发展和建设，“发展性规划”色彩较浓。

我国曾实施的主体功能区规划，是最典型、很先进的空间管治性规划。全国主体功能区规划是根据不同区域的资源环境承载能力、现有开发密度和发展潜力，统筹谋划未来人口分布、经济布局、国土利用和城镇化格局，将国土空间划分为优化开发区域、重点开发区域、限制开发区域和禁止开发区域四类，确定主体功能定位，明确开发方向，控制开发强度，规范开发秩序，完善开发政策，逐步形成人口、经济、资源环境相协调的空间开发格局。全国主体功能区规划是战略性、基础性、约束性的规划，是国民经济和社会发展总体规划、人口规划、区域规划、城市规划、土地利用规划、环境保护规划、生态建设规划、流域综合规划、水资源综合规划、海洋功能区划、海域使用规划、粮食生产规划、交通规划、防灾减灾规划等在空间开发和布局的基本依据。

主体功能区划中的三类空间战略布局体现了区域空间管治的合理性与协调性。我国主体功能区规划将整个国土空间划分为三类主要空间：城市空间、生态空间和农业空间，并分别从空间上规划了其战略布局的重点。城市化战略布局、生态安全战略布局以及农业生产安全战略布局互为依托、互为补充，将跨行政区域的空间资源进行整合，促进经济空间与生态空间的有机结合，最终实现国土空间资源的有序有度开发、协调发展。

主体功能区规划按照科学发展观要求，以人为本，也顺应自然，尊重自然；既要满足人口经济的空间需求，也要为生态环境良性循环留有空间，通过优化开发区域与重点开发区域的集约开发满足人们的经济需求；通过确定禁止开发区域和限制开发区域，构建以重要生态功能区、自然保护区域和生态走廊为骨架的生态网络以及以主要粮食主产区、重要农业生产带为骨架的农业生产格局，合理布局生态空间，保障全国生态与粮食安全。这一思路凸显了主体功能区规划中人与自然相互统一的和谐精神[①]。

3. 管治性规划的内容

针对不同对象，管治的目的不同，规划的内容不同。空间管治作为一种有效而适宜的资源配置调节方式，日益成为区域规划尤其是城镇体系规划的重要内容。通过划定区域内不同建设发展特性的类型区，制定其分区开发标准和控制引导措施，可协调社会、经济与环境可持续发展，分为政策性分区和建设性分区。政策性分区指根据区域经济、社会、生态环境与产业、交通发展的要求，结合行政区划进行次区域政策分区，不同政策分区实施不同的管制对策，实施不同的控制和引导要求。建设性分区包括禁止建设区、限制建设区、适宜建设区和已建区。

三、 战略性规划与操作性规划

(一)战略性规划

在社会经济领域内，战略研究一般可以理解为“在较长的时间(如五年、十年、二十年、五十年等)内。根据对影响经济社会发展的各种因素和条件的预测，从关系经济社会发展全局的各方面出发，考虑和制定经济社会发展所要达到的目标、所要着力的重点、所要经过的阶段以及实现上述要求所要采取的力量布置和重大的政策措施”。所以，战略研究具有全局性、长期性和综合性等特点。不论任何人在为战略研究收集多少具体数字，分析多少案例和资料，其所要得出的都只是一个抽象掉个性的、具有一般性的、对全局具有指导意义的结论——所要达到的目标，为战略研究制定的是一定条件下和一定范围内的最高层次上的决策。因此，战略对经济社会发展具有方向性、长远性、总体性的指导作用。

如果研究的对象系统范围巨大(如中国东部经济地带)，或者研究的对象系统边界不甚清楚(如中国沿海较发达的地区)，或者所研究的对象系统非常复杂，难以用确定的指标体系加以描述及难以用有效的手段加以控制，对这样的对象系统进行开发，只停留在战略研究基础上显然不够，深入开展规划和计划又难以做到或意义不大。在这种情况下，要制定出一个重大的、带全局性的或决定全局性的资源开发战略是必要的，但只停留在战略上，又不能很好地指导开发，因为战略只给出了开发的指导思想、抽象的开发目标和措施等，对具体的开发机构来说，仍然未得到实质性的指导和指令。所以，应该在战

① 秦岭. 区域经济学理论与主体功能区规划[J]. 江汉论坛，2010(4)：10-13.

略研究上再深入一步，将战略目标、战略措施等尽量地加以落实，尽量具体化、定量化和定位化，这就是战略规划。也就是说，战略规划不是制定战略和进行规划两个过程总和，而是由战略研究到规划决策过程的一个中间环节，是一个承上启下的纽带，对于那些难以规划或规划意义不大的系统来说，战略规划则仅仅是战略研究的一个延续。这样，战略、战略规划、规划和计划，各有侧重，互相衔接，构成了社会经济领域完整的决策过程系统。

城市总体规划、旅游规划中的概念性规划和总体规划，多属于战略性规划。严格说来，全国的五年规划、省级的五年规划，更像是一种战略性的规划。

(二)操作性规划

从工作深度、指导性与操作性之间的关系，规划在纵向上，应该按照这样的思路进行：先编制高级层面的发展战略，在此基础上按照“发展战略—概念性规划—总体规划—详细规划—建筑设计”的思路，将不同层面的发展有机结合起来，进行不同深度规划的编制。

城市规划中的详细规划，包括控制性详细规划和修建性详细规划，都属于操作性规划。区域发展中的专项规划、专题规划等，都属于操作性规划。

操作性规划也可以分成发展性规划和管治性规划。其中发展性规划中，要保证操作性，往往策划一些落地项目，然后就这些项目的建设指标、可行性及融资方式等做出安排。管治性规划，就是各种“控制性详细规划”。城市规划中的控制性详细规划的目的是根据总体规划要求，对建设用地性质、使用强度和空间环境进行管治。内容包括四个方面：土地使用性质及其兼容性等用地功能控制要求；容积率、建筑高度、建筑密度、绿地率等用地指标；基础设施、公共服务设施、公共安全设施的用地规模、范围及具体控制要求，地下管线控制要求；基础设施用地的控制界线(黄线)、各类绿地范围的控制线(绿线)、历史文化街区和历史建筑的保护范围界线(紫线)、地表水体保护和控制的地域界线(蓝线)等“四线”及控制要求。

旅游规划中的控制性详细规划，目的是以总体规划为依据详细规定区内建设用地的各项控制指标和其他规划管理要求，为区内一切开发建设活动提供指导。主要内容包括：详细划定所规划范围内各类不同性质用地的界线，规定各类用地内适建、不适建或者有条件地允许建设的建筑类型；分地块规定建筑高度、建筑密度、容积率、绿地率等控制指标，并根据各类用地的性质增加其他必要的控制指标；规定交通出入口方位、停车泊位、建筑后退红线、建筑间距等要求；提出对各地块的建筑体量、尺度、色彩、风格等要求；确定各级道路的红线位置、控制点坐标和标高①。

(三)从战略性规划到操作性规划是规划决策的过程规律

按照系统科学的思维习惯，决策总是从虚到实、从软到硬、从宏观整体到微观具体的谋划、选择过程。规划既是决策的一个环节，其本身也可以划分成不同的阶段。初始阶段，以宏观战略性规划为主；完善阶段，以微观操作为主。各种规划中的总体规划、

① 全国旅游标准化技术委员会. 旅游规划通则：GB/T 18971—2003[S]. 北京：中国标准出版社，2011.

概念性规划等，属于战略性规划；分区规划，介于战略性规划和操作性规划之间；详细规划，包括控制性详细规划、修建性详细规划，则属于操作性规划。

高层次区域的国民经济和社会发展规划一般说来是属于战略性规划的，而与国民经济和社会发展规划配套的项目规划则是操作性规划。基础设施建设规划，港口建设规划、城市某地块开发规划等，应该做到操作层面。

当然，战略性规划与操作性规划的区别是相对的，“战略性”“操作性”本身也是相对的。规划应该看重的是战略上的可操作性，这一点尤为重要，这是反映规划咨询的价值所在。一个规划的可操作性不在于出了多少图纸，或给出了多么详细的工作计划，而在于战略的设计是否得当，是否指明了清晰的路径，沿着战略的设计能否达到预期目标。在很多细微的设计方面，客户远比规划师更有办法。

方创琳从空间管治的角度归纳总结出区域发展决策深度的递进规律，如图 4-7 所示。

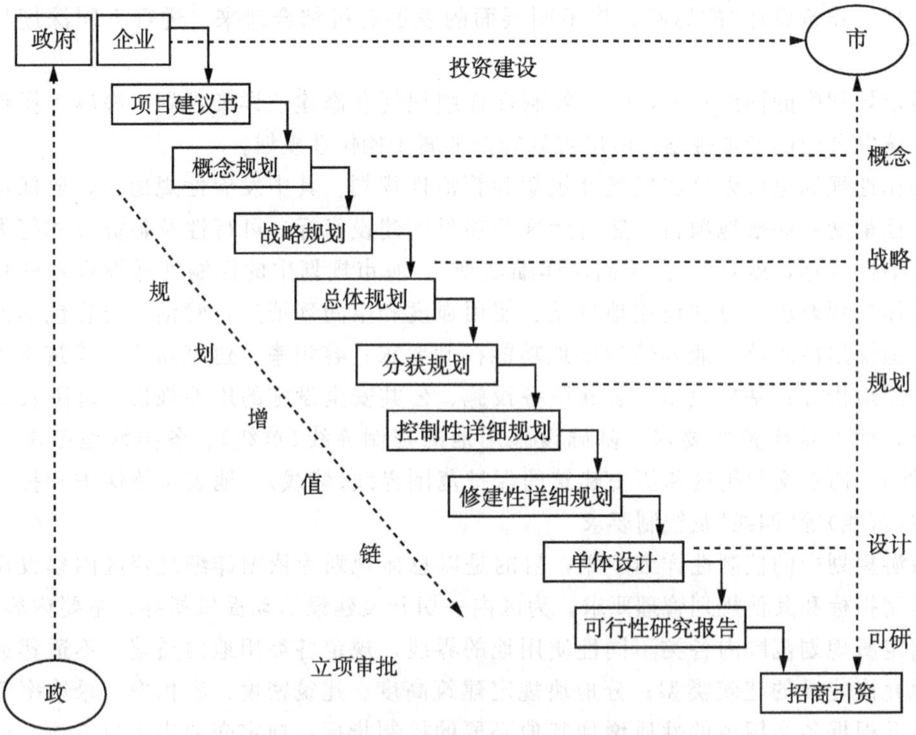

图 4-7 区域发展决策深度的递进规律示意图①

国土空间规划既是发展性规划，也是管控性规划，是在保证生态基底的基础上追求经济社会效益的极大化。

高级别区域的国土空间规划是战略性规划，乡镇、村屯的空间规划是操作性规划；综合复杂的专题规划是战略性规划，具体、单纯的专题规划是操作性规划。

① 方创琳，等．区域规划与空间管治论[M]．北京：商务印书馆，2007.

四、运筹学和有限理性原理

规划就是统筹部署，而统筹部署的现代方法是运筹学方法①。当规划信息完备时，应该尽量使用运筹学方法。

(一)运筹学及其在国土空间规划中的应用

1. 运筹学

运筹学是现代管理学的一门重要专业基础课。它是20世纪30年代初发展起来的一门新兴学科，其主要目的是在决策时为管理人员提供科学依据，是实现有效管理、正确决策和现代化管理的重要方法之一。该学科应用于数学和形式科学的跨领域研究，利用统计学、数学模型和算法等方法，去寻找复杂问题中的最佳或近似最佳的解答。

运筹学经常用于解决现实生活中的复杂问题，特别是改善或优化现有系统的效率。研究运筹学的基础知识包括实分析、矩阵论、随机过程、离散数学和算法基础等。而在应用方面，多与仓储、物流、算法等领域相关。因此运筹学与应用数学、工业工程、计算机科学、经济管理等专业相关②。

运筹学中的研究内容很多，其中与国土空间规划密切相关的是规划论，又称为"数学规划"，是运筹学的一个分支。规划论研究对现有资源进行统一分配、合理安排、合理调度和最优设计以取得最大经济效果的数学理论方法。如某项确定的任务，怎样以最少的人力、物力去完成；或是对给定的人力、物力要求能最大限度地发挥作用从而能够完成尽可能多的任务。

规划论可以归结为：在满足既定目标的要求下，按照某一衡量指标寻求最优方案的问题。将必须满足的既定目标的要求称为约束条件，将衡量指标称为目标函数，用数学语言来描述即为：求目标函数在一定约束条件下的极值问题③。

运筹学应用于规划领域，最常用的是线性规划。线性规划问题一般都具有以下的共同特征。

(1)每一个问题都有一组未知变量(x_1，x_2，…，x_n)表示某一规划方案，这组未知变量的一组定值代表一组具体的方案，而且通常要求这组变量的取值是非负的。

(2)每一问题都有两个主要组成部分：一是目标函数，按照研究问题的不同，常常要求目标函数取最大或最小值；二是约束条件，它定义了一种求解范围，使问题的解必须在这一范围之内。

(3)每一问题的约束条件和目标函数都是线性的。

根据这些特征，并考虑到讨论和计算上的方便，把线性规划问题的数学模型转化成标准形式，即：在约束条件

$$\sum_{j=1}^{n} a_{ij}x_j = b_i (i=1, 2, \cdots, N) \tag{4-5-1}$$

---

① 胡运权. 运筹学教程[M]. 5版. 北京：清华大学出版社，2018.

② 刘满凤，陶长琪，柳键，等. 运筹学教程[M]. 北京：清华大学出版社，2010.

③ 何盛明. 财经大辞典：上卷[M]. 北京：中国财政经济出版社，1990.

以及非负约束条件

$$x_j \geqslant 0, \ j=1, \ 2, \ \cdots, \ n \tag{4-5-2}$$

下，求一组未知变量 $x_j(j=1, 2, \cdots, n)$的值，使目标函数

$$z=\sum_{j=1}^{n} c_j x_j \Rightarrow \min \tag{4-5-3}$$

达到最小值。

转化办法是：

对于求极大值问题，可令 $z'=-z$，将目标函数代换成求极小值问题；

对于第 k 个约束条件 $\sum a_{kj}x_j \leqslant$(或$\geqslant$)b_k，可引如松弛变量 $x_{n+k} \geqslant 0$，并将第 k 个方程改写为

$$a_{k1}x_1+a_{k2}x_2+\cdots+(-)x_{n+k}=b_k \tag{4-5-4}$$

而将其目标函数看作

$$z=\sum_{j=1}^{n} c_j x_j=\sum_{j=1}^{n} c_j x_j+0\times x_{n+k} \tag{4-5-5}$$

这样就把原始问题转化为标准形式的线性规划模型了。

2. 国土空间规划中运筹学方法的应用

国土空间规划是以空间资源的合理保护和有效利用为核心，从空间资源保护、空间要素统筹、空间结构优化、空间效率提升、空间权利公平等方面实现基础理论和表达方式的突破。世界各国的国土空间规划都是利益极大化的诉求——有的是生产功能极大化(经济效益最佳)，有的是生态功能极大化(生态效益最佳)，个别小的聚落(城市和村镇)是居住舒适度极大化(社会效益最佳)，更多的是生产、生活和生态三方面综合效益的极大化。因此，国土空间规划的科学表达也可以参照农作物布局进行①。

设规划对象(区域)由 N 个基本地域单元组成，每个地域单元的面积为 S_i。各地域单元一共有 M 种基本功能，并假定每个地域单元承担其中的一种功能。第 i 个地域单元承担 j 种功能，记为 $G_{ij}=1$，否则，记 $G_{ij}=0$(其中 $i=1, 2, \cdots, N$；$j=1, 2, \cdots, M$)。

国土空间规划的关键就是确定各地域单元布局与否某种功能，即 G_{ij} 为 0 还是为 1，基本要求要么是在满足该地域系统(N 个基本地域单元)各种功能需求的前提下，力争投入的要素总和最小；或在要素投入总和一定的情况下，各地域单元的功能总和最大。

当然，这是简化了的国土空间规划模型，实践中还要考虑基本地缘单元的划分、“三生”(生产、生活、生态)功能类型的组合，以及不同功能之间的价值折算等。

(二)有限理性原理及其在国土空间规划中的应用

和传统的经济学一样，运筹学规划方法假定人是理性的，规划问题的所有信息都是完备的。这在现实中很难做到。

1. 有限理性原理

人类有意识的决策包括满意性决策、理性决策和有限理性决策三种类型。在不同社

① 吴殿廷，王传周. 农作物布局优化模型的初步研究[J]. 北京师范大学学报(自然科学版)，1998(4)：554-558.

会历史时期，人类空间利用决策的理论基础不同。

(1)满意抉择模型。

满意抉择是早期空间利用决策时所依据的标准，可以说在整个封建社会时期，人类在空间利用过程中，因受科学技术水平的限制，还没有精力和能力设计多种不同空间利用方案从而加以抉择，只要能满足一两个目的，决策者认为满意就行。直到现在，很多空间利用决策仍然是满意即可。满意抉择是有弊端的，因为人为性太大。

尽管如此，在现实中，满意抉择还是有一定意义的，因为和盲目抉择相比，它毕竟有明确的目标，有一定的价值标准，在应付突发事件和复杂问题时，常需借助于满意抉择理论。

(2)理性抉择模型。

针对满意抉择存在的弊端，同时也由于科学技术水平的发展，在资本主义社会早期，人们就提出了理性抉择的思想。杜能的农业区位论、韦伯的工业区位论等，都假定人是理性的，人的行为绝对地受理性支配，由此导出了“孤立国”中农业土地利用的环状结构和工业生产布局中的等费用线模型。

理性抉择理论假定决策者是一种“经济人”，他在决策过程中既具有“经济”特征，同时也具有“理性”，他不仅具备关于决策环境各有关方面的知识，而且这些知识即使不是绝对完备的，至少也相当丰富，相当透彻。此外，这些人还被设想为具备一个很有条理的、稳定的偏好体系，并拥有很强的计算技能，他靠这类技能就能计算出在他的备选开发方案中，哪个方案可以达到其偏好尺度上的最高点，即所谓的最优(佳)效益。因此，理性抉择理论要求在空间利用决策中信息准全(准确、全面)，方案遍察(枚举所有可能的方案，并对这些方案进行彻底的、全面的考察)、效益最佳。

理性抉择理论在避免满意抉择弊端、提高决策质量方面是有意义的，正因为如此，我国在开展区域规划和地区发展战略研究的早期阶段，都把追求区域经济的最优化作为根本目标。为此，有的县、市不惜动用数十万资金，调动百余人，常年搞区域规划。有时为了追求一两个数学模型，耗费巨资，抽调人马，搞资料，上大型计算机。然而这种做法太烦琐，周期太长，花钱太多，使人望而生畏，从一个极端走向了另一个极端。可见，过分强调理性抉择和最优解也是不合适的。

空间利用决策中过分强调最优解，不仅经济上劳民伤财不合算，实践上往往也行不通，因为客观上讲，空间利用的最优解是可能存在的，但却是很难求得的。笔者考察国内数以千计的空间利用规划材料，也曾参与了一些地区空间利用研究实践，这些地区规划中所得到的，都只是一定条件下的比较满意的解。实践证明，在空间利用决策中，过分强调理性抉择是行不通的。

事实上，在现实生活中，人们作决策时并不是，至少并不总是追求绝对的最优，要兼顾决策效果与决策费用，还要考虑人的认知能力。人有理性的一面，也有非理性的一面，决策者情绪、习惯、偏好等因素，在空间利用决策中也有很大作用。

(3)空间利用决策的原则和依据：有限理性原理。

既然人有非理性的一面，既然空间利用决策的最优解是很难求得的，那就不应该过分坚持理性抉择；既然简单的满意抉择存在人为性大的弊端，也不应回过头去再追求满意抉择；既然满意抉择和理性抉择都有一定的价值，理性抉择是对满意抉择的否定，但否定过头了，由一个极端走向了另一个极端，为什么不可以将二者结合起来，吸收二者的长处，避免二者的短处，来一个满意最优、最优满意——在所有的满意中求取最优呢？这就是有限理性原理，也是现代空间利用决策的原则和依据。

有限理性原理是由诺贝尔经济学奖获得者、美国著名的管理经济学家赫伯特·西蒙教授于20世纪50年代末发现的。我国学者从20世纪70年代末开始引进和研究有限理性学说，目前这种学说已逐渐成为空间利用决策中的主要理论依据。

2. 有限理性原理在国土空间规划中的应用

国土空间规划具有不确定性，不确定性的种类至少包括四种：有关环境的不确定性；有关价值的不确定性；有关相关决策的不确定性；有关方案寻找的不确定性。不确定性源自信息经济学上所谓的 Information Distortion①，一方面由于系统具有变化多端的复杂性，另一方面由于人们认知能力的限制，使得不确定性在制定计划或决策时是不可避免的。但是如果我们能够了解认知能力的限制以及复杂系统的特性，也许便能更有效地处理规划及决策制定所面临的不确定性②。

国土空间规划中运用有限理性原理的基本想法是：决策者不可能知道全部备选开发方案，有关因素的变化具有不确定性，无力计算各方案的全部规划后果。有限理性原理认为，国土空间规划是异常复杂的，同时包含着很多不确定的因素。因此，在国土空间规划中要做到全面理性实为不可能。在这种情形下，寻求最优也只能是一定条件下的最优，而要做到这一点，就必须大刀阔斧地简化真实世界的情形，使之达到规划者能够处理的地步。这就存在一个问题，经过大刀阔斧简化了的世界中的最优，与真实世界中的最优不一定吻合或相差不大。如果先暂时放弃寻求最优的企图，而改为先寻求满意方案，即先在不同方向上简化真实情景(而不是大刀阔斧地简化真实情景)，保留较多的真实情景，只试图找出比较满意的方案(不一定是最优方案)，然后通过不断地寻求满意解，并随时进行比较，淘汰掉其中较差的满意解，就可以逐渐地找到更为满意的解，这就是“通过寻求满意解，逐渐逼近最优解”的道理。应该说，这种想法比最优抉择要可行的多，而且通过逐渐提高满意解的质量，能够确保国土空间规划效果，因而在理论上也站得住脚。

用有限理性原理指导国土空间规划关键要解决两个问题，一是“满意”的标准，二是寻求由满意到更满意的途径。关于“满意”的标准，一开始时可以将标准定得低一些，以便于尽早进入寻求更满意的过程。如一开始就将标准定得很高，使得寻找到任何一个满意解都非常困难，这等于一下子就把规划过程给卡死了。在长白山区特产资源开发决策研究中，我们首先把系统在不加干扰控制情况下的发展过程看作基本满意的，与此对应的开发方案叫趋势型开发方案，然后再从不同角度(如高经济效益、高社会效益等)寻求更满意的开发方案，最后找到一个经济效益、社会效益和生态效益都较为满意的协调型开发方案③。从这里可以看出，国土空间规划实质是一个持续的、不断改进的过程，直到我们认为进一步改进所带来的效益与其所花费的时间、人力、财力等相比已没有多大意

① MARSCHAK J, RADNER R. Economic Theory of Teams[M]. New Haven: Yale University Press, 1972.

② 赖世刚. 规划的理性：与自然同行[J]. 城市发展研究，2019，26(12)：62-67.

③ 吴殿廷. 长白山区特产资源开发的研究[J]. 自然资源，1992(6)：42-46.

义为止。因此，坚持有限理性原则，既可以防止规划过程中长期议而不决、贻误时机的弊病，也可以避免匆忙决策，不切实际，从而避免不可挽回的损失。

寻求由基本满意到更为满意的途径是一项很复杂的技术，而且一般说来，针对不同的决策问题，寻求更为满意的过程也不一样。对此，本教材的观点如下。

首先，如果决策方案是有限个，可以枚举，如重大工程项目选址决策问题，通过简单的考察和调查，即可确定有限的几个地点，决策的目的就是从这些备选地点中选择一个最为满意的地点。对于这种情况，若要求不是很高，可以直接用价值工程或模糊评价的方法进行评价，得分最高者即为所求。若要求很高，则可视评价标准的个数不同采用不同的寻优方法：评价标准只有一个(从一个方面评价)，可用逐一对比的方法，即先以任何一个为基准进行比较，一旦发现比它更好者则将其抛弃，以更好的为基准，逐一与其他未比较过的相比较，直到再也不易找到更好的为止，则最后被认为较好的方案即为所求。评价标准有两个或两个以上，则最好用层次分析法(the Analytic Hierarchy Process，AHP)等综合评价方法，即先逐一对各个方面进行比较评分，然后对各方面的重要性进行比较评分，最后将两次评分结果综合起来，此时综合得分最高者即为所求。

其次，如果决策方案是无限的，如资源开采、加工的数量决策等，此时寻优的基本思路是，选用恰当的数学模型模拟开发方案与开发效果之间的关系，由极端情况(极大、极小)入手，逐渐找到合适的区间，这合适的区间即为所求①。

第六节　新时代国土空间规划的逻辑

国土是生态文明建设的空间载体。进入生态文明新时代，国土空间规划的理论、方法和实践，要顺应新时代发展的要求而优化。尤其是国土空间规划作为谋划空间发展和空间治理的战略性、基础性、制度性工具，要注重目标、问题和运行导向，围绕前瞻性、科学性、操作性三个核心问题，从“势、道、术”三个方面进行优化，成为“管用、适用、好用”的规划②。

一、 空间的逻辑：为什么要优化

一个时代有一个时代的空间逻辑。中国古代对空间的布局安排讲求“天时、地利、人和”，注重“合时宜、服水土、通人性”，“天、地、人”是农耕文明时代空间规划理论和实践的基本要素和内在逻辑。现代人做规划不一定比古人更有智慧，我们往往对土地等物质条件和技术因素比较重视，对人的感受不够重视，对时间维度和运行问题也考虑不多。每一个时代都需要相应的时空秩序支撑。谋划长远发展首先要把国土空间开发保护格局规划好。时代(天)、空间(地)、社会(人)这些因素有了重大改变，规划的理论、方法和实践也要随之优化。经历过原始文明、农耕文明和工业文明后，空间发展进入了“生态文明的新时代”——空间 V4.0。

国土是生态文明建设的空间载体。中央将空间规划改革纳入生态文明改革总体方案，

① 吴殿廷. 区域开发决策及其支持系统的初步研究[D]. 长春：东北师范大学，1993.

② 庄少勤. 新时代的空间规划逻辑[J]. 中国土地，2019(1)：4-8.

即意味着国土空间规划进入了生态文明的新时代，这是讨论规划逻辑的起点和基点。因此，国土空间规划的理论、方法和实践，不是因为行政主管部门的变化而“优化”，而是顺应新时代发展要求而优化。

二、 战略的逻辑：在哪些方面优化

“多规合一”虽然解决了规划之间的协调性问题，却难以解决规划自身的功能问题。因此，现在应回归到规划问题的起点：规划到底能干什么？国土空间规划作为空间发展和空间治理的战略性、基础性、制度性工具，涉及三个核心问题：一是前瞻性，没有前瞻性就没有必要做规划；二是科学性，规划能针对性地解决空间发展和治理的问题；三是操作性，通过有效的方法和实施机制，切实解决问题，产生效益(图 4-8)。

现在的一些空间规划比较重视目标、愿景，有空间策略，但时间维度考虑不够，尤其缺乏有效运行机制来保障规划实施。这大概是现有规划的一个短板，所以才会有“规划规划，墙上挂挂”的说法，因而也必须“优化”。

一个好的规划应是“管用、适用、好用”的空间治理政策或制度设计。所谓“管用”就是能解决问题；“适用”就是能适应具体的时期、地域和应用场景；“好用”就是运行成本不高，便于执行。因此规划必须强化问题导向或治理导向，具体可细化为三个导向：一是目标导向，明确方向，提振预期；二是问题导向，优化配置，完善秩序；三是运行导向或操作导向，通过健全运行机制和操作规划，实现效益。

按照中国人的理念，我们可以把规划三个核心问题对应到“势、道、术”三个层面。具体而言，第一是“取势”；第二是“正道”；第三是“优术”。“取势”就是取有利之势，有时还要造势。好的规划都善于“无中生有”，再顺势而为。“正道”，就是要掌握科学的规律，把握正确的原则，才能针对性地解决问题。“优术”，就是优化具体的工作方式、方法或机制，保障规划能有效实施和运行。

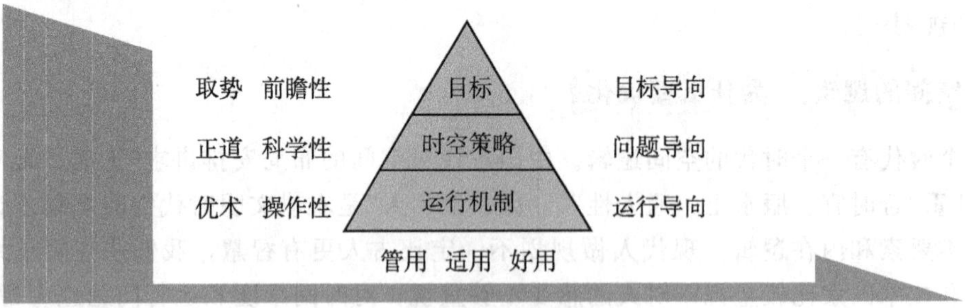

图 4-8 好规划的三个导向①

三、“势”的逻辑：从发展动力和发展需求两个方面分析

(一)取势——动力逻辑

生产力与生产关系的相互作用，推动社会的发展进步。而时空关系对于生产力、生

① 庄少勤. 新时代的空间规划逻辑[J]. 中国土地，2019(1)：4-8.

产关系具有实体性的重塑作用。所以分析一个地区的发展动力，可以从生产力、生产关系和时空关系这三个供给性维度来看。新时代的发展动力主要以深度信息化、新型市场化(或法治化)和新型全球化为代表，分别代表了生产力、生产关系和时空关系。

一是"深度信息化"。"深度信息化"包括数字化、网络化、智能化，或简称数字化，因为数字化代表了科技原动力。所以，有人认为世界万物可以用"信息＋算法＋能量"来解释。数字化史无前例地改变了人类生产方式、生活方式乃至发展方式、治理方式，重构了人与人之间的生产关系、社会关系乃至人与物、物与物之间的时空关系，形成了智慧经济、网络社会和一种"数字生态"。人与万物皆为数字化生态系统中的网络节点或单元，自然、人、城市、经济、社会等因数字化而"生态化"。因此，数字化超越了以往的生产力变革，既改变了生产力，也改变了生产关系和时空关系，并形成了一种万物互联的"新生态文明"特征。

二是新型市场化(法治化)。中国正处于经济转型发展期，"四个全面"推动了市场化改革和法治化建设，对生产关系、社会关系和空间关系影响重大。

三是新型全球化。全球化不仅影响了贸易和地缘关系，也影响了文明的发展。"一带一路"将对国土空间格局产生重大的影响，也将促进区域协调发展。以上三大动力中最需要关注的是数字化，因为我们将面对的是一个数字化的"新生态"，其生态文明的空间特征与仅有自然生态的时代大不一样。

(二)取势——需求逻辑

推断未来发展趋势，可以从三个需求维度来看。

一是主体全面人本化。一个地方的竞争力体现在人的创造力和凝聚力。人类的发展超越对温饱生存的需求后，进入全面发展的新阶段。"以人民为中心"在高质量发展阶段体现在充分满足人民对"美好生活的向往"。

二是客体全面生态化。经历过工业化对自然环境的巨大冲击后，需要回归尊重自然、顺应自然、保护自然，营造人和自然和谐共生、可持续发展的生态。"全面生态化"不仅指环境质量的改善和资源的节约，更意味着生产、生活方式的生态化，意味着资源的生态价值超越了其作为生产资料的价值。

三是群体的区域网络化。城市之间不能孤立生存，没有网络化就会被边缘化。信息化、市场化和全球化都将促进区域化、网络化，形成"命运共同体"。甚至城市内部也要网络化，使更多有活力的城市节点或中心产生社区，成为一个"微型城市"。

以上"三化"意味着未来一个地区的空间发展必将体现"新发展理念"的导向：第一，注重创新和共享，实现高质量发展和高品质生活；第二，注重生态优先，实现绿色发展；第三，注重开放和协同，实现协调发展。

(三)取势——空间 V4.0

上述"六化"之"势"在数字化背景下，呈现出新的时空生态特征。数字化融合了时空。过去实际上是我们人为分割了时空，而时空本来就是时空一体、虚实合一的"相"。空间 V4.0 的空间生态特征，主要体现在空间布局、结构、功能、品质、特色、权益上的六种"相"变。

一是布局的多中心、网络化。互联网让世界更扁平，但不是"去中心化"。新的"集中—分散"动能使城镇群及城镇内部呈现"多中心、网络化"的分布式结构。

二是结构的群落式、圈层化。交通和网络的可达性决定了空间群落结构，弱化了行政边界作用，形成了同城效应的都市圈及城镇圈、社区生活圈等群落式圈层结构。

三是功能的复合式、社区化。数字化使生产、生活更加融合。人成为网络节点，而虚实结合、功能复合的社区(社群)成为群体活动的基本时空单元。

四是品质的体验性、场景化。时间决定空间的意义，体验决定空间的价值，空间规划和设计要围绕人的感知，注重场景营造，人们在场景当中连接世界、感知生命、创造价值。

五是特色的地域性、个性化。过度工业化、标准化、批量化的规划和建设带来的“千城一面”。而数字化促进了个性化规模生产与消费，独具魅力的空间地域感将自带价值和流量，促进分工和交流，激发空间活力。

六是权益自主性、权力化。空间就是权益，规划即是政治，而技术就是权力。每次重大科技进步均引发利益再分配。网络化是利益创造和分配的自主加速器、放大器，容易自发形成“马太效应”“空间折叠”和新的时空安全问题。

四、“道”的逻辑：即遵循科学的规律和正确的原则

(一)规律的逻辑

空间治理问题不仅是环境问题，也是经济、社会乃至文化和政治问题，因此，空间发展需要同时遵循经济规律、社会规律和自然规律。需要说明的是，规律并不等同于现成的理论或模型，因为理论都有假设，模型都有边界条件，而空间是具体的，规律要经得起实践和历史的检验。

一是经济规律。古典经济学模型包含了工业化的理性假设，不仅对人的需求和产品都进行了标准化，同时忽略了时空特有的自然和人文历史差异等因素。而时空差异性和人的非“理性”恰恰是空间治理中的关键因素。空间产品不同于一般工业消费品，它具有尺度、区位和自然与人文禀赋等特点，因而具有天然垄断性、稳定性和“禀赋效应”，使得某些古典经济学理论或“常识”失效，如厂商理论就很难解释土地供应规模和地价的关系。而2017年诺贝尔经济学奖获得者——非主流经济学家理查德·塞勒的行为经济学理论，则可以更好地解释空间开发问题。实际的经济规律是既要发挥市场决定性作用，又要更好发挥政府的作用。

二是社会规律。把握以人为本，体现“以人民为中心”，充分考虑人的全面发展需求。与此同时，规划要注重人的社会性，注重空间权益的公平性和包容性，促进人类命运共同体建设。

三是自然规律。自然规律是空间发展最为基础性的规律，经济规律和社会规律也受制或融合于自然规律。应该把空间作为“生命共同体”来看待，尊重自然、顺应自然、保护自然。规划师不能像制造机器一样去制造空间，而要像养育生命一样培育空间。遵循这三个规律还要注意两个条件：第一个是因地制宜，每个地区都有“禀赋效应”；第二个是时间维度上与时俱进和知行合一。

(二)供给的逻辑

空间规划本质上是空间发展和空间治理的政策和制度供给，必须符合我国治理体系

和能力现代化的要求。“多规合一”后的国土空间规划的作用如何变得更好？关键在于谋划空间发展要符合新发展理念和发展思想，形成空间供给要遵循“五位一体”的总体布局。这也是空间供给侧结构性改革的总体要求，是国土空间规划能发挥引领和约束作用的基本依据。

空间的规划重点要处理好人与自然的关系，“以人民为中心”要落实到人的全面、健康和可持续发展。因此，按照统筹推进“五位一体”总体布局进行的空间产生，将系统地提供人的全面发展的空间需求，对接人的日常感知，提升人们的安全感、归属感、获得感、成就感和幸福感，满足“人民对美好生活的向往”。

“五位一体”是比“3E”要素更全面、更具可操作性的制度供给体系，体现了中国特色和文化自信。如“文化”更加注重“以文化人”的高质量发展和高品质生活；“政治”更加注重“天下为公”的全面协调发展；“生态”比“环境”更加注重“天人合一”的整体可持续发展。所以，新时代的国土空间规划要有文化自信和历史担当，不会只有自然没有人文，只重数量不重质量，只要管控不要发展。

(三)原则的逻辑

2018 年全国生态环境保护大会上，提出了“习近平生态文明思想”，并明确了新时代生态文明建设六大原则，有很强的针对性：一是“坚持人与自然和谐共生”，这是总体原则；二是“绿水青山就是金山银山”，强调发展理念和发展方式变革；三是“良好生态环境是最普惠的民生福祉”，强调空间发展和治理的宗旨；四是“山水林田湖草是生命共同体”，强调生态的系统思维；五是“用最严格制度最严密法治保护生态环境”，强调治理制度的底线约束；六是“共谋全球生态文明建设”，强调命运共同体的生态文化特征。这六大原则体现了“五位一体”总体布局和新发展理念的深刻内涵，对建立中国特色的空间治理理论、方法有重要指导意义，是新时代生态文明建设和空间治理的基本遵循。

(四)优化的逻辑

未来空间治理要重点从六个维度把握空间变量的优化，如图 4-9 所示。一是从物质驱动到“数字驱动”。发展要素由自然“资源”、社会“资本”等拓展至数字“生态”，将使国土空间规划成为可感知、能学习、善治理、自适应的智慧型生态规划。二是从规模驱动到“创新(生态)驱动”。以地球系统科学为基础，强化底线约束，优化资源环境承载能力和空间开发、运营适宜性，以生态优先倒逼创新发展、绿色发展、韧性发展。三是从点轴驱动到“网络驱动”。多中心、网络化、圈层式、集约型空间结构布局驱动空间多维发展。四是从生产(园区)驱动到“质量(社区)驱动”。美好社区在哪里，人就在哪里，美好生活带动空间发展，“以人民为中心”的规划通过社区营造和社区运营落实。五是从区块驱动到“流量驱动”。数字化模糊了规划、设计和治理的边界。城市设计、社区设计、场景设计和运营设计将成为空间规划的常态；全要素、全生命周期的空间“用态”管理将成为规划实施的常态。六是从行政(客户)驱动到“用户驱动”。政府、企业、社会机构和个人等是共同成长的命运共同体。政府将更好地发挥公共平台作用，“开门规划”使规划过程成为“用户”们共建、共治、共担、共享的社会治理过程。

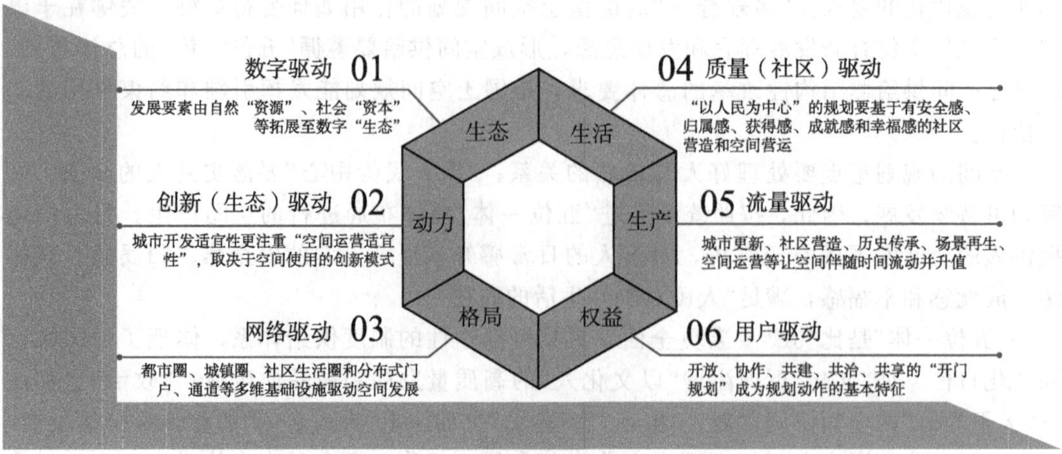

图 4-9　六个维度空间变量优化①

五、“术”的逻辑：优化空间治理和运行制度的方式方法

（一）优术——思维逻辑

要改变方法先要改变思维，在生态文明新时代的背景下，规划的思维不应该是延续机械主义的工业化思维或工程思维，停留在工程标准做规划就不合时宜了。要改变“工程思维”定势，树立“生态思维”。使规划不仅能适应注重个性的“小时代”，也能适应“天人合一”的“大时代”。

一是“用户思维”。“用户”既是消费者，也是生产者，有创新和共享的基本要求，“以人民为中心”要求践行网络时代的群众路线，发挥人民群众的“群体智慧”“依靠人民创造伟业”。

二是“有机思维”。将空间当作有机生命体，而不是砖块和机械，城市化不等于城市蔓延，要有生态底线。

三是“跨界思维”。注重多个区域、多个主体的开放与协调，用网络化改造阶层化。

（二）优术——运行逻辑

要针对规划不管用、不适用、不好用及不作为、乱作为等问题，强化规划的政策和制度属性，降低制度运行成本，构建高效的规划运行体系。因此，不仅要改革现有编制审批体系，还要重构实施监督体系、政策法规体系和技术支撑体系。

（三）优术——方法逻辑

“以道统术，以术得道”，空间治理的手段不可能单一，规划时应“有之以为利，无之以为用”。总体上可以归纳为“五只手”或“四手一体”：政府——有形之手，要强化依法行政，完善法规和政策；市场——无形之手，强化利益导向；社会——有情之手，强化共建共享；技术——无情之手，强化正向利用；自然——生命之手（或生命之本体）是规划的最高境界，即实现道法自然、“天人合一”的规划理念，因而也是“生命之本”。

① 庄少勤．新时代的空间规划逻辑[J]．中国土地，2019(1)：4-8.

规划的逻辑有势、道、术，也有天、地、人。老子曰：“人法地，地法天，天法道，道法自然”，最高的逻辑还是道法自然。生态文明新时代是国土空间规划逻辑的起点和工作的基点，国土空间规划的发展将在“道法自然”中不断完善，而规划行业也要有自身良好的生态，正如管子所说：“人与天调，然后天地之美生”。

复习思考题

一、解释概念

主体功能区　地域分工　环境库兹涅茨定律　地理协同论　空间管治　发展性规划　战略性规划　有限理性原理

二、简述

1. 简述区域发展观及其演变。
2. 简述区域发展的时间过程规律。
3. 简述区域分工与合作的基本原则。
4. 简述区域协同发展的主要原理。
5. 简述城市与区域治理中的空间管治。

三、分析论述

1. 请谈谈你对生态文明与可持续发展关系的认识。
2. 分析论述国土空间规划中利益相关者理论的应用途径。
3. 分析说明战略性规划和操作性规划之间的关系。
4. 对比说明发展性规划和管控性规划的关系。
5. 请谈谈你对国土空间规划理论基础的认识。

阅读文献

1. 自然资源部国土空间规划局. 新时代国土空间规划：写给领导干部[M]. 北京：中国地图出版社，2021.

2. 自然资源部国土空间规划局. 国土空间规划理论探索[M]. 北京：中国地图出版社，2021.

3. 自然资源部国土空间规划局，自然资源部宣传教育中心. 国土空间规划管理手册[M]. 北京：中国大地出版社，2021.

4. 吴次芳，叶艳妹，吴宇哲，等. 国土空间规划[M]. 北京：地质出版社，2019.

5. 顾朝林，武廷海，刘宛. 国土空间规划前沿[M]. 北京：商务印书馆，2019.

6. 孙久文. 区域规划原理[M]. 北京：商务印书馆，2022.

7. 方创琳，等. 区域规划与空间管治论[M]. 北京：商务印书馆，2007.

8. 杨伟民. 发展规划的理论和实践[M]. 北京：清华大学出版社，2010.

9. 国家开发银行规划院. 科学发展规划理论与实践[M]. 北京：中国财政经济出版社，2013.

10. 王金岩. 空间规划体系论：模式解析与框架重构[M]. 南京：东南大学出版社，2011.

11. ROO G D，HILLIER J. Complexity and Planning[M]. London：Routledge，2016.

12. ROBIN G. Spatial Planning in Germany[M]. London：Routledge，2018.

第五章　国土空间规划内容和重点①

本章要点：论述了全国、省、地市、县和乡村不同层级区域规划的目标、重点内容和技术要点，讨论了详细规划和重要专项规划的内容和要求。

第一节　全国国土空间规划的内容和重点

国家层面的国土空间规划，要体现国家意志导向，维护国家安全和国家主权，谋划顶层设计和总体部署，明确国土空间开发保护的战略选择和目标任务；明确国土空间规划管控的底数、底盘、底线和约束性指标；协调区域发展、陆海统筹和城乡统筹，优化部署重大资源、能源、交通、水利等关键性空间要素；进行地域分区，统筹全国生产力组织和经济布局，调整和优化产业空间布局结构，合理安排全国性工业集聚区、新兴产业示范基地、农业商品生产基地布局；合理规划城镇体系，合理布局中心城市、城市群或城市圈；统筹推进大江大河流域治理，跨省区的国土空间综合整治和生态保护修复，建立以国家公园为主体的自然保护地体系；提出国土空间开发保护的政策宣言和差别化空间治理的总体原则②。

一、国土空间目标与战略

(一)总体目标

坚持生态优先、绿色发展，统筹国土保护、开发、利用和整治，引领推动高质量发展和共同缔造高品质生活，促进实现国土空间治理体系和治理能力现代化，全面构建形成安全、和谐、开放、协调、富有竞争力和可持续的美丽国土。

(二)空间战略

1. 国土安全战略

建立系统完备的生态安全体系，保障国家生态安全；完善耕地保护体系，保障国家粮食安全；强化“胡焕庸线”以西地区的戍边兴边作用，保障国家国土安全。

2. 国土和谐战略

推进以促进人的城镇化为核心、提高质量为导向的新型城镇化，促进有能力在城镇稳定就业和生活的农业转移人口有序实现市民化；用共享发展理念引领市民化进程，构建与国土空间格局相适应的城乡公共服务体系。

3. 国土开放战略

衔接“一带一路”倡议，形成多向开放、内外联通的开放式国土布局；重点发展边境中心城市和边境口岸城镇，充分发挥锚固边境与支撑腹地作用；全面支撑海洋强国战略，统筹陆域开发与海域利用，建立陆海资源和空间协同管制体系。

---

① 本章由黄大全、王金岩、吴殿廷执笔完成。

② 吴次芳，叶艳妹，吴宇哲，等. 国土空间规划[M]. 北京：地质出版社，2019.

4. 国土协调战略

推进东中西联动、东北地区振兴，推动长江经济带和黄河流域的上中下游地区协调发展，实现区域发展再平衡；制定差异化的农村地区发展策略，支撑乡村振兴发展；加强城乡建设用地的总量控制和流量引导，制定差异化的用地供给政策。

5. 国土竞争力战略

建设竞争力强、辐射带动作用突出的世界级城市群；突出全球城市、中心城市、区域性中心城市引领作用，提升国际竞争力；培育发展一批现代化都市圈，为城市群高质量发展、经济转型升级提供重要支撑。

6. 国土可持续战略

坚持“山水林田湖草是生命共同体”的理念，加强生态空间的保护、整治与修复；建立国家自然文化景观体系，彰显景观价值、延续历史文脉。

二、 国土空间总体格局

(一)主体功能分区

划定陆海统筹的城镇化发展区、农产品主产区和重点生态功能区，增列自然保护地、能矿保障区、特别振兴区等名录。

(二)网络化开发保护格局

以重要自然资源、历史文化资源等要素为基础，以区域综合交通和基础设施网络为骨架，以重点区域、城市群和综合交通枢纽为节点，加强区域协调和陆海统筹，推进生态空间、农业空间和城镇空间的有机互动，实现人口、资源、经济等要素优化配置，促进形成国土空间网络化。

三、 生态空间格局

(一)构建生态安全格局

1. 构筑和完善国家生态安全骨架

构筑和完善青藏高原生态屏障区、北疆生态屏障带、东北森林带、南方丘陵山地带、滨海减灾带、长江生态保护修复带、黄河生态保护修复带等国家生态安全骨架。

2. 优化和完善国家重点生态功能区

以生态保护重要性格局为基础，优化和完善国家重点生态功能区空间布局。

3. 构建和优化海洋生态保护布局

构建以滨海湿地为基础，以鸭绿江口、黄河三角洲、黄海滩、长江三角洲、海峡西岸、粤港澳大湾区、海南岛及邻近海域生态区等为重要组成的海洋生态保护布局。

4. 建立和完善重要生态廊道及点状分布重要生态空间

建立和完善具有保护生物多样性、防止水土流失、调控洪水等生态服务功能的生态廊道；在生态价值重要、生态功能突出的区域，建立和完善以点状分布为主的重要生态空间，保障生态系统产品与服务的持续供给。

(二)建设以国家公园为主体的自然保护地体系

1. 科学划建国家公园

在自然生态系统最重要、自然景观最独特、自然遗产最精华、生物多样性最富集、具有全球价值和国家象征、国民认同度高的区域，科学划建国家公园，有效保护国家重要自然生态系统原真性和完整性。

2. 优化自然保护区建设布局和规模

对典型的自然生态系统、珍稀濒危野生动植物种的天然集中分布区、有特殊意义的自然遗迹的区域，划建自然保护区，并根据自然保护区建设管理情况，晋升或调整自然保护区级别。

3. 优化自然公园建设布局和规模

按照各类自然公园的自然属性、生态价值和管理目标进行梳理，优化建设布局和规模。在重要的自然生态系统、自然遗迹和自然景观，具有生态、观赏、文化和科学价值，可持续利用的区域，按标准和程序科学划建自然公园。

4. 整合归并优化自然保护地

对存在区域交叉、空间重叠的自然保护地，将符合条件的优先整合设立国家公园，其他各类自然保护地根据保护评价结果，按照同级别保护强度优先、不同级别低级别服从高级别的原则进行整合。

(三)严格管控生态保护红线

1. 统筹划定落实生态保护红线

统筹划定落实生态保护红线，保证生态功能的系统性和完整性，确保生态功能不降低、面积不减少、性质不改变。

2. 严格管控生态保护红线

建立最为严格的生态保护制度，严禁不符合主体功能定位的各类开发活动，严禁任意改变用途。

(四)提升生态空间服务功能

1. 优化生态空间结构

以资源环境承载力和生态脆弱性评价结果为基础，全面推动国土空间系统修复和综合治理，开展大规模国土绿化，以水定绿、量水而行，宜乔则乔、宜灌则灌、宜草则草、宜湿则湿、宜荒则荒，优化生态空间结构。

2. 提升生态系统服务功能和品质

提升森林、草原、湿地、荒漠、海洋等生态系统服务功能和服务品质；实行生态空间精细化、差异化管理，实行生态用地占补平衡；维护生物多样性，建立和完善生态廊道，提高生态空间的完整性和连通性。

(五)系统实施生态修复

1. 山水林田湖草系统修复

坚持保护优先、自然恢复为主，对国家重点生态功能区、生态问题突出区、国家重大战略重点支撑区进行系统性、整体性修复，全面提升自然生态系统稳定性和生态服务功能。

重点生态功能区保护修复。在重点区域采取相应措施推进大尺度生态廊道和重要生态安全屏障保护修复、天然草原保护修复、流域水生态修复、湿地保护修复、生物多样性保护修复等。

生态问题突出区保护修复。在重点区域采取相应措施加强防沙治沙与荒漠化综合治理、水土流失预防与综合治理、石漠化综合整治、地质环境治理等。国家重大战略重点支撑区保护修复。在长江经济带、黄河流域、京津冀地区、长三角地区、粤港澳大湾区、集中连片脱贫山区等，推进重要生态系统保护，提升受损退化的自然生态系统功能，针对不同问题实施对应生态修复策略。

2. 矿山生态修复

在国家规划矿区、对国民经济具有重要价值矿区、省级矿业发展集聚区和历史遗留矿山问题严重区等重点地区，针对不同问题采取相应措施，开展地质环境恢复治理、损毁土地复垦、水土污染治理、生态环境恢复等。

3. 海洋生态修复

控制和消除岸滩挤占、过度捕捞、污染物排海等人为威胁，推动入海河口、海湾等多种生态类型的系统保护和修复。实施海岸带生态保护和修复重大工程，建成类型多样、结构合理、功能健康的海岸带生态系统。

四、 农业空间格局

(一)构建现代农业格局

依据资源禀赋和比较优势，明确粮食生产、非粮优势作物、畜牧主产区、水产品主产区的空间格局。

(二)严格管控永久基本农田

1. 严守永久基本农田保护红线

以耕地保护任务和永久基本农田划定成果为基础，按照数量不减少、质量不降低、生态有改善、布局有优化的原则，结合保障实施国家战略、重大基础设施落地等，明确永久基本农田保护规模和总体布局。

2. 管控永久基本农田保护红线

提出永久基本农田保护红线的管控措施；结合自然地理特征提出特色农业发展需求，加强管控指引；结合市县功能分区，提出差别化管控措施。

(三)促进耕地资源优化配置

在保障水生态安全的前提下，按照地下水水位不下降乃至回升的要求，优化耕地保护格局：其中，北方地区实施适水种植、量水生产，适当减少耕地保护任务，新疆维吾尔自治区、甘肃省等有序开展退地减水，黑龙江省等调整农业用水结构，河北省等严格控制农业开采深层地下水；在南方适宜农业生产的区域内，合理增加耕地面积，减轻北方缺水地区农业用水压力。

(四)提升农业空间可持续利用水平

1. 合理配置保障各类农业生产空间

在平原地区实施“小块并大块”，发展机械化、规模化现代农业；在丘陵山区综合考虑生态脆弱性、水土匹配程度等，重点发展绿色有机特色农业。

2. 加强全域土地综合整治

合理腾退乡村地区零星分散的建设用地，推进闲置土地复垦复耕，加强中低产田改造；采取综合措施预防耕地污染；统筹推进人居环境治理等。

(五)服务乡村振兴

为促进乡村振兴战略深入实施，自然资源部于2019年下发了《自然资源部办公厅关于加强村庄规划促进乡村振兴的通知》，该通知明确提出要坚持先规划后建设，通盘考虑土地利用、产业发展、居民点布局、人居环境整治、生态保护和历史文化传承。坚持农民主体地位，尊重村民意愿，反映村民诉求。坚持节约优先、保护优先，实现绿色发展和高质量发展。坚持因地制宜、突出地域特色，防止乡村建设“千村一面”。坚持有序推进、务实规划，防止一哄而上，片面追求村庄规划快速全覆盖。

五、 城镇空间格局

(一)构建多中心、网络化、组团式、集约型的城镇空间格局

推进国家城镇空间格局优化，重点打造多个具有国际影响力的中心城市；率先实现东部沿海地区优化发展，强力推进西部大开发战略，高效促进东中西联动，形成网络化城镇格局；大力培育具有国际竞争力的都市圈，促进现代服务和创新型经济组团式布局；引导城市群集约高效发展。

(二)形成规模合理、功能完善的城镇体系

打造北京、上海、广州、深圳四个全球城市，引领和影响世界发展；培育天津、重庆、南京、成都、武汉、郑州、西安、杭州、济南、青岛、厦门、沈阳、长沙、合肥、哈尔滨、福州、昆明、乌鲁木齐等国家中心城市或争取进入国家中心城市行列，服务国家现代化建设大局；打造一批边境中心城市，支撑国家对外开放战略，保障边境安全；培育带动力强的区域中心城市，促进国土空间格局均衡发展；科学发展地方性中小城市，鼓励城镇多元化发展。

(三)严格管控城镇开发边界

明确城镇开发边界的总体政策要求，严控开发边界外的集中建设行为。加强城镇建设用地总量和人均指标管控，促进城镇集约高效发展。

(四)推动城乡融合

强化县域作为城乡融合基本单元，发挥县城在城镇化进程中的基础性作用。提升重点城镇公共服务水平，减少低效和无效公共服务配置等。

(五)保障现代产业发展空间

重点保障国家级开发区、产业园区等发展空间，推动构建国家现代产业体系。

(六)提升城乡人居空间品质

1. 建立全民友好的公共服务体系

以“十五分钟生活圈”构建城镇基本生活单元；以“一小时县域生活圈”促进县城公共服务高效供给；以“半小时镇域生活圈”提高镇域基本公共服务水平。提升乡村地区基本公共服务的保底功能。

2. 提升城市人居空间品质

推进低效建设用地再开发；实施城市人居环境综合治理；保护城市山水特色；加强对历史建筑、历史街区等保护与利用；塑造城市特色风貌，避免城镇建设“千城一貌”；加强重点地区城市设计，提升公共空间的环境品质。

3. 改善农村生产生活环境

推进农村环境综合整治与公共服务建设，稳步推进美丽宜居乡村建设。

六、自然文化景观网络

(一)塑造自然景观

1. 自然景观布局

建立以国家自然景观廊道为骨架、以自然景观地区为重点的国家自然景观网络。

2. 形成国家自然景观廊道

以重要的山系、流域、湾区为纽带，形成国家自然景观廊道。

3. 提升自然景观地区资源价值

结合自然保护地体系的构建，整体保护自然和文化景观资源，建立景观保护网络，全面提升各类景区品质、治理水平与服务能力。

(二)提升文化景观

1. 文化景观布局

依托各级各类文化遗产要素，建立以国家级文化遗产廊道为骨架、以文化景观地区为重点的国家文化景观空间体系，全景展示中华文化精神。

2. 形成国家文化遗产廊道

在国家层面构建长江、黄河、大运河、丝绸之路、茶马古道、万里茶道、蜀道—秦直道、长城、明清海防、中东铁路等文化遗产廊道。整体管控廊道内自然景观与文化遗产。

3. 推动国家文化公园建设

落实长城、大运河、长征国家文化公园建设，推动黄帝陵、孔府、卢沟桥等重大历史文化遗产与文化符号规划建设国家文化公园。明确跨区域国家文化公园的空间管控与规划指引。

(三)打造乡村景观

1. 乡村景观布局

重点以传统村落及城市群、都市圈内美丽乡村为主体，识别国家级乡村景观潜力地区。

2. 多层次优化乡村景观

系统整治和保护乡村文化资源与特色景观，增强乡村文化活力。传统村落形态保护更新与产业活化并重。加强传统文化的保护与挖掘，增强村落凝聚力及村民归乡动力。

3. 加强传统村落保护与利用

完善传统村落保护名录，建立健全保护法规；加强传统村落生态环境保护与文化特色塑造；坚持保护与开发相结合，创新文化遗产的利用。

(四)构建国家自然文化景观网络

1. 国家自然文化景观网络

依托各类自然景观地区、文化景观地区、乡村景观地区，以及国家自然景观廊道、国家文化遗产廊道，建立国家自然文化景观网络，作为回应国家与人民需求，建设“美丽中国”，推动生态和文化产品价值实现的空间载体。

2. 提升自然文化景观服务水平

鼓励围绕自然文化景观空间培育旅游特色城市；对自然文化景观地区适当放宽旅游用地的指标，合理安排生态用地，严格控制工业用地的规模，禁止建设重大污染项目和高耗能耗水项目；设立财政专项资金或生态补偿机制；完善具有特色的旅游交通网络；结合各级国土空间规划进一步深化识别省级、市县级自然文化景观地区，并提出重点管控区域；创新景观资源的产权制度和运营模式。

七、 基础设施支撑体系

(一)强化水资源安全保障

1. 严格控制流域和区域用水总量

明确近远期用水总量，明确主要江河流域、各省水量分配方案。

2. 优化水资源利用结构

合理安排生产、生活、生态用水结构，优化本地与外地、地表与地下水资源配置。

3. 提升水资源利用效率

在规模化农业地区，加强灌区续建配套和农业节水灌溉等改造；沿海地区高耗水产业和工业园区用水要优先利用海水；在缺水地区加强非常规水利用。

(二)建设能源矿产安全保障体系

1. 健全矿产资源开发保护体系

明确划定禁止、限制矿业活动布局(禁止勘查、开采，限制勘查、开采)；重点保证以战略性矿产和重要矿产资源为主的勘查开采活动。

2. 促进能源资源结构优化

落实能源资源革命要求，明确需要扩大、压缩、结构调整等的能源资源布局。

(三)构建现代化的综合交通运输体系

1. 构建面向全球的国际交通体系

提升国际交通枢纽的竞争力，加快建设国际航空枢纽。建设北京、上海、广州等全球航空枢纽，在中西部地区培育全球航空枢纽，推进国际航空枢纽均衡化布局。

建设全球物流中心。建设国际航运中心。巩固太平洋、印度洋航线网络，开辟北冰洋冰上丝路新通道，建设具有全球航运资源配置能力的国际航运中心，实现“全球123快货物流圈”。

推进与周边国家一体化综合交通。推进东北亚陆海联运通道建设，建设面向印度洋的第三亚欧大陆桥。建设泛亚共同运输市场，构筑中国—亚洲“当日往返商业圈”“货物次日到达圈”。

2. 完善国家综合立体交通网络

形成高速铁路与普通铁路一体化的高快速铁路网络。建设“八横八纵”主通道为骨架的高速铁路网，尽快形成高铁为骨干的高效复合型沿海运输大通道。完善国家公路网络，推进沿海交通繁忙的国家高速公路扩容改造和分流路线建设，增设区际、省际通道和重要城际通道。

构建绿色、高效的国家水运网。推进港口群资源整合。建设环渤海、长三角、珠三角三大世界级港口群，促进东南沿海、西南沿海港口群整合提升。构建通江达海、干支衔接的内河航运体系。

提升现代化航空服务水平。加强空域资源保障。加强军民航空域改革与协调，重点缓解京津冀、长三角、珠三角等城市群地区空域资源瓶颈。大力扶持支线航空发展。提高文化景观区、"老少边穷"地区航空覆盖。

长远谋划新一代交通系统发展空间。推动智能交通和新能源交通落地。提前谋划高速磁悬浮、超声速航空等超高速交通系统。

3. 加快城市群和都市圈交通体系建设

有序推进城市群城际铁路建设。按照加快发展东部地区、积极推进中部地区、先行引导西部地区的原则，有序推进城市群城际铁路建设。加强都市圈跨界交通建设，推进特大城市、超大城市市域轨道建设。

4. 提升国民交通出行品质

建立多层次的旅游休闲交通系统。建立国家级风景道和绿道体系，构建串联国家公园、自然保护区、森林公园等自然保护地体系，以及古城、古村、古镇文化遗产地的国家景观、步行廊道系统。建设以人为本的城市交通系统，建设紧凑型城市，推行"公共交通引导城市开发"(TOD)模式。强化综合立体枢纽建设。倡导绿色出行和新能源、清洁能源交通工具的使用，大力发展智慧交通。改善乡村地区的基本交通服务，进一步完善农村公路网络。

(四)优化提升信息通信(ICT)基础设施

1. 加快构建高速、移动、安全的新一代信息基础设施

推动高速光纤宽带网络跨越发展；加快建设先进无线宽带网，促进城市和农村地区无线宽带网络的协调发展；加快建设世界一流的新型移动通信技术基础设施；建成较为完善的商业卫星通信服务体系；服务"一带一路"倡议，统筹规划海底光缆和跨境陆缆的全球部署，建设网上丝绸之路。

2. 提升农村及偏远地区信息通信水平

加快互联网基础设施建设步伐，扩大光纤网、宽带网在农村的有效覆盖，提升信息通信基础设施水平。

3. 促进信息通信技术(ICT)应用

加强信息通信技术在国土空间安全生产、防灾减灾、治安防控、突发事件应对等方面应用，着力提升应急通信网络能力；深化物联网在智慧城市领域的应用。

(五)构建安全韧性的防灾减灾网络

加强灾害监测预报预警与风险防范能力建设，提升灾害综合应对与恢复重建能力。

八、区域指引

(一)重点地区指引

提出对“一带一路”倡议、长江经济带、京津冀、长三角、粤港澳、黄河流域等重点地区的规划指引。

(二)陆海统筹发展

统筹陆海资源供需管理。严控沿海土地供给和海域资源供给“双闸门”，处理好围填海历史遗留问题。

统筹陆海生态保护与人居建设。建立“从山顶到海洋”的流域上下游管理机制，以及典型海岸带生态系统的整体协同保护机制，划定海岸带灾害重点防御区。

统筹推进陆海经济高质量发展。优化港口、近岸养殖、风电、化工、核电等建设项目，促进海洋产业的结构和布局调整升级。

(三)特殊地区指引(特色化指引)

提出对革命老区、民族地区、边疆地区、贫困地区、老工业基地等地区的规划指引。

(四)引导管控

在生态保护、环境治理、产业发展、基础设施、公共服务等方面，对跨省级重点地区提出协调发展要求，对各省国土空间规划及相关专项规划提出引导管控要求。

第二节 省级国土空间规划的主要内容

一、目标与战略

(一)目标定位

落实国家重大战略，按照全国国土空间规划纲要的主要目标、管控方向、重大任务等，结合省域实际，明确省级国土空间发展的总体定位，确定国土空间开发保护目标。

落实全国国土空间规划纲要确定的省级国土空间规划指标要求，完善指标体系。

(二)空间战略

按照空间发展的总体定位和开发保护目标，立足省域资源环境禀赋和经济社会发展需求，针对国土空间开发保护突出问题，制定省级国土空间开发保护战略，推动形成主体功能约束有效、科学适度有序的国土空间布局体系。

二、开发保护格局

(一)主体功能分区

落实全国国土空间规划纲要确定的国家级主体功能区。各地可结合实际，完善和细化省级主体功能区，按照主体功能定位划分政策单元，确定协调引导要求，明确管控导向。按照陆海统筹、保护优先原则，沿海县(市、区)要统筹确定一个主体功能定位。

(二)生态空间

依据重要生态系统识别结果，维持自然地貌特征，改善海陆生态系统、流域水系网络的系统性、整体性和连通性，明确生态屏障、生态廊道和生态系统保护格局；确定生态保护与修复重点区域；构建生物多样性保护网络，为珍稀动植物保留栖息地和迁徙廊道；合理预留基础设施廊道。

优先保护以自然保护地体系为主的生态空间，明确省域国家公园、自然保护区、自然公园等各类自然保护地布局、规模和名录。

(三)农业空间

将全国国土空间规划纲要确定的耕地和永久基本农田保护任务严格落实，确保数量不减少、质量不降低、生态有改善、布局有优化。以水平衡为前提，优先保护平原地区水土光热条件好、质量等级高、集中连片的优质耕地，实施“小块并大块”，推进现代农业规模化发展；在山地丘陵地区因地制宜发展特色农业。

综合考虑不同种植结构水资源需求和现代农业发展方向，明确种植业、畜牧业、养殖业等农产品主产区，优化农业生产结构和空间布局。

按照乡村振兴战略和城乡融合要求，提出优化乡村居民点布局的总体要求，实施差别化国土空间利用政策；可对农村建设用地总量提出指标控制要求。

(四)城镇空间

依据全国国土空间规划纲要确定的建设用地规模，结合主体功能定位，综合考虑经济社会、产业发展、人口分布等因素，确定城镇体系的等级和规模结构、职能分工，提出城市群、都市圈、城镇圈等区域协调重点地区多中心、网络化、集约型、开放式的空间格局，引导大中小城市和小城镇协调发展。按照城镇人口规模 300 万以下、300 万～500 万、500 万～1 000 万、1 000 万～2 000 万、2 000 万以上等层级，分别确定城镇空间发展策略，促进集中集聚集约发展。将建设用地规模分解至各市(地、州、盟)。针对不同规模等级城镇提出基本公共服务配置要求，优化教育、医疗、养老等民生领域重要设施的空间布局。加强产城融合，完善产业集群布局，为战略性新兴产业预留发展空间。

(五)网络化空间组织

以重要自然资源、历史文化资源等要素为基础，以区域综合交通和基础设施网络为骨架，以重点城镇和综合交通枢纽为节点，加强生态空间、农业空间和城镇空间的有机互动，实现人口、资源、经济等要素优化配置，促进形成省域国土空间网络化。

(六)统筹三条控制线

将生态保护红线、永久基本农田、城镇开发边界等三条控制线(以下简称三条控制线)作为调整经济结构、规划产业发展、推进城镇化不可逾越的红线。结合生态保护红线和自然保护地评估调整、永久基本农田核实整改等工作，海陆统筹，确定省域三条控制线的总体格局和重点区域，明确市县划定任务，提出管控要求，将三条控制线的成果在市县乡级国土空间规划中落地。实事求是地解决历史遗留问题，协调解决划定矛盾，做到边界不交叉、空间不重叠、功能不冲突。各类线性基础设施应尽量并线、预留廊道，做好与三条控制线的协调衔接。

三、资源要素保护与利用

(一)自然资源

按照山水林田湖草系统保护要求，统筹耕地、森林、草原、湿地、河湖、海洋、冰川、荒漠、矿产等各类自然资源的保护利用，确定自然资源利用上线和环境质量安全底线，提出水、土地、能源等重要自然资源供给总量、结构以及布局调整的重点和方向。

严格保护耕地和永久基本农田，对水土光热条件好的优质耕地，要优先划入永久基本农田。建立永久基本农田储备区制度。

各项建设要尽量不占或少占耕地，特别是永久基本农田。

结合自然保护地体系建设，保护林地、草地、湿地、冰川等重要自然资源，落实天然林、防护林、储备林、基本草原保护要求。

在落实国家确定的战略性矿产资源勘查、开发布局安排的基础上，明确省域内大中型能源矿产、金属矿产和非金属矿产的勘查开发区域，加强与三条控制线衔接，明确禁止、限制矿产资源勘查开采的空间。

沿海省份要明确海洋开发保护空间，提出海域、海岛与岸线资源保护利用目标。除国家重大项目外，全面禁止新增围填海，提出存量围填海的利用方向。明确无居民海岛保护利用的底线要求，加强特殊用途海岛保护。

以严控增量、盘活存量、提高流量为基本导向，确定水、土地、能源等资源节约集约利用的目标、指标与实施策略。明确统筹地上地下空间，以及其他对省域发展产生重要影响的资源开发利用要求，提出建设用地结构优化、布局调整的重点和时序安排。

(二)历史文化和自然景观资源

落实国家文化发展战略，深入挖掘历史文化资源，系统建立包括国家文化公园、世界遗产、各级文物保护单位、历史文化名城名镇名村、传统村落、历史建筑、非物质文化遗产、未核定公布为文物保护单位的不可移动文物、地下文物埋藏区、水下文物保护区等在内的历史文化保护体系，编撰名录。全面评价山脉、森林、河流、湖泊、草原、沙漠、海域等自然景观资源，保护自然特征和审美价值。构建历史文化与自然景观网络，统一纳入省级国土空间规划。梳理各种涉及保护和利用的空间管控要求，制定区域整体保护措施，延续历史文脉，突出地方特色，做好保护、传承、利用工作。

四、基础支撑体系

(一)基础设施

落实国家重大交通、能源、水利、信息通信等基础设施项目，明确空间布局和规划要求。预测新增建设用地需求，明确省级重大基础设施项目、建设时序安排，确定重点项目表。按照区域一体化要求，构建与国土空间开发保护格局相适应的基础设施支撑体系。按照高效集约的原则，统筹各类区域基础设施布局，线性基础设施尽量并线，明确重大基础设施廊道布局要求，减少对国土空间的分割和过度占用。

(二)防灾减灾

考虑气候变化可能造成的环境风险，如沿海地区海平面上升、风暴潮等自然灾害，山地丘陵地区崩塌、滑坡、泥石流等地质灾害，提出防洪排涝、抗震、防潮、人防、地质灾害防治等防治标准和规划要求，明确应对措施。对国土空间开发不适宜区域，根据治理需求提出应对措施。合理布局各类防灾抗灾救灾通道，明确省级综合防灾减灾重大项目布局及时序安排，并纳入重点项目表。

五、生态修复和国土综合整治

落实国家确定的生态修复和国土综合整治的重点区域、重大工程。按照自然恢复为主、人工修复为辅的原则，以国土空间开发保护格局为依据，针对省域生态功能退化、生物多样性降低、用地效率低下、国土空间品质不高等问题区域，将生态单元作为修复和整治范围，按照保障安全、突出生态功能、兼顾景观功能的优先次序，结合山水林田湖草系统修复、国土综合整治、矿山生态修复和海洋生态修复等类型，提出修复和整治目标、重点区域、重大工程。

六、区域协调与规划传导

(一)省际协调

做好与相邻省份在生态保护、环境治理、产业发展、基础设施、公共服务等方面协商对接，确保省与省之间生态格局完整、环境协同共治、产业优势互补，基础设施互联互通，公共服务共建。

(二)省域重点地区协调

加强省内流域和重要生态系统统筹，协调空间矛盾冲突，明确分区发展指引和管控要求，促进整体保护和修复。生态功能强的地区要得到有效保护，创造更多优质生态产品，建立健全纵向横向结合、多元化市场化的生态保护补偿机制。

明确省域重点区域的引导方向和协调机制，按照内涵式、集约型、绿色化的高质量发展要求，加强存量建设用地盘活力度，提高经济发展优势区域的经济和人口承载能力。在此基础上，建设用地资源向中心城市和重点城市倾斜，使优势地区有更大发展空间。通过优化空间布局结构，促进解决资源枯竭型城市、传统工矿城市发展活力不足的问题。

发挥比较优势，增强不同地区在保障生态安全、粮食安全、边疆安全、文化安全、能源资源安全等方面的功能，明确主体功能定位和管控导向，促进各类要素合理流动和高效集聚，走合理分工、优化发展的路子。

完善全民所有自然资源资产收益管理制度，健全自然资源资产收益分配机制，作为区域协调的重要手段。

(三)市县规划传导

以省域国土空间格局为指引，统筹市县国土空间开发保护需求，实现发展的持续性和空间的合理性。省级国土空间规划通过分区传导、底线管控、控制指标、名录管理、政策要求等方式，对市县级规划编制提出指导约束要求。省级国土空间规划要将上述要求分解到下级规划，下级规划不得突破。

(四)专项规划指导约束

省级国土空间规划要综合统筹相关专项规划的空间需求，协调各专项规划空间安排。专项规划经依法批准后纳入同级国土空间基础信息平台，叠加到国土空间规划“一张图”，实施严格管理①。

---

① 国家市场监督管理总局，国家标准化管理委员会．省级国土空间规划编制技术规程[S]．北京：中国标准出版社，2023.

七、 案例：山东省国土空间总体规划(2021—2035 年)[①]

2021 年 7 月山东省自然资源厅公示了《山东省国土空间规划(2021—2035 年)》(征求意见稿)(以下简称《规划》)。山东省是一个地处华东地区的沿海省份，历史悠久、人文荟萃，境内有泰山、孔庙、蓬莱阁、刘公岛等诸多著名景点。山东省作为一个沿海经济发达省份，2020 年 GDP 位居全国第三，仅次于广东和江苏两省，是北方地区排位最高的省份。山东省已在"十四五"规划中明确，努力在社会主义现代化建设新征程中走在前列，全面开创新时代现代化强省建设新局面。为了实现"走在前列、全面开创"这一发展目标，并深化落实全国国土空间规划的要求，山东省需要在省级国土空间规划中，构建省域国土空间开发保护新格局，统筹安排全域国土空间开发保护建设活动，以便从空间上保障发展目标战略落地[②]。规划的核心要点如下。

(一)战略目标

该《规划》对山东省国土空间发展的总体战略定位表述为：面向东北亚、"一带一路"倡议的双向开放新高地，促进我国南北区域协调发展、构建新发展格局的战略支点，黄河流域生态保护和高质量发展龙头，城乡融合、宜居宜业的齐鲁美丽家园。

在国土空间发展目标愿景上，山东省希冀通过省级国土空间规划，塑造安全韧性的品质国土、城乡融合的宜居国土、陆海统筹的和谐国土、区域协调的开放国土、永续发展的美丽国土。

该规划还提出需要落实主体功能区战略。规划基于资源环境承载能力和国土开发适宜性评价，发挥各地比较优势，将全省国土空间划分为重点生态功能区、农产品主产区和城市化发展区，以此促进形成优势互补的国土空间发展格局。

规划在构建国土空间开发保护新格局上，突出山东省"一群两心三圈"区域发展总体布局的战略引领作用，确定全省域总体格局为"一群两心，两屏三带，三区九田"。

(二)空间格局

在国土空间开发保护总体格局之下，规划注重优化生态、农业、城镇、海洋四大空间。

在生态空间优化上，规划将构建"两屏三带七廊八心"网络化生态保护格局，完善自然保护地体系，划定生态保护红线。

在农业空间优化上，规划将优化农业空间布局，严守耕地保护红线，推进美丽宜居乡村建设，促进县域城乡统筹。

在城镇空间优化上，规划将构建"一群两心三圈"城镇空间布局，优化城镇规模体系，优化新旧动能转换空间布局，分级打造高品质生活圈。

在海洋空间优化上，规划将构建海洋空间开发保护格局，打造世界一流海岸带，分区分类管控海洋空间。

---

① 山东省自然资源厅．山东省国土空间总体规划(2021—2035 年)征求意见稿[EB/OL]．[2024-04-19]．http://www.shandong.gov.cn/module/download/downfile.jsp?classid=0&filename=6eb8169099ab4ab68a0770de8f509b83.pdf.

② 同①。

第三节 地市级国土空间规划的主要内容

我国国土空间规划自上而下分为国家、省级、地市、县和乡镇5级。各级国土空间规划在国土空间规划体系中的定位和任务不同，其内容也不同。下面主要是根据自然资源部发布的《市级国土空间总体规划编制指南(试行)》讨论国土空间规划的主要内容。通过国土空间规划包括目标和战略、总体格局、结构优化、要素支撑和实施保障等内容①。

一、 落实主体功能定位，明确空间发展目标战略

强化总体规划的战略引领和底线管控作用，促进国土空间发展更加绿色安全、健康宜居、开放协调、富有活力并各具特色。

(1)围绕“两个一百年”奋斗目标和上位规划部署，结合本地发展阶段和特点，并针对存在问题、风险挑战和未来趋势，确定城市性质和国土空间发展目标，提出国土空间开发保护战略。

(2)落实上位规划的约束性指标要求，结合经济社会发展要求，确定国土空间开发保护的量化指标。

二、 优化空间总体格局，促进区域协调、城乡融合发展

落实国家和省的区域发展战略、主体功能区战略，以自然地理格局为基础，形成开放式、网络化、集约型、生态化的国土空间总体格局。

(1)完善区域协调格局：注重推动城市群、都市圈交通一体化，发挥综合交通对区域网络化布局的引领和支撑作用，重点解决资源和能源、生态环境、公共服务设施和基础设施、产业空间和邻避设施布局等区域协同问题。城镇密集地区的城市要提出跨行政区域的都市圈、城镇圈协调发展的规划内容，促进多中心、多层次、多节点、组团式、网络化发展，防止城市无序蔓延。其他地区在培育区域中心城市的同时，要注重发挥县城、重点特色镇等节点城镇作用，形成多节点、网络化的协同发展格局。

(2)优先确定生态保护空间：明确自然保护地等生态重要和生态敏感地区，构建重要生态屏障、廊道和网络，形成连续、完整、系统的生态保护格局和开敞空间网络体系，维护生态安全和生物多样性。

(3)保障农业发展空间：优化农业(畜牧业)生产空间布局，引导布局都市农业，提高就近粮食保障能力和蔬菜自给率，重点保护集中连片的优质耕地、草地，明确具备整治潜力的区域，以及生态退耕、耕地补充的区域。沿海城市要合理安排集约化海水养殖和现代化海洋牧场空间布局。

(4)融合城乡发展空间：围绕新型城镇化、乡村振兴、产城融合，明确城镇体系的规模等级和空间结构，提出村庄布局优化的原则和要求。完善城乡基础设施和公共服务设施网络体系，改善可达性，构建不同层次和类型、功能复合、安全韧性的城乡生活圈。

---

① 自然资源部办公厅. 市级国土空间总体规划编制指南(试行)[EB/OL]. (2021-03-29)[2022-11-08]. https://www.gov.cn/zhengce/zhengceku/2021-04/07/content_5598163.htm.

(5)彰显地方特色空间：发掘本地自然和人文资源，系统保护自然景观资源和历史文化遗存，划定自然和人文资源的整体保护区域。

(6)协同地上地下空间：提出地下空间和重要矿产资源保护开发的重点区域，处理好地上与地下、矿产资源勘查开采与生态保护红线及永久基本农田等控制线的关系。提出城市地下空间的开发目标、规模、重点区域、分层分区和协调连通的管控要求。

(7)统筹陆海空间：沿海城市应按照陆海统筹原则确定生态保护红线，并提出海岸带两侧陆海功能衔接要求，制定陆域和海域功能相互协调的规划对策。

(8)明确战略性的预留空间，应对未来发展的不确定性。

三、 强化资源环境底线约束，推进生态优先、绿色发展

基于资源环境承载能力和国土安全要求，明确重要资源利用上限，划定各类控制线，作为开发建设不可逾越的红线。

(1)落实上位国土空间规划确定的生态保护红线、永久基本农田、城镇开发边界(以下简称“三条控制线”)等划定要求，统筹划定“三条控制线”。各地可结合地方实际，提出历史文化、矿产资源等其他需要保护和控制的底线要求。城镇开发边界具体划定方法详见《市级国土空间总体规划编制指南(试行)》附录G。

(2)制定水资源供需平衡方案，明确水资源利用上限。按照以水定城、以水定地、以水定人、以水定产原则，优化生产、生活、生态用水结构和空间布局，重视雨水和再生水等资源的利用，建设节水型城市。

(3)制定能源供需平衡方案，落实碳排放减量任务，控制能源消耗总量。优化能源结构，推动风、光、水、地热等本地清洁能源利用，提高可再生能源比例，鼓励分布式、网络化能源布局，建设低碳城市。

(4)基于地域自然环境条件，严格保护低洼地等调蓄空间，明确海洋、河湖水系、湿地、蓄滞洪区和水源涵养地的保护范围，确定海岸线、河湖自然岸线的保护措施。明确天然林、生态公益林、基本草原等为主体的林地、草地保护区域。

四、 优化空间结构，提升连通性，促进节约集约、高质量发展

依据国土空间开发保护总体格局，注重城乡融合、产城融合，优化城市功能布局和空间结构，改善空间连通性和可达性，促进形成高质量发展的新增长点。

(1)按照主体功能定位和空间治理要求，优化城市功能布局和空间结构划分规划分区。其中，中心城区和沿海城市的海洋发展区应细化至二级规划分区。

(2)落实上位规划指标，以盘活存量为重点明确用途结构优化方向，确定全域主要用地用海的规模和比例，制定市域国土空间功能结构调整表。提出城乡建设用地集约利用的目标和措施。优先保障住房和各类重要公共服务设施用地，以及涉及军事、外事、殡葬等特殊用地。

(3)确定中心城区各类建设用地总量和结构，制定中心城区城镇建设用地结构规划表。提出不同规划分区的用地结构优化导向，鼓励土地混合使用。

(4)优化建设用地结构和布局，推动社会、城市、产业、交通一体化发展，促进产业园区与城市服务功能的融合，保障发展实体经济的产业空间，在确保环境安全的基础上

引导发展功能复合的产业社区，促进产城融合、职住平衡。

(5)提高空间连通性和交通可达性，明确综合交通系统发展目标，促进城市高效、安全、低能耗运行，优化综合交通网络，完善物流运输系统布局，促进新业态发展，增强区域、市域、城乡之间的交通服务能力。

(6)坚持公交引导城市发展，提出与城市功能布局相融合的公共交通体系与设施布局。优化公交枢纽和场站(含轨道交通)布局与集约用地要求，提高站点覆盖率，鼓励站点周边地区土地混合使用，引导形成综合服务节点，服务于人的需求。

五、 完善公共空间和公共服务功能，营造健康、舒适、便利的人居环境

结合不同尺度的城乡生活圈，优化居住和公共服务设施用地布局，完善开敞空间和慢行网络，提高人居环境品质。

(1)基于常住人口的总量和结构，提出分区分级公共服务中心体系布局和标准，针对实际服务管理人口特征和需求，完善服务功能，改善服务的便利性。确定中心城区公共服务设施用地总量和结构比例。

(2)优化居住用地结构和布局，改善职住关系，引导政策性住房优先布局在交通和就业便利地区，避免形成单一功能的大型居住区。确定中心城区人均居住用地面积。严控高层高密度住宅。

(3)完善社区生活圈，针对人口老龄化、少子化趋势和社区功能复合化需求，重点提出医疗、康养、教育、文体、社区商业等服务设施和公共敞开空间的配置标准和布局要求，建设全年龄友好健康城市，以社区生活圈为单元补齐公共服务短板。

(4)按照“小街区、密路网”的理念，优化中心城区城市道路网结构和布局，提高中心城区道路网密度。

(5)构建系统安全的慢行系统，结合街道和蓝绿网络，构建连通城市和城郊的绿道系统，提出城市中心城区覆盖地上地下、室内户外的慢行系统规划要求，建设步行友好城市。

(6)结合市域生态网络，完善蓝绿开敞空间系统，为市民创造更多接触大自然的机会。确定结构性绿地、城乡绿道、市级公园等重要绿地以及重要水体的控制范围，划定中心城区的绿线、蓝线，并提出控制要求。

(7)在中心城区提出通风廊道、隔离绿地和绿道系统等布局和控制要求。确定中心城区绿地与开敞空间的总量、人均用地面积和覆盖率指标，并着重提出包括社区公园、口袋公园在内的各类绿地均衡布局的规划要求。

六、 保护自然与历史文化，塑造具有地域特色的城乡风貌

加强自然和历史文化资源的保护，运用城市设计方法，优化空间形态，凸显本地特色优势。

(1)挖掘本地历史文化资源，梳理市域历史文化遗产保护名录，明确和整合各级文物保护单位、历史文化名城名镇名村、历史城区、历史文化街区、传统村落、历史建筑等历史文化遗存的保护范围，统筹划定包括城市紫线在内的各类历史文化保护线。保护历史性城市景观和文化景观，针对历史文化和自然景观资源富集、空间分布集中的地域和

廊道，明确整体保护和促进活化利用的空间要求。

(2)提出全域山水人文格局的空间形态引导和管控原则，对滨水地区(河口、海岸)、山麓地区等城市特色景观地区提出有针对性的管控要求。

(3)明确空间形态重点管控地区，提出开发强度分区和容积率、密度等控制指标，以及高度、风貌、天际线等空间形态控制要求。明确有景观价值的制高点、山水轴线、视线通廊等，严格控制新建超高层建筑。

(4)对乡村地区分类分区提出特色保护、风貌塑造和高度控制等空间形态管控要求，发挥田野的生态、景观和空间间隔作用，营造体现地域特色的田园风光。

七、 完善基础设施体系，增强城市安全韧性

统筹存量和增量、地上和地下、传统和新型基础设施系统布局，构建集约高效、智能绿色、安全可靠的现代化基础设施体系，提高城市综合承载能力，建设韧性城市。

(1)以协同融合、安全韧性为导向，结合空间格局优化和智慧城市建设，优化形成各类基础设施一体化、网络化、复合化、绿色化、智能化布局。提出市域重要交通廊道和高压输电干线、天然气高压干线等能源通道空间布局，以及市域重大水利工程布局安排。提出中心城区交通、能源、水系统、信息、物流、固体废弃物处理等基础设施的规模和网络化布局要求，明确廊道控制要求，鼓励新建城区提出综合管廊布局方案。

(2)基于灾害风险评估，确定主要灾害类型的防灾减灾目标和设防标准，划示灾害风险区。明确防洪(潮)、抗震、消防、人防、防疫等各类重大防灾设施标准、布局要求与防灾减灾措施，适度提高生命线工程的冗余度。针对气候变化影响，结合城市自然地理特征，优化防洪排涝通道和蓄滞洪区，划定洪涝风险控制线，修复自然生态系统，因地制宜推进海绵城市建设，增加城镇建设用地中的渗透性表面。沿海城市应强化因气候变化造成海平面上升的灾害应对措施。

(3)以社区生活圈为基础构建城市健康安全单元，完善应急空间网络。结合公园、绿地、广场等开敞空间和体育场馆等公共设施，提出网络化、分布式的应急避难场所、疏散通道的布局要求。

(4)预留一定应急用地和大型危险品存储用地，科学划定安全防护和缓冲空间。

(5)确定重要交通、能源、市政、防灾等基础设施用地控制范围，划定中心城区重要基础设施的黄线，与生态保护红线、永久基本农田等控制线相协调。在提出控制要求的同时保持一定弹性，为新型基础设施建设预留发展空间。

八、 推进国土整治修复与城市更新，提升空间综合价值

针对空间治理问题，分类开展整治、修复与更新，有序盘活存量，提高国土空间的品质和价值。

(1)生态修复应坚持山水林田湖草生命共同体的理念，按照陆海统筹的原则，针对生态功能退化、生物多样性减少、水土污染、洪涝灾害、地质灾害等问题区域，明确生态系统修复的目标、重点区域和重大工程，维护生态系统，改善生态功能。

(2)土地整治应以乡村振兴为目标，结合村庄布局优化要求，推进乡村地区田水路林村全要素综合整治，针对土壤退化等问题，提出农用地综合整治、低效建设用地整治等

综合整治目标、重点区域和重大工程，建设美丽乡村。

(3)城市更新应根据城市发展阶段与目标、用地潜力和空间布局特点，明确实施城市有机更新的重点区域，根据需要确定城市更新空间单元，结合城乡生活圈构建，注重补短板、强弱项，优化功能布局和开发强度，传承历史文化，提升城市品质和活力，避免大拆大建，保障公共利益。

九、建立规划实施保障机制，确保一张蓝图干到底

保障规划有效实施，提出对下位规划和专项规划的指引；衔接国民经济和社会发展五年规划，制订近期行动计划；提出规划实施保障措施和机制，以“一张图”为支撑完善规划全生命周期管理。

(1)区县指引。对市辖县(区、市)提出规划指引，按照主体功能区定位，落实市级总规确定的规划目标、规划分区、重要控制线、城镇定位、要素配置等规划内容。制定市辖县(区、市)的约束性指标分解方案，下达调控指标，确保约束性指标的落实。各地可根据实际情况，在市级总规基础上，大城市可以行政区或规划片区为单元编制分区规划(相当于县级总规)，中小城市可直接划分详规单元，加强对详细规划的指引和传导。涉及中心城区范围的县(区、市)的国土空间总体规划，应落实市级总规对中心城区的国土空间安排。

(2)专项指引。明确专项规划编制清单。相关专项规划应在国土空间总体规划的指导约束下编制，落实相关约束性指标，不得违背市级总规的强制性内容。经依法批准后纳入市级国土空间基础信息平台，叠加到国土空间规划“一张图”上。

(3)近期行动计划。衔接国民经济和社会发展五年规划，结合城市体检评估，对规划近期做出统筹安排，制订行动计划。编制城市更新、土地整治、生态修复、基础设施、公共服务设施和防洪排涝工程等重大项目清单，提出实施支撑政策。

(4)政策机制。落实和细化主体功能区等政策，提出有针对性、可操作的财政、投资、产业、环境、生态、人口、土地等规划实施政策措施，保障规划目标的实现，促进国土空间的优化和空间资源的资产价值实现。鼓励探索主体功能区制度在基层落实的途径，各地可依法制定相应配套措施。

(5)国土空间规划“一张图”建设。形成市级总规数据库，作为市级总规的成果组成部分同步上报。建立各部门共建共享共用、全市统一、县(市、区)联动的国土空间基础信息平台，并做好与国家级平台对接，积极推进与其他信息平台的横向联通和数据共享。基于国土空间基础信息平台同步建设国土空间规划“一张图”实施监督信息系统，为城市体检评估和规划全生命周期管理奠定基础。基于国土空间基础信息平台，探索建立城市信息模型(CIM)和城市时空感知系统，促进智慧规划和智慧城市建设，提高国土空间精治、共治、法治水平。

第四节　县市级国土空间规划的主要内容

市县规划是本级政府对上级国土空间规划要求的细化落实，是对行政辖区内国土空间开发保护活动做出的具体安排，侧重实施性。主要任务包括：落实上级规划要求；提出规划战略、目标、重要指标；明确国土空间开发保护格局；划定用地分区，制定管制

规则；进行国土空间要素统筹配置；明确基础设施等建设项目安排；划定城镇开发边界，加强中心城区管控；明确国土整治修复安排；指导下位规划，协调相关规划；制订近期规划及行动计划；制定规划实施政策措施。

一、明确发展目标

依据上级国土空间规划和区域总体定位，遵循自然资源集约高效利用、城镇化健康有序推进的原则，贯彻落实主体功能区战略和制度，合理确定全域保护与发展的总体定位。

贯彻生态文明、高质量发展理念，落实国家、省重大战略部署，从经济社会发展、资源环境约束、国土空间保护、空间利用效率、生态整治修复等方面提出近、远期规划目标。

落实国家区域空间战略，针对市县国土空间开发保护存在的重大问题以及面临的形势，结合自然资源禀赋和经济社会发展阶段，协调保护和开发关系，提出本市县国土空间开发保护的战略。

按照主体功能区定位和城市的资源禀赋、区位条件、地方特色和发展阶段，综合确定城市性质。

落实上级规划的管控要求和指标，按照生态优先、高质量发展、高品质生活、高水平治理的要求，明确本级规划管控要求和指标，并将主要要求和指标分解到下级行政区。

二、统筹区域协调发展

落实国家及省域总体战略对区域协同发展的要求，提出跨区域衔接策略，加强与周边市县在生态治理、自然与文化资源的开发保护等方面的衔接，在重大产业发展、城镇功能布局、重要基础设施特别是交通及邻避设施等方面的协调。大城市、特大城市、超大城市要加强城镇圈、都市圈等跨行政区域的规划研究，以强化对国土空间开发保护格局的支撑。

以规划评估、评价分析为基础，结合规划目标与战略，统筹“山水林田湖草”等保护类要素和城乡、产业、交通等发展类要素布局，体现全域分区差异化发展策略，构建全域一体、陆海一体、城乡一体，多中心、网络化、组团式、集约型的国土空间开发保护总体格局。

划定生态保护、自然保留、永久基本农田保护、城镇发展、农村农业发展、海洋发展等规划基本分区，明确各分区的管控目标、政策导向和准入规则(详见《市县国土空间规划基本分区与用途分类指南(试行，送审稿)》)。其中沿海地区应在市(地)级规划划分陆海协同的海域国土空间分区。严格落实省级国土空间规划相关要求，统筹优化“三条控制线”等空间管控边界，明确“三条控制线”空间布局和管控要求。

以生态保护为基础，以耕地保护为重点，强化城乡生态格局与“山水林田湖草”的衔接，强化各类自然资源保护利用，构建完整连续的生态网络体系；充分利用自然山水、历史文化等资源，形成丰富的城乡景观序列和轮廓形态，体现城乡山水格局特色。

落实上级国土空间规划要求和本地的资源环境条件，坚持“以水定城”等原则，明确全域总人口和城镇化水平，确定各下级行政单元的发展定位、职能分工、人口和建设用地规模，明确城镇体系布局。市(地)级应明确市域城镇体系，县级应明确县域镇村体系、村庄分类和村庄布点原则。确定重点规划管控地区的发展定位、人口用地规模、空间发展方向和规划控制范围。

沿海市县要统筹协调陆海空间，统筹规划分区与用途分类，提出陆海相邻及重叠区域的功能协调原则。做好海域、海岛和海岸带保护利用，以海岸带为重点构建陆海一体化的生态格局、产业布局和基础设施网络，提出陆海统筹的开发保护措施和策略。

三、 优化功能结构

以生态优先、绿色发展为导向，实现城镇空间格局与生态网络格局的耦合和协同。综合考虑地形地貌、河湖水系、自然生态、地质灾害防御、区域经济流向、重大设施廊道控制、空间布局演进特征、区域协同等因素，确定规划期内城镇主要发展方向。统筹考虑现状用地情况和人口集聚态势，遵循做优增量空间、盘活存量空间、开发地下空间、预留弹性空间的原则，合理确定中心城区范围和城市建设用地规模，引导城市从外延扩张转向内涵集约发展。优化城市功能布局，统筹新区与旧区、生活区与生产区、建设空间与生态空间的关系，促进产城融合和职住平衡，重塑城市空间结构。鼓励用地功能混合使用，营造城市多样性。

以科技驱动代替要素驱动，形成以创新为引领的产业结构，提供以创新为主导的产业空间，配置围绕创新活动的公共服务空间。加快新旧动能转换，推进产业供给侧结构性改革，着力突出质量效益，在产业空间供给上向优势产业、新兴产业和特色产业倾斜。以本地特色自然山水和历史人文资源为基础，大力发展旅游、休闲、文创、教育、医疗、养老等三产服务业，培育生态和文化魅力空间，创造新经济载体。

以人民为中心，优化区域职住关系，优化社区空间结构，提出混合居住的布局基本要求与原则，明确保障性住房的选址要求、布局原则和标准。建设宜居、宜业、宜游、宜学、宜养城市，按需确定教育、卫生、社会福利、文化和体育等涉及民生的主要公共服务设施配置标准，明确重要公共服务设施布局要求。适应人口转移和结构变化趋势，逐步建立健全全民覆盖、普惠共享、因地制宜、城乡一体、满足高品质生活需求的基本公共服务体系。在社区层级统筹安排使用频率较高的公共服务设施，打造活力与包容的"一刻钟社区服务圈"，按照步行5分钟、步行10分钟、步行15分钟范围布置各类公共服务设施，5分钟步行范围内优先布置老人、儿童和残障人士公共服务设施。

保留、维护自然原生的河道、湿地生态系统，建设配置合理、结构清晰、功能完善的城市蓝绿网络与开敞空间体系。提出城市结构性绿地、水体等开敞空间的控制范围和均衡分布要求，明确通风廊道的基本格局和控制要求。提高城市绿化覆盖率，广植当地树种，提高生物多样性。通过带状、环状、楔状绿地提升系统连续性和完整性，推进老旧公园改造、建设社区"口袋"公园，提升服务功能。提升城市公共空间品质，塑造尺度宜人、富有活力和文化特色的街道空间、广场空间、滨水空间等城市公共空间。推进公共空间与各级公共设施、交通设施衔接，提高公共空间利用效率。

四、 乡村振兴发展

落实国家和省级战略部署，积极推进乡村振兴战略。探索城乡融合发展体制机制，统筹安排城乡生态、生产、生活空间，缩小城乡差距，促进城乡要素流动。促进第一、第二、第三产业融合，推动乡村产业发展。根据乡村地区发展布局，合理优化用地等各类资源的配置，促进形成农村新产业新业态，推动城乡产业的有机融合。

切实落实耕地保有量、永久基本农田保护等控制目标和任务要求。明确区域农业生产空间保护、开发和治理的方向和主要任务，构建农业生产空间总体结构及景观格局。落实上位规划与农业发展有关的重点项目区范围。提出高标准农田建设、土地整治工程指引，提高耕地和永久基本农田质量。提出相应的空间发展导引及管制规则。

优化乡村空间布局，引导乡村地区有序发展。顺应村庄发展规律和演变趋势，因地制宜优化村庄及农村人口的空间分布，按照集聚提升、融入城镇、特色保护、搬迁撤并等不同类型，并留有发展弹性，提出村庄分类发展、分步推进的原则和要求。提升人居环境质量，促进乡村风貌改善。推进城乡基本公共服务均等化，提高乡村地区基础设施服务水平。注意“乡土味道”，保留乡村风貌，留得住青山绿水，记得住乡愁。挖掘乡村历史文化资源和传统，完善历史文化资源和风貌保护机制。

五、 保护利用与修复土地

(一)土地利用结构优化

围绕规划目标，制定全域规划期内土地利用结构调整方案。市(地)级应当提出市域的土地利用的规模与结构，并对下层次规划提出控制要求；县级应当在市级控制要求的基础上，提出市区/县域土地利用的规模与结构，以及乡镇土地利用调控要求。

制定土地利用结构调整方案，一般按照建设和非建设、合理开发和有效保护两条主线，以优先满足和保障生态用地需求、保障农业用地尤其是耕地资源、优化城镇工矿用地、协调基础设施用地、提升国土景观风貌为原则，对全域内各类建设用地及山水林田湖草等非建设用地进行统筹安排，确定农用地、建设用地和生态用地以及耕地、城乡建设用地、基础设施用地等主要用地的约束性和预期性指标，明确规划导向，提出结构优化、布局调整的重点和方向，以及时序安排等。

(二)山水林田湖草矿保护利用

统筹山水林田湖草矿治理，分类梳理各类生态要素，协调水利、园林绿化、农村农业等部门的要素管理边界，明确规划导向，提出结构优化、布局调整的重点和方向，以及时序安排等，形成互为依托、良性循环的自然生态关系。各类自然资源保护利用和布局配置应遵循以下原则。

(1)山体：结合自然地形划定山体本体范围及保护范围，科学有序地推进植树造林和山体绿化，提高山体森林覆盖率，保护和重塑生物多样性，恢复自然生态活力；保持山体自然地形地貌特征，作为生态网络的基本骨架。

(2)水系和湿地：坚守水资源承载能力底线，明确取用水总量、水质达标率等控制目标和配置方案；优化河湖水系格局，统筹重点河湖岸线及周边土地保护利用；严格落实地表水源保护区、地下水源涵养区、自然保护区等各类、各级水生态保护区，明确划定河湖蓝线和湿地保护线，确定水体保护等级和要求，改善水体生态功能。

(3)林地：根据生态区位、生态脆弱性等研究生态公益林地保护等级和措施，严格划定天然林、生态公益林等基本林地集中保护区，对于尚未实现的规划林地，按照林地利用潜力和承载能力提出造林绿化的时序计划安排。

(4)农田：在调查评价的基础上，根据上级规划下达的耕地和永久基本农田保护指标，编制耕地和永久基本农田保护方案，确定规划期间耕地保有量和增减数量，提出基本农田保护面积和调整的规模、范围，拟定耕地占补平衡、基本农田保护的实施措施。充分发挥农田的生产、生态、景观和间隔的综合功能，协调农用地与建设用地的布局，在城市组团之间保留连片、大面积的农田空间，防止城镇蔓延，促进生态功能完善和都市农业发展。

(5)矿产资源：统筹矿产资源开发利用，优化资源开采布局，提高矿产资源利用效率，防治矿山地质灾害，推动清洁能源、绿色矿山建设等转型升级，提出矿产资源开发格局、时序安排、总量调控目标。

(6)草地等其他陆地资源：对牧草地、自然保留地等其他各类生态要素实施统一保护和监管，明确保护范围、保护数量，严格划定基本草原边界，落实封禁土地沙化保护区管理要求，加强生态系统整体保护。

(7)海洋、海岛与岸线资源：涉海市县应单独编制海域、海岛和海岸线资源保护与利用专章。以陆海统筹为原则，贯彻集约节约用海和生态用海要求，统筹保护海洋资源和海陆生态环境，对各类海洋保护利用分区提出差异化用途管制要求，严格禁止围填海行为；分类管理、合理保护利用海岛自然资源，优化利用有居民海岛，保护性利用无居民海岛，严格保护特殊用途海岛；分类管控海岸线资源，强化自然岸线保护，合理安排海岸线旅游、渔业、城镇、港口等功能。

(8)自然资源转用管理：落实自然资源的统一国土空间规划许可和用途转用审批制度，明确审查标准和要求。严格控制各类开发利用活动对自然生态空间的占用和扰动；依据规划要求有序引导自然资源生态用途之间的相互转变，鼓励向有利于生态功能提升的方向转变，禁止不符合生态保护要求或有损生态功能的相互转换。

(三)建设用地节约集约利用

推进建设用地结构调整与再利用。坚持节约集约优先，分析评价建设用地节约集约利用状况，落实上级规划的有关安排，明确全域土地节约集约利用总体目标、策略路径、重点方向与区域。按照“严格控制总量、优化配置增量、盘活利用存量、用好用活流量、着力提升质量”的要求，围绕城市更新、农村建设用地盘活、存量工矿用地再利用等，提出全域存量建设用地结构调整的总体布局以及存量建设用地再开发的重点工程、重点项目及时序安排。

强化城镇建设用地节约集约利用。加强城市内部存量用地的高效利用，提出城镇开发边界内部土地利用和城镇集中建设区的建设用地节约集约利用要求。针对城镇存量建设用地，明确实施城市更新的标准，划定规划期内实施城市更新的范围，提出更新改造的重点项目及时序安排。分析中心城区节约集约用地状况，为中心城区开发强度、密度分区优化和改造提质提供支撑。推进农村节约集约用地。提出农村建设用地盘活的目标任务与重点区域，引导土地要素的有效流动。推进园区、工矿节约集约用地。以存量工业园区、工业用地为重点，提出现状低效工业用地更新改造的思路和相关实施机制。

（四）城市地下空间复合利用

按照安全优先、集约高效、互联互通、平战结合、统筹规划、分步实施的原则，系统、分层规划地下空间，科学合理地推进城市地下空间综合利用。划定地下空间集中建设区和管制区范围，在城市重点地区确定地下空间规模、总体布局、功能布局和竖向分层要求，积极发展公共服务、公共交通、市政设施等用途，积极、稳妥、有序地推进地下综合管廊建设。

（五）中心城区土地利用控制

中心城区土地利用控制范围与中心城区城镇功能控制区范围保持一致，应将中心城区拟划定城镇开发边界涉及的全部乡镇划入。中心城区土地利用应刚性和弹性有机结合，实施结构控制、指标控制、底线控制和分区控制。中心城区城镇开发边界内的土地（或用海），应按照《城镇开发边界划定指南（试行）》进行土地用途分区或分类，明确相应管制规则。中心城区城镇开发边界内的城镇集中建设区，应按照以下要求开展土地利用控制：遵照有关标准规定，合理确定建设用地总规模和和用地结构，用地标准规定另行要求；按照《市县国土空间规划分区与用途分类指南（试行，送审稿）》规定，编制规划分区方案；按照城市总体空间结构、区位条件、集约用地水平等，综合确定城市开发强度、密度分区，提出各级各类开发强度、密度分区的开发建设等控制要求；根据需要开展的其他方式用地控制。

中心城区城镇开发边界与城镇功能控制区之间的地区，应按照县级规划分区深度编制土地利用控制方案。有条件的地区，应按照乡镇级规划深度编制土地利用控制方案，乡镇级规划要求另行规定。明确划定城市黄线、蓝线、绿线、紫线，建立"城市四线"管控体系，提出分级管控和规划传导要求。城市重大交通、市政基础设施和公共安全设施控制线，结构性水域（4 级及以上河流、其他具有历史文化等特殊价值的重要水体）岸线，结构性防护绿地和大型公共绿地（面积 $2 \geqslant hm^2$）控制线，历史文化街区及大型遗址、重要文物的保护控制线等应纳入线控范围。对于不能进行空间落位的"城市四线"，应因地制宜地提出定性、定策、定量、定构等方面的管控要求。

（六）国土空间生态修复

遵循山水林田湖草矿生命共同体的理念，统筹确定陆海国土空间综合整治和生态修复的目标和任务。针对区域国土空间生态环境问题，确定城乡低效用地利用、城市更新和乡村土地综合整治的目标与布局安排，确定水土流失、水环境治理、海岸带海域修复、矿山整治等各项生态修复任务目标与布局安排；提出国土综合整治和生态修复重点工程的规模、布局和时序。具体包括：加快山体修复，在保障安全和生态功能的基础上，探索多种山体修复利用模式；开展水体治理和修复，全面落实海绵城市建设理念，系统开展江河、湖泊、湿地等水体生态修复；修复利用废弃地，科学分析废弃地和污染土地的成因、受损程度、场地现状及其周边环境，综合运用多种适宜技术改良土壤，消除场地安全隐患；提出高标准农田建设和土地整治工程指引，提高耕地和永久基本农田质量。

六、交通、文保与基础设施建设

（一）绿色高效综合交通体系

落实上位规划及相关专项规划交通系统布局要求，完善综合交通体系发展目标和战略，建立区域一体、城乡协同的综合交通体系，加强综合交通体系和空间布局的协同。

加强区域衔接，合理确定市县综合交通体系，明确综合交通网络和枢纽体系布局。确定公路、铁路、航运、轨道交通等重要交通走廊走向，预控机场、港口等重要交通枢纽选址；提出物流设施布局与主要货运通道控制要求。

在中心城区确定综合交通枢纽的功能、布局与用地规模确定中心城区城市干线道路系统功能、等级与走向，确定道路红线宽度、主要立交的功能和用地控制范围；落实城际轨道交通在中心城区的走向、主要站点与场站规划布局，提出廊道和场站用地控制要求，划定公共交通场站设施控制线。

体现公交优先、慢行友好的交通政策导向，坚持窄马路、密路网、完整街道理念，鼓励以公共交通为导向的集约化布局模式。确定轨道交通等公共交通布局与管控要求、以社区生活圈为基础的慢行系统布局指引等，明确公交系统与慢行系统的衔接原则与要求。

（二）城市文化与风貌保护

从中华文明传承和复兴的高度推动历史文化遗产保护工作。总结国际国内成功经验，健全长效机制，保护和利用好城市历史文化遗产，保存城市无形的优良传统，让历史文脉更好地传承下去。

全面保护市县历史文化遗产，明确市县域历史文化遗产保护名录，确定历史文化遗产保护整体框架、保护目标、保护原则和保护重点，明确各类历史文化遗存的保护范围和要求。保护城市山水名胜、传统格局、历史风貌、历史文化街区、历史文化名城名镇名村、文物古迹、非物质文化遗产，整体保护各类遗产及其依存的历史环境和人文景观，提出具体的保护要求、保护措施。

强调历史文化遗产作为城乡发展转型的战略资源，提出各类历史文化资源展示利用基本策略和要求，与自然景观资源、现代功能和生活有机融合，改善人居环境，彰显城市历史文化特色。在市县域空间中挖掘文化线路、文化景观等新遗产类型，识别国家、区域等不同层次的文化、地理和精神标识，建立文化展示与传承体系。

运用城市设计手法，确定城市总体风貌定位与城市特色塑造要求；妥善处理自然与城市、保护与发展的关系，综合确定城市和山水林田湖草相协调的空间格局与形态；完善城市景观结构，组织城市公共空间系统，确定风貌、视廊、天际轮廓线等控制要求；划定城镇开发强度分区，提出容积率、密度等基准控制指标；划定城市设计重点控制区；明确下位规划编制和开发建设的特殊管控要求。

（三）安全韧性与基础设施

按照提升城市安全和韧性的理念，发挥城乡蓝绿空间在水土保持、调蓄洪水、防风固沙和阻止灾害蔓延等方面的作用，系统分析评估影响本地长远发展的重大灾害风险类型，提出减缓和适应未来灾害的措施。分析评估影响本地发展建设的主要灾害风险及存在的主要问题，建立综合防灾减灾救灾体系，明确防灾减灾目标和设防标准；合理划分防灾分区，提出重大防灾减灾救灾设施和应急服务设施的布局要求；提出洪(潮)涝、火灾、空袭、地震、地质灾害等。主要灾害的防治目标和措施，提出危险品生产和储存设施用地布局及安全管控要求；提出关键生命线系统建设、重大危险源和邻避设施管控等要求。

按照设施共享的原则，提出市域供水干线、大型污水处理设施、电力干线、燃气干管等重大市政基础设施的布局要求。城乡密集发展地区的城市，还应当提出基础设施共建共享的具体要求。统筹各类市政基础设施及主要线网布局，明确廊道控制要求。因地制宜地推进建设海绵城市，有条件的地区提出地下综合管廊建设要求。在中心城区内，预测供水、污水、供电、燃气、供热、垃圾处理、通信需求总量，确定各类设施的建设规模、标准、重大设施布局和重要线性工程网络；确定排水体制，划定雨水分区；确定污水设施处理等级，划定污水分区；确定输配电网电压等级，控制高压走廊；确定供气气源和配气管网压力级制，确定重大燃气设施安全防护要求；布置输气管线和配气干管；确定集中供热率，确定供热热源和供热方式，划定供热分区；确定生活垃圾收运方式和处理方式，安排建筑垃圾和特殊垃圾处理站布局。

第五节　乡镇级国土空间规划的内容及重点

一、乡镇级国土空间规划的重点内容

(1)落实县级规划的战略、目标任务和约束性指标。根据乡镇的特色资源禀赋、经济社会发展阶段、历史文化传统、农民发展意愿等，确定不同时段的发展定位和发展方向。

(2)统筹生态保护修复。要落实生态保护红线，把具有水源涵养、生物多样性维护、水土保护、防风固沙、海岸生态稳定等生态功能极重要区域和生态遭严重破坏的生态极敏感区、脆弱区优先划入生态空间。安排各类空间布局时要慎砍树、禁挖山、不填湖，统筹山水林田湖草系统修复，提升森林、草原、河湖、湿地、荒漠、海洋等生态系统服务能力，制定国土空间整治和生态修复项目规划。

(3)统筹耕地和永久基本农田保护。要落实永久基本农田，任何单位和个人不得擅自改变用途。着力加强耕地数量、质量、生态“三位一体”保护，像保护大熊猫一样保护耕地，从严控制各项建设占用耕地特别是优质耕地。同时要统筹耕地和其他农用地的空间分布，优化农用地空间格局。

(4)统筹农村住房布局。依据县级国土空间规划确定的县域农村居民点布局和乡(镇)国土空间规划确定的村庄发展定位、功能布局及建设范围，加强规划设计，合理确定农民住房规模、选址、强度、风貌等。要严格执行“一户一宅”政策，宅基地面积不得超过规定标准。严格禁止下乡利用农村宅基地建设别墅大院和私人会馆。

(5)统筹产业发展空间。制定乡村产业发展和新型业态发展规划，做好农业产业园、科技园、创业园等产业发展空间安排，促进农村第一、第二、第三产业融合发展。要明确产业发展方向，制定村庄禁止和限制发展产业目录，引导产业空间高效集聚利用，推动城乡融合发展。要防止以“新产业、新业态”之名擅自扩大建设用地规模，以“特色小镇”之名开发房地产。

(6)统筹基础设施和基本公共服务设施布局。要按照县级国土空间规划确定的城乡基础设施和公共服务设施布局，以及乡(镇)国土空间规划配置的乡域公共服务设施，根据人口集聚、产业发展、资金投入等情况，制定乡村基础设施、道路交通和公共服务设施规划，合理布局乡村供水、污水和环卫、道路、电力、通信等基础设施，配置教育、卫生、医疗、养老、文化、体育等设施，改善提升农村人居环境。

(7)制定乡村综合防灾减灾规划。乡村综合防灾减灾规划主要内容包括：消防规划、防洪规划、抗震防灾规划、防风减灾规划、防疫规划、防地质灾害规划等。居民点布局尽可能避开抗震不利地段、危险地段和地质不良地段，以防止地质灾害。抗震不利地段指软弱土、液化土，条状突出的山嘴、高耸的山丘、非岩质的陡坡、河岸及边缘，在平面分布上成因、岩性、状态明显不均匀的土层，如古河道、疏松断层破裂带、暗藏的沟塘和半挖半填的地基等。危险地段指可能产生滑坡、崩塌、滑坡、地陷、泥石流及发震断裂带上可能发生的地表错位等地段。地质不良地段指冲沟、断层、岩溶等地段，这些地段地震时极易产生次生灾害。

二、统筹处理好相关矛盾

(1)统筹自然历史文化传承与保护。要尊重乡村山水格局和自然脉络，顺应村庄地形地貌、河湖水系等自然环境，延续村庄传统空间格局、街巷肌理和建筑布局。深入挖掘和整理乡村历史文化资源，划定乡村建设的历史文化保护线，保护好文物古迹、传统村落、民族村寨、传统建筑、农业遗迹、灌溉工程遗产，延续村落历史文脉，传承优秀乡村传统文化，避免千村一面。坚决防止以“田园共同体”之名破坏自然与人文环境。制定乡村历史文化遗产保护和历史文化名村有机更新规划，制定乡村历史环境和传统风貌保护规划。

(2)根据需要因地制宜进行国土空间用途编定，制定详细的用途管制规则，全面落实国土空间用途管制制度。具体可在国土空间用途分区的基础上，进一步进行各种使用地的编定，即在用途分区图上将每一宗地的用途确定下来，并且严格要求每宗土地按用途管制图上编定的详细用途加以利用。

(3)根据需要并结合实际，在乡(镇)域范围内，以一个村或几个行政村为单元编制国土空间规划或村庄建设规划，规划成果纳入国土空间基础信息平台统一实施管理①。

第六节 详细规划和专项规划的内容及重点

一、详细规划的重点内容

除了上述按照各个层级对国土空间规划进行分类外，2019 年 5 月，中共中央办公厅印发的《中共中央 国务院关于建立国土空间规划体系并监督实施的若干意见》中明确指出在市县及以下编制详细规划。对于详细规划的定义和内容要点做了明确的规定，详细规划是对具体地块用途和开发建设强度等做出的实施性安排，是开展国土空间开发保护活

① 吴次芳，叶艳妹，吴宇哲，等. 国土空间规划[M]. 北京：地质出版社，2019.

动、实施国土空间用途管制、核发城乡建设项目规划许可、进行各项建设等的法定依据。在城镇开发边界内的详细规划，由市县自然资源主管部门组织编制，报同级政府审批；在城镇开发边界外的乡村地区，以一个或几个行政村为单元，由乡镇政府组织编制“多规合一”的实用性村庄规划，作为详细规划，报上一级政府审批。

1. 城镇开发边界内的详细规划

以 2021 年 12 月试行的《江苏省城镇开发边界内详细规划编制指南(试行)》(以下简称《指南》)为例，明确提出了编制的内容要点。《指南》中指出详细规划分为单元和街区两个层次。单元层次详细规划承接传导上位规划意图，落实总体规划(分区规划)所确定的单元功能定位、永久基本农田、生态保护红线、城镇开发边界(以下简称“三条控制线”)、城市控制线、开发规模、开发强度分区等管控传导要求，按照《国土空间调查、规划、用途管制用地用海分类指南(试行)》，针对不同地类形成不同深度的用地布局方案，加强城市设计引导，将相关管控要求分解传导至街区，同时提出地块开发管控通则。

街区层次详细规划在严格遵循单元层次详细规划管控要求的基础上，结合街区实际情况，加强用地策划，深化城市更新、交通承载力评价、社区生活圈构建、城市设计等研究工作，优化空间布局，制定地块容积率、建筑密度、建筑高度、绿地率等具体管控指标和管控要求，指导建设项目实施。国土空间总体规划(分区规划)批准后，单元层次详细规划原则上应实现城镇开发边界内全覆盖，与城镇开发边界相邻的区域可因地制宜编制详细规划或村庄规划。

详细规划管控的核心强制性内容包括三个方面。第一，上位规划确定的“三条控制线”、生态系统保护格局、历史文化保护线、城市结构性绿地和重要水域、重要公共管理与公共服务设施、重大交通设施、重大公用设施、重要线性工程、城市安全与综合防灾设施及管控要求。第二，上位规划分解至单元、单元详细规划分解至街区的约束性指标。第三，详细规划新增的历史文化保护线、城市控制线及管控要求。各地也可结合实际，明确特定的强制性内容规定。

2. 乡村地区村庄规划

围绕乡村地区村庄规划，自然资源部推出了一系列的部门文件。参考《自然资源部办公厅关于加强村庄规划促进乡村振兴的通知》《自然资源部办公厅关于进一步做好村庄规划工作的意见》相关内容，乡村地区的村庄规划内容要点如下。

明确界定了村庄规划的编制界线。村庄规划是法定规划，是国土空间规划体系中乡村地区的详细规划，是开展国土空间开发保护活动、实施国土空间用途管制、核发乡村建设项目规划许可、进行各项建设等的法定依据。要整合村土地利用规划、村庄建设规划等乡村规划，实现土地利用规划、城乡规划等有机融合，编制“多规合一”的实用性村庄规划。村庄规划范围为村域全部国土空间，可以一个或几个行政村为单元编制。

村庄规划的技术要点，主要包括九个方面。

(1)统筹村庄发展目标。落实上位规划要求，充分考虑人口资源环境条件和经济社会发展、人居环境整治等要求，研究制定村庄发展、国土空间开发保护、人居环境整治目标，明确各项约束性指标。

(2)统筹生态保护修复。落实生态保护红线划定成果，明确森林、河湖、草原等生态空间，尽可能多地保留乡村原有的地貌、自然形态等，系统保护好乡村自然风光和田园景观。加强生态环境系统修复和整治，慎砍树、禁挖山、不填湖，优化乡村水系、林网、绿道等生态空间格局。

(3)统筹耕地和永久基本农田保护。落实永久基本农田和永久基本农田储备区划定成果，落实补充耕地任务，守好耕地红线。统筹安排农、林、牧、副、渔等农业发展空间，推动循环农业、生态农业发展。完善农田水利配套设施布局，保障设施农业和农业产业园发展合理空间，促进农业转型升级。

(4)统筹历史文化传承与保护。深入挖掘乡村历史文化资源，划定乡村历史文化保护线，提出历史文化景观整体保护措施，保护好历史遗存的真实性。防止大拆大建，做到应保尽保。加强各类建设的风貌规划和引导，保护好村庄的特色风貌。

(5)统筹基础设施和基本公共服务设施布局。在县域、乡镇域范围内统筹考虑村庄发展布局以及基础设施和公共服务设施用地布局，规划建立全域覆盖、普惠共享、城乡一体的基础设施和公共服务设施网络。以安全、经济、方便群众使用为原则，因地制宜提出村域基础设施和公共服务设施的选址、规模、标准等要求。

(6)统筹产业发展空间。统筹城乡产业发展，优化城乡产业用地布局，引导工业向城镇产业空间集聚，合理保障农村新产业新业态发展用地，明确产业用地用途、强度等要求。除少量必需的农产品生产加工外，一般不在农村地区安排新增工业用地。

(7)统筹农村住房布局。按照上位规划确定的农村居民点布局和建设用地管控要求，合理确定宅基地规模，划定宅基地建设范围，严格落实“一户一宅”。充分考虑当地建筑文化特色和居民生活习惯，因地制宜提出住宅的规划设计要求。

(8)统筹村庄安全和防灾减灾。分析村域内地质灾害、洪涝等隐患，划定灾害影响范围和安全防护范围，提出综合防灾减灾的目标以及预防和应对各类灾害危害的措施。

(9)明确规划近期实施项目。研究提出近期急需推进的生态修复整治、农田整理、补充耕地、产业发展、基础设施和公共服务设施建设、人居环境整治、历史文化保护等项目，明确资金规模及筹措方式、建设主体和方式等。

二、 专项规划的重点内容

国土空间规划中专项规划的类型比较多，参考2020年2月济南市政府办公厅发布的《济南市专项规划编制和审批管理规定》，可看出专项规划的涵盖面比较广。从内容上来看，是指市域范围内由行业主管部门组织编制，涉及国土空间利用的各类规划，包括教育、文化、体育、旅游、交通、市政设施、医疗卫生、社区服务、社会福利、消防、人防、防震减灾、城市更新、给水、排水、供电、电信、供热、燃气、绿化、林业、文物古迹、风景名胜、城市市容和环境卫生、环境保护、防洪等专项规划。从主管部门来看，各个行业主管部门为专项规划组织编制主体。市有关部门(单位)和各区县政府(含代管镇、街道的功能区管理机构)配合提供所需基础资料，并全程参与专项规划编制。专项规划编制的核心要点有以下六个方面。

(1)专项规划编制内容应当符合行业有关规定，并包含涉及规划用地和空间布局的专门篇章。空间利用专门篇章一般包括专项设施的空间布局及数量，专项设施用地的用途、面积、强度及其周边用地的保护和控制要求，建设项目安排与实施时序以及重大设施的预研、预控、安排等。直接指导项目建设的专项规划还应包括拟用地的具体位置、范围、规划指标等，图纸内容应达到详细规划深度要求。

(2)专项规划应遵循国土空间规划要求，不得违背总体规划及详细规划强制性内容。确需调整详细规划强制性内容的，专项规划组织编制主体应同市自然资源和规划部门就调整的必要性、合理性进行论证，提出详细规划调整方案与专项规划报市政府审定，并履行相应法定程序。

(3)专项规划编制和审查过程中，组织编制主体应与自然资源和规划部门密切沟通，将规划用地及空间布局有关内容提交自然资源和规划部门审查，并将审查意见一并报政府审批。

(4)专项规划应与发展规划、其他相关专项规划相互衔接。正在编制的专项规划原则上应遵循已审批的专项规划。确需修改的，组织编制主体应主动征求相关部门意见，一并报政府审批。

(5)专项规划报政府审批前，组织编制主体应会同自然资源和规划部门公开征求专家和公众意见(涉密的除外)，并听取相关行业协会和单位意见。涉及详细规划强制性内容调整的，应将调整内容一并公示。

(6)专项规划由政府审批。交通、能源、水利、农业、信息、市政基础设施、公共服务设施以及生态环境保护、文物保护、林业草原等专项规划，应先行报城市国土空间规划委员会审议通过。

复习思考题

1. 简述新时期国家层面空间总体战略及其对省级国土空间规划的指导作用。
2. 简述省域层面国土空间规划重点内容及其与上下级区域的衔接。
3. 简述地市层面国土空间规划重点内容及其与上下级区域的衔接。
4. 简述县市层面国土空间规划重点内容及其与上下级区域的衔接。
5. 简述乡镇级国土空间规划的内容及重点。
6. 简述详细规划和专项规划的内容及重点。

阅读文献

1. 国家市场监督管理总局，国家标准化管理委员会. 省级国土空间规划编制技术规程[S]. 北京：中国标准出版社，2023.

2. 自然资源部. 市级国土空间总体规划编制指南(试行)[EB/OL]. (2020-09-22)[2022-11-08]. http://gi.mnr.gov.cn/202009/t20200924_2561550.html.

3. 自然资源部国土空间规划局，自然资源部宣传教育中心. 国土空间规划管理手册[M]. 北京：中国大地出版社，2021.

4. 吴次芳，叶艳妹，吴宇哲，等. 国土空间规划[M]. 北京：地质出版社，2019.

5. 张京祥，黄贤金. 国土空间规划原理[M]. 南京：东南大学出版社，2021.

6. 赵映慧，齐艳红，姜博. 国土空间规划导论：试行版[M]. 北京：气象出版社，2021.

第六章　国土空间相关规划[①]

本章要点：本章根据国家规划体系的总体构想，结合长期以来规划运行的实际情况进行分类介绍。其中“区域规划”即区域发展规划，是本地区国土空间规划的上位规划，其他规划则属于国家规划体系中的专项规划，与国土空间规划中的专项规划不同。

2018年，《中共中央 国务院关于统一规划体系更好发挥国家发展规划战略导向作用的意见》中提出，国家发展规划居于规划体系最上位，是其他各级各类规划的总遵循。国家级专项规划、区域规划、空间规划，均须依据国家发展规划编制，这应该是未来国家规划体系改革的宏观框架。

目前我国与“空间”有关的规划很多。国民经济和社会发展规划应该属于“发展规划”。2018年以后的空间规划改革将主体功能区规划、土地利用规划、城乡规划、生态环境功能区规划、海洋功能区规划等空间类规划，统筹为“五级三类四体系”框架下的“国土空间规划”，这也是国土空间规划体系改革的重点，也意味着这些在我国规划历史上扮演了重要角色的空间规划类型获得了新生。

第一节　区域规划

2018年，《中共中央 国务院关于统一规划体系更好发挥国家发展规划战略导向作用的意见》提出，要理顺国家发展规划和国家级专项规划、区域规划、空间规划的相互关系，即国家发展规划是社会主义现代化战略在规划期内的阶段性部署和安排，居于规划体系最上位，是其他各级各类规划的总遵循，国土空间规划须依据国家发展规划编制；不同层级的空间规划可以参照国家层面的要求和做法依次类推，即省级的国土空间规划以该省的发展规划(本省国民经济和社会发展五年规划)为上位规划；地市级、县市级乃至乡镇级也是如此，也应如此。为了编制好国土空间规划，有必要弄清楚其上位规划——区域发展规划，简称区域规划。因为国家也是一个区域，所以区域规划包括国家规划(国家发展规划)。

需要强调的是，这里的“区域规划”不局限于各地区每隔五年编制的“国民经济和社会发展规划”，如“十二五”规划、“十三五”规划等。作为国土空间规划的上位规划，其规划周期本来也不应该局限于五年。具体原因见本教材第九章。

一、　区域规划概述

(一)区域规划的概念和特点

区域规划，一般情况下可以理解为区域发展规划，是在科学认识区域系统发展变化规律的基础上，从地域角度出发，综合协调区内经济与社会、资源与环境等要素的关系，以谋求建立和谐的人地关系系统。区域发展是一项庞大而复杂的系统工程，涉及工业、

① 本章由吴殿廷、李琳娜、涂建军执笔完成。

农业、建筑业、交通运输、商业服务业等各个产业，涉及工程技术、农学、经济学、社会学、科学等许多学科，因此必须有一个总体规划来协调各方面的行动才能取得良好的效果。

(二)区域规划的主要内容

区域规划包括很多方面，诸如明确区域发展的方向、确定区域发展的目标、选择区域发展的重点、组织合理的区域产业结构、进行总体布局等。不同层面的区域，区域规划的内容体系不同——层次越高，宏观性越强，区域规划覆盖的内容就越丰富，指导性越强，操作性越弱；不同发展阶段的区域，规划的侧重点不同，初级阶段重视经济增长，高级阶段注重社会生活和人地和谐。但是，不论什么样的区域，在制定区域总体规划时，如下的四个方面，即区域发展的方向、目标、重点和战略对策等，是不可或缺的，当然，这四个方面也可根据实际情况有所侧重。

二、 区域规划编制的关键问题

(一)区域发展方向与功能定位

区域发展方向与功能定位，是指在社会经济发展的坐标系中综合地确定区域坐标的过程，区域定位对于区域发展具有重大的影响作用。

区域定位具有鲜明的战略性、综合性、地域性和动态性特征。战略性要求定位工作做到高屋建瓴、高瞻远瞩，站到未来发展层次把握区域和相关区域的方向和走向，洞悉社会经济发展的总体演进趋势。综合性要求定位工作全面、系统地分析与区域发展有关的各种条件和影响因素，并能够从总体上抓住关键问题和主导因素。地域性要求定位工作突出区域及其所在区域的特色，把区域放在大背景中去分析，把能够代表区域自身的内在的东西发掘出来，强化区域自身的个性发展特征。动态性要求定位工作遵循区域发展的历史演进规律和总体趋向，注重区域发展的阶段性变化，赋予其时限性和时效性。

1. 区域定位的因素和要素

区域定位是一项复杂的工作，需要对若干重要的影响因素进行综合分析。区域定位的主要因素有：区域的历史基础及地位、区域的经济地理位置、区域发展的国际背景和国内环境、区域的发展条件和基础、区域的产业现状、区域的人口和经济规模、区域的职能分工和发展方向、区域与其他相关区域的关系、区域的影响及地位、国家或上级区域对本区域发展建设的要求和区域分工任务等。

区域定位不是简单地提出一个区域发展的口号，或者就区域发展的具体问题提出解决方案，它事关区域未来的前途和命运，事关区域的地位和形象，事关区域的发展目标与方向，因此不是对发展特征和规划指标的机械罗列和烦琐陈述。区域定位与区域发展目标、区域性质、区域发展战略、区域形象有联系，也有区别。相对而言，区域定位比之其他的工作更具综合性、科学性和战略性特征，应当在一个合理的定位框架下，明确其基本组成要素，运用规范的科学术语将区域的方向、特色、精神内涵高度地凝练和概括出来。如北京市目前的定位是国家政治中心、文化中心、科技中心和国际交往中心；辽宁省的定位是：老工业基地振兴发展先行区、国家智造产业基地、面向东北地区开放发展的“龙头”等。

根据区域经济学、区域地理学、区域规划学等相关学科的基本理论，参考国内外有关地区开展区域定位的工作经验和研究文献，区域定位大致可以归纳为七个基本要素：即空间定位、产业定位、区域特色、区域功能和性能、区域形象、区域规模、区域发展策略。

2. 区域定位的综合

区域定位是一个主观与客观一体化的过程。一般来说，区域定位工作着眼于区域未来的地位、类型、形象，必然受制于区域的自然条件、资源条件、产业基础、社会文化现状、腹地区域特征等因素，需要遵循区域发展的客观规律。但是，区域定位又是一个规范性很强的工作，它是对区域发展的预测和设计，所以不可避免地受到理论思想、研究方法、兴趣偏好和其他主观因素的影响。故而，定位过程必须把主观与客观有机结合起来，过分拘泥于当前的条件和基础不可取，不顾条件盲目拔高也不可取。对于区域形象设计的主观良好愿望，对于区域性质的综合判断预测，若能建立在区域发展条件、基础、机遇以及相关区域的深入分析基础之上，区域定位也就基本做到了科学、合理、可靠。

总之，区域定位是一项复杂的社会经济系统工程，既要有理论依托，又要立足现实，还应有综合战略目光。这项工作，应当在整体分析各种区域定位的影响因素的基础上，按照区域定位的组成要素，运用规范的学术语言，进行高度概括和浓缩凝练，最终做出合理、严谨、准确的表述。唯此，才能真正发挥区域定位对区域发展的重大指导作用。

3. 案例：太原市域定位的表述和阐释

(1)太原市定位的基本原则。

考虑到城市定位工作的特性，以及研究对象自身的特点，太原市域定位工作应当遵循的基本原则是：保持发展弹性、留有余地的原则；突出地域特色、注重个性发展的原则；立足当前、把握未来趋向的原则；依托竞争优势、调整区域分工的原则；强调综合发展、提高职能层次的原则；抓住要点、高度凝练的原则。

(2)太原市定位的总体表述。

表述之一：把太原市建成经济发达、环境优美、科教文化繁荣的多功能、综合性、现代化城市。从表述看，发展目标较为明确，规划味道较重，地域特色、产业特色、城市特色不鲜明，区域地位较为模糊，城市的职能层次也不够清晰。

表述之二：具有三晋文化特色、现代化气息的重型制造业中心和综合经济中枢。这一表述中，产业定位相对明确，但空间区位的分析稍显不足，城市——区域关系也存在一定的局限性。

表述之三：山西省省会，山西省政治、经济、文化、交通、科教、信息中心，以高新技术产业为先导、能源重化工工业为主导的现代化、特大型城市。这种表述符合传统思维习惯，与城市性质较为接近，但缺乏文化气息、都市气息，过分强调了城市的生产功能，忽视了城市的其他功能。

表述之四：山西省域中心城市，以生产、服务、管理、创新、集散为主导功能，以产业多元化、结构高度化、开发高效化、增长集约化、环境清洁化为方向，以环渤海地区、中西部地区为发展空间，实施双向拓展，建成可持续发展的现代化、综合性都市。这一表述抓住了城市的主导功能，明确了城市的发展方向和开拓空间，但是对于太原市的城市特色反映不够，产业定位也失之笼统，文字也略显冗长。

表述之五：山西省省会，三晋历史文化古(名)城，联合国确定的清洁生产试点城市，以可持续发展为指导，以中西部为主要辐散空间，保持重化工产业特色，向着现代化、综合性、清洁化、国际化迈进的大都市。这一表述逻辑层次清楚，兼顾了空间定位、产业定位、城市特色等重大问题，但是对于城市的创新、服务功能强调不够。此外，用文字直接表述清洁生产试点城市，似乎不如简略地论述城市发展的产业策略和生态策略更具科学性和合理性。

以上关于太原市城市定位的表述各具特色、各有千秋，但都存在一定的问题和缺憾。以此为基础，以城市定位的基本理论为指导，参考其他城市定位研究的科学成果和有益经验，通过综合分析城市定位的影响因素和相关条件，依照城市定位的基本原则，可以将 21 世纪初太原的城市定位确定为：

山西省省会，立足山西、面向中西部的生产与服务复合中心，全国重要的清洁能源—重型加工产业基地和技术创新基地，具有三晋文化特色的综合性、现代化、生态型都市。

(3)太原城市定位的阐释。

城市定位是一段相当凝练的语言表述，其科学内涵是十分丰富的。为了更好地指导城市发展的实际，有必要对其内在含义进行专门解释，明确界定其概念的外延，以免发生误导。

空间定位：以大晋中经济区为基本腹地，服务和辐射山西省，面向中西部地带、黄土高原地区、煤炭能源基地，着眼于全国工业化和城市化发展。未来城市的区域地位是，山西省域中心城市、能源基地和黄土高原的生产与服务中心，中西部重要的技术、产业、服务多重辐射源之一，全国性专业化生产基地。

职能定位：省域范围内，最为重要的工业、科技、教育、行政、旅游服务、信息、交通职能中心。其中，基础工业、行政、交通、信息职能为未来发展依托基点，科技职能、经济管理职能、高层次服务职能、高加工度工业生产职能为发展要点。要重点打好省会这张王牌，充分利用好政治中心、科教中心的有利条件，对经济职能进行改造、发展、提升、转型，实现职能层次的抬升和跃迁，逐步形成具有地域特色和都市特色的现代化、综合性城市职能体系。

产业定位：专业化的高新技术产业、清洁能源产业、都市产业和省会产业、机械制造产业。其中，清洁能源产业，包括工业型煤产业化开发、煤炭洁净燃烧技术与生产、低耗水、轻污染的高载能产品生产与技术开发；高新技术产业，主要包括生物制药产业、新材料产业、电子信息产业；都市产业和省会产业，主要包括文化产业、信息服务产业、房地产产业、旅游产业、教育产业、都市工业及会展业、高档印刷业、中介服务业等。机械制造产业，包括机电仪一体化产业、重型加工工业及装备产业、清洁燃烧器设备产业、环保与资源综合利用设备产业；此外，以不锈钢制品和特种钢为支柱的冶金工业、以技术开发为支撑的环保产业在发展中也应予以重视。

城市形象：生态城市、重加工制造基地、现代化都市、技术创新基地、三晋历史文化中心，打造与自然相互融合、与生态协调发展的现代人居环境。

城市特色：以重化工产业、清洁生产、技术创新和开发、三晋文化、大都市为主导特征，以汾河—滨河城市、晋祠、凌霄双塔、王氏宗情故里、迎泽大街、五一广场为城市象征和标志。

都市文化：黄河文化、黄土高原文化、佛教文化、三晋文化、现代都市文化的良好融合，具有历史文化底蕴、现代文化气息的大文化构架体系①。

(二)确定区域发展目标

1. 确定区域发展目标的依据

区域规划的宗旨是落实和体现以人民为中心的发展观。区域发展目标是对整个区域社会、经济、生态环境等各方面持续、稳定、高效、协调发展要求的总体表述。对于一个具体区域，制定什么样的区域发展目标，需要有全面综合的思想基础，既考虑到区域经济发展，又应重视社会进步和生态环境效益的提高。同时还要考虑目标的类型，如管控目标要求基本准确，要具体、可落实、可考核；而引导目标要求较宏观，侧重于整体方向性的把握。结合区域发展的理论和实践要求，制定区域发展目标的基本依据如下。

(1)客观评价区域发展条件。

任何区域都有其不同于其他区域的发展条件，区域发展目标的制定必须突出区域本身所存在的区域特性。区域发展条件评价必须从宏观、中观、微观多层次进行，重点放在地区发展优劣势分析及某一阶段内区域可能用于发展的人力、物力和财力的正确估量上，以便量入而出，为制定符合实际且合理可行的区域发展目标提供基础。这里尤其强调区域发展条件评价的客观性，不但要正确评价其有利条件，而且要充分估计其不利因素。

(2)准确分析区域发展现势与趋势。

区域经济、社会发展水平及环境质量状况反映其在地区或全国发展中的地位和作用，是制定区域发展目标的起点所在，进而影响到区域发展目标的终点与实现模式。因此，有必要对区域发展现势进行评价，以明确区域发展的地位、作用与目标起点。在此基础上，根据区域发展的内外环境因素对其趋势做出预测，确定区域发展方向及可能达到的水平，并通过对未来区域发展中资源供求平衡的计算，权衡其利弊得失，确立资源约束下区域发展的基本目标框架。

(3)重点体现区域发展的重大社会、经济、环境等问题。

区域发展各层次的目标是相互关联的，尤其是区域发展的关键目标，它对区域发展总目标的实现起重要作用，或作为其他目标实现的前提。它所代表的一般是区域发展中迫切需要解决的重大社会、经济、环境问题，如贫困、劳动力与就业、城市化与社会经济转型、生态环境治理保护、基础设施建设、政策体制等问题。这些问题的有效解决是实现区域发展规划的关键所在。

(4)坚持可持续发展的方向。

满足人类社会的基本需求，创造持久富裕、舒适、优美、和谐的人类生存环境是现阶段区域发展的基本要求，而满足这个基本要求的前提是选择可持续的区域发展方向。要求处理好人与人、人与自然的关系；要求处理好代内和代与代之间公平地分配有限资

① 张复明. 城市定位的理论思考与案例研究——以太原市为例[J]. 经济地理，2000，20(6)：48-51.

源，使其不仅满足当代人的需求，又不损害子孙后代的利益，既符合本区域的利益，又不损害其他区域的利益；在技术可能与经济合理的前提下，节约并有效地利用资源，保护地球的生态环境，使人类的经济和社会发展限定于区域资源和环境承载能力范围之内，使地球保持永久的生命力。由于地球的整体性和相互依存性，可持续发展还要求地球上不同的人群或区域相互协作，这是习近平人类命运共同体思想的具体落实。

(5)以区域发展理论为指导。

区域发展理论是区域发展实践的概括总结与抽象，其来源于实践必将成为指导实践的有力工具。相关的区域发展理论主要有：均衡与非均衡发展理论、经济起飞理论、区域分工与合作理论、区域发展阶段理论、环境效益论、社区发展论及可持续发展理论等。以上理论总结了过去许多国家和地区发展的经验教训，具有典型性和代表性，对现在和未来的区域发展及其目标的制定具有重要的指导意义①。

(6)落实和体现以人民为中心的发展理念。

现代区域发展不再单纯追求经济增长，而更多地注重人的发展。20 世纪 90 年代以来，联合国在“人类发展报告”中多次指出：在发展过程中，对人的关心应当占据中心地位；发展的目的是增加人的各种选择的可能性，而不只是增加收入；人的发展过程既包括扩大人的能力，也包括确保充分实现这些能力的可能性等②。1992 年成立的联合国世界文化与发展委员会也认为，脱离人和文化背景的发展是一种没有灵魂的发展。发展不仅包括得到商品和服务，而且包括过上充实的、满意的、有价值的和值得珍惜的生活。进入新时代，以习近平总书记为核心的党中央反复强调，我国社会主要矛盾是人民日益增长的美好生活需要和不平衡不充分发展之间的矛盾，必须坚持以人民为中心的发展思想，不断促进人的全面发展和全体人民共同富裕。从“以人为本”到“以人民为中心”，这是以习近平总书记为核心的党中央执政理念的本质特征，今后区域发展的目标诉求，必须从对 GDP 的过度热捧到高质量、全面协调发展，确保人民群众的获得感和幸福感。

2. 确定区域发展目标的一般程序

确定区域发展目标的程序即是确定区域发展目标的先后顺序或步骤。一般来说有以下几个步骤。

(1)明确初始目标。

确定区域开发目标，首先需要了解各方面对区域发展的最终要求，即区域在未来时期需要达到的目标。通常包括：目标的种类、期望值或达到的程度。具体做法是：一般由总体设计人员通过走访、召开专家会议或采用特尔菲等方法，广泛搜集各方意见，全面研究有关背景材料，提出自己对开发区域目标的看法，亦即确定一个目标的初始方案。这个方案虽然较粗略，但它反映了各方面对区域开发目标的看法与要求，是最终确定目标体系的基础，是不可或缺的。

(2)做好目标预测。

该阶段的任务是对初始目标实现的可能性程度予以科学预测。可按以下步骤进行。

① 刘玉亭，刘科伟．论区域发展目标[J]．经济地理，2002，22(4)：394-398.

② 海燕．联合国人类发展报告(1999)[J]．国外社会科学，2001(1)：115-116.

确定预测内容与任务，包括预测的期限、范围及其要求。

搜集预测资料，包括初始目标确定所依据的基础资料。

选择预测方法。方法的选择应以资料的掌握情况、预测精度要求、预测费用承担能力及预测技术手段的可能性为依据，并坚持定性分析与定量分析相结合的原则。对于同一目标的预测，最好能采用几种不同的预测方法，提出多个不同的预测方案。即使是同一预测方法，也要采取不同的假设条件，提出不同的预测结果，以便择优选择。

评审预测结果。主要是分析误差，修正结果。预测中难免出现误差，但如果误差太大，就会失去预测的意义。对预测结果我们要认真审查，找出误差所在，并计算误差程度，分析误差成因，采取适当措施，予以纠正。

(3)进行目标优化。

采用各种预测方法确定的各指标数值尚不能作为规划目标。因为该指标值只是各预测对象自然演化状态下的数值，且没有考虑到各指标值间的相互关联与制约，因此，要进行优化研究，把各指标值作为统一整体，在各种约束条件下，寻求各指标发展的最优值。除采用综合平衡等传统方法外，多采用投入产出优化模型，即在投入产出平衡约束下，利用线性规划解决各指标的优化发展问题。这里仅说明两点：一是约束条件的选择问题，除考虑投入产出平衡这一组基本约束之外，还应考虑到区域资源总量、国民经济计划与市场需求、技术进步要求、生态平衡约束等方面；二是目标函数和决策选择问题，目标函数一般选择总产出最大，如各部门产值最大、最终产品产值之和最大、净产值最大等，也可选择总成本最小等。决策变量选择时应突出区域优势部门和主导部门以及为二者服务的部门，也应重视基础产业部门和基础设施部门。在优化目标的基础上，可改变各种约束条件，模拟未来各种环境因素变化对目标的影响，从而得出不同的目标优化方案。在此基础上利用各种目标决策方法，确定本区域开发目标的实施方案。

(4)建立目标体系。

将优化后的目标指标，依据其内在联系，编制成目标实施方案。一般需满足下述要求。

完整性，即目标体系要能反映区域开发所要达到的全部要求。

有机联系性，目标体系不是几个目标的拼凑或机械组合，而是相互联系、彼此制约的统一整体。

综合效益最佳，目标体系不能仅表明区域开发的某个(某几个)方面的效益最佳，而应表明在经济、社会、生态等各方面都能取得比较满意的结果。做好此项工作的关键在于协调好目标的需求值与预测值之间的关系，使之保持合理的比例。

另需指出的是，通过以上步骤所确定的目标体系并不意味着区域开发目标研究工作的最终完成。因为，随着区域开发总体规划工作的全面展开，还可能使总体规划目标遇到许多新的情况，如通过重点部门的选择，产业结构的组织与调整等，都可能发现原定的目标体系中不完善、不理想等问题。此时必须修正目标体系。修正可从第一步开始，也可从中间某个步骤开始，这要视具体情况而定。

3. 确定区域发展目标应注意的几个问题

(1)目标的确定既要考虑其先进性，又要考虑其适用性。

先进性是确定目标时，必须充分考虑现代经济社会发展的要求，体现科学技术进步在未来区域开发中的巨大作用，而绝不能在传统经济观念和现有技术水平上就事论事。实用性是确定的目标必须符合当时当地的实际情况。

(2)指标应当积极而留有余地。

积极就是指标不能过低。指标过低，轻而易举就能达到，不利于调动各方面的积极性，从而影响区域发展。留有余地就是指标不能过高。指标太高，经过努力也达不到，也不利于调动各方面的积极性。区域的实际未来和规划未来往往存在一定的出入，只有在确定目标指标时适当留有余地，才能应付未来变化。

(3)要处理好不同阶段目标之间的关系。

区域发展规划考虑的时限较长，其总体目标需要分阶段完成。在确定阶段目标时，要注意不同阶段目标的区别和衔接。

(4)要注意不同目标之间的协调。

在确定区域开发目标时，应在综合效益最大化的原则下，协调好各目标的关系，要特别注意，本区域的开发，其总体目标是以追求收入均衡为主，还是以效率最高、国内生产总值最大为主；是以发展经济为主，还是以保护环境为重。区域发展的综合性决定了区域发展目标的多样性，其中主要的目标一般包括经济增长、公平分配、基本需求的满足、生态环境的改善等。这些目标既相互促进，又存在差异，差异产生相互矛盾，这种相互矛盾即为目标冲突。区域发展中，各种发展目标的实现，都需要一定的投入作保障，在发展的一定阶段内，区域开发总投入量是既定的，或者说是有限的，各目标的实现有赖于分配到的投入量的多少，分配的过程就是一个矛盾的过程，这种矛盾是目标冲突产生的本质原因。

(5)要防止区域开发目标产生消极作用。

尽管规划者主观上都希望目标能起到积极作用，但若考虑不周，目标对区域发展也可能起消极作用。如前些年，在执行全国国民经济发展规划时，某些区域的领导片面追求开发区和加工业，忽视了环保和公用基础设施的建设，结果导致整个国民经济后劲不足，应引以为戒。

4. 新时代区域规划目标体系

(1)总体思路与框架设计。

区域规划是促进区域科学发展的有效手段，而区域规划的核心是规划理念，关键是规划目标的确定和规划重点的部署。指标体系设计既是对规划理念的具体落实，也是规划目标的实际载体，区域规划指标体系建设意义重大。但是，到目前为止，国内外还没有公认的区域规划指标体系，当前影响较大的是如下三大体系。

一是英格尔斯的现代化目标体系(Inkeles Index System of Modernization)，该体系从人均收入、社会结构、文化教育和医疗等方面，提出了11个评价指标。由于英格尔斯标准简明、可测，数据容易取得，度量比较直接，因此受到许多人的青睐，并且迅速地被加以引用，尤其在我国目前向现代化迈进的时期，更被许多人奉为评估现代化的实用工具。现在看，该指标体系不足之处如下：缺少生态、环保方面的指标，这在当前大力强调绿色发展和生态文明建设的大背景下是很不合适的；没有反映信息化和科技进步等方面的指标，也与创新发展和新型工业化等要求相悖；个别指标有交叉，如婴儿死亡率和人口自然增长率是相关的，所以，中国学者使用时只用其中的10个指标(舍弃了婴儿死亡率指标)。实际上，如农业增加值占GDP比重、服务业增加值占GDP比重、非农业从业人员占全部从业人员比重，这三项都是反映产业结构的，也没有必要都要。

二是国家统计局提出的全面小康监测指标体系。该体系从经济发展、社会和谐、生活质量、民生法制、文化教育和资源环境6个方面提出了23个考核指标。涵盖的面很广，但有些方面不好操作，如公民自身民主满意度、社会安全指数等。

三是国家“十三五”规划提出了“创新、协调、绿色、开放、共享”理念指标体系。该体系必须瞄准这些理念和精神进行构建。考虑到“协调发展”与“共享发展”的交叉融合性，可将二者概括为“和谐发展”。此外，区域经济社会一般发展情况也应该纳入。这样说来，新时代区域规划指标体系就应该是五大板块，即创新发展板块、绿色发展板块、和谐发展板块、开放发展板块和经济社会发展基本板块。

(2)经济社会发展基础性指标。

除了上述不同理念下的规划指标外，区域规划还应该体现出本地区未来一定时间内经济、社会发展的基本诉求，包括GDP、财政收入、人均收入、固定资产投资、城镇化率等。

现代化指标和全面小康指标包含了GDP或人均GDP等指标，但对于我国目前正处在经济发展和新型工业化、新型城镇化全面推进的区域来说，仅用那几个指标远远不够。结合我国的统计制度，这里提出如下的经济社会发展基础性指标建议，如表6-1所示。

表6-1 经济社会发展可选的基础性指标

领域	指标	性质
经济和社会总体	GDP或GDP增长率	预期性
	人均GDP	预期性
	人均财政收入	预期性
	城镇居民人均可支配收入	预期性
	农村居民人均纯收入	预期性
	城镇化率	预期性
生活质量	城镇居民恩格尔系数	预期性
	农村居民恩格尔系数	预期性
	人均预期寿命	预期性
	万人拥有医疗机构床位数	约束性
发展能力	全员劳动生产率(GDP/社会劳动者人数)	预期性
	人均固定资产投资额	预期性

(3)创新发展规划指标。

创新发展强调把发展基点放在创新上，形成促进创新的体制架构，塑造更多依靠创新驱动、更多发挥先发优势的引领型发展。在区域规划指标体系建设中的创新，更多指具有操作性的科技创新。描述科技创新发展的指标，包括创新投入和创新产出两个方面。其中创新投入包括人均受教育年限、教育投资占财政投资比例、R&D投入占GDP比例等；创新产出包括科技人员占从业人员比例、万人发明专利数、高新技术产业增加值占GDP比例等。国家"十一五"规划中曾把研发经费、人均受教育年限等纳入，而没有创新产出方面的指标；国家"十二五"规划中则把九年义务教育普及率、高中阶段毛入学率、研发经费和万人发明专利等作为创新发展的规划指标。最后一个指标即发明专利，属于创新产出成果。英格尔斯的现代化指标中，有大学生入学率等指标，该指标与人均受教育年限等的价值相仿。全面建成小康社会建设中，除了研发经费外，还包括了文化产业增加值占GDP比例、文化娱乐消费占家庭生活消费比例等。其实，这几个指标不如用高新技术产业增加值占GDP比例、战略性新兴产业增加值占GDP比例好。当然，高新技术产业和战略性新兴产业需要根据特殊界定来核算，好在国家对此已经有明确规定，其中高新技术产业自不必说，战略性新兴产业也有专门界定。创新发展指标体系设计可选指标如表6-2所示。

表6-2　创新发展指标体系设计可选指标

领域	指标	性质
创新投入	人均受教育年限	预期性
	教育投资占财政投资比例	约束性
	R&D投入占GDP比例	约束性
创新产出	科技人员占从业人员比例	预期性
	万人发明专利数	预期性
	高新技术产业增加值占GDP比例	预期性

(4)绿色发展指标体系建议。

"绿水青山就是金山银山""绿水青山也能变成金山银山"。绿色发展强调坚持绿色富国、绿色惠民，为人民提供更多优质生态产品，推动形成绿色发展方式和生活方式，协同推进人民富裕、国家富强、中国美丽。因此，必须努力建立资源节约、环境友好社会，普及生态文明，发展循环经济。绿色发展也要求调整产业结构，增加环保投入等。因此，绿色发展规划指标可以从这些方面入手。

在区域层面，如下的指标可考虑作为规划指标，如表6-3所示。国家"十一五"规划中，曾把单位GDP能耗降低、单位工业用水量降低、农业灌溉利用有效系数、工业固体废弃物综合利用率、主要污染物(二氧化硫、化学需氧量)和耕地保有量及森林覆盖率等作为规划目标；国家"十二五"和"十三五"规划中，涉及指标包括：耕地保有量、单位工业增加值用水降低、农业灌溉有效利用系数、非化石能源利用占一次能源比例、单位GDP能耗降低、单位GDP碳排放降低、主要化学污染物(化学需氧量、二氧化硫、氨氮、氮氧化物)减少、森林增长(森林覆盖率、林木蓄积量)等。其中化学污染物分得太细，增加了监测的难度；林木蓄积量也不是很合适，因为这个指标的操作性较差(主观性较强)，不同人员、不同方法测得的结果也不具有可比性。此外，农业灌溉用水有效利用系数的操作性也值得商榷。全面小康建设指标中，有单位GDP能耗、耕地保有面积指数和环境质量指数三大指标，其中后两个指标需要特殊计算，显得直观操作性不够强。

表 6-3 绿色发展指标体系设计可选指标

领域	指标	性质
高效利用资源	非农产业增加值比例	约束性
	单位建设用地面积创造的 GDP	预期性
	城镇人均建设用地	约束性
	乡村人均建设用地	约束性
	万元 GDP 能耗下降	约束性
	万元 GDP(或工业增加值)水耗下降	约束性
	农业灌溉有效利用系数	约束性
减少环境破坏	万元 GDP 二氧化碳排放量下降	约束性
	万元 GDP 化学耗氧量降低	约束性
	工业废水排放达标率	约束性
	工业固体废弃物综合利用率	约束性
	生活垃圾无害化处理率	约束性
提高环境质量	城市大气环境达标天数	预期性
	流域断面监测平均水质	约束性
	受保护国土占国土面积比例	约束性
	森林覆盖率	约束性
	城镇人均绿地面积	约束性
增加环保投入	环保投入占 GDP 比例	约束性
	环保产业占 GDP 比例	预期性
	公共交通占城镇居民出行比例	预期性
	城市建成区轨道交通密度	预期性

(5)和谐发展指标体系建议。

协调发展要求增强发展协调性，坚持区域协同、城乡一体、物质文明与精神文明并重、经济建设与国防建设融合，在协调发展中拓宽发展空间，在加强薄弱领域中增强发展后劲；共享发展则是按照人人参与、人人尽力、人人享有的要求，坚守底线、突出重点、完善制度、引导预期，注重机会公平，保障基本民生，实现全体人民共同迈入全面建成小康社会。为此，必须统筹区域协调发展与城乡协调发展，特别关注弱势群体和基本公共服务均等化。因此，可以从城乡之间、区域之间和不同群体之间的角度考察“协调发展”；从基本生活保障、失业保障及社会保险覆盖情况设计“共享发展”评价和规划指标。

国家“十一五”规划中，曾把城镇基本养老保险覆盖人数、新型农业合作医疗覆盖率、城镇登记失业率等纳入；国家“十二五”规划则使用了城镇登记失业率、城镇参加养老保险人数、城乡三项基本养老参保率、城镇保障性安居工程建设等作为规划指标，对农村未设专门指标。这两个规划都没有直接将城乡收入差距、地区收入差距和群体收入差距考虑进来，也没有考虑到弱势群体的生存要求。国家“十三五”规划增加了农村贫困人口脱贫、城镇棚户区改造面积等，但这几个指标的时效性已过(全面小康已经建成、棚户区改造基本完成)。为此，这里提出了如表 6-4 所示的和谐(协调、共享)发展指标体系设计可选指标。

表 6-4 和谐(协调、共享)发展指标体系设计可选指标

领域	指标	性质
协调	乡城人均可支配收入比	预期性
	不同收入群体之间收入分配的基尼系数	预期性
	下一级区域人均财政收入基尼系数	预期性
共享	城镇调查失业率	约束性
	城镇基本养老保险覆盖率	预期性
	新型农村合作医疗覆盖率	约束性
	最低生活保障水平与(城镇/农民)人均收入之比	约束性

(6)开放发展指标体系建议。

新冠肺炎疫情肆虐，国际贸易(特别是中美贸易)摩擦加剧，我国进入“双循环”——以国内大循环为主体、国内国际双循环相互促进的新发展格局。但对于具体区域而言，还是要坚持内外互动、开放发展。“开放发展”即努力开创对外开放新局面，丰富对外开放内涵，提高对外开放水平，协同推进战略互信、经贸合作、人文交流，努力形成深度融合的互利合作格局。

开放发展取决于两个方面，一是对外的竞争力和包容性，二是内部的一体化进程。为此，这里提出区域层面开放发展指标体系设计可选指标，如表 6-5 所示。应该说，这样的指标体系比较适合于省域层面，特别是城镇化高级阶段的区域发展规划。

表 6-5 开放发展指标体系设计可选指标

项目	指标	性质	说明
内外一体化	等级公路路网密度	约束性	内部交通便捷程度及对外开放的条件
	城镇人均道路面积	约束性	城市内部交通便捷程度及对外开放条件
	人均社会商品零售额	预期性	对内、对外商业影响力，也是经济活跃的标志
	人均货物周转量	预期性	内外物流活跃程度
	人均旅客周转量	预期性	人流活跃程度
对外影响力与包容性	国内旅游吸引力(即国内游客/常住人口)	预期性	地区形象与吸引力
	国际旅游吸引力(即入境游客/常住人口)	预期性	地区国际影响力
	人均金融机构年末存款余额	预期性	财富累积和金融吸引力情况

续表

项目	指标	性质	说明
对外影响力与包容性	人均金融机构年末贷款余额	预期性	经济活跃态势和金融辐射力情况
	人均外商投资额 FDI	预期性	对外经济吸引力，也是发展潜力的反映
	人均对外投资额	预期性	包括对境外投资和对区外投资两个方面，反映出区域资源配置能力
	人均进出口贸易额	预期性	对外贸易能力，也可以分进口、出口两个方面，还可以细分为机电产品出口、高新技术产品出口及服务业出口等
	外贸依存度	预期性	进出口贸易额与 GDP 比例，尤其是出口贸易额占比
	常住人口与户籍人口比例	预期性	反映包容性与就业活力，世界性大都市如北京、上海等，还可以把境外常驻人数与本地户籍人数之比作为开放发展的规划指标

注：本表中的所有指标均为正指标。

(三)重点地域的确定

1. 重点地域选择的基本依据

重点地域选择的基本依据即前述的区域开发空间模式，选择的切入点即效率与公平之间的协调。因此，要遵循如下六个原则。

(1)有利于增强综合实力，提高竞争力。

(2)有利于适应市场经济发展要求，发挥地区比较优势，建立各具特色的区域经济。

(3)有利于促进宏观经济总体布局合理化和最优化，提高资源的空间配置效率。

(4)有利于带动大区域乃至全国的经济发展，促进区域经济协调发展。

(5)有利于加快经济欠发达地区的发展，实现共同富裕。

(6)有利于长期可持续发展。

2. 效率优先目标下重点地域应具备的基本条件

(1)区位优势突出，交通便利，经济腹地广阔。

拥有明显的对外开放和发展的区位优势，交通运输便利、经济腹地广阔，是一个地区得以迅速发展并很快成长为具有全国意义或者大区域意义重点地域的基本条件。市场经济条件下，重点地域应该是能够让生产要素配置成本最低、区位决策能够获得最大经济效益、交通网络发达、可以广泛开展经济活动和经济贸易联系的地区。

(2)经济实力雄厚，科技力量强大。

经济实力雄厚反映了该地区大多已形成了一定的产业基础，城市化水平高，城镇密集，在未来的发展中可以在此基础上加强薄弱环节的建设，以较少的投入、较短的时间，取得较好的社会经济效益。综合科技实力强的地区，人才优势明显，劳动力素质高，能够提供经济发展所需的各类高级人才和专业技术人才，可以为发展高新技术产业创造良好条件。同时，这些地区也大多具有较强的开发设计能力、综合配套能力、生产经营管理能力、适应市场需求的应变能力，能够较快地调整提高产业结构，创造高精新优产品，扩大市场占有份额。

(3)自然资源条件较好，发展潜力巨大。

丰富多样的自然资源，是传统产业也是新兴产业发展的重要因素，是地区经济发展的优势之一。如中西部地区能够利用丰富的农业资源、能矿资源、旅游资源，建设不同种类的农牧业基地，具有地区特色的轻纺工业基地，能源、原材料重化工业基地，以及旅游景区等。

(4)开放度高，投资环境优越。

我国东部沿海对外开放地区在体制创新、产业升级、扩大开放等方面已走在全国前列，对区域和全国经济发展的带动作用将进一步加强，参与国际经济合作与竞争的实力明显增强，上海、北京、广州等中心城市将逐步向国际化大都市迈进。中西部地区可以充分利用长江黄金水道的有利条件和三峡建设的契机，进一步扩大长江流域对外开放，还可以利用亚欧大陆桥和京九铁路的开通运营，加快沿线地区开发开放的力度。东北地区和西南地区分别可以抓住东北亚和澜沧江—湄公河次区域合作的机遇，进一步融入国际市场①。

3. 公平优先目标下的重点地域选择

这样的地区包括资源枯竭型城市、老工业基地、老少边穷地区等类型。其中前两者属于问题区域，老少边穷地区属于欠发达地区。

资源枯竭型城市是指矿产资源开发进入后期、晚期或末期阶段，其累计采出储量已达到可采储量的70%的城市。资源枯竭型城市转型问题是世界各国经济和社会发展中都经历过或正在经历的突出问题，例如德国鲁尔矿区和法国洛林矿区。中国的资源枯竭型城市名单由国家发展改革委、自然资源部、财政部等单位评定，由国务院进行发布。2008年、2009年、2012年，中国分三批确定了69个资源枯竭型城市(县、区)。

老工业基地的调整和振兴是一个世界难题。我国东北等老工业基地市场化程度低，经济发展活力不足；所有制结构较为单一，国有经济比重偏高；产业结构调整缓慢，企业设备和技术老化；企业办社会等历史包袱沉重，社会保障和就业压力大；资源型城市主导产业衰退，接续产业亟待发展，已经产生严重的社会问题。为此，国家从2003年提出了东北等老工业基地振兴计划。

老少边穷地区是位于经济发展落后的中西部的山区和丘陵地区。2011年《中国农村扶贫开发纲要(2011—2020年)》发布，将六盘山区、秦巴山区、武陵山区、乌蒙山区、滇桂黔石漠化区、滇西边境山区、大兴安岭南麓山区、燕山—太行山区、吕梁山区、大别山区、罗霄山区等区域的连片特困地区和已明确实施特殊政策的西藏、四省藏区、新疆南疆三地州作为扶贫攻坚主战场。加快这些地区的发展，是全国人民共同的责任和义务。

问题区域和欠发达地区作为开发重点，主要通过政府扶持、财政转移支付和对口支援等特殊手段。

① 杨洁. 跨世纪我国经济发展战略重点区域的选择[J]. 中国软科学，2000(1)：14-18.

三、当前区域规划的特点与方向

(一)由“自上而下”强制型规划转向双向互动互求、协商型规划

目前世界上的区域规划数不胜数，但不外乎以下三种类型。

自上而下强制型规划。在实行计划经济的苏联及存在东方集权色彩的某些资本主义国家(如日本、新加坡)，规划基本是计划的代名词，国家具有完善的区域规划编制体系及保障体系。区域规划的强烈指令性使其成为一种绝对的政府行为，区域规划成为国家干预、调控地方发展的有力工具。实际情况是除了少数国家较为成功外，这些规划虽然表面上具有强大的权威，但由于难以调动地方的主动性，往往缺乏可操作性。

自下而上放任型规划。由于自由经济意识形态在政治、文化领域的全面渗透，“控制”的观念在这些国家并不受欢迎。市场的盲动性和生产的无政府状态使规划缺乏稳定的地位，时而被政府当作防止市场失效的工具，时而被视为避免经济危机、政治危机发生的临时权宜之计。综合性区域规划在这些国家(如美国)基本不能真正开展。“区域性的规划”实际上被无数单项的规划、契约或法规所取代。美国国家级的规划管理机构主要职能是通过制定全国或全区的立法和分配国家对区域建设的财政补助(联邦基金)来干预或影响地方，因此美国对区域物质环境发展和变化的管理能力要比许多欧洲国家薄弱得多。

控制与引导双轨型规划。在奉行“第三条道路”的西欧国家，其相对集权的价值观及并不宽裕的生存空间，使得区域规划不仅成为政府的一项重要工作，亦能基本得到整个社会的认同。政府通过权威的规划、完备的法规、开放的规划体系、市场化的经济手段等，将控制与引导较好地结合起来，基本保证了区域规划由编制到实施的一致性，如德国的区域规划。

我们既不能重蹈绝对强制的计划模式覆辙，也不能采用自由放任的市场模式。新的区域规划要求在自上而下与自下而上的力量之间进行磨合、平衡，转向双向互动互求、协商型规划。在西方国家称为“非正式规划”，即利用咨询、讨论、谈判、交流、参与等措施，在正式的规划途径之外，开辟一条不完全是官方的意见交流和协商行动的渠道，通过制定公平准则，建立公开的规划体系，广泛吸收各种利益集团(政府、部门、社团、企业等)参与规划的全过程，以寻求解决区域发展中的各种利益冲突的方法和途径，制定出一个透明度高、可信度强、满足全社会愿望的区域规划(契约)。因而这样的区域规划将被区域成员视作“我们的规划”而自觉去履行。这一点对我国传统的区域规划编制思维的改造是有重要意义的，虽然这个过程可能意味着大量的时间与精力耗费，但却是使区域规划由图纸走向实施的重要保障。这种协商式的规划可以处理包括经济结构的调整、就业市场的开拓、环境污染的防治，以及土地资源的需求、开敞空间的建设和区域基础设施的共享等问题，也可运用在目前已经频繁出现的有关争夺城市发展机遇和信息共享处理等方面。这在我国的“珠江三角洲城镇群协调发展规划”中已有较明显的体现。

(二)由经济单目标型规划转向综合目标型规划

传统的区域规划尤其是城镇体系规划，是以生产力的布局为核心任务。本质上讲，城镇体系为我们提供了一个区域经济投入与产出组织的视角。在计划经济时代，城镇体系规划的根本目的就是要使国家的资本得到均衡的配置，甚至还带有限制资源、资本“计

划外”流动的企图。在以经济目标为根本内在驱动的情况下，区域规划中虽然对社会发展、生态环境保护等也有一定的涉及，但大多是作为一种“标签”，无论是规划者还是执行者，都没有将其放到真正重要的地位。

粗放型的经济增长模式是用国内生产总值和国民收入的总量与速度的增加掩盖自然资源衰竭、环境功能退化所代表的真正经济成本，但如今我们已经直接感受到了漠视环境成本所带来的昂贵代价。此外，人们越来越认识到，“经济增长”与“社会发展”是两个完全不同的概念，由于社会发展极化、文化冲突、权利分割、社会需求多元化等引发的社会问题，许多必须在区域规划中找到解决或缓和的途径。20 世纪 90 年代以来，为解决日益突出的人口、资源、环境与经济社会发展问题，区域规划在内容、范围、理论研究与方法技术等方面都发生了较大的变化。区域规划从内容看，越来越由单目标的物质建设规划或经济布局规划为主开始转向综合的区域发展目标规划，规划中的社会因素与生态环境因素越来越受到重视，生态最佳化成了未来区域规划的新方向。美国区域规划协会指出，表征生活质量的“3E”正日益成为评判区域在国内外竞争力大小的标准。总之，一个基本的规划理念是社会与生态环境尺度必须同时作为衡量最佳规划方案的重要标准。

(三)由城镇为重点转向区域、城乡整体规划

传统的区域规划由于将规划视野过多囿于经济生产领域，因而将区域的经济中心——城镇作为规划研究的重点，而将区域中其他基质地域(生态地域、农村地域)作为一种支撑城镇发展的成本。在区域规划中，“二元分割”的规划思维特征非常明显。

但是经济和社会的发展不仅创造了越来越多城乡界限日益模糊的城镇密集区、都市连绵区、城乡混合区等表象的空间形态，而事实上从更为深刻的层面将城镇与区域、乡村的发展紧密地联系到了一起。以创新为第一生产力的知识型经济将从根本上改变了城市与乡村的关系。乡村不再是作为为城市单纯提供生产要素的依附地，而实现了多种要素的相互组合流动；乡村的经济、社会、生态价值被重新发现和理解，城市的持续发展是以乡村的健康成长为基础的；经济成长的创新机制，有可能使传统城市地域以外的空间得到优先发展，从而改变由城市至乡村的单一扩散方向。城镇以外的区域基质空间不再是单向被动地承受城镇的资源耗费和经济、社会的“主宰”，而对城镇的发展越来越表现为依赖与制约并存、支持与竞争并存的格局。“城乡一体化”虽然仍有词意表达上的争议，但作为一个区域城乡整体规划、整合发展的目标理念正日益被广泛接受。

(四)由面面俱到型规划转向问题导向型规划

在经济模式由计划经济向市场经济转轨的过程中，我国区域规划一度延续了无所不包的庞杂色彩。由于对市场环境中许多变动因素无法把握，甚至规划了许多无法调控的经济生产内容，如此面面俱到的规划，不仅耗费了大量的规划精力与财力，也影响了有关各界包括规划人员自身对区域规划实际效果的看法，实际上也削弱了区域规划的权威性、科学性。

区域是一个处于时代变化中的复杂综合体，区域规划只能是有限目标的规划。区域规划必须抓住其真正能发挥作用的内容进行规划，针对每个规划的特定区域、特定时段、特定背景的要求，进行针对性的“重点问题”规划，提高区域规划的编制效率，力戒面面俱到、泛而无物。在此方面，日本的历次国土综合规划是非常有代表性的：日本第一次国土规划主要是实现生产力的最优经济布局；第二、第三次的国土规划则主要是逐步解决全国经济发展的不均衡问题；第四次国土规划则着重强调人口高龄化、信息化和国际化，把建设舒适开放的安居社会、形成安全而富饶的国土、整顿充实长寿社会中的生活空间和整备交通、信息和通信体系作为主要议题；第五次国土规划则将提高日本在全球经济社会发展中的竞争地位与能力及发展高水平的地域文化作为规划的主题。

(五)由单方案刚性规划转向多方案弹性型规划

今天我们面对的是一个多变的环境、网络化的社会，但正如法国第八个国民经济计划所指出的那样：未来越是朦胧，计划(规划)越有必要。多变的环境对规划也提出了更高也是更为现实的要求——如何实现规划的灵活性与弹性。

保证弹性和调控程度的平衡是区域规划有效性衡量的标准。必须将原来以行政手段为主的计划型规划转变为以价值手段为主的计划与市场兼容型规划，将原来过于具体的刚性规划转变为应变能力较强的弹性规划。当然，区域规划更应体现出多目标、多方案的弹性特征，在全球化过程中使区域发展具备更大的应变性，防范各种风险与被动的境况。

(六)由虚调控型规划转向以空间管治为手段的实调控型规划

传统区域规划效果低下而难以对区域发展起到真正调控与引导作用，其中一个重要原因是尚未找到其真正赖以调控区域发展的“权力砝码”。区域规划不同于其他综合的区域经济社会发展规划(计划)根本之处是：区域规划是一种以空间资源分配为主要调控手段的地域空间规划，即制定空间准入的规则、实施空间管治，是实现其由虚调控型规划转向实调控型规划的关键“砝码”。在市场经济环境中，空间管治如同法规、税收等一样，是政府握有为数不多而行之有效的调节经济、社会、环境可持续发展的重要手段。在当今环境中，区域规划作为一种空间地域规划，它不再仅仅是被动地对社会经济发展计划进行地域上的落实，而且更重要的是通过空间准入规则(空间供给的多少、分区发展的限制等)来主动对社会经济发展进行必要的调控，修正其中不合理的部分。即区域规划既要把国家和地区经济发展政策和社会改造意图综合反映在空间环境建设上，也要通过规划对有关社会经济政策及意图提出建议和补充。

区域规划必须由以前的以生产力布局和城镇体系布局为重点转向以空间资源配置为重点，划定各种用途管制区域，并制定相应的空间使用要求，在区域中划定鼓励发展地域、引导发展地域、限制发展地域、禁止发展地域等多种不同的空间类型。刘太格先生最近将新加坡成功规划经验概括为：由大到小、由远到近、由不可开发到可开发。在各种空间类型中，最为首要的是划定非发展地域的界限和制定保护的要求。“优势区”是德国在区域规划中作为生态平衡的一种规划理念和手段提出来的，其是指区域中一些具有单一职能或多种职能的农村地区或具有自然保护功能的大空间。从土地保养的角度看，优势区意味着让社会和自然环境之间达成有机的平衡。优势区一般具有五种职能：农业和林业生产、闲暇和休养、长期保障用水供应、特殊的生态平衡功能、原料和矿产的采集。在莱茵兰—普法尔兹州的规划中，就规定了一系列非开发地域作为“地区的首要用途”。这一点对我国目前西部大开发具有非常现实与深远的意义。

(七)由单模式规划转向多模式规划

“区域”表达的是按某种目的划分出的空间地域概念，因而区域具有类型、层次之分。

编制不同的区域规划应当采取不同的模式，尤其是不同层次区域规划解决的是不同层次的问题。苏联的区域规划有两种类型：区域规划纲要和区域规划设计。这两种类型是以不同的地域等级为对象而划分的，且两类规划要依次完成。区域规划纲要具有资料调查和评估性质，其任务是揭示大地区地域性经济布局和发展的可能性，在总体上指出实现这些可能性的途径和最佳的方案；区域规划设计只是在区域规划纲要研究过的部分地段进行，研究纲要所提出的布局和发展可能性的具体实现途径(空间利用规划、设施安排等)。目前我国已经出现以资源开发为重点的区域开发型规划，以城镇体系布局为核心的市、县域规划，以及城镇群规划、城乡一体化规划等相关类似规划，不同类型、不同层次、不同地域尺度的区域规划相互促进，区域规划也由过去单纯的物质实体的形态规划扩大到非物质实体规划在内的综合性规划。

(八)由目标终极型规划转向过程实施型规划

相比于其他类型的规划，区域规划更具有宏观性、长远性、战略性的特征。因此，如何将区域规划的种种“终极合理目标”转化为具体可行的“行动过程”，是关系到区域规划实际成败的关键。这就要求我们必须强化对实施步骤、实施措施等的研究，而这却正是我们以前较为忽略的内容。空间管治是一种实现由目标至过程的措施，而通过区域建设资金的分配或政策的倾斜、基础设施的建设引导，也是实施区域规划的重要手段，这在市场经济环境中尤其具有现实的意义。

在美国高度私有化的商业为导向的社会环境中，坚实的基础设施和环境是私人企业发展的必要条件，国家、州和地方政府可以通过提供基础设施服务，引导和限制私人企业的发展，大都市地区规划成为应付市场力量的一种工具。在我国社会主义市场经济下，如果明智地使用规划工具和选择性地进行基础设施投资，引导形成合理的空间形式，促进生产力集聚，节省时间与空间的耗费，保存脆弱的生态环境，那么我们能够创造出更适合人类生存、更易管理的各种区域①。

(九)区域发展战略规划应运而生

自 2008 年以来，国务院和国家发展改革委先后批准或批复了数十项区域发展规划，包括京津冀都市圈区域规划、长三角区域规划、东北振兴规划、关中—天水经济区发展规划、江苏沿海地区发展规划、横琴总体发展规划、辽宁沿海经济带发展规划、中部地区崛起规划等。这些规划，都不是典型的区域规划，也不是传统意义上的“发展战略”，而是一种既高瞻远瞩、又有一定操作意义的战略规划。区域发展战略规划及其研究的高潮正在到来。

从工作深度、指导性与操作性之间的关系，区域发展决策在纵向上应该按照这样的思路进行：先编制高级区域的经济社会发展战略，在此基础上按照“区域发展战略—区域发展概念性规划—区域总体规划—区域详细规划—分区设计”的思路，将区域经济社会发展与空间协调发展有机结合起来，进行不同尺度区域规划的编制，如图 6-1 所示。

战略研究强调宏观性、长远性和指导性，规划强调系统性、操作性，区域发展战略

---

① 张京祥，吴启焰．试论新时期区域规划的编制与实施[J]．经济地理，2001(5)：513-517＋526.

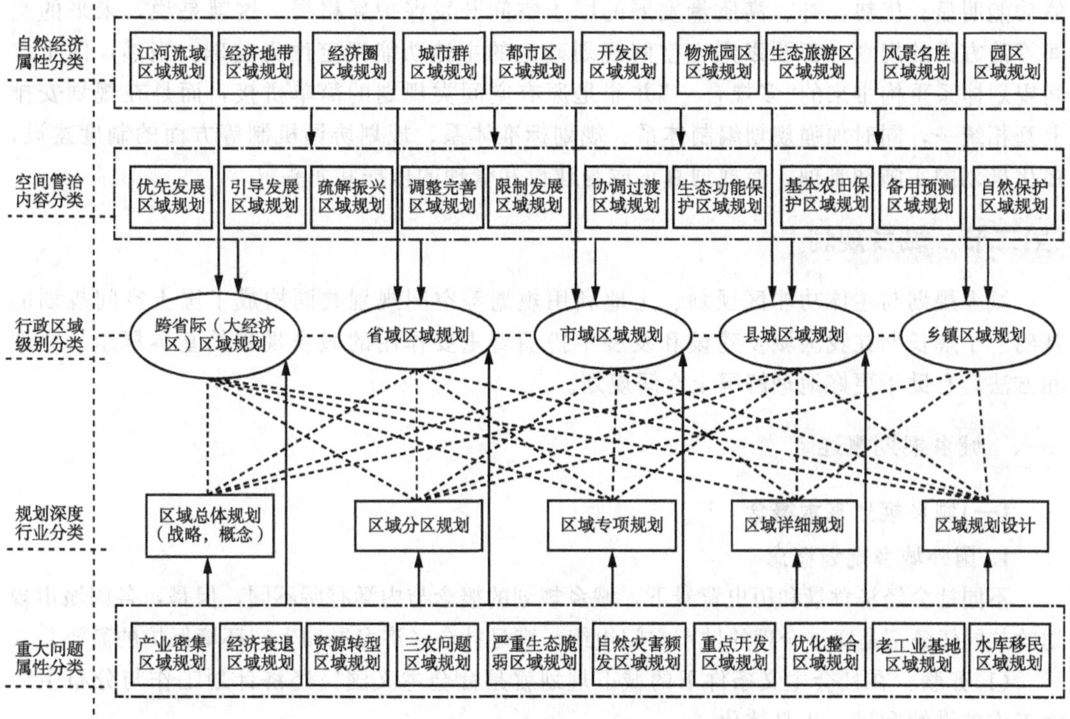

图 6-1　中国区域规划的层次和类型划分示意图①

规划是介于区域发展战略与区域规划之间的一种决策形式，要解决的主要问题，是找准区域定位，打造区域形象，明确区域发展方向和目标，确定区域发展重点。

农业社会重视过去，工业社会重视现在，信息社会重视未来。战略规划既高瞻远瞩又有一定的操作性(目标明确、重点落实)，因而不像战略那样“虚无缥缈”；但又不像规划那样面面俱到，“只见树不见林”。战略规划迎合了时代的要求，成为不可替代的一种思维方式和决策过程，它是区域发展决策人员必须了解和掌握的一种知识能力。

(十)以主体功能区为基础，推进“多规合一”

涉及空间管治的规划，除了区域规划外，还有已整合入国土空间规划体系的城乡规划、土地利用规划和主体功能区规划等，这些规划长期以来围绕城乡发展、土地利用、国土功能定位起到了重要的管治作用。我国国土空间规划体系改革前，各类规划依据打架、目标打架、标准打架的状况时有发生。区域的整体目标、近期目标，行业和领域的分项目标都没有建立一个完整的体系，各项规划即便想找到依据也很难。为此，国家“十四五”规划建议要求构建国土空间开发保护新格局，立足资源环境承载能力，发挥各地比较优势，逐步形成城市化地区、农产品主产区、生态功能区三大空间格局，优化重大基础设施、重大生产力和公共资源布局。支持城市化地区高效集聚经济和人口、保护基本农田和生态空间，支持农产品主产区增强农业生产能力，支持生态功能区把发展重点放到保护生态环境、提供生态产品上，支持生态功能区的人口逐步有序转移，形成主

① 方创琳，等. 区域规划与空间管制论[M]. 北京：商务印书馆，2007.

体功能明显、优势互补、高质量发展的国土空间开发保护新格局。这就是说，未来的空间管治方面的规划，都要以国土空间规划确定的主体功能区定位为基础。当然，国土空间规划体系重构带来的“多规合一”并非是原有空间类规划的简单拼接，而是在规划安排上互相统一，同时加强规划编制体系、规划标准体系、规划协调机制等方面的制度建设，强化规划的实施和管理，使规划真正成为建设和管理的依据和龙头①。

第二节　城乡规划

城乡规划与主体功能区规划、土地利用规划等空间规划共同构成了国土空间规划的基础。了解长期在我国城乡建设和发展中扮演着重要作用的城乡规划的基本概念、原理和方法，有助于更好地理解国土空间规划。

一、城乡规划概述

(一)城乡规划基本概念

1. 国外城乡规划概念

不同社会经济背景和历史背景下，城乡规划的概念与内涵有所不同，但是，各国城市规划的共同任务都是通过合理的城市空间组织，满足社会经济发展和生态环境保护的需要。

(1)苏联：在社会主义条件下的城市规划就是社会主义国民经济计划工作与分布生产力工作的继续和进一步具体化。

(2)日本：城市规划是城市空间布局、建设城市的技术手段，旨在合理地、有效地创造出良好的生活与活动环境。

(3)英国：城市规划与改建的目的，不仅仅在于安排好城市形体城市中的建筑、街道、公园、公用事业及其他的各种要求，更重要的在于实现社会与经济目标。

(4)美国：城市规划是一门科学、一种艺术、一种政策活动，它设计并指导空间的和谐发展，以满足社会和经济的需要②。

2. 我国城乡规划概念

从城乡规划的工作内容角度来定义，城乡规划是以促进城乡经济社会全面协调可持续发展为根本任务、促进土地科学使用为基础、促进人居环境根本改善为目的，对一定时期内城乡社会和经济发展、土地利用、空间布局以及各项建设的综合部署、具体安排和实施管理③；从城乡规划的社会作用角度来定义，城乡规划是各级政府统筹安排城乡发展建设空间布局，保护生态和自然环境，合理利用自然资源，维护社会公正与公平的重要依据，具有重要公共政策的属性④。2018年国家国土空间规划体系改革后，主体功能区规划、土地利用总体规划、城乡规划、海洋功能区划等逐渐融合，称作“国土空间规划”。

---

① 沈迟．我国“多规合一”的难点及出路分析[J]．环境保护，2015，43(Z1)：17-19.

② 国家开发银行规划院．科学发展规划的理论与实践[M]．北京：中国财政经济出版社，2013.

③ 国家质量技术监督局，中华人民共和国建设部．城市规划基本术语标准[M]．北京：中国建筑工业出版社，1998.

④ 全国人大常委会法制工作委员会经济法室，国务院法制办农业资源环保法制司，住房和城乡建设部城乡规划司．中华人民共和国城乡规划法解说[M]．北京：知识产权出版社，2008.

(二)城乡规划的主要类型

2018年国家国土空间规划体系改革前，我国城乡规划包括城镇体系规划、城市规划、镇规划、乡规划和村庄规划。城市规划分为总体规划阶段和详细规划。总体规划阶段分为总体规划和近期建设规划。详细规划阶段分为控制性详细规划和修建性详细规划，如图6-2所示。

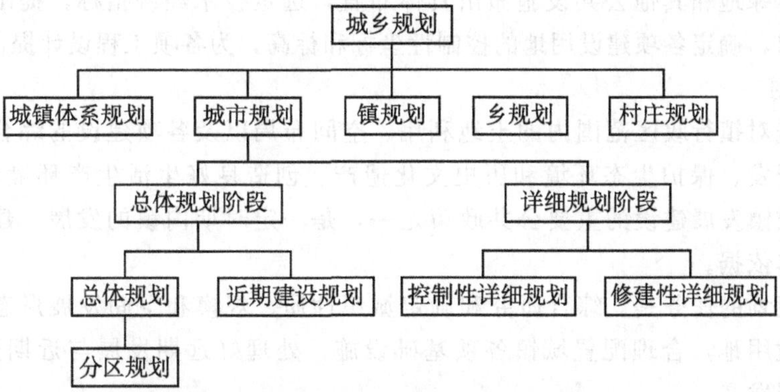

图6-2 2018年前我国的城乡规划体系

1. 城镇体系规划

城镇体系规划的目标是：运用现代系统理论与方法探究体系的整体效益，即寻找整体效益大于局部效益之和的部分。在开放系统条件下强化体系与外界进行的“能量”和物质交换，使体系内负熵流增加，促进体系向有序化转化，达到社会、经济、环境效益最佳的区域发展总目标。具体而言，城镇体系规划通过区域人口、产业和城镇的合理布局，协调各城镇之间、城镇与城镇体系之间及城镇体系与外部环境之间的各种经济、社会、环境等方面的相互联系，并通过系统理论与方法，促进区域社会、经济、环境综合效益最优化，实现城镇体系的可持续发展①。主要任务包括：综合评价区域与城市建设和发展条件；预测区域人口增长，确定城市化目标；提出城镇体系的职能结构和城镇分工；确定城镇体系的等级和规模结构；确定城镇体系的空间布局；统筹安排区域基础设施、社会设施；确定保护区域生态环境、自然和人文景观以及历史遗产的原则和措施；确定各时期重点发展的城镇，提出近期重点发展城镇的规划建议；提出实施规划的政策和措施。

2. 城市规划

(1)城市总体规划是对一定时期内城市的性质、发展目标、发展规模、土地使用、空间布局以及各项建设的综合部署和实施措施。主要任务是：综合研究和确定城市的性质、规模和发展方向，统筹安排城市各项建设用地，合理配置城市各项基础设施和公共服务设施，健全城市综合防灾体系，保护自然生态环境和整体景观风貌，保护历史文化资源，处理好远期发展和近期建设的关系，指导城市建设和合理发展。

(2)城市分区规划是在城市总体规划的基础上，对城市土地利用、人口分布和公共设施、基础设施的配置进一步规划安排，为详细规划和规划管理提供依据。

---

① 朱深海. 城乡规划原理[M]. 北京：中国建材工业出版社，2019.

(3)控制性详细规划主要是以总体规划或分区规划为依据，以土地使用控制为重点，确定城市土地使用的具体空间组织、功能分类、兼容范围及开发强度，对城市新旧区的开发与再开发活动实施引导，防止单个开发建设活动对城市整体产生不良影响。

(4)修建性详细规划是按照城市总体规划及控制性详细规划的指导、控制和要求，以城市中准备实施开发建设的待建地区为对象，对范围内的房屋建筑、市政工程、公用事业设施、园林绿地和其他公共设施做出具体布置，选定技术经济指标，提出建筑空间和艺术处理要求，确定各项建设用地的控制性坐标和标高，为各项工程设计提供依据。

3. 镇规划

镇规划是对镇行政区范围内的土地利用、空间布局以及各项建设的综合部署，是管制空间资源开发、保护生态环境和历史文化遗产、创造良好生活生产环境的重要手段，是指导与调控镇发展建设的重要公共政策之一，是一定时期内镇的发展、建设和管理必须遵守的基本依据。

镇总体规划的任务是：综合研究和确定城镇性质、规模和空间发展形态，统筹安排城镇各项建设用地，合理配置城镇各项基础设施，处理好远期发展与近期建设的关系，指导城镇合理发展。

镇区控制性详细规划的任务是：以镇区总体规划为依据，控制建设用地性质、使用强度和空间环境。

镇区修建性详细规划的任务是：对镇区近期需要进行建设的重要地段做出具体的安排和规划设计。

4. 乡规划和村庄规划

乡规划和村庄规划以服务农业、农村和农民为基本目标。

其中，乡规划应对乡域范围内村镇体系及重点建设项目做出整体部署，主要任务是：综合评价乡发展条件；确定乡的性质和发展方向；预测乡行政区域内的人口规模和结构；拟定所辖各村镇的性质与规模；布置基础设施和主要公共建筑；指导村庄建设规划的编制。

村庄规划的重点是：村庄用地功能布局、产业发展与空间布局、人口变化分析、公共设施和基础设施、发展时序、防灾减灾等。

(三)城乡规划的原则

城乡规划的原则是正确处理城市与国家、地区、其他城市的关系、城市建设与经济建设的关系、城市建设的内部关系等的指导思想。在城乡规划编制过程中，应遵循和坚持城乡统筹、合理布局、节约土地、集约发展和先规划后建设的原则，改善生态环境，促进资源、能源节约和综合利用，保护耕地等自然资源和历史文化遗产，保持地方特色、民族特色和传统风貌，防止污染和其他公害，并符合区域人口发展、国防建设、防灾减灾和公共卫生、公共安全的需要。不同类型或等级的城乡规划，其遵循的主导原则有所差异。

1. 编制城镇体系规划应遵循的原则

(1)因地制宜的原则，即符合地方实际、城市发展的特点，具有可行性。

(2)经济社会发展与城镇化战略互相促进的原则，即将产业布局、资源开发、人口转移等社会经济发展战略与城镇化进程联系起来。

(3)区域空间整体协调发展的原则，即从区域整体的观点出发，协调不同类型空间开发中的问题和矛盾，通过时空布局强化分工与协作，取得整体大于局部的优势。

(4)可持续发展的原则，即将经济、社会、环境作为一个整体综合考虑，构建可持续发展的空间布局框架。

2. 编制城市总体规划应遵循的原则

(1)统筹城乡和区域发展，即增强城市辐射带动功能，提高对农村服务的水平，协调城乡基础设施、商品和要素市场、公共该服务设施的建设，同时加强城市与周边地区的经济社会联系。

(2)积极稳妥地推进城镇化，即根据经济社会发展趋势、资源环境承载能力、人口变动等情况，合理确定城市规模和城市性质。

(3)加快建设节约型城市，即将节地、节水、节能、节材和资源综合利用落实到城市规划建设和管理的各个环节中。

(4)为人民群众生产生活提供方便，即以改善人居环境，建设依据城市为重要目标。

(5)统筹规划城市基础设施建设，包括统筹规划交通、能源、水利通信、环保等市政公用设施和统筹城市防灾减灾和应急救援体系①。

二、 城乡规划的原理和方法

(一)城乡规划原理

作为一般性的认识，城市规划中有三类方法论思想必须予以强调：一是认识论思想，包括对城市、城市土地使用、城市规划等方面的认识；二是规划过程的思维方法；三是规划编制方法。在过去的规划过程中，由于受社会、经济、政治、技术等各方面的制约及规划师自身素质的影响，存在着许多问题，这些问题有很大一部分可以归结于思维方法所带来的缺陷。针对这些缺陷，提出以下几方面，并强调这些思想方法的运用。

(1)规划是一个完整的过程，规划不仅仅是编制规划方案，而且包括规划实施。可以说，规划系统的目标就是要保证规划的实施，并以此促进城市的有序发展。

(2)城市规划是城市发展过程中的一个作用因素，它既不是唯一的作用因素，也不是最重要的作用因素。因此，城市规划必须研究决定和影响城市发展的各项因素，尤其是一些更为重要的和决定性的因素。只有与这些因素在运行过程中相结合，城市规划才能起作用。

(3)城市规划必须运用广义系统论思想。在城市规划过程中，不仅仅在具体的技术手段上要运用一些先进的系统工程方法，这在现时规划领域中已得到了相当的重视，而且在规划的整体思想中，需要运用广义系统论思想(不仅仅是系统分析方法)，使之成为规划师们思考和处理问题的基本方法。

(4)强化以“人”及其活动为最基本出发点。过去习惯于以物(建筑)的规划和以功能分区作为思考及处理规划问题的主体，这是颠倒了规划内容的主次关系。必须全面研究城市中的人、人的基本价值观和行为方式及与城市物质环境相结合的人的活动，并以此来对城市土地使用进行规划，只有这样，城市规划才有可能成为有利于人的发展和城市有

① 朱深海．城乡规划原理[M]．北京：中国建材工业出版社，2019．

机发展的促进因素。

作为特殊性的分析，我国城市规划工作一直面临着一个令人困惑的局面，即城市规划的合理性与实施的可能性之间存在着矛盾。除了社会经济条件的变化影响和法规体系尚不健全等原因外，城市规划方法本身存在问题是形成这一矛盾的重要原因之一。基于上述方法论的指导，提出以下合理的规划方法解决规划与实践脱节这一矛盾问题。

(二)城市规划中的目标规划方法

城市规划本身就是一种建立目标体系并设定其实现程序的过程。现行的规划方法只设定单独的目标和实现目标的单一途径，这样就必须假定所有外部因素的变化都能够被控制。这在实际情况中是不可能的。所以规划与实践不可避免地要脱节。目标规划方法是要建立一个多目标的目标体系。在这个目标体系内，又将目标分为基本目标与工具性目标。基本目标是一种高层次、概括的目标，如城市的社会经济发展水平等。工具性目标则是实现基本目标的手段、方法，在实际情况中，一个问题往往会有多个解。同样，对于基本目标来说，也有若干个工具性目标，即实现基本目标有多种途径和方法。在城市规划的实施过程中可以根据不同的情况，选用不同的工具性目标。虽然过程、方法不同，但最终结果都是令人满意的。这种方法若应用于城市总体规划方面，将会对城市的远景目标的实现起重要的控制作用。

(三)城市规划中的被动规划方法

在一些社会经济情况变化较大的城市或地区(例如经济特区及某些沿海地区)，作为城市规划依据的社会经济发展的长期预测误差较大。这种情况下，就应以短期(近期)预测为依据，作短期的发展规划，而不强调规划实现的时间和最终结果，这种方法强调随时调整(每隔两年或更短的时间就要进行调整)，以适应各种发展可能。这样连续不断地规划，使城市规划真正成为一种过程，具有了动态的意义。城市规划不是试图引导社会经济的变化，而是尽可能去适应这一变化。

(四)城市规划中的“限制性”规划方法

在一些社会经济环境比较复杂，实行市场经济的地区(如海南省等)规划如何与现实结合的问题则变得更加突出。在这种外部环境下，城市的发展不以规划者的意愿为转移，城市规划不可能也没有能力控制各种因素的变化。因此采用“限制性”规划方法可能比较实际。所谓“限制性”规划方法，就是靠制定一系列宽松的法规来取代现行的规划方法。这一系列宽松的法规只严格限制那些人们不愿看到、不希望产生的东西(如环境污染、犯罪等)的存在和发展，而对除此之外的其他发展可能不作限制，允许其自然发展。这一方法实际上是利用城市自身的自组织性来实现城市的发展。该方法避免了以主观固定的观点应付千变万化情况的弊病。

以上三种方法对城市的作用关系依次为“主动引导—被动适应—消极限制与自由发展”，由主动变为消极。这三种方法各有利弊，而且如何与目前的规划体制相结合，是一个需要解决的问题。这些方法同样要经过实践的检验，才能最后确定其作用[①]。

① 国家开发银行规划院．科学发展规划的理论与实践[M]．北京：中国财政经济出版社，2013.

三、城乡规划的编制与实施

(一)城乡规划的编制方法

城乡规划的编制主要按照以下流程进行：划定城市规划区—设定规划目标—调查分析—编制规划方案—编制建设计划—编制法定城市规划，如图 6-3 所示。传统的城乡规划编制过程中主要运用定性分析、数学模型分析、空间模型分析等三种方法。

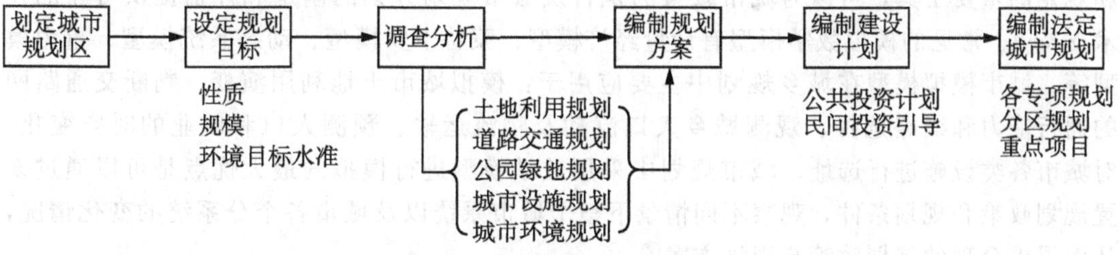

图 6-3　城乡规划的编制流程

1. 定性分析

定性分析方法基于实践经验与主观判断，对城市规划中的复杂问题进行判断，由于城市是复杂的系统，单纯的定量分析难以把握全面，对于全局性的问题还得依靠定性分析①。定性分析方法主要有因果分析法和类比法等。

(1)因果分析法，即通过经验和调研尽可能多地列举涉及的相关因素，找出主要因素，并建立因果关系，从而提出解决城市问题的方法。

(2)类比法，即通过与发展条件、现状规模和性质相似的区域进行对比分析，找出其规律性，用于解决城市规划中难以定量分析的问题。

2. 数学模型分析

数学模型分析通过数学公式对城市系统进行模拟，广泛应用于城乡规划的预测、优化、决策和模拟，尤其是对未来发展趋势的预测和对方案的优化比选。

(1)运筹学。

运筹学以系统观点分析问题，制定表达目标、条件、决策的数学模型，发明求解运筹问题的数学模型，寻求在满足限制条件下达到目标的最优决策②。运筹学的具体内容包括规划论(如线性规划、非线性规划、整数规划和动态规划)、库存论、图论、决策论、对策论、排队论、可靠性理论等。运筹学对于解决城乡规划的相关问题，尤其是最优化问题，例如最理想的城市规模、交通网络优化等问题具有优势，但由于运筹学需要较高的数学基础和素养，并未得到大量推广，目前主要在交通规划领域得到广泛应用③。

(2)线性规划。

线性规划是运筹学规划论中的一个重要分支，其基本思路是在满足约束条件下，按照某一衡量指标来寻求最优方案，由于约束条件和目标函数都是呈线性关系，所以被称

① 谭纵波．城市规划[M]．北京：清华大学出版社，2016．

② 许国志．系统科学与工程研究[M]．上海：上海科技教育出版社，2000．

③ 同①。

为“线性”。线性规划为合理地利用有限的人力、物力、财力等资源做出的最优决策，提供科学的依据，广泛运用于城乡规划，用于解决优化问题，例如资源分配的最优化问题和基础设施的布局问题。

(3)城市模拟模型。

城市模拟模型是在对城市地理系统进行抽象和概化的基础上，对城市空间现象和过程的抽象数学表达，是理解、模拟与预测城市空间现象变化、对城市系统进行科学管理和规划的重要工具，可以为城市政策的执行及城市规划方案的制定和评估提供可靠的技术支持①。常见的模拟数学模型有计量经济模型、蒙特卡罗模型、动态系统模型、重力模型等。城市模拟模型在城乡规划中主要应用于：模拟城市土地利用演变、判断交通路网的通行能力和线路选择、观测城乡人口流动及物流运输、预测人口和就业的时空变化、对城市各类设施进行选址。城市规划中采用数学模型进行模拟的最大优点是可以通过设置规划政策和规划条件，观察不同情景下整个城市系统以及城市各个分系统的变化情况，从而寻求合理的规划政策与规划方案②。

3. 空间模型分析

在城市规划中，空间模型主要涉及空间地物的位置、特征和相互关系，以及人口、经济、资源、环境等基础信息和其他行业的专门信息。传统的城市规划空间模型分析主要采用实体模型和概念模型来表达。

(1)实体模型。采用投影法画的平面图、立面图和剖面图或透视法画的鸟瞰图、透视图，用于表达城市规划管理及实施的方案或效果。

(2)概念模型。包括几何图形法、等值线法、方格网法、图表法等不同类型。其中，几何图形法在平面图上强调空间要素的特征与联系，用于功能结构分析、交通分析、环境绿化分析等；等值线法常用于地形分析、交通可达性分析、大气污染和噪声分析等城市单一因素的分析；方格网法将研究区域划分为方格，将每个方格中的被分析因素的值用颜色、数字、线条等表示，常用于环境、人口的空间分布分析或多因素综合评价；图表法主要在地形图上相应位置用玫瑰图、直方图、折线图、饼图等表示各因素的值，常用于区域经济、社会等因素的空间分析比较。

(3)城市空间数据模型。城市空间数据模型分析主要针对城市空间信息的处理，包含了地理空间信息、社会基础信息等信息内容，把空间中的地理信息、属性信息、图形信息有效组织起来，实现对空间信息的表达、存储和管理。城市空间数据模型的构建则是通过一定的原则和标准，把这些信息通过计算机编码的方式进行充分整合，然后统一使用和管理，为城市的管理和运行提供信息支撑③。

随着大数据、人工智能、地理信息系统集成等新型技术手段的发展，将这些新技术与传统的数学模型、空间分析方法相结合，建立城乡规划支持系统，可以提高规划的效率和精确度，实现规划方案优选和辅助决策。有学者提出数字时代城市规划包括四种典型规划，如表 6-6 所示。第一种是算法型城市规划，通过大数据、算法处理和智能网格来

① 龙瀛. 规划支持系统原理与应用[M]. 北京：化学工业出版社，2007.

② 李晓峰. 基于城市发展的城市模拟模型应用前景研究[D]. 天津：天津大学，2010.

③ 蒋敏，朱召法. 城市规划空间数据模型的构建研究[J]. 硅谷，2013，6(17)：81-82.

实现智能城市，借助人工智能赋予规划新的活力；第二种是资本型城市规划，城市通过互联网巨头或共享经济企业的发展呈现“超级化”，最终挑战和绕过传统的城市规划场景；第三种是自由型城市规划，体现为公民使用数据的特征，公民质疑城市规划的制度实践，提出更好的沟通形式以凝聚集体智慧；第四种是开源型城市规划，先确定合法利用数据的机构，通过该机构来引导和实现城市发展，同时保障更加有效的公众参与。这四种典型的城市规划取决于当地利益相关者的关系和社会政治背景，其中，开源型城市规划作为主导推荐范式，强调公众参与不仅是简单的公众讨论和针对总图的投票，而应是大规模的开放式在线设计①。

表 6-6　数字时代城市规划的四种典型规划

项目	算法型城市规划	资本型城市规划	自由型城市规划	开源型城市规划
规划类型	理性规划	战略性规划	交流型规划	协作型规划
主要参与者	私营部门或公众	私营部门	公民	机构和公民
规划师角色	工程师	互联网巨头和创新企业	业余者、公民黑客	数字化协调员
主要价值观	保持规划理性	市场化	民主化	代表/参与性民主
目标	高效、可持续性、可控制性	创新、利润最大化、数字化影响	社会化、替代政府和城市	参与性，侧重合法性和行动能力
方法	大数据挖掘和算法	大数据挖掘和算法	众包和集体商议	众包、控制或参与、集体协商
规划工具	封闭式管理平台	市场化，利益相关生态圈和封闭平台	非市场化，协作共建和开放平台	参与式，有时共建和开放平台

注：美国在每年的6月1日和6月2日举行公民黑客日活动，届时将有很多政府机构对外开放数据，方便外界开发有助于社会发展的技术，目的在于增强政府透明度和公民参与度。

(二)城乡规划的实施方法

城乡规划的实施管理主要采用行政的方法进行，同时结合法制、科学技术、社会监督以及经济的方法，加强对城乡规划的综合管理②。

1. 行政的方法

城乡规划的行政管理主要按照《城乡规划法》实施，具体而言，由城乡规划主管部门依法对建设项目选址，建设用地、建设工程、乡村建设的建设项目实施行政管理，经过申请、审查、核定、提出规划条件、报批、复核、核发规划许可证等一系列程序实施行政许可的管理职能。

2. 法制的方法

城乡规划相关法律规范包括：城乡规划制定和实施的法律，即《城乡规划法》；配套行政法规，包括《村庄和集镇规划建设管理条例》《历史文化名城名镇名村保护条例》《风景

---

① 姜鹏，曹琳，倪砼．新一代人工智能推动城市规划变革的趋势展望[J]．规划师，2018，34(11)：5-12.

② 朱深海．城乡规划原理[M]．北京：中国建材工业出版社，2019.

名胜区条例》；配套部门规章及规范性文件，如《城市规划编制办法》《省域城镇体系规划编制审批办法》《城市总体规划审查工作规则》等；地方性法规、地方政府规章和规范性文件，如《广东省城乡规划条例》《城市用地分类与规划建设用地标准》等。城乡规划实施管理的过程就是一个具体执法的过程，运用法律规范履行城乡规划实施管理工作。

3. 科学技术的方法

在城乡规划中，还鼓励采用先进的科学技术、先进设备加强规划管理工作。科学技术主要作为一种辅助管理的方法，提高城乡规划实施管理的效能，不仅包括基础资料的科学准确性、计算机运用、办公自动化和网上实施管理等，还包括先进的管理理念、专家咨询、科学决策和效能监察等。

4. 社会监督的方法

城乡规划实施管理过程中公众参与主要政务公开、公众参与来实现。任何单位和个人有权就涉及其利害关系的建设活动是否符合规划要求向城乡规划主管部门查询；任何单位和个人有权举报或者控告违反城乡规划的行为；经审定的修建性详细规划、建设工程设计方案的总平面图应予以公示；依法变更后的规划条件应予以公示。

5. 经济的方法

经济的方法指通过经济杠杆，运用价格、税收、奖金、罚款等经济手段对城乡规划管理进行补充。例如，对于违法建设和罚款和竣工验收资料逾期不补报的罚款处罚，就是运用经济方法实施城乡规划管理。

四、城乡规划与国土空间规划的关系

(一)城乡规划的局限性

一方面，城乡规划缺乏与主体功能区规划、国民经济和社会发展规划、土地利用规划、生态环境保护规划等规划之间的协调。主要体现在：城乡规划由城乡规划主管部门制定，与其他规划的管理部门不同，且缺乏一个综合性的上位规划进行统一指导控制；城市总体规划涉及城市建设用地、基础设施、公共服务、防灾减灾、自然资源、历史文化等多方面内容，规划的强制性和约束性不够；城乡规划与主体功能区划、土地利用规划等规划之间内容存在重叠现象，容易造成资源浪费。因此，亟须开展“多规合一”和国土空间规划体系建设，解决规划之间的矛盾，提高空间资源配置效率。①

另一方面，城乡规划在编制、审批和实施管理监督过程本身存在一些局限性，容易导致规划失效或失控。具体包括以下四个方面。

(1)由于规划编制操作的非科学性和非规范性，如问题指认与目标确认存在偏差、高质量的信息资源调查缺乏、公众参与的程度不充分、方案编制和评价选择缺少严谨规范性等，导致城乡规划失效②。

(2)规划审批内容过细，动态适应性不足，且以技术管理为主，对配套政策和机制考虑不足。

---

① 李桃，刘科伟．我国空间规划体系改革研究——以县域总体规划编制为例[J]．城市发展研究，2016，23(2)：16-22＋77.

② 吴次芳，叶艳妹，吴宇哲，等．国土空间规划[M]．北京：地质出版社，2019.

(3)规划实施管理对全域管控不到位，除中心城区以外的地区长期脱离规划监管。

(4)规划监督机制不健全，与上下层次规划之间缺乏清晰的传导机制，尤其是缺乏国家层面的上位规划指导与管控。

(二)国土空间规划中城乡规划的定位与融入

2013 年 12 月习近平总书记在中央城镇化工作会议上明确提出建立空间规划体系，推进规划体制改革，加快规划立法工作。城市规划要由扩张性规划逐步转向限定城市边界、优化空间结构的规划。城市规划要保持连续性，不能政府一换届、规划就换届。可以在县(市)一本规划、一张蓝图，持之以恒加以落实。编制空间规划和城市规划要多听取群众意见，尊重专家意见，形成后要通过立法形式确定下来，使之具有法律权威性①。这些问题的解决，需要将城乡规划纳入国土空间规划体系，进行整体谋划。

1. 国土空间规划体系中城乡规划的定位

在国土空间规划“五级三类”(即国家级、省级、市级、县级、乡镇级五级，总体规划、详细规划和相关专项规划三类)的基本构架中，城市规划在城市发展管控中的独特优势也得到了继承，其中城市总体规划发挥的宏观导控作用，城市详细规划发挥的底层管控作用在国土空间规划中得到了体现②。

(1)发挥原城市规划在总体规划层面的宏观的导控作用，是指在市县国土空间总体规划中，基于目前已经强化的“三线”为主底线约束和三大主导功能分区管控，秉持综合性思维，坚持生态效益、社会效益、经济效益的统一，回应中央提出的以人为核心，资源环境空间约束下的绿色生产方式和消费方式、改善民生、市场配置资源的决定性作用等核心要求，确保上位国土空间规划传递的刚性内容；在确定的底线约束和分区管控刚性要求之下，按照中央城市工作会议要求，做好“五个量”的管控，即“坚持集约发展，框定总量、限定容量、盘活存量、做优增量、提高质量”③。具体来说，国土空间总体规划应认识、尊重、顺应自然规律、经济规律、社会规律和城乡发展规律，统筹空间、规模、产业三大结构，有效化解各种“城市病”，促进城市治理体系和治理能力现代化。

(2)发挥原城市规划在详细规划层面的底层管控作用，是指在街区层面将总规确定的内容加以落实，并切实回应广大人民群众对美好生活的需求，通过对各类人群的多样化空间需求进行调查、预判，在保护和尊重产权制度的基础上，以保障非营利和公共空间物品的供给为主要目标，以行为规范的细化管理为核心，明确空间资源分配秩序，保障以土地、资源、场所为核心要素的物质空间高质量供给，塑造高品质特色宜居空间。国土空间详细规划要差别化地对以土地为核心的城市空间产品的类别、比例、区位、品质、开发时序等方面进行结构性管控，在公共产品的供给端补短板，在市场产品的供给端求平衡，在总量供给上紧约束，最终在微观层面满足人民对空间产品的需求。显然，详细规划应符合《中共中央 国务院关于建立国土空间规划体系并监督实施的若干意见》提出的基本要求：“详细规划是对具体地块用途和开发建设强度等作出的实施性安排，是开展国

① 中共中央文献研究室．十八大以来重要文献选编：上[M]．北京：中央文献出版社，2014.

② 武廷海．国土空间规划体系中的城市规划初论[J]．城市规划，2019，43(8)：9-17.

③ 杨保军．城市总体规划改革的回顾和展望[J]．中国土地，2018(10)：9-13.

土空间开发保护活动、实施国土空间用途管制、核发城乡建设项目规划许可、进行各项建设等的法定依据”。

(3)对于承担重要国家功能，且规模较大的城市，还需在“总体规划—详细规划”基础上增加“分区(单元)规划”。然而，无论“总体规划—详细规划”两级还是“总体规划—分区(单元)规划—详细规划”三级，国土空间规划中的“城市规划”是原有城市规划的简化、升级版，是在不同层级国土空间规划当中发挥作用的具体表现形式；国土空间规划体系中的城乡规划因素综合了条条规划(国家意志)与块块规划(地方需求)，可以为“确保规划能用、管用、好用”提供了不可或缺的制度安排与关键的技术构架，如图 6-4 所示。

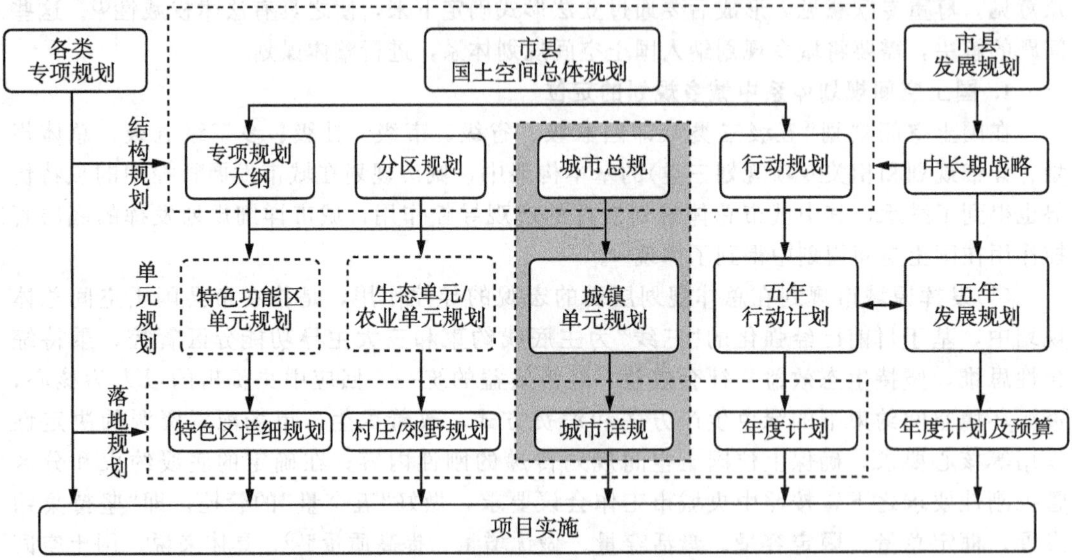

图 6-4　市县国土空间规划中城市规划的建议①

2. 国土空间规划体系中城乡规划的融入

新时代国土空间规划体系中城乡规划的融入，需要强调规划目标从侧重地方需求迈向国家战略实施，规划对象从土地利用迈向自然资源全要素管控，规划范围从城乡建设迈向国土全域，规划过程从重编制迈向编制实施监管一体化，管制方式从单一平面布局迈向三维空间塑造，运行模式从粗放的资源利用迈向精细化的资产和资本管理，如图图 6-5 所示。

(1)空间规划运作：从土地用途管制向自然资源全域、全要素管控拓展。

建立国土空间开发保护制度，涵盖规划编制审批、实施监督、法规政策和技术标准四个子系统。从编制组织来看，国土空间规划要自上而下、上下结合编制，且下级规划要服从上级规划，不得随意修改和违规变更，若确需修改和调整，要有严格的限制条件和程序要求，同时，上级国土空间规划重在控制性审查和约束性规划，保障国家和区域重大战略落实，指导下位实施性规划编制，将技术审查重心下移；从实施层面来看，坚

① 武廷海. 国土空间规划体系中的城市规划初论[J]. 城市规划，2019，43(8)：9-17.

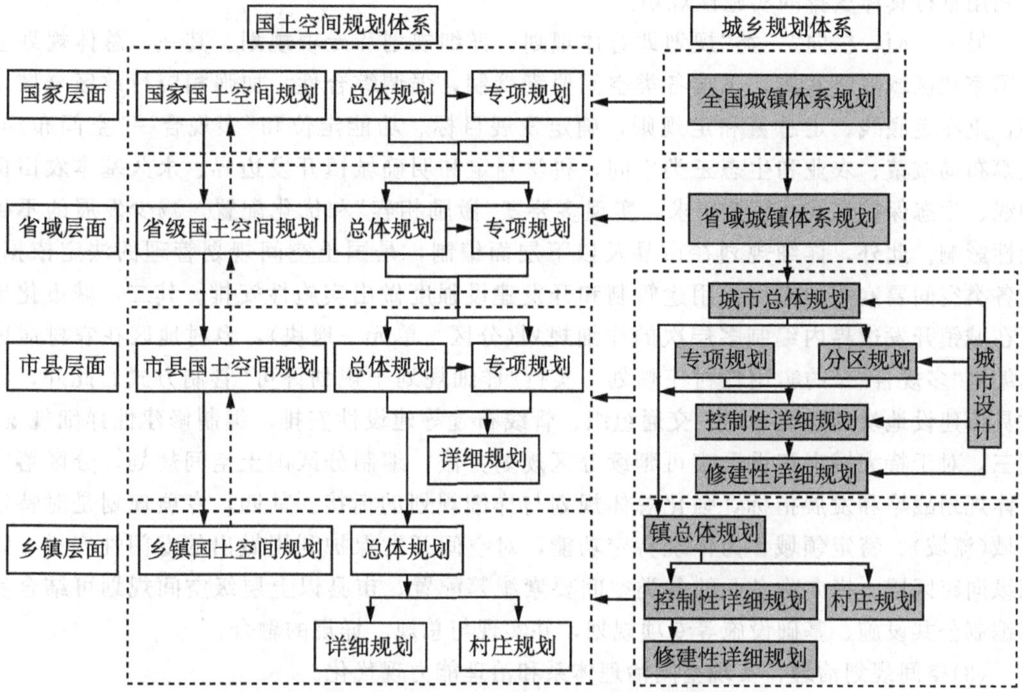

图 6-5　城乡规划全面融入国土空间规划①

持先规划后实施，严格规划实施监督，完善规划定期评估机制，并着力形成全国国土空间规划“一张图”，建立国土空间基础信息平台，体现“多规合一”，同时，推进用地预审和规划选址、用地审批和规划许可等审批事项合并，实现“多审合一”“多证合一”；从运行支撑来看，建立统一的国土空间规划技术标准和操作规范，不断完善国土空间规划相关法律法规和政策体系，如资源承载力和国土空间开发适宜性“双评价”、用地分类、各级规划编制办法、数据标准、动态监测、实施评估等。

(2)空间规划体系：突出战略引领、底线管控和刚弹结合。

按照“以管定编”“以编促管”原则，开展分层分类规划。

一方面，与行政管理体系相匹配的纵向“五级”规划(国家级—省级—市级—县级—乡镇级)，实现自上而下的规划层层落实和刚性传导，既充分体现对国家意志的落实，又充分对人民权益诉求和地方治理需要的响应。其中，全国国土空间规划强调战略性，侧重总体目标、结构调控、跨省统筹和政策指引；省级国土空间规划则承上启下，强调协调性，结合省情深化设计空间政策，侧重全域管控、整体格局、要素协调和跨市统筹；市级国土空间规划强调实施性，体现保护与发展并重，侧重地方战略制定、空间结构引导、底线管控、要素配置和跨区统筹；县(县级市)级的侧重点则与市级层面大致相同，不具备直接指导规划实施管理的精度条件，还需细化编制下位实施性规划；乡镇级国土空间规划，作为国土空间规划管理的基本单元，以实施管理为导向，行政辖区空间保护和开

① 官卫华，叶斌，何流．改革开放40年以来南京城乡规划发展的演进——兼谈新时代国土空间规划的融合创新[J]．城市规划学刊，2019(5)：32-41．

发利用进行具体安排的实施性规划。

另一方面，横向“三类”规划即总体规划、详细规划和专项规划。其一，总体规划上承国家和区域战略实施，下接各类空间要素管制，强调综合性，加强相应行政区全域统筹，重在定底线、定总量和定规则，确定发展目标、功能定位和“多规合一”空间布局，统筹布局城镇、农业和生态三类空间，科学划定和明确城镇开发边界、永久基本农田保护线、生态保护红线及管控要求，实现多要素“激励相容”和优化配置，减少发展的不确定性影响。此外，详细规划在市县及以下层面编制，是国土空间规划管理的法定依据，对各类空间要素落地布局、用途管制和开发建设强度做出实施性安排。其二，城市化地区在城镇开发边界内编制多层次的详细规划(分区—单元—地块)，乡村地区在农村居民点编制“多规合一”的实用性村庄规划，实行“详细规划＋规划许可”管制方式。此外，针对具体建设地块的建筑布局、交通组织、管线布置等建设性安排，编制修建性详细规划。其三，对于特大城市和设区市可延续分区规划方法，编制分区国土空间规划，分区落实总体规划战略和发展指标，强化总体规划与详细规划的衔接。其四，专项规划是对特定区域(流域)、特定领域，为体现特定功能，对空间开发保护利用做出的专门性安排，强调纵向跨区域、横向跨专业的各类空间要素统筹配置。市县以上层级空间规划可结合实际编制公共设施、基础设施等专项规划，并实现与总规、详规的融合。

(3)空间规划治理：实现空间治理体系和治理能力现代化。

国土空间规划改革根本目标是实现空间治理现代化。改革开放 40 多年来我国形成了城乡规划、土地利用规划、主体功能区规划等多种形式的空间规划，其间只有城乡规划单独立法，城乡规划在空间规划和城乡治理中占据重要地位。长期以来，还是以《城乡规划法》为主体，《土地管理法》等一般行政法以及涉及空间规划编制、实施、处罚、复议等相关行政法规所组成的空间规划法规体系。伴随国家国土空间规划改革，亟待建构并完善以《国土空间开发保护法》《国土空间规划法》为主体的空间规划法规体系，管制对象不仅包括各类城乡建设行为，还涵盖各类自然资源要素，实现全域、全要素、全周期的规划管控，使国土空间规划“有法可依”。完善国土空间用途管制制度，实现国土空间统一规划、整体保护、系统修复、科学利用、综合治理。为保证规划的科学性，要传承和发扬既有城乡规划公众参与机制，充分体现规划的人民性，适应供给侧结构性调整，坚持以社会调查为基础，尊重产权制度，推动多元主体共同参与规划，通过政府、企业、社会的协作，达成规划共识，建立健全社会契约约束机制①。

第三节　土地利用规划

一、土地利用规划概述

(一)土地利用规划基本概念

土地利用规划是对一定区域未来土地利用超前性的计划和安排，是依据区域社会经

① 官卫华，叶斌，何流. 改革开放 40 年以来南京城乡规划发展的演进——兼谈新时代国土空间规划的融合创新[J]. 城市规划学刊，2019(5)：32-41.

济发展和土地的自然历史特性在时空上进行土地资源分配和合理组织土地利用的综合技术经济措施。具有以下特性。

(1)政策性。土地利用规划是一项政府行为，政府借助规划对土地利用进行干预，具有严肃性和原则性。

(2)整体性。土地数量有限性与土地需求增长性，要求规划时从国民经济的整体角度，在全部土地资源层面上选择规划方案，合理配置土地资源。

(3)兼容性。土地利用规划具有社会、经济、环境等多维目标，规划的重点和难点不仅在于多维目标之间的协调，还体现在规划编制和实施过程中采用多种技术和手段。

(4)折中性。由于土地面积的有限性，土地资源分配方案需要在社会目标和经济目标、个人目的和公共目的之间进行调和折中，求得各部门各业用地的满意方案。

(5)动态性。由于规划本身的不确定性、灰色性，要求规划在实施反馈中适时修正，同时，为了克服修改规划的随意性，必须遵守法定规划修改程序①。

土地利用规划实质上是人类对未来土地利用及其发展趋势所做的预先估算的过程，目的在于维持人类生存、优化组织土地利用，其职责是土地供需预测、协调供需矛盾、追求满意效益、引导持续利用。土地作为国土空间的一部分，土地利用规划与国土空间规划是局部与整体的关系。

(二)土地利用规划的基本内容

土地利用规划的主要任务是根据社会经济发展规划、国土规划和区域规划的要求，结合区域内的自然生态和社会经济具体条件，寻求符合区域特点的和土地资源利用效益最大化要求的土地利用优化体系。具体来说，土地利用规划的任务如下。

(1)土地供需综合平衡，使土地利用达到经济、生态、社会效益的总体最优。

(2)土地利用结构优化，在资源约束条件下寻求最优的土地利用结构。

(3)土地利用宏观布局，确定在何时、何地和何种部门使用土地的数量及其分布状态，并结合土地质量和环境条件加以区位选择。

(4)土地利用微观设计，在土地宏观布局的基础上，合理组织利用，以最大限度提高其产出率和利用率，降低其占地率。

土地利用规划的内容随规划的对象、范围和任务的不同，一般来说，土地利用规划应包含下列内容。

(1)土地利用现状分析与评价。

(2)土地利用潜力分析。

(3)土地供给与需求预测。

(4)土地供需平衡和土地利用结构化。

(5)土地利用规划分区和重点用地项目布局。

(6)城乡居民点用地规划。

(7)交通运输用地规划。

(8)水利工程用地规划。

---

① 王万茂．土地利用规划学[M]．北京：科学出版社，2006．

(9)农业用地规划。

(10)生态环境建设用地规划。

(11)土地利用专项规划。

(12)土地利用费用效益分析和规划实施。

各地区尚可根据其自然和社会经济条件，适当增减上述规划内容。

按照性质，土地利用规划可以划分为土地利用总体规划、详细规划和专项规划。其中，土地利用总体规划是宏观和长远的规划，以区域的全部土地为对象，以土地利用为中心，对开发、整治、保护土地进行统筹安排；土地利用详细规划属微观土地规划，是单位内部土地开发、整治、保护的具体规划，是土地划拨、调整或重划的土地权属定界，或为某一个项目做出规划设计；土地利用专项规划兼有微观和宏观的性质，是单项用地规划，如保护区规划、开发区规划等①。与主体功能区规划、城乡规划的发展趋势类似，2018 年国家国土空间规划体系改革后，主体功能区规划、土地利用总体规划、城乡规划、海洋功能区划逐渐融合为“国土空间规划”。

(三)土地利用规划的原则

1. 因地制宜原则

因地制宜原则具体体现为土地特性和用地要求的协调上。土地适宜性是土地利用合理组织和协调土地利用需要与可能的客观物质基础。编制土地利用规划时需要揭示土地适宜性，即借助土地评价方法对土地质量及其利用适宜性进行评定。从一定意义上讲，土地评价是落实因地制宜原则的重要途径和手段。土地适宜性是指用于特定用途的土地质量水平，土地适宜性离不开特定的土地用途，可以从自然角度和经济角度加以评定。土地适宜性评价就是对土地质量相对于各种可能用途的综合评定，评价结果得出各种可能用途的适宜土地的等级、数量和分布。在此基础上，结合考虑社会经济发展和科技进步水平，最终做出组织土地利用的供选方案，并提供决策依据。

2. 综合效益原则

综合效益原则要求在组织土地利用过程中追求经济社会发展和维持生态系统的平衡，最终谋求社会、经济、生态三效益的统一，同时处理好近期与远景土地利用两者之间的关系。具体来讲，应当保证社会效益(E_1)、经济效益(E_2)和生态效益(E_3)最大，相应的损失(S_1、S_2、S_3)最小，总效益(CB)最大，总损失(CL)最小，即

$$\mathrm{CB}=\sum_{i=1}^{3} E_i \rightarrow 最大 \quad \mathrm{CL}=\sum_{i=1}^{3} S_i \rightarrow 最小$$

土地资源利用效率系数

$$R=\frac{B}{L}>1$$

式中，B 为土地利用效益(所得)；L 为土地利用费用(所费)。

3. 逐级控制原则

土地利用规划遵循逐级控制原则的实质是将规划区域内土地利用类型和活动落实于特定的空间，即对土地利用规划方案加以层次分解和区域分解，使其落实到土地，同时，

① 郝晋珉. 土地利用规划学[M]. 北京：中国农业大学出版社，2007.

借助这种方法对于下一层次区域的土地利用发挥重要的控制作用。由于土地利用规划上下层次之间存在紧密的联系，上一层次土地利用规划有关项目完成以后才可能着手进行下一层次的土地利用规划，各层次土地利用规划均对其下一层次土地利用规划起着控制作用，同时受制于上一层次土地利用规划且对其加以修改、补充、落实，使其更加完善和可行。在我国，按照行政区划单位可以分为全国、省、市、县、乡五级土地利用规划。由于土地利用规划涉及的内容繁杂，按照各级控制原则的要求，应当首先进行关系到全局的具有控制作用项目的规划，如各种用地结构、优化与布局，主要水利、道路工程项目和居民点用地规划等，然后再进行土地利用细部规划。

4. 动态平衡原则

土地综合平衡是国民经济范围内土地利用的宏观动态平衡，要求社会对土地的总体需求和社会所能提供利用的土地总供给持平。土地综合平衡受制于社会经济综合平衡，是其在土地利用方面的具体体现，即土地利用随着社会经济不断发展而实现平衡，与社会经济综合平衡同步进行。动态平衡原则要求规划应在分析过去摸清现状的基础上，估算计划期内可能新增加的土地资源数量和土地需求量，从供需双方进行平衡，一方面应根据计划安排的投资和消费需求来估算所需土地数量，另一方面从土地开发和节约以及调整土地利用结构，提高其生产力来估算土地资源的可能供给的数量，直至两方面平衡为止。制定规划需要反复平衡，实施规划仍需不断进行平衡，因此，综合平衡是动态的平衡。要搞好土地综合平衡，一要加强土地利用规划的综合平衡，根据需要与可能，维持国民经济各部门的平衡比例关系，二要对计划执行过程进行控制和调节，理顺土地综合平衡的统计工作。

二、 土地利用规划的原理和方法

（一）地租与地价理论

地租和地价理论是土地利用规划的重要理论。马克思依据地租产生的原因和条件，提出级差地租的概念。所谓级差地租，就是利用较好生产条件土地的超额利润，其中，级差地租Ⅰ是由于土地的肥沃程度和土地位置的不同而产生的，级差地租Ⅱ是由于在同一块土地上连续投入等量资本所产生的生产率差别而形成的。马克思还提出以劳动价值论为基础的地价理论，指出土地价格是地租的资本化，即土地价格＝地租/利益率。地租和地价理论对于土地资源的综合评价和合理开发利用，以及制定土地利用政策具有重要的指导作用。通过合理地组织土地利用，不断地提高土地肥力和改善土地质量状况，修筑交通运输网络，改变土地的经济地理位置和交通运输条件，追加劳动投入，实行土地集约化经营，必将导致土地级差地租形成条件变化。在地租和低价理论的指导下，根据土地用途与地租之间的关系，应把位于和接近城市中心区的土地利用作高价用地，如商业用地、居住用地等，把其他类型用地规划于远离城市中心的地段上。反之，土地利用规划条件也是影响土地价格形成的重要因素，土地使用种类与地价高低密切相关，通常商业用地的地价最高，农业用地的地价最低。不同用途对土地条件的要求是不一样的，在土地条件一定的情况下，规定土地用途对土地价格产生重大影响。

（二）空间区位理论

空间区位理论是关于人类活动的空间分布及其空间中相互关系的学说，包括杜能的农业区位论、韦伯的工业区位论、克里斯塔勒的中心地理论和廖什的市场区位论等。土地利用规划必须全面系统地应用区位理论作为指导，合理地确定土地利用方向和结构，根据区域发展的需要，将一定数量的土地资源科学地分配给农业、工业、交通运输业、建筑业、商业和金融业以及文化教育卫生部门，以谋求在一定量投入的情况下获得尽可能高的产出。在具体组织土地利用时不仅要根据地段的地形、气候、土壤、水利和交通条件，确定宜做农业、工业、交通、建筑和水利等用地，而且要从分析土地利用的纯经济关系入手，探讨土地利用最佳的空间结构。其中，位置级差地租，即由于距离产品消费中心位置而产生不同的土地利用纯收益，可以用来作为控制城市区域土地利用的重要手段，以及用来决定各种生产要素的投入量，从而支配城市各项用地的空间安排。

（三）持续利用理论

土地是世代相传的人类所不能出让的生存条件和再生产条件，土地资源的持续利用在于解决土地资源有限性和土地需求增长性之间的矛盾。通过对土地资源持续利用，人类可能从中获取土地产品和劳务的满足。在土地利用规划中遵循持续利用理论，首先应该建立立体的土地观和土地利用观，既包括陆地，也包括海洋，既包含土地平面利用，也包含土地立体利用，同时涵盖土地的地面、地上和地下空间资源的利用。要解决好土地利用的系统性和外部性问题，既要重视单项效益，也要重视社会、生态、经济三效益综合形成的整体效益；开展土地利用项目成本效益分析，使土地利用所获得的综合效益大于综合成本；实行土地资源资产化管理，真正按资产属性去经营土地，盘活存量资产化，节约交易成本，有利于土地资源优化配置。

（四）生态经济理论

土地生态经济系统是由土地生态系统与土地经济系统在特定的地域空间里耦合而成的生态经济复合系统。土地生态经济系统及其组成部分以及周围生态环境共同组成一个有机整体，其中任何一种因素的变化都会引起其他因素的相应变化，影响系统的整体功能。因此，人类利用土地资源时，必须有一个整体观念和系统观念，考虑土地生态经济系统的内部和外部的各种相互关系，不能只考虑对土地的利用，而忽视土地的开发、整治和利用对系统内其他要素和周围生态环境的不利影响，不能只考虑局部地区的土地资源的充分利用，而忽视整个地区和更大范围内对其的合理利用。

（五）系统工程理论

系统工程是系统科学的一个应用分支学科，是组织管理“系统”的规划、研究、设计、制造、试验和使用的科学方法。主要技术内容包括以下五个方面。

(1)运筹学，即研究在既定条件下对系统进行全面规划、统筹兼顾、合理利用资源，以期达到最优目标的数学方法。

(2)概率论，即研究大量随机事件的基本规律。

(3)数理统计学，即研究取得数据、分析数据、整理数据和建立数学模型的方法。

(4)控制论，即研究各种控制系统的共同控制规律，探讨系统状态的动态优化。

(5)信息论，即应用电子计算机研究信息的提取、传递、变换、存储和流通。

系统工程一般可分为开发、研制和运用三大阶段，每个阶段又可分为规划和实施两个期间。系统工程理论处理问题的方法，就是根据系统的概念、构成和性质，把对象作为系统进行充分了解和分析，将分析结果加以综合，使之最有效地实现系统的目标。

三、 土地利用规划的编制与实施

按照系统工程的方法，土地利用规划一般包括以下关键步骤，如图 6-6 所示。

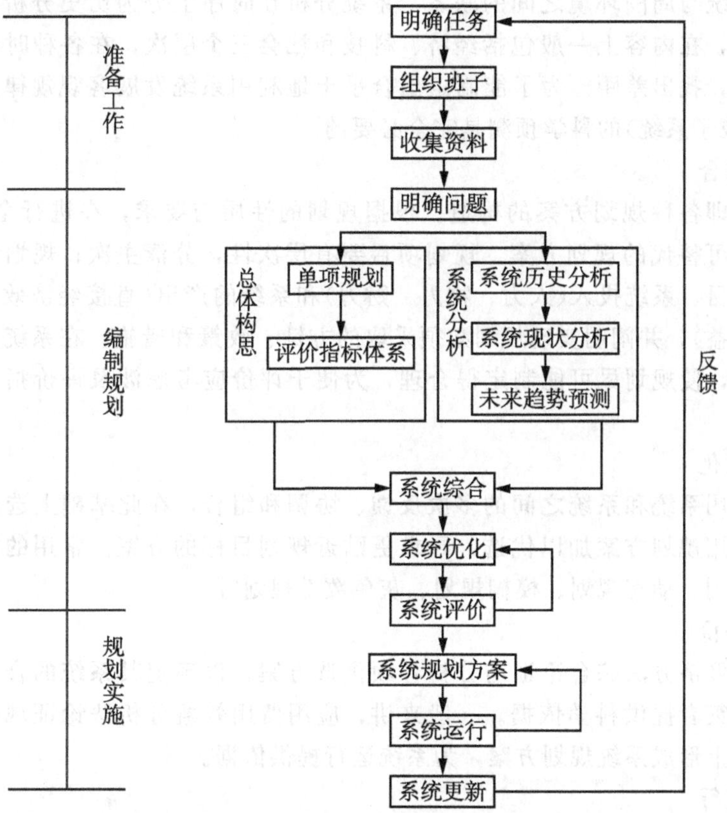

图 6-6 土地利用规划编制程序①

1. 明确问题

在明确任务、组织班子和收集资料的基础上，进一步明确问题：明确土地利用系统的组成与边界；明确规划性质、规划期和规划要求；应明确系统规划的总目标。目标可以直接明确，但有时往往是在规划过程中逐步明确的。明确问题是做好系统规划的前提，这点很重要，必要时要与各部门多次“对话”确定。明确规划区域社会经济发展计划、国土规划、区域规划，以及上一层次土地利用规划与待编制土地利用规划之间的关系和协调。

2. 总体构思

结合近期和远期的发展前景，提出区域土地利用模式(如生态型、城郊型、农村型、资源型、旅游型、加工型等)和拟定规划目标评价指标体系。其中，评价指标体系应包括以下几点：规划目标的合理性(包括经济科技社会三个层次的目标)；实现规划的可能性；规划中情报信息的可靠性；规划的应变能力；规划中所提方针、政策和措施的合理度。

① 王万茂. 土地利用规划学[M]. 北京：科学出版社，2006.

评价目标确定，先有专门的小组拟定草案，广泛征询各种专家和广大公众及上级主管部门的意见，进行反复修改而定。

3. 系统分析

根据土地利用系统的组成与边界范围，研究组成系统的各要素(或子系统)之间相互关系，研究系统与周围环境之间的联系。系统分析在时序上分为历史分析、现状分析与未来趋势预测，在内容上一般包括经济、科技和社会三个层次，在各种时序的分析中要进行纵横比较，找出差距。为了能制定出合乎土地利用系统发展客观规律的规划，对系统内诸要素(或子系统)的科学预测是完全必要的。

4. 系统综合

系统综合即各种规划方案的构造。根据规划的性质与要求，在进行全面分析之后，可以构造各种可替代的规划方案。规划项目要有层次性，分清主次；规划的内容包括总目标、重点项目、系统投入(人力、物力、财力)和系统的产出(直接经济效益、间接经济效益和社会效益)，并阐明实现规划必须采取的方针、政策和措施。在系统综合时要参照评价指标体系，使规划尽可能制定得合理，为便于评价应考虑涉及评价指标的因素提供充分的信息。

5. 系统优化

在各层次用系统和系统之间的多次反馈、协调和组合，在此基础上选用适当的数学方法对土地利用规划方案加以优选，寻求更贴近规划目标的方案。常用的方法有线性规划、非线性规划、动态规划、模糊规划、灰色数学规划等。

6. 系统评价

采用技术经济方法综合论证与分析各项供选方案，以确定其系统的合理性和实施的可能性，为决策者提供科学依据。一般来讲，应用费用效益分析法论证规划方案的可行性。在此基础上形成系统规划方案，为系统运行提供依据。

7. 系统运行

规划方案旨在事实上，借助土地利用运行机制，把“纸上谈兵”变成“实际成效”，把计算机算出的“规划方案”变成“现实的生产力”。通过对土地利用系统运行的监控，不断协调规划方案与实际情况之间的差异，使规划方案逐步得以实施。

8. 系统更新

借助监测反馈系统，不断提供系统运行中的动态变化情况，以便决策者根据反馈信息进行追踪决策，采取政策的、经济的和法律的措施，调节控制系统的运行，依据变化了的规划参数重新运算，以达到系统更新的目的①。

四、 土地利用规划与国土空间规划的关系

(一)土地利用规划的局限性

首先，土地利用规划的立法长期滞后，缺乏完善的法律保障体系。在《土地管理法》中，虽设立了土地利用规划一章，但没有细化的土地规划条例，对规划的编制、管理、

① 王万茂. 土地利用规划学[M]. 北京：科学出版社，2006.

实施等没有法律约束与规范，土地利用规划缺少明确的法律效力。

其次，规划实施与管理机制不够健全。土地利用规划与其他规划类型类似，基本上按照编制、实施与监督三位一体进行运作，缺乏科学、民主的决策和制约机制，公众参与略显不足。随着规划类型的日益增多，政府审批范围要求扩大，这有悖于政府管理改革的大方向，不能适应市场经济深化发展的环境变化，需要寻求新的出路。

最后，土地利用规划用途管制制度存在管制内容较为单一、空间管控弹性不足、指标分配模式缺乏科学性、空间传导逻辑缺失、实施管理的行政成本过高等问题①。

(二)国土空间规划体系中土地利用规划的融入

土地利用总体规划中的"规划基础数据""规划指标体系""土地用途分区""建设用地管制分区""建设用地复垦区"等核心内容在国土空间总体规划中得到了继承和发展。

1. 规划基础数据

土地利用总体规划和国土空间总体规划两种规划类型，在规划基础数据制作思路上基本一致。土地利用总体规划采用"二调数据"，按照土地规划用途分类要求，转换为规划基础数据；国土空间规划采用"三调数据"，按照国土空间用途分类要求，转换为规划基础数据。二者相比，国土空间总体规划在细化调查和补充调查上更加细致、工作量也更大。

2. 规划指标体系

土地利用总体规划控制指标分约束性和预期性指标两类，共 15 项，如表 6-7 所示。约束性指标是为保护资源和推进节约集约用地因而规划期内不得突破或必须实现的指标；预期性指标是指按照经济社会发展预测因而规划期内应该实现的指标。在规划实施过程中起到关键作用的是约束性指标中的耕地保有量、基本农田保护面积、城乡建设用地规模，以及预期性指标中的建设用地总规模。国土空间规划保留了土地利用总体规划中部分规划指标，如耕地保有量、基本农田保护面积、城乡建设用地规模等约束性指标，另外将建设用地总规模以"国土开发强度"的形式进行表达。

表 6-7　土地利用总体规划中的规划指标体系

项目	主要调控指标	指标属性
总量指标	耕地保有量	约束性
	基本农田保护面积	约束性
	园地面积	预期性
	林地面积	预期性
	牧草地面积	预期性
	建设用地总规模	预期性
	城乡建设用地规模	约束性
	城镇工矿用地规模	预期性
	交通、水利及其他用地指标	预期性

① 钱竞，赖权有，郑沁．用途管制的扩展：从土地到国土空间[J]．中国土地，2020(7)：11-14.

续表

项目	主要调控指标	指标属性
增量指标	新增建设用地总量	预期性
	建设占用农用地规模	预期性
	建设占用耕地规模	约束性
	整理复垦开发补充耕地规模	约束性
	国家整理复垦开发重大工程补充耕地规模	预期性
效率指标	人均城镇工矿用地(平方米)	约束性

3. 土地利用分区

土地利用总体规划不同层级的规划，采取不同的土地用途分区方式划分土地用途分区。市级规划的土地用途分区为基本农田集中区、一般农村地区、城镇村发展区、独立工矿区、风景旅游用地区、生态环境安全控制区、自然与文化遗产保护区、林业用地区和牧业用地区等，县级规划对市级规划的土地用途分区进一步细化，主要是将基本农田集中区细化至基本农田保护区，城镇村发展区细化为城镇村建设用地区(包括城镇建设用地区、村镇建设用地区)等。

国土空间规划所进行的空间用途分区、名称和内涵均有所差别，并因应陆海统筹要求，拓展空间用途分区，增加了海洋、能源矿产等功能区，同时去掉了一般农地区、独立工矿区、风景旅游用地区等概念。总体而言，国土空间规划分区在相当程度上吸收了土地利用总体规划在土地用途分区的思路与方法，并结合“多规合一”的要求进行发展。根据《市县国土空间规划分区与用途分类指南(试行)》，市级空间规划在空间用途分区方面，将划分为永久基本农田集中保护区、生态保护区、海洋特殊保护与渔业资源养护区、古迹遗址保护区、城镇发展区、农业农村发展区、海洋利用与保留区、矿产与能源发展区等，县级空间规划在市级空间用途分区基础上进一步细化。

4. 建设用地管制分区

土地利用总体规划在划定城乡建设用地规模边界、城乡建设用地扩展边界和禁止建设用地边界的基础上，形成了四个区域，分别为允许建设区、有条件建设区、限制建设区和禁止建设区，简称“三界四区”，实施对建设用地开发边界和总量的管制。国土空间规划吸收、融合和发展了土地利用总体规划在市县域层面的“三界四区”，以及城市总体规划的“三区四线”(禁建区、限建区、适建区、绿线、蓝线、紫线、黄线)，并结合当前生态文明建设的要求，整合形成并划定“三线”(生态保护红线、永久基本农田保护红线、城镇开发边界)，以“三线”实现对建设用地和国土空间开发保护的管控。

5. 建设用地复垦区

在土地利用规划编制的历史过程中，由于部分市县(如珠三角地区的市县)建设用地出现“倒挂”的问题，如某地规划基期年 2009 年建设用地规模大于规划期末年 2020 年建设用地指标。因此部分市县在土地利用总体规划中曾一度规划安排了建设用地复垦区，但是在规划实施过程中，复垦区实施难度大，实施进展缓慢，“倒挂”问题越来越突出，这是国土空间规划编制无法回避也必须解决的问题。在空间规划编制过程中，厘清和解决建设用地复垦区的问题，是国土空间规划需要关注的重要内容之一。

第四节 生态环境保护规划

生态环境保护规划是伴随着生态环境保护的现实问题发展起来的，在新的国土空间规划体系中属于专项规划，目的是通过规划约束开发行为，保护和改善生态环境，促进环境、经济和社会的可持续发展。生态环境保护规划作为我国环境保护工作的重要组成部分和手段，对于促进生态环境与经济社会的协调发展、加快转变经济发展方式、促进经济长期平稳较快发展和社会和谐稳定、实现全面建成小康社会目标和社会主义现代化建设长远目标具有重要战略意义。2014 年，国家发展改革委、原国土资源部、原环境保护部、住房和城乡建设部四部委联合下发的《关于开展市县“多规合一”试点工作的通知》要求，推动经济社会发展规划、城乡规划、土地利用规划、生态环境保护规划“多规合一”，形成一个市县一本规划、一张蓝图，为建立统一衔接、功能互补、相互协调的空间规划体系打下重要基础。在这之前，生态环境保护规划均以独立规划的形式出现，经过“多规合一”以后，目前，生态环境保护规划已纳入国土空间规划的专项规划体系，由生态环境主管部门组织编制。未来的生态环境规划将以系统谋划生态环境保护顶层战略为目标，统筹规划研究、编制、实施、评估、考核、督查的全链条管理，加强规划方法的科学性、创新性，注重综合性和空间性，完善生态环境保护的空间管制制度，在美丽中国建设的伟大征程中发挥着更加重要的基础性、统领性作用。

一、生态环境保护规划概述

过去，我国的生态环境保护规划存在着两个序列，一个是环境保护规划，一个是生态建设规划。直到 2016 年，国务院印发《“十三五”生态环境保护规划》，突出了生态环境综合治理的理念，“生态环境保护规划”才被正式提出。该规划整合了环境质量管理、环境污染治理、生态空间管控、生态修复等内容，形成了统一的生态环境保护规划①。

我国环境规划从时间上大致可划分为五个阶段，分别是起步阶段、探索阶段、发展阶段、提高阶段及深化阶段，如图 6-7 所示。

(一)起步阶段(1973—1985 年)

1973 年 8 月，国务院召开了第一次全国环境保护工作会议，审议通过了“全面规划、合理布局、综合利用、化害为利、依靠群众、大家动手、保护环境、造福人民”的环境保护“32 字方针”和国家环境保护文件《关于保护和改善环境的若干决定(试行草案)》。“32 字方针”的第一个方针就是“全面规划”，说明我国环境保护工作从一开始就对规划工作十分重视。按照原国家计委《关于拟定国家十年规划的通知》，国务院环境保护领导小组于 1975 年 5 月编制了我国第一个环境保护十年规划(1976—1985 年)。该规划的总体目标是“5 年内控制、10 年内基本解决环境污染问题”。这时期的规划目标反映了当时国家对环境污染进行控制及治理的决心，但由于对环境保护问题的复杂性、控制环境污染的长期性及治理环境污染的艰巨性认识不足，致使这一时期的环境保护目标未能完成。总

① 王金南，蒋洪强，等. 环境规划学[M]. 北京：中国环境出版社，2014.

体来看，这一时期的环境保护规划属于污染治理型计划。

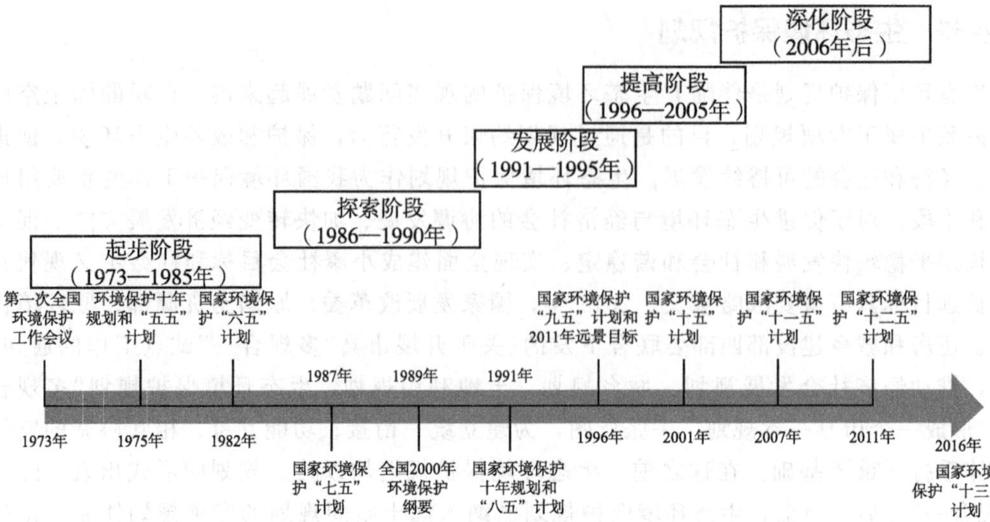

图 6-7 我国生态环境保护规划发展历程①

“五五”(1976—1980 年)时期：起步编制国家第一个十年规划。作为我国第一个环保规划，大家对环境规划的内涵、意义、方法论以及规划的实施与管理都没有充分的认识，环境保护规划的编制仍处于想做而不知如何去做的起步阶段。

“六五”(1981—1985 年)时期：首次将环境保护纳入国民经济和社会发展计划。国家环境保护规划作为独立的篇章纳入国民经济和社会经济发展计划，并提出了规划要求达到的具体指标，可以说是环保规划的正式开始。在一些地区和部门，把环境保护规划的理论和方法作为科研课题进行研究，取得了一些有价值的成果。此外，作为环境保护规划的重要基础工作，环境影响评价和环境容量研究在全国普遍展开。“六五”期间，全国工业污染治理成绩显著，城市环境恶化的趋势有所控制，但是国家“六五”环保规划未形成正式的独立文本。

(二)探索阶段(1986—1990 年)

“七五”(1986—1990 年)时期：环境保护规划编制工作全面展开。这一时期，环境保护规划工作结合国民经济和社会发展第七个五年计划展开，并作为独立文件颁布实施。国家“七五”环保规划的主要目标、基本任务和一些可量化的指标作为一个独立的篇章纳入了《中华人民共和国国民经济和社会发展第七个五年计划》。国家“七五”环保计划的实施基本完成了计划确定的主要目标和基本任务，污染控制取得了显著成绩。这一时期，全国各地广泛开展环境调查、环境评价、环境预测和环保规划工作，突出城市环境综合整治和工业污染防治工作，强调不同地区和行业要有针对性地提出各自的环保目标。注意经济区、城市群和乡镇企业出现的一系列新的环境问题，注重环境管理制度在环保计划中的重要作用。国家确定 51 个环境保护重点城市，并提出 19 项城市污染控制和生态保护及相关计划指标。国家组织了环境污染预测与对策相关研究，环保规划编制程序和技

① 王金南，蒋洪强，等．环境规划学[M]．北京：中国环境出版社，2014.

术方法的研究也有一定进展。但是，这一时期的环保规划工作还处于发展阶段，规划的编制还缺乏统一的编制大纲和编制技术指南，大多数环保规划还停留在宏观目标规划层面上。

(三)发展阶段(1991—1995年)

“八五”(1991—1995年)时期：注重环境保护与经济社会协调发展。从1989年起，编制环境保护“八五”计划的准备工作全面展开，从国情分析出发，以总量控制为技术路线，以纳入国民经济和社会发展计划为支持保证手段，“八五”环境保护计划无论在科学性和可操作性方面都有了一定的发展：计划的编制有了全国统一的技术大纲；内容不仅涉及宏观的环境污染物总量控制计划，还涉及环境质量保护的污染物控制计划；环境保护指标纳入了国民经济和社会发展计划之中，这在环境保护五年规划中还属首次；国家环境保护计划在规划层级上，除有国家计划之外，主要指标还分解到省、自治区、直辖市。这一时期的环境保护计划已经从单一的污染治理型转向了污染防治型，同时国家环境保护计划实施取得了可喜成绩，工业污染防治和城市环境综合治理成效显著，自然保护区建设取得了较大进展。这一时期，环境保护计划编制方法和技术规范进一步完善，一些研究单位开发了环境污染治理计划的复杂模型和方法，计算机等信息技术手段开始得到应用。首次制定了全国统一的环保计划编制大纲，计划编制的科学性有了较大提高，为进一步真正全面纳入国民经济和社会发展计划创造了有利条件。

(四)提高阶段(1996—2005年)

“九五”(1996—2000年)时期：环保计划首次经国务院批准实施。“九五”期间，环境保护计划目标在国民经济和社会发展计划中开始单列为可持续发展目标。同时，国家重申必须落实“经济建设、城乡建设、环境建设同步规划、同步实施、同步发展”的战略方针，要求各级人民政府和有关部门在制定和实施发展战略时，要编制环境保护规划，从此环境保护规划进入了另一个新阶段。1996年7月在北京召开了第四次全国环境保护会议，通过了《国家环境保护“九五”计划和2010年远景目标》，并于同年9月经国务院批复。这也是国家环境保护五年计划中首个经国务院批准实施的计划。国家环境保护“九五”计划要求实现“一控双达标”①，突破重点流域区域污染防治。“九五”计划推出两项重大举措，即《“九五”期间全国主要污染物排放总量控制计划》和《中国跨世纪绿色工程规划》。从“九五”开始，国家确定“三河三湖”和“两控区”为污染防治重点，第一次颁布了“三河三湖”流域水污染防治规划和“两控区”二氧化硫污染防治规划。这些都是对“七五”“八五”环保规划的重大创新和突破。

“十五”(2001—2005年)时期：污染防治与生态保护并重。在“十五”国民经济和社会发展计划指导下，国家环境保护“十五”计划坚持环境保护基本国策和可持续发展战略，

---

① “一控双达标”是1996年《国务院关于环境保护若干问题的决定》中确定的2000年要实现的环保目标。“一控”也叫作污染物总量控制，指的是到2000年年底，各省、自治区、直辖市要使本辖区主要污染物的排放量控制在国家规定的排放总量指标范围内。总量控制并非对所有的污染物都控制，而是对二氧化硫、工业粉尘、化学需氧量、汞等12种主要工业污染物进行控制。“双达标”指的是：一是到2000年年底，全国所有的工业污染物要达到国家或地方规定的污染物标准；二是到2000年年底，47个环保重点城市的空气和地面水按功能区达到国家规定的环境质量标准。

坚持污染防治与生态保护并重的原则，以改善环境质量为目标，保障国家环境安全，保护人民身体健康，以流域、区域环境区划为基础，突出分类指导。同时，“十五”期间编制并实施了《国家环境保护“十五”计划》，确定了6项主要污染物排放总量控制指标，并将总量控制目标分解到各省、自治区、直辖市和计划单列城市。并且，国家“十五”环境保护计划的主要指标、重点任务和政策措施等也都纳入了《中华人民共和国国民经济和社会发展第十个五年规划纲要》中。“十五”期间，我国环境保护虽然取得积极进展，但是规划确定的指标没有全部实现。尽管国家环境保护“十五”计划实施效果不够理想，但计划编制为“十一五”环境保护规划制定，特别是规划目标指标的确定提供了有益探索。

（五）深化阶段（2006年至今）

“十一五”（2006—2010年）时期：推进环境保护历史性转变。从“十一五”开始，我国国民经济与社会发展五年计划改变为五年规划，同时规划内容也发生了一些重大转变，从传统的GDP增长和总量平衡计划，转向更加注重区域协调发展和空间布局、发展质量的规划。中央政府高度重视环境保护工作，将环境保护作为贯彻落实科学发展观的重要内容、转变经济发展方式的重要手段和推进生态文明建设的根本措施。最突出的表现是将污染物总量控制指标（COD和SO_2排放总量减少10%）作为国民经济和社会发展的约束性指标，污染减排成为环境保护的主要任务和全社会的共同关注点。中共中央政治局常委和国务院常务委员会专题听取了关于“十一五”环保规划思路的汇报，这在中国环境保护历史上还是第一次。“十一五”环保规划所需的中央政府环境保护投资在规划报批过程中基本落实，环境保护规划实施评估和考核提上日程，环境保护相关内容和要求越来越成为各级政府的中心工作。这些特点充分表明党中央、国务院高度重视环境保护工作。

“十二五”（2011—2015年）时期：积极探索面向环境质量和环境风险的环境保护转型。与以往的环境保护五年规划相比，国家“十二五”环保规划的编制体现了坚持“在保护中发展，在发展中保护”的战略思想，体现了以环境保护优化经济发展的功能定位，体现了国家对环境保护重大战略任务的统筹安排。在规划指导思想上，紧扣科学发展这个主题和加快转变经济发展方式这条主线，努力提高生态文明水平，切实解决影响科学发展和损害人民群众健康的突出环境问题。全面推进环境保护历史性转变，积极探索代价小、效益好、排放低、可持续的环境保护新道路，加快建设资源节约型、环境友好型社会。在规划编制机制上，更加注重“开门编制规划”，加强基础研究，公开选聘前期研究承担单位；开展网络征集意见和问卷调查，开展各地规划编制调研和座谈，广泛听取各行业，各领域专家学者有关意见和建议。在规划内容上，提出“深化主要污染物总量减排、努力改善环境质量、防范环境风险和完善环境保护基本公共服务体系”四大战略任务，环境保护规划体系基本覆盖了全环保领域。在规划的约束性方面，主要规划目标和指标、重点任务和政策措施纳入了《国民经济和社会发展第十二个五年规划纲要》。在规划体系组成方面，《国家环境保护“十二五”规划》《节能减排“十二五”规划》《重点流域水污染防治规划（2011—2015年）》《全国土壤污染防治“十二五”规划》和《青藏高原生态环境保护综合规划》《国家环境监管能力建设“十二五”规划》等构成了“十二五”环境保护规划有机整体。

“十三五”（2016—2020年）时期：以环境质量改善为核心、生态与环境首次统筹。国务院于2016年11月印发《“十三五”生态环境保护规划》。规划以提高环境质量为核心，统筹部署“十三五”生态环境保护总体工作。《“十三五”生态环境保护规划》提出到2020年实现生态环境质量总体改善的总目标，并确定了打好大气、水、土壤污染防治三大战役等七项主要任务。《“十三五”生态环境保护规划》呈现新特征，标题由“环境保护”发展为“生态环境保护”，规划内容实现了环境保护与生态保护建设的全面统筹。在规划思路上，坚持以改善生态环境质量为核心，将三大计划的路线图转变为施工图，贯彻环境质量管理的概念。在任务设计上，强化分区分类指导，将全国水环境划分为1 784个控制单元，对其中的346个超标单元逐一明确目标和改善要求；对于京津冀、长三角、珠三角三大区域，分类提出大气改善的目标与任务。“十三五”期间，国务院削减各领域规划数量，提高规划高质量与可操作性，除国家环保规划外，还有三项规划获得国务院印发，分别是《水污染防治行动计划》(简称“水十条”)、《土壤污染防治行动计划》(简称“土十条”)、《“十三五”节能减排综合工作方案》等，其中“水十条”“土十条”及2013年印发的《大气污染防治行动计划》(简称“大气十条”)，是党的十八大以来党中央、国务院向污染宣战的重要文件。

二、 生态环境保护规划的类型

遵循不同的划分视角和方法①，生态环境保护规划大体可分为以下几种。

(一)按规划时期分类

从时间跨度而言，生态环境保护规划可划分为：长期、中期、短期规划。长期规划是纲要性规划，规划期限在10年或以上，其主要内容是确定生态环境保护的战略目标、重要指标、重点地区以及重大政策措施；中期规划是基本规划类型，规划期限一般为5年，其主要内容是确定生态环境保护目标、主要指标、环境功能分区、主要的环境保护设施建设和技改项目及环保投资的估算和筹集渠道等；短期环境规划或年度环境保护计划是中期规划的实施计划，内容比中期规划更为具体、更具可操作性且有所侧重。

(二)按地域和管理层次分类

按地域范围生态环境保护规划可分为国家、省(区)、市(县)生态环境保护规划，按管理层次可分为城市、农村生态环境保护规划。其中，国家环境保护规划范围很大，涉及整个国家，是国家发展规划的组成部分，其目的是协调全国经济社会发展与环境保护之间的关系。区域环境规划一般是针对省或相当于(或大于)省的经济协作区，区域环境规划的综合性和地区性很强，它是制定国家环境规划的基础，又是制定城市环境规划、工矿区环境规划的前提。各类规划构成一个多层次结构，层次之间既有区别又有联系。上一层次的规划是下一层次规划的依据和综合，下一层次的规划是上一层次规划的条件和分解，因而下一层次规划的实现是上一层次规划完成的基础。

(三)按环境要素分类

按环境要素生态环境保护规划可分为水环境保护规划、大气环境保护规划、土壤环境保护规划、固体废物污染防治规划、噪声污染控制规划等。通常环境要素的保护规划范围要比要素的污染防治规划范围大，内容也更加复杂。水环境保护规划或水污染控制规划包括区域、流域、城市等类型，主要内容是对规划区内的水污染控制提出基本任务、

① 王金南，蒋洪强，等. 环境规划学[M]. 北京：中国环境出版社，2014.

规划目标和主要防治措施。大气环境保护规划或大气污染控制规划，主要是指区域、城市或特定地区类型的规划，主要内容是对规划区内的大气质量和污染控制，提出规划目标、基本任务和主要防治措施。土壤环境保护规划主要是以改善土壤环境质量、保障农产品质量安全和建设良好人居环境为目标的规划，主要内容有耕地和水源地土壤环境保护、土壤污染治理与修复等。而固体废物污染防治规划可以看成土壤污染防治规划的一种类型。噪声污染控制规划一般是指城市、小区、道路和企业的噪声污染防治规划。

(四)按规划的特定任务分类

从规划的特定任务生态环境保护规划可分为生态保护与建设规划、污染防治规划、专项专题规划及环境科技与产业发展规划等。目前，主要关注的是生态保护与建设规划和污染防治规划。生态保护与建设规划的规划内容为“以自然生态资源为对象开展的保护与建设”，包括生态功能区区划、森林生态系统的保护培育、草原生态系统的保护治理、荒漠生态系统的保护修复、湿地与河湖生态系统的保护恢复、农田生态系统的保护改良、城市生态系统的建设改善、海洋生态系统的保护整治、水土流失防治、生物多样性保护、地下水资源保护以及重点生态功能区综合治理等。污染防治规划也称为污染控制规划，是环境规划的重点。其按内容可分为工业(行业、工业区)污染控制规划、农业污染控制规划、交通污染防治规划和城市污染控制规划等；根据范围和性质的不同其又可分为区域污染综合防治规划和部门(或专业)污染综合防治规划，区域污染综合防治规划包括经济协作区、能源基地、城市和水域等的污染综合防治规划等，部门(或专业)污染综合防治规划包括工业系统污染综合防治规划、农业污染综合防治规划、商业污染综合防治规划以及企业污染综合防治规划等，工业系统污染综合防治规划还可以按行业分为化工污染防治规划、石油污染防治规划和冶金工业污染防治规划等。

三、 生态环境保护规划的特点与原则

(一)规划的特点

1. 整体性

生态环境保护规划的整体性反映在生态环境的各个组成部分和要素之间，各要素之间既有一定的联系，又有其自身突出的环境问题特征和规律，各有其相对确定的分布结构和相互作用关系，从而形成独立的、整体性强、关联度高的体系。生态环境保护规划的整体性还反映在规划过程中各技术环节之间关系紧密、关联度高，各环节往往影响和制约相关环节，同时又受到其他环节的影响和制约。

2. 综合性

生态环境保护规划的综合性反映在其涉及的领域广泛、信息来源多、影响因素多、对策措施综合、部门协调复杂等。随着人类对生态环境保护认识的提高和实践经验的积累，生态环境规划的综合性及其集成性正在越来越显著地加强。21 世纪的生态环境规划将是自然、工程、技术、经济、社会相结合的综合体，也是多部门的集成产物。

3. 地域性

生态环境问题的地域性特征十分明显，因此生态环境保护规划必须注重“因地制宜”。所谓地域性，主要体现在不同地区环境及其污染控制系统的结构不同，主要污染物的特

征不同，社会经济发展方向和发展现状、速度不同，控制方案评价指标体系的构成及指标权重不同，各地的技术条件和目标诉求不同等。

4. 动态性

生态环境保护规划具有较强的动态性。生态环境的影响因素在不断变化，无论是生态环境问题(包括现存的和潜在的)还是社会经济条件等都在随时间发生着难以预料的变动，基于一定条件(现状或预测水平)制定的生态环境保护规划，随着社会经济发展方向、发展政策、发展速度以及实际环境状况的变化，必然需要具有快速响应和更新的能力。

5. 约束性

约束性是政府组织制定和实施规划的一个显著特征。从生态环境规划的最初立项、规划编制，到最后的规划方案决策分析，甚至制定实施规划的每一个环节，都经常会面临从各种可能性中进行选择的问题，完成选择的重要依据和准绳是我国现行的有关环境政策、法规、制度、条例和标准。生态环境规划一经制定，并经权力机构讨论通过和颁布，就具备法律性质，具有国家法律做后盾的强制性。

(二)规划的原则

第一，以规划区域环境功能为基础，合理确定保护目标。进行生态环境规划要对规划区的性质和功能进行综合分析，坚持实事求是，抓住区域特点，区别对待，提出恰当的生态环境保护目标要求。

第二，以经济、社会和环境协调发展和保护公众健康为基本要求。可持续的国民经济发展要求以经济建设为中心，将经济、技术、社会发展相结合，人口、资源、环境协调发展。发展必须讲求环境效益和公众健康，保证经济社会的可持续性。资源得不到合理利用、生态环境被破坏、公众健康受到威胁，那么经济增长也不可能持续下去。

第三，以合理开发利用环境资源和满足环境容量为依据。我国资源总量大，但人均占有量很少，因此，合理开发和有效利用生态环境资源势在必行。在制定生态环境保护规划时，要始终考虑人均环境资源和单位国土面积环境资源的禀赋条件，考虑规划区域资源足迹、污染足迹、生态足迹、碳足迹的变化趋势和控制要求。

第四，以生态系统管理、全过程控制和科技创新为重要手段。生态环境保护最根本的措施是源头控制。因此，生态环境保护规划要与经济结构调整、生产力合理布局相结合。环境规划要体现大力发展清洁生产和循环经济，积极采用先进的、经济的治理技术，将污染消灭在生产过程中的要求。生态环境规划还应有强有力的科技创新支持系统，包括环境规划预测模拟、环境规划工程等。

第五，以强化生态环境规划的可操作性和有效性为目的，提升规划水平。生态环境保护规划要成为指导环境和经济社会协调发展的基本依据，必须充分利用法律、经济和行政手段，充分体现环境管理的基本要求。进行生态环境规划时，必须坚持以防为主、防治结合、全面规划、全面布局、突出重点、兼顾一般的环境管理方针。

以上原则都是一般性原则。在各种类型的生态环境规划中需要根据具体规划类型、规划对象、环境保护的新理念等确定与时俱进的规划原则。

(三)规划目的

生态环境规划制定的目的在于改变传统的经济发展模式，使经济、社会发展遵循自然生态规律，减轻或避免发展对生态环境造成的破坏，使“社会—经济—环境”系统协调发展，维护生态系统良性循环，降低区域环境风险，达到经济发展和环境保护双赢。

(四)规划的主要任务

新时代国土空间规划背景下编制生态环境保护规划的主要任务主要包括以下七个方面。

一是构建生态环境保护规划方法体系。依据国家新型空间规划体系，适应发展新形势和环境保护的新要求，建设国家空间载体上的生态环境保护规划体系，对应国家空间高效管理。

二是为高质量发展服务。梳理空间规划中对生态环境保护规划的迫切需求，对于持续改善人居环境、加快补齐短板、着力提升市容市貌、建立健全整治长效机制等，生态环境保护规划不能缺位。

三是确定生态环境分区管治体系与管制内容。充分应对不同区域的城镇化阶段，提出环境承载力各类标准和环境改善路径，制定逐渐严格的阶梯性准入门槛，分别依据环境容量估算值与现状排放值的差值设定空间排放要求。

四是制定差别化的管治路径。强化政策落地性，对全域城、镇、乡、村规划建设区制定不同管治路径。不同的生态环境功能区管治范围应尽可能与行政边界相结合。

五是加强生态保护与修复。在实施重要生态系统保护和修复重大工程、健全重要生态系统保护制度和健全生态保护补偿机制、发挥自然资源多重效益方面，生态环境保护规划提供技术引导和制度督导。

六是发挥专项规划的作用。对于保障和改善民生，加强基础设施建设、增加生态产品和服务供给方面，生态环境保护应发挥专项支撑作用。

七是树立高水平保护的生态环境保护规划是生态文明的导向指引观念。要认真处理好几个关系：通过生态环境保护管理促发展的观念，协调生态环境保护规划与区域规划的依存关系；通过生态环境保护规划的特色提炼，充分认识各个专项规划的特色，加强相互的协同与综合；通过把握生态环境保护规划的核心内容，处理好工具与综合评估的关系。

四、 生态环境保护规划的内容体系和编制步骤

(一)规划的基本内容

自改革开放以来，我国生态环境保护规划的内容已日趋完善。目前，我国生态环境保护规划的主要内容包括：前期环保规划实施评估、生态环境调查和评价、环境预测、环境功能分区、环境规划目标的确定、指标体系的建立、重点工程的融资渠道及规划保障措施等。其中规划目标的确定、指标体系的建立是规划的核心内容。

1. 前期规划实施评估

开展新一轮规划的编制，首先应对上一期规划目标、主要规划指标和规划任务的完成情况进行回顾性评价，包括污染控制、计划指标完成情况、环境工程项目完成情况等，并总结上期规划已经解决的生态环境问题，找出上期规划存在的问题，以此作为新规划的重要参考。

2. 生态环境调查和评价

进行现状调查和评价是规划的重要支持系统之一。调查的数据多是来源于以环保系统为骨干的全国环境监测网络的监测数据。目前生态环境评价主要是按照功能区来进行的；评价的标准都是根据功能区选择的；评价参数选择对环境影响最为突出的因子；评价的主要内容包括污染源评价和环境质量评价，通过评价确定主要污染物、主要污染源、主要污染企业及重点污染源，弄清污染物产生的主要原因，以便对症施策。

3. 环境预测

环境预测是根据已经掌握的信息和资料，通过各种科学的手段和方法对未来规划内环境变化趋势进行科学预见和推测。根据环境预测结果，找出今后区域发展的主要生态环境问题。预测的内容主要为社会经济发展预测和污染物排放预测两个部分。其中，社会经济发展预测主要包括人口预测、能源消耗预测、国民生产总值预测、工业生产总值预测，同时，对经济布局与结构、交通和其他重大经济建设项目做出必要的分析；污染物排放预测主要包括污染物排放量如工业用水量、工业废水量、工业 COD 排放量、重金属排放量等的预测。

4. 环境功能分区

环境功能分区是环境规划确定环境保护目标的基础和依据。环境功能分区是依据不同地区在生态环境结构、状态和功能上的差异，结合经济社会发展战略布局，合理确定环境功能并执行相应环境管理要求的过程，具体划分为自然生态保留区、生态功能保育区、食物环境安全保障区、聚居环境维护区和资源开发环境引导区五类环境功能区。环境规划结合本辖区环境管理需求，细化和落实环境功能区划和主体功能区划的总体要求，明确区域内水、大气、土壤、生态等环境要素的管控措施。

5. 环境规划目标的确定和指标体系的建立

环境规划目标是进行环境规划的前提和出发点，一般是决策者对环境质量所要达到的环境状况或标准的预期。环境规划指标是对环境规划目标具体内容、要素特征和数量的表述，能够直接反映环境对象及有关事物。环境规划指标体系由一系列相互联系、相互独立、相互补充的环境指标所构成的有机体。在生态环境规划中，必须根据规划对象的主要问题、环境状况和经济技术条件，来选取适合环境规划区域的环境规划指标，建立起全面、准确、系统和科学的环境规划指标体系，可分为环境质量指标、污染物总量控制指标、生态保护建设指标、环境规划措施与管理指标等。

从“十一五”开始，国家环境规划目标更加注重污染物排放总量控制目标，引入主要污染物消减约束性指标。未来的环境目标应更多地面向主体功能区、环境功能区和公众健康要求，把环境功能作为环境目标确定的主要依据。我国现阶段注重的总量控制是指在规定时间内，对某一区域或某一企业在生产过程中所产生的污染物最终排入环境的数量的限制。总量控制体现了预防为主的原则，旨在实现环境保护从末端治理向源头消减和全过程控制转变，是规划的关键内容。

6. 重点工程的融资渠道

环境保护长期存在投入不足的问题，在环境保护规划中要根据环境保护投资项目对规划期限内所需资金进行估算，并对资金来源进行分析，因此，估算所需资金以及分析资金来源也是规划中必不可少的内容。《国家环境保护“十二五”规划》要求，全国“十二五”环境污染治理投资约占全社会固定资产投资总规模的 2.3%，其中需中央财政专项资金、预算内基本建设资金 5 100 亿元，主要用于八大重点工程项目建设。“十三五”期间，国家组织实施工业污染源全面达标排放、大气污染重点区域气化、燃煤电厂超低排放改造等 25 项工程，建立重大项目库，强化项目绩效管理。项目投入以企业和地方政府为主，中央财政予以适当支持。

7. 规划保障措施

为保证规划的顺利实施以及计划目标的顺利完成，在规划编制的最后都要提出规划保障措施，这也是规划必不可少的内容。国家生态环境保护规划主要针对完善法规体系、加强环境管理能力建设、加强环境科技研究、加强环境宣教、提高公民意识、落实环保责任、拓宽环保筹资渠道、增加环保投入等十多个方面提出了保障规划顺利实施的具体建议。为保证规划的有力实施，要在规划中明确污染控制规划涉及的部门(如省人民政府、原国家计委、原国家经贸委、财政部、原建设部等)的责任，并制定相关政策，原环境保护部会同国务院有关部门进行年度考核，加强监督管理。

(二)规划的程序和步骤

与其他类型规划类似，生态环境规划的编制程序一般分为准备阶段、编制阶段和报批实施阶段(图 6-8)。准备阶段一般由上级环保部门或地方政府根据生态环境保护需要制订区域生态环境规划编制计划，明确区域生态环境规划工作内容，组建规划编制队伍，落实规划编制经费。编制阶段就是规划编制单位根据委托单位的基本要求，完成主要规划内容。生态环境保护规划通过专家论证后，就进入报批阶段，一般报上级环保部门或同级人民政府和人民代表大会审议通过后即可实施。

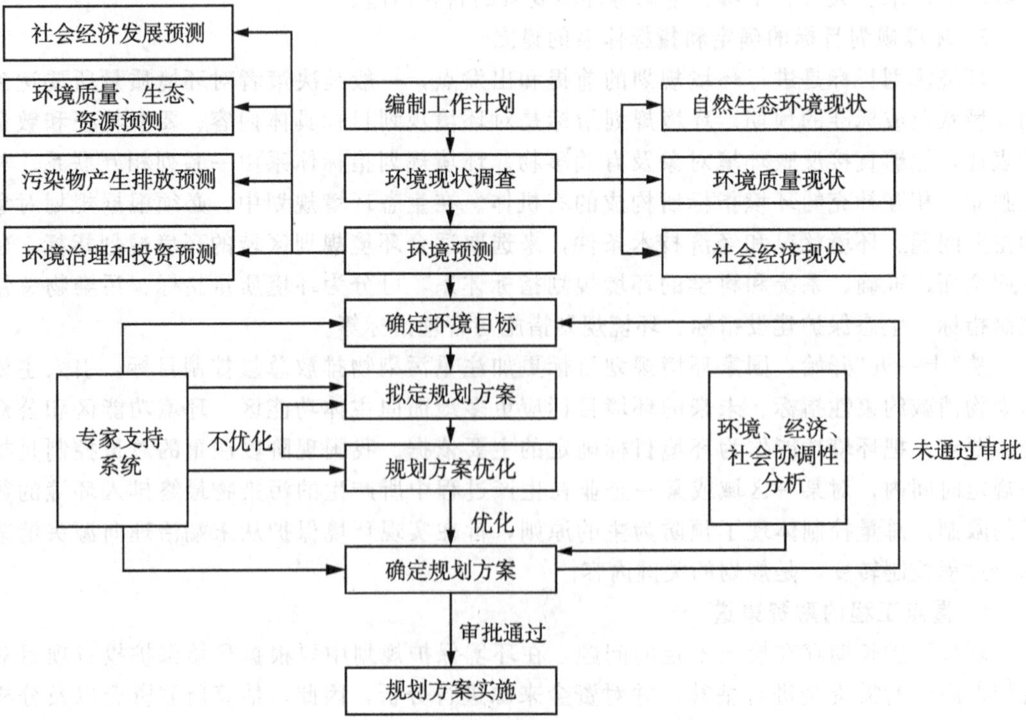

图 6-8 环境保护规划的程序和过程示意图

复习思考题

1. 区域规划的关键问题是什么？它与国土空间规划之间是什么关系？

2. 城乡规划的核心内容是什么？它与国土空间规划之间是什么关系？

3. 土地利用规划的核心内容是什么？它与国土空间规划之间是什么关系？

4. 生态环境保护规划的核心内容是什么？它与国土空间规划之间是什么关系？

阅读文献

1. 国家开发银行规划院．科学发展规划理论与实践[M]．北京：中国财政经济出版社，2013.

2. 杨伟民．发展规划的理论和实践[M]．北京：清华大学出版社，2010.

3. 方创琳，等．区域规划与空间管治论[M]．北京：商务印书馆，2007.

4. 孙久文．区域规划原理[M]．北京：商务印书馆，2022.

5. 吴志强，李德华．城市规划原理[M]．4版．北京：中国建筑工业出版社，2010.

6. 王万茂．土地利用规划学[M]．北京：科学出版社，2006.

7. 王金南，蒋洪强．环境规划学[M]．北京：中国环境出版社，2014.

8. 许振成，彭晓春，贺涛，等．现代环境规划的理论与实践[M]．北京：化学工业出版社，2012.

9. 吴殿廷，宋金平，陈光．区域规划概论[M]．北京：科学出版社，2018.

第七章　国土空间规划编制、实施和评价[①]

本章要点：国土空间规划编制和实施是一个复杂的过程。本章提出了国土空间规划编制的总体要求和顶层设计，论述了国土空间规划的基础工作内容，剖析了国土空间规划评估的基本要求和在实施过程中应该注意的事项。

第一节　国土空间规划的总体要求和顶层设计

一、国土空间规划编制的总体要求

《中共中央 国务院关于建立国土空间规划体系并监督实施的若干意见》中，对于全国国土空间规划编制的总体要求如下。

(1)体现战略性。全面落实党中央、国务院重大决策部署，体现国家意志和国家发展规划的战略性，自上而下编制各级国土空间规划，对空间发展做出战略性系统性安排。落实国家安全战略、区域协调发展战略和主体功能区战略，明确空间发展目标，优化城镇化格局、农业生产格局、生态保护格局，确定空间发展策略，转变国土空间开发保护方式，提升国土空间开发保护质量和效率。

(2)提高科学性。坚持生态优先、绿色发展，尊重自然规律、经济规律、社会规律和城乡发展规律，因地制宜开展规划编制工作；坚持节约优先、保护优先、自然恢复为主的方针，在资源环境承载能力和国土空间开发适宜性评价的基础上，科学有序统筹布局生态、农业、城镇等功能空间，划定生态保护红线、永久基本农田、城镇开发边界等空间管控边界以及各类海域保护线，强化底线约束，为可持续发展预留空间。坚持山水林田湖草生命共同体理念，加强生态环境分区管治，量水而行，保护生态屏障，构建生态廊道和生态网络，推进生态系统保护和修复，依法开展环境影响评价。坚持陆海统筹、区域协调、城乡融合，优化国土空间结构和布局，统筹地上地下空间综合利用，着力完善交通、水利等基础设施和公共服务设施，延续历史文脉，加强风貌管控，突出地域特色。坚持上下结合、社会协同，完善公众参与制度，发挥不同领域专家的作用。运用城市设计、乡村营造、大数据等手段，改进规划方法，提高规划编制水平。

(3)加强协调性。强化国家发展规划的统领作用，强化国土空间规划的基础作用。国土空间总体规划要统筹和综合平衡各相关专项领域的空间需求。详细规划要依据批准的国土空间总体规划进行编制和修改。相关专项规划要遵循国土空间总体规划，不得违背总体规划强制性内容，其主要内容要纳入详细规划。

(4)注重操作性。按照谁组织编制、谁负责实施的原则，明确各级各类国土空间规划编制和管理的要点。明确规划约束性指标和刚性管控要求，同时提出指导性要求。制定实施规划的政策措施，提出下级国土空间总体规划和相关专项规划、详细规划的分解落

---

① 本章由吴殿廷、黄大全、张文新执笔完成。

实要求，健全规划实施传导机制，确保规划能用、管用、好用①。

二、 国土空间规划编制的基本原则

(1)生态优先、绿色发展。

践行绿水青山就是金山银山的理念，坚持节约资源和保护环境的基本国策，落实最严格的生态环境保护制度、耕地保护制度和节约用地制度，严守生态、粮食、能源资源等安全底线。坚持人与自然和谐共生，积极协调人、地、产、城、乡关系，通过优化国土空间开发保护格局促进形成绿色发展的方式和生活方式。

(2)以人民为中心、高质量发展。

以人民对美好生活的向往为目标，坚持增进人民福祉，改善人居环境，提升国土空间品质。建设美丽国土，促进形成生产、生活、生态相协调的空间格局，实现高质量、满足高品质生活。

(3)区域协调、融合发展。

落实主体功能区等国家重大战略，推进国家区域协调发展战略在省域协同实施。完善统筹协调机制，协调解决国土空间矛盾冲突。加强陆海统筹，促进城乡融合发展。形成主体功能约束有效、国土开发有序的空间发展格局。

(4)因地制宜、优化发展。

立足区域资源禀赋、发展阶段、重点问题和治理需求，尊重客观规律，体现地方特色，发挥比较优势，确定规划目标、策略、任务和行动，走合理分工、优化发展的路子。

(5)数据驱动、创新发展。

收集整合覆盖陆海全域、涵盖各类空间资源的基础数据，充分利用大数据等技术手段分析研判，夯实规划基础。打造国土空间基础信息平台，实现互联互通，为国土空间规划“一张图”提供支撑。例如，2020 年，北京市基本建立了全市国土空间规划体系，初步形成面向实施、城乡统管的国土空间规划“一张图”和一套管控机制，如图 7-1 所示。

(6)共建共治、共享发展。

加强社会协同和公共参与，充分听取公众意见，发挥专家作用，实现共商共治，让规划编制成为凝聚社会共识的平台。发挥市场配置和政府引导作用，推进空间治理体系和治理能力现代化，实现经济效益、社会效益和环境效益相统一，使发展成果更多更公平惠及全体人民②。

三、 构筑国土空间规划编制和实施四大体系

国土空间规划的四大体系，分别指规划编制体系、规划审批体系、规划政策体系、技术标准体系。图 7-1 显示了北京市国土空间规划的整体结构，具有参考价值。

---

① 中共中央 国务院. 关于建立国土空间规划体系并监督实施的若干意见[EB/OL]. (2019-05-23)[2022-11-08]. https://www.gov.cn/zhengce/2019-05/23/content_5394187.htm.

② 国家市场监督管理总局，国家标准化管理委员会. 省级国土空间规划编制技术规程[S]. 北京：中国标准出版社，2023.

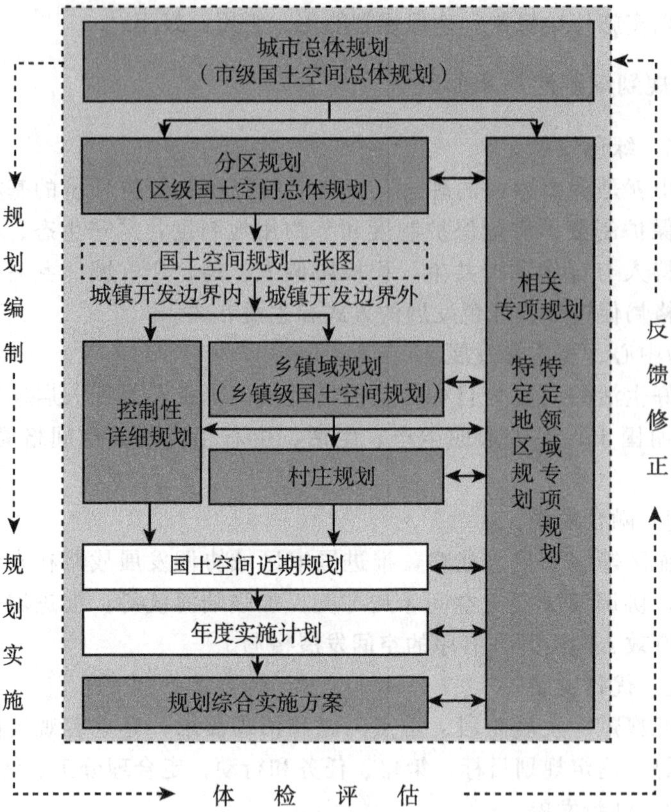

图 7-1 北京市国土空间规划示意图

规划编制体系。全国国土空间规划由自然资源部会同相关部门组织编制。省级国土空间规划由省政府组织编制。市县和乡镇国土空间规划由本级政府组织编制。对于市县和乡镇国土空间规划，各地可因地制宜，将市县与乡镇国土空间规划合并编制，也可以几个乡镇为单元编制乡镇级国土空间规划，图 7-2 显示了市县级国土空间总体规划的编制路线。跨区域或流域的国土空间规划，由所在区域或上一级自然资源主管部门牵头组织编制。

规划审批体系。全国国土空间规划由党中央、国务院审定印发。省级国土空间规划经同级人大常委会审议后报国务院审批。需报国务院审批的城市国土空间总体规划，经同级人大常委会审议后，由省级政府报国务院审批。其他市县和乡镇国土空间规划由省级政府根据当地实际，明确审批内容和程序。

规划政策体系。制定并完善国家层面的《国土空间开发保护法》《国土空间规划法》，加快国土空间规划相关法律法规建设。完善适应主题功能区要求的配套政策，保障国土空间规划有效实施。

技术标准体系。目前国家层面正在按照“多规合一”要求，由自然资源部门会同相关部门负责构建统一的国土空间规划技术标准体系，修订完善国土资源现状调查和国土空间规划用地分类标准，制定各级各类国土空间规划编制办法和技术规程。

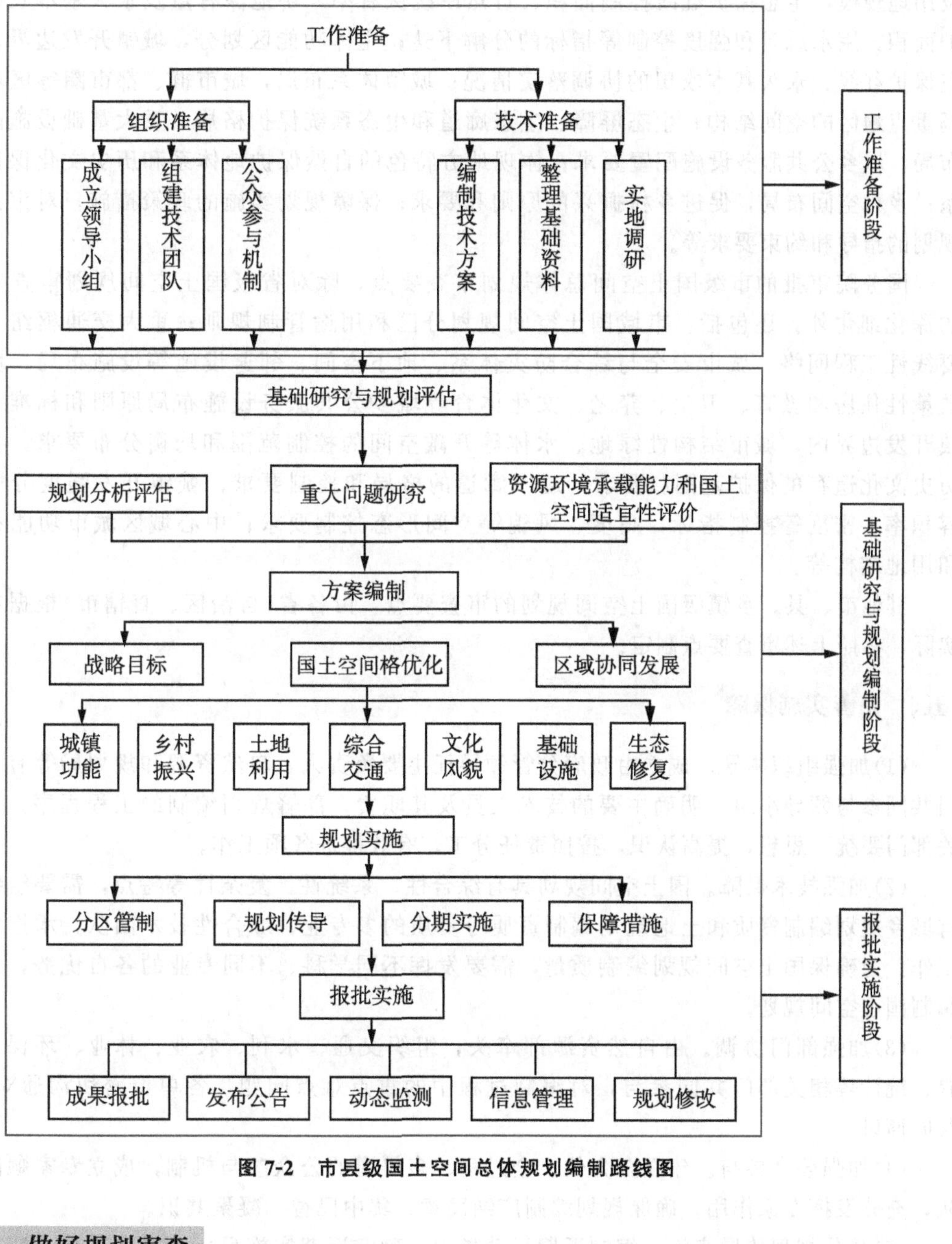

图 7-2　市县级国土空间总体规划编制路线图

四、做好规划审查

《自然资源部关于全面开展国土空间规划工作的通知》(自然资发〔2019〕87 号)提出，要按照“管什么就批什么”的原则，对省级和市县国土空间规划，侧重控制性审查，重点审查目标定位、底线约束、控制性指标、相邻关系等，并对规划程序和报批成果形式做合规性审查。

省级国土空间规划审查要点包括：国土空间开发保护目标；国土空间开发强度、建设用地规模，生态保护红线控制面积、自然岸线保有率，耕地保有量及永久基本农田保护面积，用水总量和强度控制等指标的分解下达；主体功能区划分，城镇开发边界、生态保护红线、永久基本农田的协调落实情况；城镇体系布局，城市群、都市圈等区域协调重点地区的空间结构；生态屏障、生态廊道和生态系统保护格局，重大基础设施网络布局，城乡公共服务设施配置要求；体现地方特色的自然保护地体系和历史文化保护体系；乡村空间布局，促进乡村振兴的原则和要求；保障规划实施的政策措施；对市县级规划的指导和约束要求等。

国务院审批的市级国土空间总体规划审查要点，除对省级国土空间规划审查要点的深化细化外，还包括：市域国土空间规划分区和用途管制规则；重大交通枢纽、重要线性工程网络、城市安全与综合防灾体系、地下空间、邻避设施等设施布局，城镇政策性住房和教育、卫生、养老、文化体育等城乡公共服务设施布局原则和标准；城镇开发边界内，城市结构性绿地、水体等开敞空间的控制范围和均衡分布要求，各类历史文化遗存的保护范围和要求，通风廊道的格局和控制要求；城镇开发强度分区及容积率、密度等控制指标，高度、风貌等空间形态控制要求；中心城区城市功能布局和用地结构等。

其他市、县、乡镇级国土空间规划的审查要点，由各省(自治区、直辖市)根据本地实际，参照上述审查要点制定。

五、完善实施保障

(1)加强组织领导。成立由政府分管领导任主要负责人，自然资源和规划局等有关部门共同参与领导小组。明确主要的技术人员及其职责，部署规划编制的工程程序。各有关部门要统一思想，提高认识，按照责任分工，有效推进各项工作。

(2)加强技术保障。国土空间规划具有综合性、系统性、复杂性等特点，需要组织具有城乡规划编制资质和土地规划编制资质等资质的多专业、综合性技术团队，承担编制工作。为确保国土空间规划编制质量，需要发挥不同学科、不同专业的各自优势，共同编制国土空间规划。

(3)加强部门协调。由自然资源部牵头，组织交通、水利、农业、林业、环保、文旅、统计等相关部门共同参与，对编制过程中的重点难点问题，各单位密切沟通对接，共同商讨。

(4)加强公众参与。建立全方位、全过程、多渠道的公众参与机制，成立专家顾问团队，充分发挥专家作用，确保规划编制广纳民意、集中民智、凝聚共识。

(5)强化规划传导实施。编制近期行动指引，确定近期实施目标和重点任务，明确近期约束指标、管控边界和管控要求；编制分区发展指引和专项规划大纲，加强对下层级国土空间规划的传导和约束；制定保障规划实施的财政、税收、产业、金融等政策；从组织架构、经济社会、人才科技、政策机制等方面构建适应新时期需求的国土空间规划实施保障体系。

(6)推进信息平台建设。建设国土空间基础信息平台，构建国土空间规划“一张图”，完成空间规划数据库和国土空间规划“一张图”实施监督信息系统建设，与国家级信息平台和其他相关部门信息平台对接，全面实现纵向、横向联通，确保数据共享。

第二节 国土空间规划的基础工作

一、统一底图底数

新一轮国土空间规划编制要求，各地应在第三次国土调查(以下简称“三调”)的基础上，按照国土空间用地用海分类、城区范围确定等有关标准规范，形成符合规定的国土空间利用现状和工作底数。统一采用2000国家大地坐标系和1985国家高程基准作为空间定位基础，形成坐标一致、边界吻合、上下贯通的工作底图。沿海地区要增加所辖海域海岛底图底数。

各地应根据需要开展补充调查，并充分应用基础测绘和地理国情监测成果，收集自然资源、生态环境、经济产业、人口社会、历史文化、基础设施、城乡发展、区域协调、灾害风险、水土污染、海洋空间保护和利用等相关资料，以及相关规划成果、土地利用审批、永久基本农田等数据，加强基础数据分析。

二、分析自然地理格局

研究当地气候和地形地貌条件、水土等自然资源禀赋、生态环境容量等空间本底特征，分析自然地理格局、人口分布与区域经济布局的空间匹配关系，开展资源环境承载能力和国土空间开发适宜性评价(以下简称“双评价”)，明确农业生产、城镇建设的最大合理规模和适宜空间，提出国土空间优化导向。

三、重视规划实施和灾害风险评估

开展既有城市总体规划、土地利用总体规划、市级海洋功能区划等空间类规划及相关政策实施的评估，评估自然生态和历史文化保护、基础设施和公共服务设施、节约集约用地等规划实施情况；结合自然地理本底特征和“双评价”结果，针对不确定性和不稳定性，分析区域发展和城镇化趋势、人口与社会需求变化、科技进步和产业发展、气候变化等因素，系统梳理国土空间开发保护中存在的问题，开展灾害和风险评估。

四、加强重大专题研究

重大专题研究包括但不限于：研究人口规模、结构、分布以及人口流动等对空间供需的影响和对策；研究气候变化及水土资源、洪涝等自然灾害等因素对空间开发保护的影响和对策；研究重大区域战略、新型城镇化、乡村振兴、科技进步、产业发展等对区域空间发展的影响和对策；研究交通运输体系和信息技术对区域空间发展的影响和对策；研究公共服务、基础设施、公共安全、风险防控等支撑保障系统的问题和对策；研究建设用地节约集约利用和城市更新、土地整治、生态修复的空间策略；研究自然山水和人工环境的空间特色、历史文化保护传承等空间形态和品质改善的空间对策；研究资源枯竭、人口收缩城市振兴发展的空间策略；综合研究规划实施保障机制和相关政策措施①。

五、 规划编制中的关键问题

(一)确定战略目标和指标

落实区域协同发展、乡村振兴等国家战略，围绕“两个一百年”奋斗目标和上位规划部署，结合本地发展阶段和特点，针对存在问题、风险挑战和未来趋势，明确城市和区域发展定位，确定城市和区域性质与国土空间发展目标。落实上位规划的约束性指标，结合经济社会发展要求，确定国土空间开发保护的量化指标，确定城乡建设用地规模、生态保护红线面积、自然岸线保有率、耕地保有量、用水总量等约束性指标。国土空间总体规划的指标体系如表 7-1 所示。

表 7-1 国土空间总体规划的指标体系②

序号	类型	名称	单位	属性
1	生态保护类	生态保护红线面积	平方千米	约束性
2		用水总量	亿立方米	约束性
3		林地保有量	平方千米	约束性
4		基本草原面积	平方千米	约束性
5		湿地面积	平方千米	约束性
6		新增生态修复面积	平方千米	预期性
7		自然岸线保有率(大陆自然海岸线保有率、重要河湖自然岸线保有率)		约束性
8	农业发展类区域建设类	耕地保有量(永久基本农田保护面积)	平方千米	约束性
9		规模化禽畜养殖用地	平方千米	预期性
10		海水养殖用海区面积	平方千米	预期性
11		国土开发强度		预期性
12		城乡建设用地规模	平方千米	约束性
13		“1/2/3 小时”交通圈人口覆盖率		预期性
14		公路与铁路网密度	千米/平方千米	预期性
15		单位 GDP 使用建设用地(用水)下降率		约束性

① 自然资源部办公厅．市级国土空间总体规划编制指南(试行)[EB/OL]．(2021-03-29)[2022-11-08]．http:www.gov.cn/zhengce/zhengceku/2021-04/07/content_5598163.htm.

② 同①。

(二)优化空间总体格局

以自然地理格局为基础，落实国家和省市区域发展战略、主体功能区战略，优化空间总体格局①。

(1)优先确定生态保护空间。明确自然保护地等生态重要和生态敏感地区，构建重要生态屏障、廊道和网络，形成连续、完整、系统的生态保护格局和开敞空间网络体系，维护生态安全和生物多样性。

(2)保障农业发展空间。优化农业(畜牧业)生产空间布局，引导布局都市农业，提高就近粮食保障能力和蔬菜自给率，重点保护集中连片的优质耕地、草地，明确具备整治潜力的区域，以及生态退耕、耕地补充的区域。

(3)融合城乡发展空间。围绕新型城镇化、乡村振兴、产城融合，明确城镇体系的规模等级和空间结构，提出村庄布局优化的原则和要求。完善城乡基础设施和公共服务设施网络体系，改善可达性，构建不同层次和类型、功能复合、安全韧性的城乡生活圈。

(4)彰显地方特色空间。发掘本地自然和人文资源，系统保护自然景观资源和历史文化遗存，划定自然和人文资源的整体保护区域。

(5)协同地上地下空间。提出地下空间和重要矿产资源保护开发的重点区域，处理好地上与地下、矿产资源勘查开采与生态保护红线及永久基本农田等控制线的关系。提出城市地下空间的开发目标、规模、重点区域、分层分区和协调连通的管控要求。

(三)强化资源环境底线约束

基于资源环境承载能力和国土安全要求，明确重要资源利用上限，划定各类控制线，作为开发建设不可逾越的红线②。坚持底线思维，在“双评价”基础上从严划定“三区三线”，合理安排全域范围内的城镇空间、生态空间和农业空间，科学划定生态保护红线、永久基本农田保护红线和城镇开发边界③。结合地方实际，提出历史文化、矿产资源等其他需要保护和控制的底线要求。统一管控分区，实施用途管制④。

(四)确保各级三类的“规划—建设—管理”规划传导管控

实现国土空间规划从国家、省、市、县、乡在目标指标、功能用途和各类控制线的纵向传导，以及总控联动、建管一体在规划实施阶段的横向传导和引导落实，从而保障规划目标的达成。各地亟须重塑规划实施体系，具备精准传导空间管控要求、动态反馈支撑规划优化、充分衔接项目建设的能力，实现各地国土空间规划在横向和纵向上的可传导、可分工、可监管、可反馈。国土空间规划信息传导-反馈系统、国土空间规划纵向传导管控系统分别如图 7-3、图 7-4 所示。

---

① 自然资源部办公厅. 市级国土空间总体规划编制指南(试行)[EB/OL]. (2021-03-29)[2022-11-08]. https://www.gov.cn/zhengce/zhengceku/2021-04/07/content_5598163.htm.

② 同①。

③ 覃融. 对柳州市国土空间规划编制工作的探讨[J]. 南方国土资源，2019(9)：56-59.

④ 赵坤，许景权，沈迟. 基于人类行为视角的市县国土空间总体规划管控措施编制思路探究[J]. 自然资源学报，2019，34(10)：2234-2243.

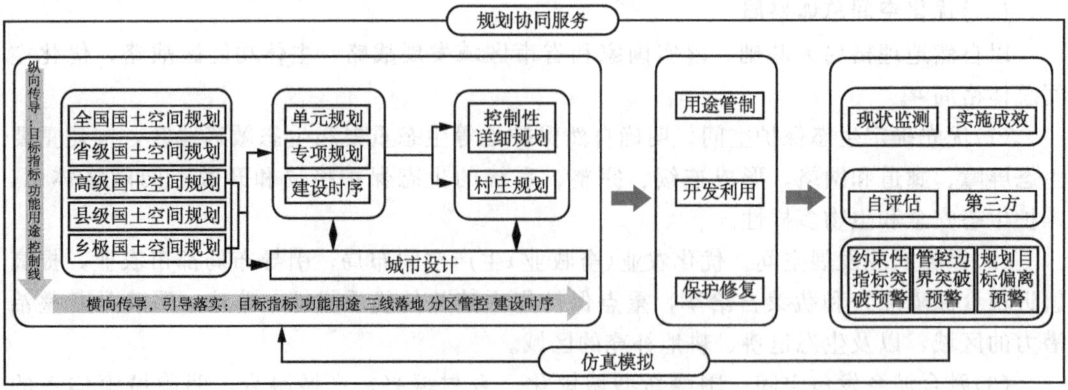

图 7-3　国土空间规划信息传导-反馈系统

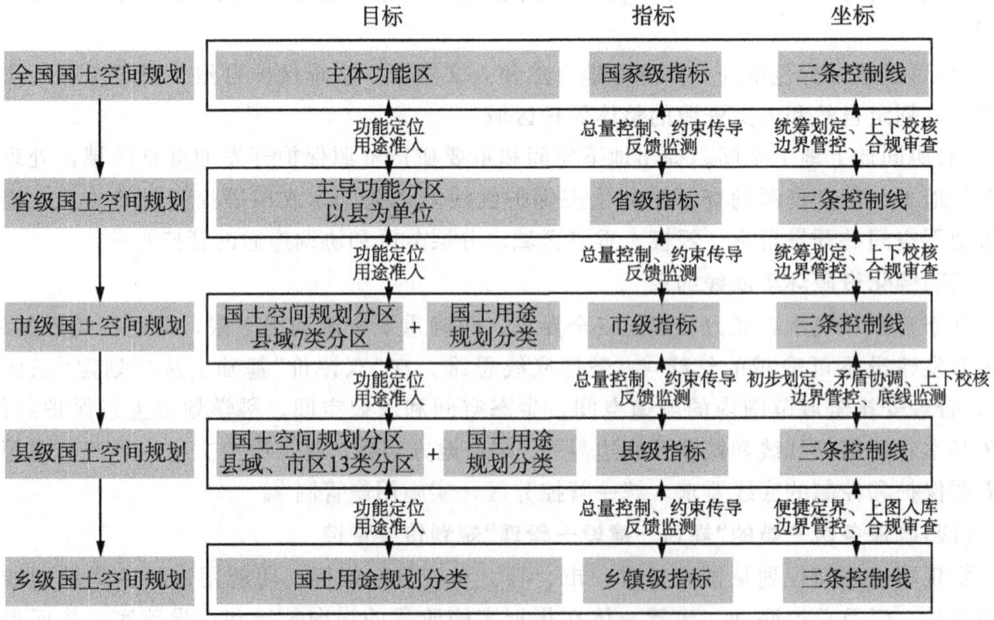

图 7-4　国土空间规划纵向传导管控系统

第三节　国土空间规划的评价

一、国土空间规划评价的意义和要求

国土空间区域规划本质上是公共政策，对公共政策进行绩效评估，并依据评估结论来改进下一轮公共政策制定是国际通行做法。规划人员应评估规划的影响，考察规划实施效果，以便在区域范围内提高规划的成效，并改进一般的规划程序。

国土空间规划体制改革前，我国各级各类规划多如牛毛，这些规划耗费了大量的人力、物力。其中不乏真知灼见，确实对规划对象的科学发展起到了很好的作用；但也有的规划被束之高阁，成为墙上挂挂的摆设。对于这样的规划，我们不禁要问，到底是规划本身存在问题，还是规划执行过程中出了问题？有鉴于此，必须建立规划评估制度，对规划的实施进行评价，反思规划的编制价值和规划实施中应该注意的问题。

第一，建立完善的规划评估制度，是必须履行的社会职责。我国的《城乡规划法》从法律层面对规划评估工作做出了清晰的界定，定期的评估是规划实施过程中必须执行的行政职责。此外，《城乡规划法》还明确了评估是修改规划必不可少的前置环节。尽管《城乡规划法》实施已经多年，法律设立规划评估制度的立法本意，一直没有得到很好的落实。国土空间规划也面临同样的问题。

第二，建立完善的规划评估制度，是不断提高国土空间规划工作质量的需要。一是要以严肃的态度评估正在实施的规划，二是要以实事求是的精神评估规划的工作方法和成果。

第三，建立完善的规划评估制度，是国土空间规划作为空间决策依据的基本要求。作为决策系统的构成和支撑，不仅仅包括制定、决策和执行的过程，还必须要有评估、反馈和修订的程序，两者的结合，才能够形成一个完整的、开放的循环提升过程。对于正处在经济发展和社会转型关键阶段的国家或地区而言，不断发展的变化，不断增长的需求，各类引起社会关注的焦点、热点问题对于规划的影响，都需要透过不断的定期评估来实现有效管理和改善。

二、国土空间规划成果科学性、合理性评价

（一）国土空间规划既要科学合理，又要现实可行

国土空间规划评价包括两个方面：一是规划实施前，就规划成果的科学性、合理性进行评价；二是规划实施后对实施效果的评价。这里首先讨论前者。

《中共中央 国务院关于建立国土空间规划体系并监督实施的若干意见》提出的编制要求是：体现战略性、提高科学性、加强协调性、注重操作性。从规划的科学性和合理性角度看，一个空间规划的好坏关键在于它“实不实、新不新、活不活”。

“实不实”：一是指其资料、数据是不是翔实可靠，建立在错误数据基础上的空间规划是靠不住的，特别是在守住底线方面，要做到摸准“家底”，把住“门槛”（承载力）；二是指规划本身实用不实用，能否为决策部门和社会所认可和实施。一个好的空间规划必须具有可操作性。要达到这个目的，现在的空间规划都在突出重点、项目策划和落地上下功夫，确保不同区域之间、不同群体之间，空间保护责任落实，空间资源利益分配合理可行。

“新不新”：一是有没有新的理念，二是方法手段有没有突破。国土空间规划要与时俱进，体现时代的要求，注意吸收现代科技成果，提高规划的宏观指导性。规划方面的新理念就是弹性规划、协议式规划，因而需要上下互动。

“活不活”：一是指本规划灵活不灵活。国土空间保护利用直接受内外界环境的冲击，而内外界环境是不断变化的。要使国土空间保护利用始终立于不败之地，其规划就必须灵活，能够应付内外界环境出现的各种局势。二是指本规划是否处理好生产、

生活和生态之间的关系，既要坚持与自然和谐共生，协调好人、地、产、城、乡关系，通过优化国土空间开发保护格局促进形成绿色发展方式和生活方式，又要努力建设美丽国土，促进形成生产、生活、生态相协调的空间格局，实现高质量发展，满足高品质生活。

(二)国土空间规划评价应多方式结合

国土空间规划的评价，可以通过专家咨询的办法进行，比如组织召开专家评审会，也可以利用现代网络，向社会求教。特别是一些事关民生的大项目、大举措，必须通过社会公开的方式进行评价和调整。

一般说来，专家们具有专门的知识和能力，但必须让专家充分了解情况，有一段思考、审查的时间。现在很多规划都把评审过程简单化、形式化了，没有达到通过评审严格把关、完善提高规划的目的。

区域规划的评价，可以采取专家调查法，也可以采取会议研讨法来进行。

三、国土空间规划实施效果的评价

规划评估既可以在规划期末进行评估，也可以在规划中期进行评估。一般来说，在规划期末进行评估，能够全面、系统地考察规划执行情况，也便于对规划本身进行反思。但是，要想及时发现规划中的问题，或者及时扭转规划与实践的偏差，最好进行规划中期评估。从“十一五”规划时期开始，全国和地方，如北京、浙江等省市，已经开始对国民经济和社会发展规划进行系统的中期评估，这种做法值得我们借鉴和学习。

从当前我国部分城市的国土空间规划评估报告来看，所采用的方法大致包括两种。一种是对于空间布局、结构体系、政策措施、实施保障机制及实施成效等的评估，多采用定性分析方法。另一种是对规划阶段性目标、指标、比例、公众满意度等方面进行评估，多采用一定的定量分析方法。英国的做法可以为我国提供一些有益的经验借鉴。英国在经过 2004 年规划体系的变革后，建立起了全国性的年度监测报告(Annual Monitoring Report，AMR)制度，各地方政府按照要求定期对地方发展框架进行监测评估。在现阶段，针对我国的现实国情，区域发展规划评估工作的重点宜放在对规划对象整体与综合的评估方面，积极探索定性分析与定量分析相结合的方法，以期系统地、客观地把握规划对象未来发展必须解决的基本问题，进而为改善和充实规划工作，适应发展的要求奠定基础。

对于规划实施效果的评价，不能简单理解为对规划成果好与坏、对与错的简单评判，更不能为了短期功利性的目的去“掩盖”或“夸大”某些问题，而应当是本着科学的态度，通过对既有规划实施效果与不足、规划对象发展问题与走向、规划工作应对策略与目标的深入分析，为实事求是地改善国土空间规划工作，使之更加适应规划对象的可持续发展的要求提供坚实的技术支撑。特别是要分析产生偏差的原因。规划实施产生偏差的原因分析如表 7-2 所示。

表 7-2 规划实施产生偏差的原因分析

主要原因	具体原因	可能存在的问题
自然条件变化	资源条件突变	规划区内发现重大资源，改变原有资源禀赋
	自然灾害变化	发生规划未预料到的极端自然灾害
技术经济条件变化	技术问题	新技术的运用对区域主导产业生产和运作模式带来根本性变革
	生产要素配置问题	区域内土地、资金、劳动力等生产要素发生突变
	主导产品供求关系变化	由于竞争对手或替代品出现，区域主导产业的产品供求关系发生突变
规划不当	规划编制依据	规划编制依据不足或发生重大变化
	预测方法和参数	预测方法不适用于该区域或具体参数选取不当
	调控措施失误	规划设计的政策措施、实施方案存在失误或缺陷
其他原因	利益兼顾不周	规划实施过程未协调好开行与政府、客户及其他利益方的关系
	管理问题	未有效组织规划实施和管理，行内外未能形成合力

四、 规划执行情况评价的步骤和方法

关于对规划执行情况的评价，国外有不少的研究，但主要是集中在城市规划领域①。国内对规划执行情况评价的研究开展较少，孙施文②从规划实施评价的角度对有关国外城市规划执行情况进行了相关的理论综述。赵小敏③、郑新奇④、夏春云⑤等从土地利用总体规划实施评价方法以及评价的指标体系等对规划执行情况评价进行了相关研究，但是我国开展土地利用总体规划执行情况的评价多是定性或半定量的分析或评价，而对规划执行情况定量和定位的研究就更为少见。因此，我国土地利用总体规划执行情况评价的研究工作才刚刚起步，需要对其技术与方法进行探讨。关于 GIS(地理信息系统)在规划中的应用，主要是应用于土地适宜性评价、项目选线和建设选址分析，并且已经有很长的历史，而将 GIS 应用于规划执行情况评价的研究鲜有涉及。借助 ArcGIS9.0 的空间分析功能，利用 GIS 的技术和方法，在分析和研究土地利用变化的基础上，从空间上识别规划执行最关心的三种类型：符合规划地块、超出规划地块和规划未实施地块。并将这

① TALEN E. Do Plan Get Implemented? A Review of Evaluation in Planning [J]. Journal of Planning Literature，1996，10(3)：248-259.

② 孙施文，周宇. 城市规划实施评价的理论与方法[J]. 城市规划汇刊，2003(2)：15-20+27+95.

③ 赵小敏，郭熙. 土地利用总体规划实施评价[J]. 中国土地科学，2003，17(5)：35-40.

④ 郑新奇，李宁，孙凯. 土地利用总体规划实施评价类型及方法[J]. 中国土地科学，2006，20(1)：21-26.

⑤ 夏春云，严金明. 土地利用规划实施评价的指标体系构建[J]. 中国土地科学，2006，20(2)：19-23.

三种类型的土地定位和定量地绘制在规划实施评价图上。从定量和定位的角度分析规划执行情况，为寻找规划存在的问题和原因，规划的编制、实施和管理提供借鉴、对策和建议。

下面以土地利用规划执行情况评价为例，说明国土空间规划评价的步骤和方法，以期读者得到参考借鉴。

(一)土地利用基础图件的处理

在进行规划执行情况评价研究时，应先将不同时段的土地利用现状图、土地利用规划进行数字化处理，同时利用地形图进行投影和坐标的纠正等空间配准和逻辑配准。

(二)土地利用分类和编码

在矢量格式的土地利用现状图或规划图的属性表中，根据土地利用现状分类的地类码或土地利用规划分类的地类码字段，按照规划执行情况评价的要求进行分类和编码。

将分类以后的矢量格式土地现状图或土地利用规划图，进行栅格化操作，可以得到一系列二值化(0，1)图像，例如基期耕地分布图、基期建设用地分布图、基期基本农田分布图，规划耕地分布图、规划建设用地分布图、规划基本农田分布图等一系列的栅格图件，栅格象元尺寸根据评价的精度要求确定。

(三)数据的空间分析

在进行土地利用总体规划执行情况评价时，需要对数据进行空间分析，主要空间分析包括分区统计、重新分类、缓冲区分析和地图叠加。分区统计是指以一个数据集的分区为基础、对另一个数据集进行数值统计分析，包括计算数值取值范围、最大值、最小值、标准差等。重新分类是指基于原有数值，根据规划执行情况评价的需要，对原有数值重新进行分类整理从而得到一组新值并输出。缓冲区分析是对一组或一类地图要素按设定的距离条件，围绕这组要素而形成具有一定范围的多边形实体，从而实现数据在二维空间扩展的信息分析方法。地图叠加是指将两幅要素地图的几何形状和属性组合在一起而生成输出地图。

(四)实际土地利用变化图层 1 的生成

实际土地利用变化图是指研究初期到研究末期的土地利用变化，以《北京市土地利用总体规划(1997—2010 年)》执行情况评价为例，研究初期是 1996 年，规划执行情况评价的年份基于 2003 年土地利用的数据，因此实际土地利用变化图是指北京市土地利用变化图(1996—2003 年)。

利用 ArcGIS9.0 的叠加模型，将北京市土地利用现状图(2003 年)[二值化图像值为(0，1)]与北京市土地利用现状图(1996 年)[二值化图像值为(0，1)]进行地图代数减法运算，得到北京市土地利用变化图(1996—2003 年)[图像值(－1，0，1)]，记为图层 1，并形成相关的属性数据库。其中图像值 0 表示用途没有发生变化的地块，图像值 1 表示实际新增地块，图像值－1 表示用途转移成其他地类的地块。

(五)土地利用规划用途变化图层 2 的生成

土地利用规划用途变化图是指规划期内土地用途发生变化的图层，以《北京市土地利用总体规划(1997—2010 年)》执行情况评价为例，北京市土地利用规划用途变化图(1997—2010 年)是指将北京市土地利用总体规划图(1997—2010 年)与北京市土地利用现状图(1996年)进行地图叠加，土地用途发生变化的图层。

利用ArcGIS9.0的地图叠加模型，将北京市土地利用总体规划图(1997—2010年)[二值化图像值为(0，1)]与北京市土地利用状况图(1996年)[二值化图像值为(0，1)]进行地图代数减法运算，得到北京市土地利用规划用途变化图(1997—2010年)[图像值(−1，0，1)]，记为图层2，并形成相关的属性数据库。其中图像值0表示规划地块用途没有发生变化，图像值1表示规划新增地块，图像值−1表示规划用途转移地块。

(六)土地利用总体规划执行情况评价图层3的生成

土地利用总体规划执行情况评价图是指将实际土地利用变化图与土地利用规划用途变化图进行地图叠加所得的图层。以《北京市土地利用总体规划(1997—2010年)》执行情况评价为例，将北京市土地利用变化图(1996—2003年)与北京市土地利用规划用途变化图(1997—2010年)进行地图叠加得到北京市土地利用总体规划执行情况评价图(1997—2003年)。

利用ArcGIS9.0的叠加模型，将北京市土地利用变化图(1996—2003年)(图层1)和北京市土地利用规划用途变化图(1997—2010年)(图层2)进行地图代数运算，得到北京市土地利用总体规划执行情况评价图(1997—2003年)，记为图层3，并形成相关的属性数据库。其具体的计算方法是利用ArcGIS9.0的地空间分析功能，将图层1进行重新分类可以得到实际新增地块二值化(0，1)图像；将图层2进行重新分类可以得到规划新增地块二值化(0，1)图像；将规划新增地块二值化(0，1)图像与实际新增地块二值化(0，1)图像进行地图代数减法运算，可以得到规划执行情况评价图层(图像值−1，0，1)。其中图像值0表示符合规划的地块，图像值1表示规划未实施的地块，图像值−1表示超出规划或是违法规划的地块。借用交通信号灯的表达方式，对于符合规划地块用绿颜色表示，规划未实施的地块用黄颜色表示，超出规划或是违法规划的地块用红颜色表示。具体技术路线如图7-5所示。

第四节 国土空间规划的实施监督与反馈调整

一、 实施监督与反馈调整总体要求

《中共中央 国务院关于建立国土空间规划体系并监督实施的若干意见》对国土空间规划实施和监管的总体要求如下。

(1)强化规划权威。规划一经批复，任何部门和个人不得随意修改、违规变更，防止出现换一届党委和政府改一次规划。下级国土空间规划要服从上级国土空间规划，相关专项规划、详细规划要服从总体规划；坚持先规划、后实施，不得违反国土空间规划进行各类开发建设活动；坚持“多规合一”，不在国土空间规划体系之外另设其他空间规划。相关专项规划的有关技术标准应与国土空间规划衔接。因国家重大战略调整、重大项目建设或行政区划调整等确需修改规划的，须先经规划审批机关同意后，方可按法定程序进行修改。对国土空间规划编制和实施过程中的违规违纪违法行为，要严肃追究责任。

(2)改进规划审批。按照谁审批、谁监管的原则，分级建立国土空间规划审查备案制

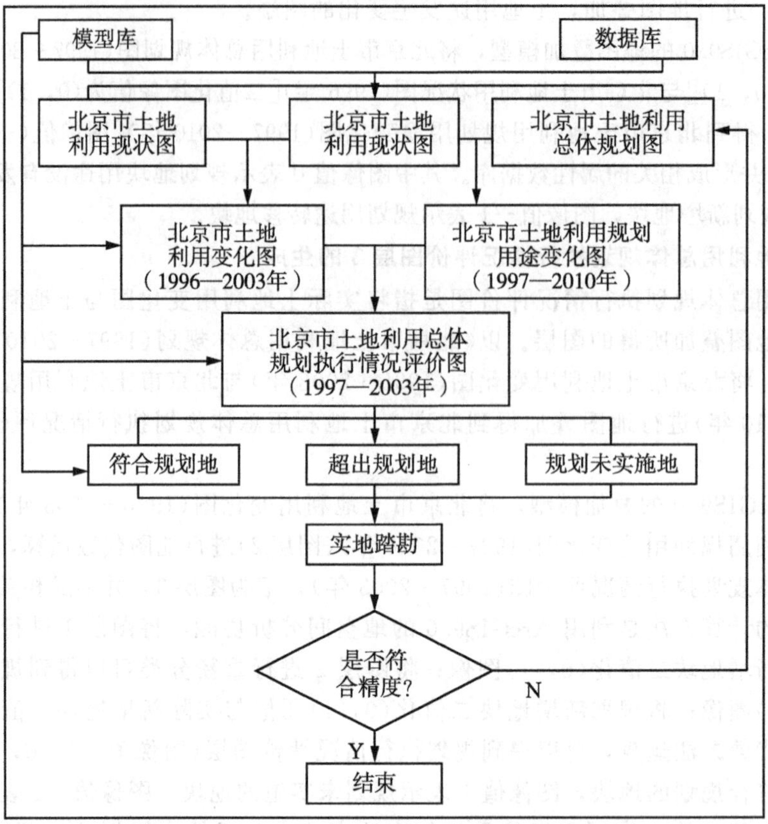

图 7-5 土地利用总体规划执行情况评价技术路线图①

度。精简规划审批内容，管什么就批什么，大幅缩减审批时间。减少需报国务院审批的城市数量，直辖市、计划单列市、省会城市及国务院指定城市的国土空间总体规划由国务院审批。相关专项规划在编制和审查过程中应加强与有关国土空间规划的衔接及“一张图”的核对，批复后纳入同级国土空间基础信息平台，叠加到国土空间规划“一张图”上。

(3)健全用途管制制度。以国土空间规划为依据，对所有国土空间分区分类实施用途管制。在城镇开发边界内的建设，实行“详细规划＋规划许可”的管制方式；在城镇开发边界外的建设，按照主导用途分区，实行“详细规划＋规划许可”和“约束指标＋分区准入”的管制方式。对以国家公园为主体的自然保护地、重要海域和海岛、重要水源地、文物等实行特殊保护制度。因地制宜地制定用途管制制度，为地方管理和创新活动留有空间。

(4)监督规划实施。依托国土空间基础信息平台，建立健全国土空间规划动态监测评估预警和实施监管机制。上级自然资源主管部门要会同有关部门组织对下级国土空间规划中各类管控边界、约束性指标等管控要求的落实情况进行监督检查，将国土空间规划执行情况纳入自然资源执法督察内容。健全资源环境承载能力监测预警长效机制，建立

① 夏春云，严金明．土地利用规划实施评价的指标体系构建[J]．中国土地科学，2006，20(2)：19-23.

国土空间规划定期评估制度，结合国民经济社会发展实际和规划定期评估结果，对国土空间规划进行动态调整完善。

(5)推进“放管服”改革。以“多规合一”为基础，统筹规划、建设、管理三大环节，推动“多审合一”“多证合一”。优化现行建设项目用地(海)预审、规划选址以及建设用地规划许可、建设工程规划许可等审批流程，提高审批效能和监管服务水平。

二、 不同利益相关者的责任和义务

从利益相关的角度看，国土空间规划涉及如下利益群体，其在国土空间规划编制、实施和反馈调整中的作用不同①，如表 7-3 所示。

表 7-3 国土空间规划的利益相关者分类②

类型	利益相关者	合法性	权力性	紧急性	角色定位	角色功能	
						权利	利益
确定型利益相关者	中央政府 A_1	高	高	高	管理者	政策指导、行政准入	保证国土空间规划运营效率
	各级地方政府 A_2	高	高	高			
	自然资源部 A_3	高	高	高	运营者	编制与实施国土空间规划	掌握国土空间规划运营进程
预期型利益相关者	土地规划师与评审专家 B_1	高	中—递增	中—递增	协调者	提意见、想对策	提高国土空间规划科学性
	学术团体和科研机构 B_2	高	中—递增	中—递增		理论支持、技术指导	加强国土空间规划技术保障
	纪检监察机关 B_3	高	中—递增	中—递增	监督者	监督落实国土空间规划执行情况，考核评价领导干部	确保国土空间规划顺利实施
	组织、人事、审计等部门 B_4	高	中—递增	中—递增			
潜在型利益相关者	新闻媒体 C_1	高	中—递增	低—递增	宣传者	理念传播、宣传引导	提高国家空间规划认知
	普通公众 C_2	高	低—递增	低—递增	使用者	感受变化、体验效果	提升生活质量

(一)政府角色定位：立法、改制、保障

建立完善的国土规划管理法律体系。首先，政府应该完善国土空间规划管理一系列法律制度，使各地区有统一的空间规划工作标准，进而提高国土空间规划的质量并提升工作效率；其次，应该考虑到各个地区、各城市的不同发展情况，允许各级地方政府在

① 叶梦，利益相关者视角下的国土空间规划研究[J]. 湖北经济学院学报(人文社会科学版)，2021，18(1)：50-55.

② 同①。

法律规定范围内根据实际发展需要对国土规划适度整改；最后，应以促进各地区统筹协调发展为立法的基本原则。国家完善国土空间规划相关法律，并对各地方政府适度放权的做法，不仅可以为各地区国土空间规划提供法律依据，还可以为各地区规划工作提供统一的工作标准，提高整体国土空间规划的科学性和合理性。

积极探索“上下协同”模式。国务院机构大部制改革背景下，中央与地方政府在横向上应把握机会整顿各部门，明确规划管理权限，避免衔接不畅的问题。在纵向上应积极响应体制机制改革工作，协调好府际关系，梳理自下而上工作流程，努力探索符合发展要求的国土空间规划体系编制机制，以实现“一张蓝图干到底”。就中央政府来说，可酌情将部分事权下放给地方政府，地方政府在把握底线和刚性管控的情况下，可将城乡发展规划布局的任务交给市级和区级政府完成，一来提高地方政府的积极性，二来避免发展意图不同而导致的布局错位问题。具体来说，中央政府负责制定国土空间规划编制工作总则，明确各地区的大体功能导向、城市开发边界以及生态底线；地方政府负责明确用地需求并推动重点项目实施，指导包括各类专项规划在内的地方空间利用规划工作。这样可以明确中央—地方政府之间的规划管理尺度，上下协同、职责分工的府际合作模式可助推土地资源的合理、集约利用。

完善信息公开制度，保障公众参与。从国家层面来说，公众参与是民主和文明的象征。公众参与可以直接实现政府与公众的良性互动，使国土空间规划决策更加贴近民意，进而可以最大限度地减少规划实施工作中的阻碍。要促进国土空间规划中的公众参与，首先，需要从当前工作中的不足入手予以弥补，具体可从制度、技术以及工作人员等方面进行改进，全方位地提高国土空间规划工作水平。其次，政府需要完善听证、论证等公众参与的制度形式，保障公众可及时参与并发表意见。最后，总结原有公众参与模式的经验与教训，开拓更多更好的方便公众参与的渠道，如借助互联网开展规划意见征询活动等。此外，针对公众因缺乏专业性知识而无法有效参与国土空间规划的问题，政府部门面向公众发布空间规划相关信息时，应尽量将专业术语转换为通俗易懂的语言，还可将大数据技术、GIS、App 等作为辅助工具，把国土空间规划问题化繁为简，促进公众更好的理解与参与。

(二)自然资源部角色定位：系统、规范、创新

系统预估未来趋势，建立统一基础信息平台。规划的本质是未来的发展计划，国土空间规划的期限是 2020—2035 年，将历经三个五年规划，因此编制国土空间规划时必须对未来趋势有较为系统的预估。自然资源部首先应具体考察各地区的实际情况，预估各地区经济发展、产业结构变化、人口变化、交通布局变化和国土空间格局变化等未来发展趋势以系统地开展规划工作。为提高行政效率，土地利用规划和城乡规划应该与地区发展意图相一致，避免频繁调整修改规划。其次，要建立起统一的国土空间基础信息平台，发挥平台的系统集成和管理功能，支撑各类信息数据发挥作用。对基础信息平台中数据的管理、调度和对外服务进行严格把控，对比互联网等媒体及时更新数据，推动各部门之间的数据共享和互换，对内提供基础数据，对外提供自然资源和国土空间分类服务。

建立部门协同工作机制，规范规划编制技术章程。空间规划体系建立的基础条件是必须明确管理部门和相应的管理职能。在当前方向和目标明确的情况下，合理界定各部门管理职能，建立各部门协同的工作机制，是空间规划科学推进的前提。规范空间规划编制的技术章程是空间规划体系建立的另一个基础条件。首先，理顺“多规”的关系，厘清“多规”的具体内容并对重叠部分进行合并，以突出特色需求；其次，以适应管理体制为目标，对“多规”纳入空间规划中的内容进行整合，明确主次关系，这样构建起既吸收原规划科学内容又顺应体制改革发展的规划形式；最后，梳理有重要意义但空间规划中未纳入的“多规”内容，构成专项规划体系来补充和延续空间规划。

探索编制创新，推进规划现代化。自然资源部编制国土空间规划时承担着并不小的压力，一方面内部需要完成由上至下的一系列要求，另一方面外部还需调动社会和市场的积极性以共同推动地方发展目标的实现。所以必须坚持创新理念与实践，编制一个全新的、现代化的国土空间规划。具体来说，国土空间规划编制创新应从以下几方面入手：第一，在“三调”数据和“双评价”结果的基础上，运用现代化信息技术手段，结合大数据分析，为空间规划编制做好底台支撑；第二，探索规划编制新机制，组建专业的规划编制小组，明确工作制度，衔接好规划的“编”与“写”程序，提升空间规划编制的科学性；第三，布局规划编制新架构，综合考虑城镇空间、农业空间、生态空间和海洋空间的现实情况，紧紧围绕空间这一根本要素对国土空间规划框架进行谋篇布局，搭建起区别于以往各类规划结构的空间规划新架构；第四，研究规划的新表现形式，对规划的语言表达、图表展示、附件添加等表现形式进行创新；第五，谋划规划的落脚点，在科学研判经济社会发展新趋势的前提下，寻找能够提供空间资源的可靠平台和项目，为空间规划实施提供充足的后备力量。

(三)相关社会团体与新闻媒体角色定位：协调、监督、传播

提供意见对策，理论技术支持。土地规划师与评审专家作为国土空间规划最为重要的协调者，其提供的意见对策直接影响国土空间规划的编制与实施。另外协调者学术团体与科研机构的理论技术支持也不容忽视。在大数据的时代背景下，国土空间规划相关人员的专业素质也必须提高，不仅需要全面掌握专业理论知识，还需要具备获取数据的现代信息技术。因此，相关机构必须加大人才培养力度，多开展讲座、研讨会和实训等活动，强化规划专业知识与技能，提升土地规划师与评审专家的综合技术能力，壮大学术团体与科研机构的科研力量以掌握全新的规划内容，熟练运用地理信息大数据等手段，为国土空间规划提供技术支持。

确定监管原则，建立实施监督信息系统。纪检监察机关、组织、人事、审计等部门作为国土空间规划主要的监督者，应注意避免旧规划监督体系的问题。首先，制定监管原则。依据规划权博弈中“谁审批，谁监管”的原则，规划编制审批和规划监督的主体应统一，同时按照分级监督、上下传导的原则建立规划监督的政策法规体系。其次，建立监管的技术和制度支撑。大数据时代背景下，国土空间规划实施监督体系需要大数据信息系统提供技术支撑，各级国土空间规划监管部门在接下来的监管工作中，应充分运用大数据信息体系，助推全国“一张图”底板形成，为相关部门开展规划工作和实施城市管理提供基础性、信息化底板。对规划实施全过程、全方位监督的年度评估制度，利用实施评估指标体系来监测评估预警规划实施的效果。实时监督各类约束性指标和边界等管控要求的落实情况，并制定相应的限制性措施，实现规划动态监测并完善预警机制。最后，要严格监督国土空间规划实施。将国土空间规划实施情况纳入自然资源执法督察内容，对各地落实中央国土空间规划重大方针政策、决策部署和相关法律法规的情况仔细督察。加强规划执法队伍素质建设，严肃国土空间规划执法，对于国土空间规划违法行为必须严厉打击。推行国土空间规划领导决策终身问责机制，国土空间规划相关单位和人员因违法决策、执行随意、监管不严并造成严重后果的，将被依规依纪依法问责。

宣传“以人为本”，树立新发展理念。新时代发展要求国土空间规划编制必须坚持协调、创新、开放、绿色、共享五大发展理念，建设人与自然和谐共生的国土空间。国土空间规划编制应以实现以人为中心的高质量发展为目标，坚持开门编规划，始终坚持把人民的利益放在首位，科学的配置资源，合理布局生产、生活、生态相协调的空间，从而改善人民生活环境、提升人民生活品质。新闻媒体在国土空间规划工作中起到舆论宣传的作用，既可帮助公众提升对国土空间规划的认知，又可鞭策国土空间规划当局的工作，从而解决规划理念落后导致国土空间规划编制缺乏科学性与可操作性的问题。同时要注意宣传时应尽量使用通俗易懂的语言，适当减少专业术语的使用频率，使得公众更易理解和参与。

(四)普通公众角色定位：参与、配合、反馈

提升国土空间规划认知，积极参与国土空间规划编制。公众广泛参与并对国土空间规划编制提出意见和建议，是提高国土空间规划科学性的有力举措。首先，公众参与国土空间规划编制首先需要提升对国土空间规划的认知，明确国土空间规划的概念及意义，了解国土空间规划的相关知识，从而为空间规划草案提出更具科学性的意见和建议。其次，公众可运用互联网获取政府与自然资源部报告、国土空间规划相关数据等，及时了解国土空间规划工作动态，为国土空间规划编制工作出谋划策。

增强公民意识，积极配合国土空间规划工作。有序的国土空间规划体系建设需要公众的高度配合和支持。思想上，公众应意识到国土空间规划工作的意义和必要性，对国土空间规划工作给予一定的精神支持；行动上，应主动维护和参与国土空间规划工作，主动学习国土空间规划相关内容，遵守国土空间规划相关制度要求，做强有力的后援力量。

主动参与决策，及时反馈意见建议。公众在国土空间规划建设发展中最有发言权。首先，公众应积极发表意见，集思广益发挥公众参与的决策作用。其次，公众应及时反馈，通过正规渠道将感受到的空间规划变化与问题反馈给政府或相关部门，为提升国土空间规划质量提供参考。最后，还要发挥公众参与的监督作用，对身边破坏生态文明理念、不利于空间规划的行为适时举报，为国土空间规划顺利实施提供良好的社会环境。

复习思考题

1. 国土空间规划编制的主体、程序和成果要求是什么？
2. 国土空间规划的基础工作和重点任务是什么？
3. 如何对国土空间规划进行全面系统的评价？

阅读文献

1. 自然资源部国土空间规划局，自然资源部宣传教育中心. 国土空间规划管理手册[M]. 北京：中国大地出版社，2021.

2. 吴次芳，叶艳妹，吴宇哲，等. 国土空间规划[M]. 北京：地质出版社，2019.

3. 田志强，吕晓，周小平，等. 市县国土空间规划编制理论方法与实践[M]. 北京：科学出版社，2019.

4. 张京祥，黄贤金. 国土空间规划原理[M]. 南京：东南大学出版社，2021.

5. 国家开发银行规划院. 科学发展规划理论与实践[M]. 北京：中国财政经济出版社，2013.

第八章 国土空间规划常规方法[①]

本章要点：国土空间规划需要多种方法和技术支撑。本章主要讨论常规技术和方法，包括地理信息获取、传输、处理，大数据与空间分析，综合评价、情境模拟、仿真、优化规划方法等。

第一节 地理技术和方法

一、调查勘测方法

(一)获取信息

调查勘测是获取国土空间规划一手资料的必要途径，涉及国土空间规划的底线控制指标都必须采取该方法进行获取，主要包含以下三种方式。

(1)工程勘测，如航片判读调绘、遥感图像解译、国土测绘等。

(2)专业调查，如国土数量、国土质量和国土利用结构等调查，也涵盖土壤、水文、经济等专题调查。

(3)观测诊断，如国土生态、农业生态、水土流失等野外观测与诊断。

(二)信息处理

(1)利用系统论方法分析整理国土资源信息。

(2)建立规划地区国土资源数据库及数据分析系统。

国土资源数据库与数据分析系统包含空间数据和非空间数据两大数据库，由数据库管理与处理系统、模型分析系统、数据分析系统三大部分组成。国土资源信息通过数字化扫描、转换、录入等方式输入系统，形成一个规划区的完善的数据库，该数据库可以输出各种符合国土空间规划要求的图像、统计表格等，国土资源数据库与数据分析系统内容结构及建立流程如图 8-1 所示[②]。

二、空间分析方法

(一)GIS 空间分析

地理信息系统(Geographic Information System，GIS)具有查询、测量、编辑和统计等众多功能。GIS 的空间分析功能在国土空间规划中十分重要，如空间叠置分析、缓冲区分析、网络分析、空间统计分析、三维空间分析。空间分析所涵盖的方法繁多，注重对各类要素空间布局的刻画。例如，在乡村整治中就可以用 GIS 空间分析中的泰森多边形模型、重力模型等方法来实现。

---

① 本章由乔家君、吴殿廷执笔完成。

② 吴次芳，叶艳妹，吴宇哲，等. 国土空间规划[M]. 北京：地质出版社，2019.

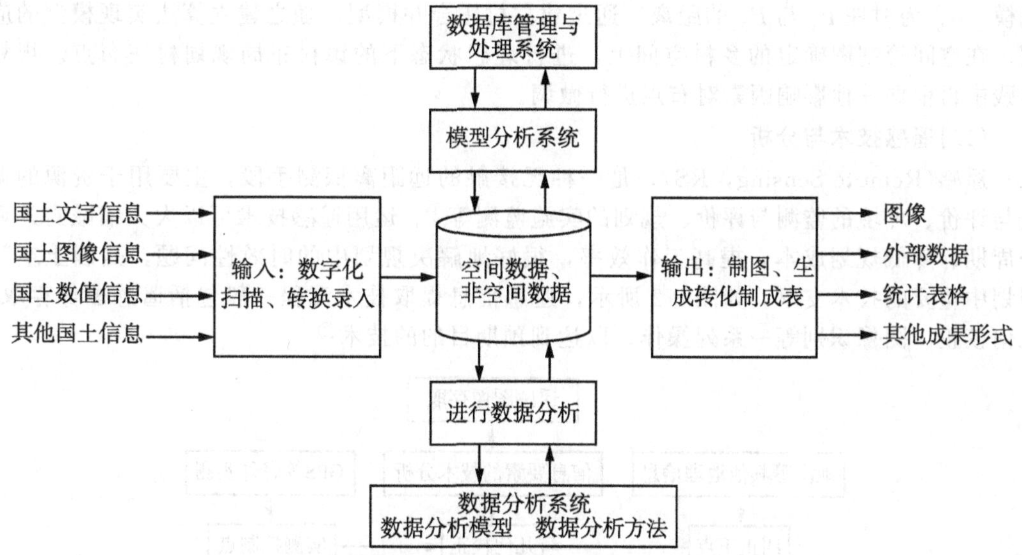

图 8-1 国土资源数据库与数据分析系统内容结构及建立流程①

叶育成等②认为，村庄布局所要解决的问题主要是村庄定点与耕作区划分：每个耕作区内仅有一个村庄；要达到布局最优则须耕作区内的任一点到相对应的村庄距离最近；最优状态下位于某一村庄耕作区边界的点到相邻村庄的距离相等。这些要求与泰森多边形有很强的相似性，可以具体化：根据规划原则，规划村庄集 $P=\{P_1, P_2, \cdots, P_m\}$，$m$ 为规划村庄数；设 p 为乡村地域的某个自由点，用 $d(p, p_i)$表示自由点 $p(x, y)$与规划村庄 $p_i(x_i, y_i)$的距离，则：

$$d(p, p_i)=\sqrt{(x-x_i)^2+(y-y_i)^2} \tag{8-1-1}$$

$$V(i)=\{P\in E_2 \mid d(x, p_i)\leqslant d(x, p_j)\} \tag{8-1-2}$$

式中，$d(p, p_i)\leqslant r$，其中 r 为耕作半径。$j=1, 2, \cdots, m$，$j\neq i$，$V(i)$是区域 P_i 的耕作区。

而引力模型基本公式为：

$$I_{ij}=G\times\frac{Q_i * Q_j}{D_{ij}b} \tag{8-1-3}$$

式中，I_{ij} 为 i、j 两城市的引力，D_{ij} 为两城市的距离，Q_i、Q_j 为某种社会经济测度(如人口等)，G 为引力系数，b 为引力衰减指数，通常取值为 1 或 2。对于任意两个村庄来说，其引力可以通过居住在这两个村庄的居民之间的熟悉程度来表示，引力大小与村庄规模乘积成正比，与村庄间的距离成本平方成反比。其公式为：

$$R_{ij}=G\times\frac{K_i * K_j}{d_{ij}^2} \tag{8-1-4}$$

式中，R_{ij} 为两村庄 P_i 与 P_j 之间的引力值，G 为常数，K_i、K_j 为村庄 P_i 与 P_j 的人口

① 吴次芳，叶艳妹，吴宇哲，等. 国土空间规划[M]. 北京：地质出版社，2019.

② 叶育成，徐建刚，于兰军. 镇村布局规划中的空间分析方法[J]. 安徽农业科学，2007(5)：1284-1287.

规模，d_{ij} 为村庄 P_i 与 P_j 的距离。通过建立村庄合并模型，随之建立算法实现模型的应用。在空间管制图确定的乡村空间上，进行理想状态下的镇村布局规划村庄布点。规划实践中再根据其他影响因素对布点进行微调。

(二)遥感技术与分析

遥感(Remote Sensing，RS)，是一种无接触的远距离探测手段，主要用于资源的调查与评价、环境的监测与评价、规划的实施监测等①。运用遥感技术可以大大缩减野外调查周期、降低规划成本，提高工作效率，很好地解决规划中的时效性问题，是国土空间规划中重要的技术支撑。如图 8-2 所示，遥感信息提取技术流程一般包括遥感图像存取、几何校正、图像识别等一系列操作，以达到预期目的的技术②。

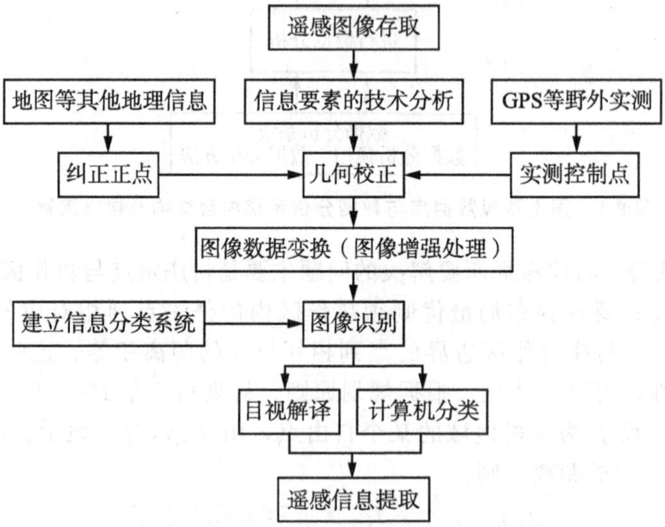

图 8-2　遥感信息提取技术流程③

三、 大数据支撑与分析

(一)大数据支撑

在大数据时代，人们对 GIS 空间分析提出了新的要求和挑战④。大数据 GIS 技术体系包括两个重要方面：(1)空间大数据技术，专门针对空间大数据的处理和挖掘；(2)传统 GIS 的分布式重构，专门针对经典空间数据的管理和分析。同时，还包括大数据 GIS 支撑技术，即云 GIS 技术和跨平台 GIS 技术，用于提供弹性的资源和服务以及跨平台的访问和应用能力。

大数据空间分析与大数据空间可视化密不可分。大数据空间分析算法和大数据空间可视化技术的对应关系如图 8-3 所示，即对于每种空间分析结果，采用哪种或哪几种可视

---

① 吴次芳，潘文灿，等. 国土规划的理论与方法[M]. 北京：科学出版社，2003.

② 梅安新，彭望，秦其明，等. 遥感导论[M]. 北京：高等教育出版社，2001.

③ 同①。

④ 宋关福，钟耳顺，李绍俊，等. 大数据时代的 GIS 软件技术发展[J]. 测绘地理信息，2018，43(1)：1-7.

化技术能实现更有效的表达。

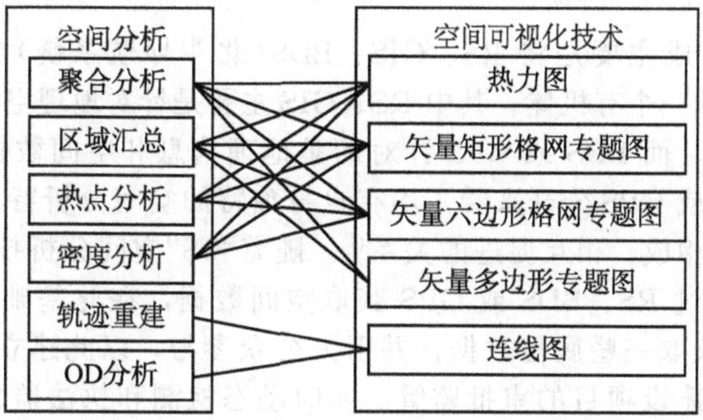

图 8-3 大数据空间分析算法和大数据空间可视化技术的对应关系①

在国土空间规划中，尤其是涉及城市国土空间规划方面的问题时，不断给大数据提出新的需求。如城市公共空间识别需要导航地图、POI(Point of Interest，一般兴趣点)、大众点评数据、浮动车位置数据来实现，城市空间边界划定与利用要用到手机信令数据，城市体系关联度分析需要手机信令数据，城市人口动态模拟依靠出租车位置数据、公交IC(集成电路)卡数据、手机信令数据，城市交通运行监控检测依靠浮动车、电子车牌、车联网数据等，这些研究都需要大数据、GIS的支撑。

(二)大数据分析

与传统数据挖掘类似，大数据应用包括两方面目标：面向过去，发现潜藏在国土空间大数据表面下的历史规律或模式，称之为描述性分析(Descriptive Analysis)；面向未来，对未来趋势进行预测，称之为预测性分析(Predictive Analysis)。大数据分析的范围从“已知”拓展到了“未知”，从“过去”走向“将来”，这是大数据真正的生命力和“灵魂”所在②。目前，大数据与空间规划不断结合，具体展现在两方面：第一，对现有国土空间利用评价与规律总结；第二，对未来国土空间更加科学、合理、高效利用的管理进行优化。

在国土空间规划中，大数据分析技术可以应用于：国土空间用地指标预测，大数据能够清楚获知人对土地的需求与相应的行为特征，这样利用国土空间大数据，有利于建立“以人为中心”的规划模式；国土空间发展质量评价，在大数据支持下，结合传感器、手机和App(小程序)以及微博签到数据，反映个体对国土空间发展质量的感知；国土空间发展预测与优化，通过各类行为空间的叠加，建立空间模拟模型，再结合土地管理部门手中的土地大数据反映的区域资源环境限制信息，可以准确预测城市未来开发的重点方向与重点区域③；国土空间规划公众参与，通过发布App移动客户端或者社交媒体网络，可以实现第三方主动关注和参与国土空间规划建设和管理，提高公众参与的效果。

---

① 宋关福，钟耳顺，李绍俊，等. 大数据时代的GIS软件技术发展[J]. 测绘地理信息，2018，43(1)：1-7.

② 岳文泽，高佳斌，熊昌盛. 基于CA非均质性邻接关系的城市扩张模拟[J]. 浙江大学学报(工学版)，2017，51(11)：2232-2238.

③ 谭杰. 大数据下的卫星城镇交通与土地空间规划探索[J]. 河北省科学学院学报，2015，32(1)：37-42.

四、空间分析技术的再集成

空间分析技术集成主要是将RS、GIS、BDS(北斗导航系统)或GPS(全球定位系统)等技术集成，形成一个有机体。其中RS、GIS主要是针对地理空间数据的获取，以及对其变化的动态监测，而BDS或GPS针对的是地理信息和空间数据的存储、分析和处理。RS、GIS、BDS或GPS分开来看，均有自身独特的空间分析特点；实际上，它们之间存在着明显的相辅相成、相互促进的关系①。随着“3S”空间分析技术集成的不断发展，国土空间规划可以通过RS、BDS或GPS获取空间数据，在此基础上结合时代的“互联网+”和大数据背景获取一些属性数据，并引入公众参与，以此建立国土空间利用系统，来进行规划的编制、建设项目的审批监管。实时动态检测和执法监督等活动，实现新背景下的空间分析技术多元化集成。

通过3S技术与通信技术集成，进行空间数据的采集、测量、分析、存储、管理、显示、传播和应用等，可以大大提高国土空间规划信息的时效性和控制性，同时也可极大地提高3S应用的功效。当前世界上主要把数字国土划分为三种形式：一是通过文字图片等形式表现的信息资源；二是以电子信息形式表现的国土空间地形地貌、建筑人口等资源，例如电子地图；三是以数字形式表现的虚拟立体国土空间模型。这三种形式被认为是未来国土空间发展的主攻方向和基本形式。通过3S技术与通信技术集成，就可以随时随地定位城乡居民个人感兴趣的信息，开展各种网上数字服务，不断提高国土空间规划的公众参与水平。通过集成CAD、GIS、RS和多媒体数据和处理技术，可更好地辅助国土空间规划的方案设计，也可更好地采用二维、三维可视化进行专题表现。集成空间数据库和关系数据库技术，可支持国土空间总体规划方案制定的基础数据收集和分析；采用数据挖掘技术，可提高规划基础数据的利用率、规划指标计算核算效率和规划成果的多专题表现能力；采用高分辨率卫星遥感影像技术与GIS的集成，可大大丰富国土空间规划基础数据，提高国土空间规划表现能力和加快国土空间规划基础数据的更新频率。

五、国土空间“一张图”平台建设

(一)建设目标

建设完善省、市、县各级国土空间基础信息平台，以全国国土调查(如第三次全国国土调查，简称“三调”)成果为基础，整合国土空间规划编制所需的各类空间关联数据，形成坐标一致、边界吻合、上下贯通的一张底图，作为国土空间规划编制的工作基础。依托平台，以一张底图为基础，整合叠加各级各类国土空间规划成果，实现各类空间管控要素精准落地，形成覆盖全国、动态更新、权威统一的全国国土空间规划“一张图”，为统一国土空间用途管制、强化规划实施监督提供法定依据。基于平台，同步推动省、市、县各级国土空间规划“一张图”实施监督信息系统建设，为建立健全国土空间规划动态监测评估预警和实施监管机制提供信息化支撑②。

---

① 刘咏梅，李谦，符海月，等. 3S技术在衔接主体功能区规划与土地利用管理中的应用[J]. 长江流域资源与环境，2009，18(11)：1003-1007.

② 自然资源部. 关于开展国土空间规划“一张图”建设和现状评估工作的通知[EB/OL]. (2019-07-18)[2022-11-08]. https://www.gov.cn/zhengce/zhengceku/2019-10/14/content_5439428.

(二)建设主体

县以上地方各级人民政府对本级平台和系统建设发挥领导统筹作用；县以上地方各级自然资源主管部门是本级平台和系统建设的责任主体，负责具体建设和运行管理，协调各相关职能部门根据分工参与建设；省级自然资源主管部门对市、县级平台和系统建设统筹指导。

(三)平台总体框架

建设统一的国土空间基础信息资源管理与服务体系，建成国家、省、市、县上下贯通、部门联动、安全可靠的国土空间基础信息平台，为国土空间规划编制和监督实施、国土空间用途管制、国土空间开发利用监测监管、国土空间生态修复等提供数据支撑和技术保障，有效提升国土空间治理能力现代化水平。国土空间基础信息平台总体框架如图 8-4 所示。

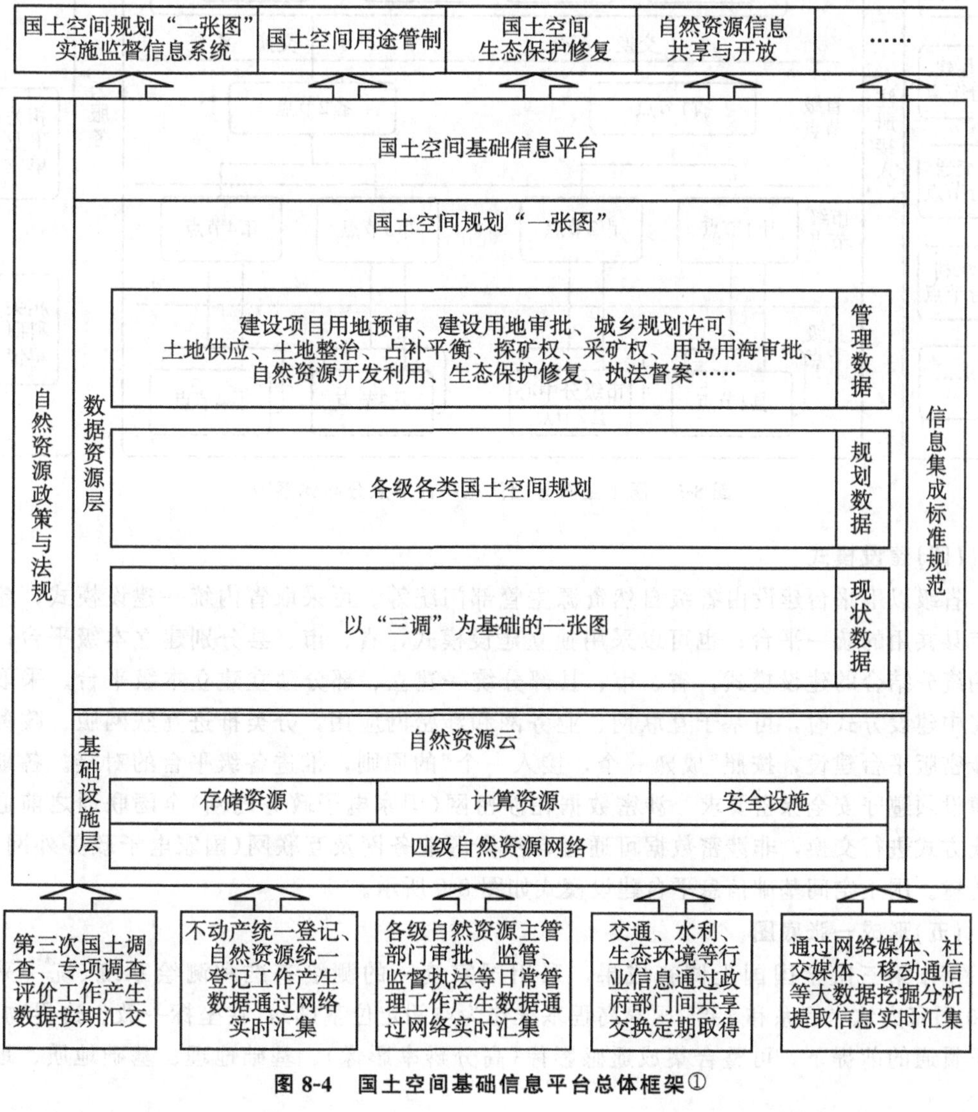

图 8-4　国土空间基础信息平台总体框架①

① 自然资源部．关于开展国土空间规划“一张图”建设和现状评估工作的通知[EB/OL]．(2019-07-18)[2022-11-08]．https://www.gov.cn/zhengce/zhengceku/2019-10/14/content_5439428.

不断优化平台功能，接入其他行业数据中心，通过注册、发布、调度和监控，形成物理分散、逻辑集中的一体化数据、应用管理与服务机制。国土空间基础信息平台节点分布体系如图 8-5 所示。

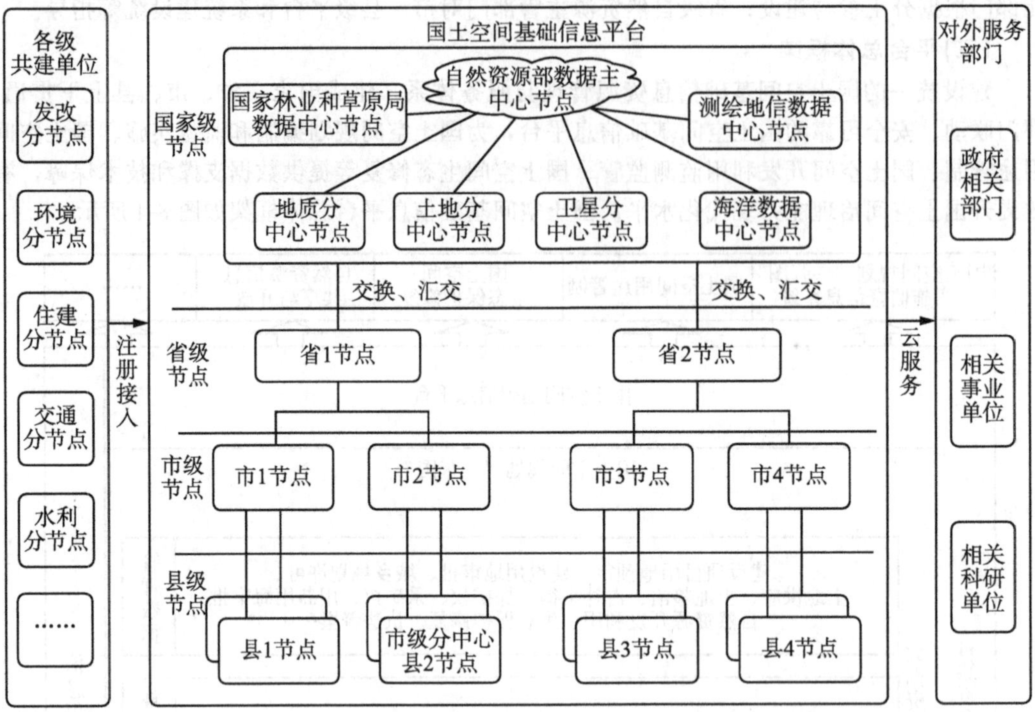

图 8-5　国土空间基础信息平台节点分布体系①

(四)建设模式

省级以下平台建设由省级自然资源主管部门统筹。可采取省内统一建设模式，建立省市县共用的统一平台；也可以采用独立建设模式，省、市、县分别建立本级平台；或采用统分结合的建设模式，省、市、县部分统一建立、部分独立建立本级平台。采取省级集中建设方式时，可基于互联网、业务网和涉密网应用，分类推进互联网版、政务版和涉密版平台建设，按照“成熟一个，接入一个”的原则，推进各级平台的对接。各地平台建设须遵守安全保密要求，涉密数据在涉密网(国家电子政务内网)全国联通之前通过离线方式进行交换，非涉密数据可通过自然资源业务网及互联网(国家电子政务外网)进行传输。国土空间基础信息平台建设模式如图 8-6 所示。

(五)形成一张底图

基于第三次全国国土调查成果，采用国家统一的测绘基准和测绘系统(统一采用 2000 国家大地坐标系和 1985 国家高程基准作为空间定位基础)，在坐标一致、边界吻合、上下贯通的前提下，可整合集成遥感影像(高分辨率影像)、基础地理、基础地质、地理

① 自然资源部. 关于开展国土空间规划“一张图”建设和现状评估工作的通知[EB/OL]. (2019-07-18)[2022-11-08]. https://www.gov.cn/zhengce/zhengceku/2019-10/14/content_5439428.

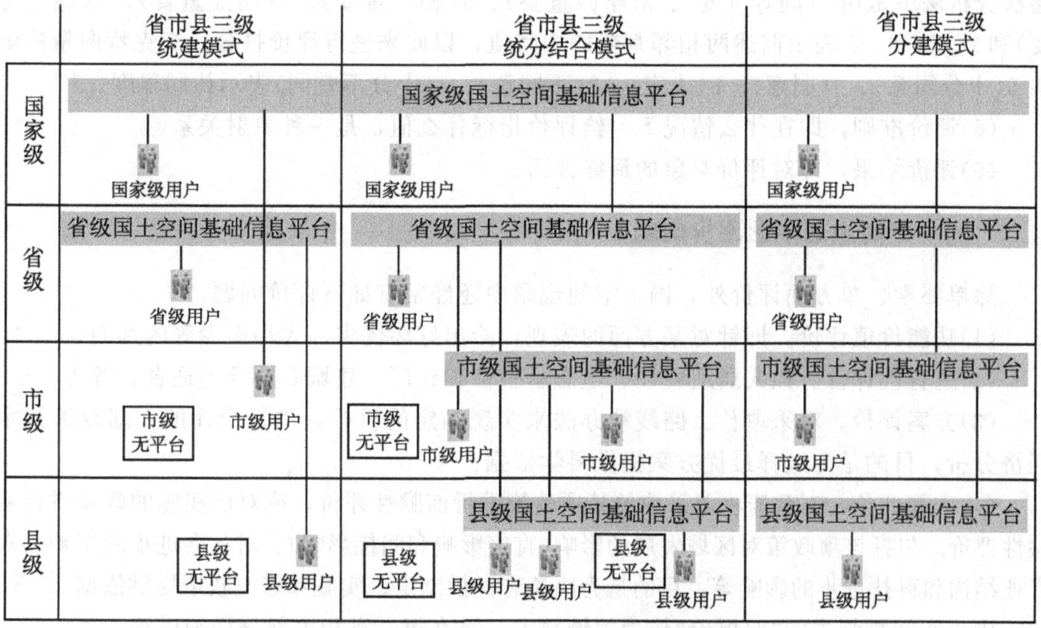

图 8-6　国土空间基础信息平台建设模式①

国情普查等现状类数据，共享环保、交通、水利、农业等部门国土空间相关信息，开展地类细化调查和补充调查，依托平台，形成一张底图，支撑国土空间规划编制。其中，地类细化调查的空间精度要求不低于第三次全国国土调查，细化图斑应在原有地类属性基础上，划分细化类别，确保与三调成果有效衔接；补充调查在充分利用已有数据基础上，通过采集位置、范围、等级、规模等信息补充国土空间规划编制所需的要素内容，例如城市内部公园绿地、公共服务、市政公用、交通和历史文化风貌区等。补充调查成果应避免与第三次全国国土调查或地类细化调查成果产生位置偏差或属性矛盾，确保空间关系正确、逻辑关系清晰、数据成果规范。各级各类国土空间规划编制及其中生态保护红线、永久基本农田、城镇开发边界、自然保护地和历史文化保护范围的划定等内容均须与一张底图相对应。一张底图应随年度国土利用变更调查、补充调查等工作及时更新。

第二节　综合评价技术和方法

一、　评价的基本范畴

(1)评价对象，即对谁，对哪个、哪些客体进行评价。

(2)评价目标，即评价目的是什么，是评价对象的优劣、尺度等。

(3)评价对象因素，即从哪些方面、用哪些指标进行评价。

(4)评语，即评价结论，如好、较好、一般等，或 1 分、3 分、5 分等所构成的集合。

① 自然资源部. 关于开展国土空间规划“一张图”建设和现状评估工作的通知[EB/OL]. (2019-07-18)[2022-11-08]. https://www.gov.cn/zhengce/zhengceku/2019-10/14/content_5439428.

层次分析法中常用1(同等重要)、3(略微重要)、5(相当重要)、7(明显重要)、9(绝对重要)和2、4、6、8表示前述两相邻判断的中间值，以此来进行评价打分，李克特向量法则用5(十分同意)、4(同意)、3(未定)、2(不同意)、1(十分不赞同)表示认同程度。

(5)评价准则，即在什么情况下、给评价指标什么值，是一种映射关系。

(6)评价结果，即对评价对象的最终评语。

二、 国土空间规划中的评价问题

除单要素、单方面评价外，国土空间规划中还经常有如下评价问题。

(1)功能价值评价。即针对某方面的表现，给出好坏优劣、大小多少等的判断。

(2)适宜性评价。如人居适宜性、生态适宜性和建厂、建城等适合不适合，等等。

(3)方案评价。对采取什么路线和办法来实现确定的目标，进行全面的、细致的技术经济分析，目的是为选择最优方案提供科学依据。

(4)政策评价。对政府将要采取的某项政策进行前瞻性评价，或对已实施的政策进行后验性评价。包括该项政策对区域发展的影响(直接影响和间接影响)、对社会进步的影响、对产业结构和科技进步的影响等，目的是为决策者提供制定、实施和修改政策提供依据。

国土空间规划中的“双评价”作为关键技术，将在第九章相关部分详细讲解。

三、 评价方法

(一)直观判断法

以评价人员(常常是有一定资历的专家)的直观判断为基础，对评价对象进行评价。具体有两种方法，即直接打分法和对比赋值法。前者只考虑评价对象本身和评价标准，直接给出评语，模糊数学中的模糊综合评判即是如此；后者不直接对评价对象进行评价，而是把多个评价对象两两进行比较，给出该评价对象相对于其他评价对象而言的好坏优劣得分，如层次分析法中的相关评价方法。两相比较，前者简单易行，但人为性较大；后者客观性较强，但评价过程工作量增加，当评价对象很多，评价准则也很多时，赋值次数相当大，易引起评价者(专家)的反感。

(二)尺度对应法

直观判断法适合于那些难于量化或不易得到量化数据问题的评价，人为性(主观性)较大。当评价对象的特征指标有数据基础时，应尽量不用这种方法，而用尺度对应法，即以特征指标数据为基础，通过适当的变换得到对评价对象的评语，这也是数据变换中常用的无量纲化方法。变换方法有直线对应法，曲线对应和折线对应法等。

(三)多指标综合评价法

把多个描述被评价事物不同方面且量纲不同的统计指标，转化成无量纲的相对评价值，然后将这些评价值换算成一个综合值，实现对该事物的整体评价。步骤包括：选取评价指标，建立评价指标体系；根据被评价事物的实际情况，选定恰当的尺度对应方法(无量纲化)和合成方法(算术加权或几何加权等)；确定指标的有关阈值、参数，如适度值、不允许值、满意值等，确定哪些阈值、参数要随无量纲化方法的不同而不同；确定每个指标在评价指标体系中的权重；将指标实际值(特征值)转化为评价值，即进行无量纲化；将各指标评价值合成，即加权，得出综合评价值；以综合评价值的大小，对各评价对象排序，给出评价结论。

(四)指标权重的确定

可仿照直观判断法进行。最常用的是层次分析法、熵权法，若使用主成分模型则权重就是较大特征根的贡献率。

四、评价指标体系的建立

综合评价的关键，一是评价方法的选择，二是指标体系的建立。而指标体系建立的原则如下。

(1)科学性、针对性原则。任何指标体系的建立，包括指标的选择、权重系数的确定、数据的选取，都必须以科学理论为依据，即必须满足科学性原则。所建立的指标必须以客观存在的事实为基础，概念清晰明确并且具有独立的内涵。对于复杂对象的评价，其指标体系会涉及大量繁杂的指标，必须按系统的层次及各类指标的特点进行综合和选择，按照评价目的选择有效的指标体系。

(2)系统性、综合性原则。建立评价指标体系，从多方面、多角度评价国土空间的特征。评价各因子具有复杂的层次结构，指标体系应分清层次，明确各层次评价指标的种类和数量，以反映不同层次区域的特征。为了满足对不同性质、不同层次、不同范围、不同要求的区域评价，指标体系既要有定量指标，又要有定性指标；既有绝对量指标，又有相对量指标。

(3)实用性和可操作性原则。评价应尽可能地选择有代表性的、能反映区域特点的综合性指标，应易于统计、量化和表述，以便评价结果能提供有效的信息，并且各指标之间具有可比性。

五、社区生活圈评估技术

社区生活圈指居民以居住地为中心，开展包括购物休闲、医疗教育、就业通勤与生活服务等各种日常活动所形成的空间范围。社区生活圈提倡在居民步行可达范围内提供满足日常生活需求的服务，强调“以人为本”的宜居环境建设①。住房城乡建设部发布《城市居住区规划设计标准》GB 50180—2018(以下称为《标准》)(自 2018 年 12 月 1 日起实施)，对生活圈设施配置标准提出明确要求，涉及公共管理和公共服务设施、商业服务设施、市政公用设施、公交站场、社区服务设施、便民服务设施六大方面，要求以“创新、协调、绿色、开放、共享”的理念，转变城市发展方式、创新城市管理服务、创造优良的人居环境。可以用此理念开展国土空间规划。

社区生活圈的合理划定为公共服务设施评价提供了合理的空间单元，也是社区生活圈的理念能够实际转化成规划的关键所在②。因此，社区生活圈的划定需要遵循以下原

① 刘泉，钱征寒，黄丁芳，等. 15 分钟生活圈的空间模式演化特征与趋势[J]. 城市规划学刊，2020(6)：94-101.

② 赵宝静，奚文沁，吴秋晴，等. 塑造韧性社区共同体：生活圈的规划思考与策略[J]. 上海城市规划，2020(2)：14-19.

则：居民理想的社区生活圈的空间尺度，社区生活圈规模半径以15分钟步行可达的范围为主，服务半径为800～1 000 m，覆盖空间规模3～5 km^2，覆盖居住人口5万～10万人，人口密度为1万～3万人；基于规划管理单元优化组合，在划分社区生活圈时，应结合社区生活圈的规模半径，对规划管理单元进行优化组合，构建社区生活圈与现有规划管理体系的良好对应关系；与行政管理单元衔接，为保证社区生活圈的规划落地，社区生活圈的划定应注意与行政管理单元建立衔接关系，与街道边界相结合；减少山体、河流等自然地物及高快速路、生态廊道等硬性边界的穿越。

随着经济的快速发展以及智慧技术的运用，提高城市空间的连通性和交通可达性是国土空间规划必须思考的重要内容，明确综合交通系统发展目标与分区策略，布局辖区综合交通网络，完善物流运输系统，增强区域、辖区、城乡之间的交通网络服务能力。在智慧技术影响下15分钟生活圈的空间演化趋势体现出新态势：一是生活圈结构的重构；二是生活圈空间尺度及边界的调整；三是生活圈中心价值的转变。社区生活圈划定可以采用如下方法开展评估：运用PSPL调研法(Public Space & Public Life Survey)和网络数据调查法；GIS与POI融合分析法；GIS缓冲区分析法；权重赋值法与聚类算法等。

第三节　模拟预测技术和方法

一、常用的预测模型和方法

预测是规划的前提，它立足过去与现在，着眼的是未来。预测的实质是借助一种逻辑结构使过去、现在与未来能够关联起来，以期精准刻画未来特征的目的。需要指出的是，在不确定性日益增加的复杂社会，时空关系越来越测不准，所有预测只能作为规划决策的一种参考，必须结合更深入细致的地方调查、情境分析和宏观发展趋势研判，才能对未来的前瞻性做出科学预判。以下列举几种主要的预测方法。

(一)因果预测法

因果预测法，又称阐释法，是用数学模型阐释因果规律的定量预测方法。该方法主要包含有回归分析法、前导指标法、投入产出法等，其中回归分析法最为常用①。回归模型的基本形式如下：

$$Y=f(X_1, X_2, \cdots, X_k)+\varepsilon \tag{8-3-1}$$

式中，Y为被解释变量；X_1，X_2，…，X_k为解释变量，k为解释变量个数；ε为随机扰动项。一般而言，Y是不确定量，X_1，X_2，…，X_k是可以控制或预先给定的，Y对X_1，X_2，…，X_k存在单向的依存关系。

(二)时间序列预测法

时间序列预测是一种回归预测方法，其基本思想是承认事物发展的延续性，利用历史数据进行统计分析，推测出事物的发展趋势。时间序列预测的模型方法很多，较常用的有曲线(直线、抛物线、指数、对数)外推模型、指数平滑模型、移动平均模型、灰色

① 钱晓星．新田公司摩托车销售预测研究[D]．南京：南京理工大学，2002.

预测模型等①。

(三)灰色 GM(1，1)模型

GM(1，1)模型是基于累加生成的数列预测模型，建立的步骤为：

(1)$x^{(0)}(1)$，$x^{(0)}(2)$，$x^{(0)}(3)$，…，$x^{(0)}(m)$是所要预测的某项指标的原始数据，对原始数据作一次累加生成处理，即得到一个新的数列。这个新的数列与原始数列相比，其随机性程度大大弱化，平稳性大大增加。

$$X^{(1)}(M)=\sum_{i=1}^{m}x^{(0)}(t) \tag{8-3-2}$$

式中，t 为时间。

(2)将新数列的变化趋势近似地用微分方程描述。

$$dx^{(1)}/dt+ax^{(1)}=u \tag{8-3-3}$$

式中，a、u 为辨识参数。辨别参数通过最小二乘法拟合得到：

$$\begin{bmatrix}a\\u\end{bmatrix}=(B^TB)^{-1}B^TY^M \tag{8-3-4}$$

(3)构造数据矩阵。式中 Y^M 为列向量，$Y^M=[x^{(0)}(2),\ x^{(0)}(3),\ x^{(0)}(4),\ \cdots,\ x^{(0)}(m)]^T$，$B$ 为构造数据矩阵：

$$B=\begin{bmatrix}-\frac{1}{2}[x^{(1)}(1)+x^{(1)}(2)] & 1\\ -\frac{1}{2}[x^{(1)}(2)+x^{(1)}(3)] & 1\\ -\frac{1}{2}[x^{(1)}(m-1)+x^{(1)}(m)] & 1\end{bmatrix} \tag{8-3-5}$$

(4)求出预测模型。

$$x^{(1)}(t+1)=\left[x^{(0)}(1)-\frac{a}{u}\right]x(1)e^{-a}t+\frac{u}{a} \tag{8-3-6}$$

(四)人口预测模型

人口预测就是根据现有人口状况和可以预计到的未来发展趋势，测算未来某个时间节点人口的状况，包括人口数量、人口性别和年龄构成等②。常用的人口预测模型有人口总量趋势外推模型、人口因果预测模型和人口差分方程预测模型。人口差分方程预测模型是根据不同年龄的人口结构递推，能较好地运用人口普查资料对未来人口进行预测。模型的数据表达如下：

$$X_{0(t)}=[1-\mu_{00}(t)]\times\beta(t)\times\sum_{i=r_1}^{r_2}h_i(t)\times k_i(t)\times X_i(t) \tag{8-3-7}$$

$$X_{i+1}(t+1)=[1-\mu_i(t)]\times X_i(t)+f_i(t)\quad i=0,\ 1,\ 2,\ \cdots,\ m-1 \tag{8-3-8}$$

式中，$X_{0(t)}$为 t 年代 0 岁出生婴儿数；$\mu_{00}(t)$为 t 年代出生婴儿当年死亡率；$u_i(t)$是 t 年 i 岁人口死亡率；$\beta(t)$为妇女总和生育率，即下一个妇女在整个育龄时期的生育总数(r_1，r_2 即为生育年龄的上下限)；$h_i(t)$为生育模式，反映某一地区育龄妇女的生育状态；

① 李华，胡奇英. 预测与决策[M]. 西安：西安电子科技大学出版社，2005.

② 王万茂，王群. 土地利用规划学[M]. 北京：北京师范大学出版社，2010.

$k_i(t)$为t年代的年龄组女性性别比；$X_i(t)$为t年代的年龄组人口数；$k_i(t)$为t年代的年龄组人口死亡率；$f_i(t)$为t年代的年龄组净迁移率。根据人口发展议程，选择$\beta(t)$，$h_i(t)$和$f_i(t)$的未来取值，并假设其他参数的取值在短期预测中保持不变，可求得预测年份的人口总数、人口结构等。

(五)环境预测模型

环境预测模型包含水污染监测、大气污染预测、固体废物污染预测、噪声预测等，常使用回归预测模型、环境数学应用模型等进行预测，例如基于多元回归模型的水污染预测模型为：

$$C_j = \sum_{i=1}^{n} a_{ij} X_{ij} + b \tag{8-3-9}$$

式中，C_j为所考察的断面污染物的浓度，实际上是第j种污染物的浓度；X_{ij}为第i个污染物源排放j种污染物的量；a为第i个污染物排放j种污染物的回归系数；b为回归系数。

用地规模预测是土地利用管理的依据，更是国土空间规划编制的核心。合理规划和科学测算各类建设用地需求能够有效防止盲目扩大建设用地。时间序列预测法是这方面的简单实用方法，灰色GM(1，1)模型能够定量地刻画系统发展过程中各因素间的相对变化情况，识别各因素的主次关系，找出影响目标值的重要因素①。

二、情景分析与模拟

(一)情景分析法

情景分析法源于20世纪60年代军事部门的一些战略研究。1964年，美国国防部在罗伯特·麦克纳马拉的领导下，对未来潜在的政治和军事冲突以及与之相联系的军事力量的规模进行了研究。不久被应用于企业规划中，如兰德公司、壳牌公司等依据情景分析法制定企业的战略规划。情景分析是对系统未来发展的可能性和导致系统从现状向未来发展的一系列事件的描述和分析。其内容主要有：情景构筑、未来多重情景方案的描述、情景发展的敏感度分析和引入突发事件后对未来情景发展的影响和调整。其结果包括三大部分：未来可能发展态势的确认、各态势的特性及发生可能性描述、各态势的发展路径分析。

传统的预测方法和模型通常是以一系列的假定条件为基础，在系统环境和结构不变情况下对某一特定技术发展的未来状态做出定量推算。而实际上未来的发展具有不确定性和多变性。因此，仅用过去事物发展的模式来推断未来是有缺陷的。特别是在系统结构发生改变或时间跨度较大的情况下，预测的准确性较低。而情景分析是在对经济、产业或技术的重大演变提出各种关键假设的基础上，通过对未来详细地、严密地推理和描述来构想未来各种可能方案的分析方法。情景分析法具有以下优点：通过情景分析法及时预见经济事件未来发展中的瓶颈及问题，有利于决策者预先采取防范性措施减弱或消除其影响；使决策者及早预见经济事件的未来发展机会；对未来可能出现突

① 彭保发，胡曰利，吴远芬，等. 基于灰色系统模型的城乡建设用地规模预测——以常德市鼎城区为例[J]. 经济地理，2007，27(6)：999-1002.

发事件的影响做出迅速而灵活的反应；了解环境因素的相互关系及经济事件的作用机制，以便更好地适应环境的变化；使决策者掌握决策的风险程度。情景分析方法具有以下特点。

(1)承认未来的发展是多样化的，有多种可能发展的趋势，其预测结果也将是多维的。

(2)承认人在未来发展中的“能动作用”，把分析未来发展中决策者的群体意图和愿望作为情景分析中的一个重要方面，并在情景分析过程中与决策者之间保持畅通的信息交流。

(3)在情景分析中，特别注意对组织发展起重要作用的关键因素和协调一致性关系的分析。

(4)情景分析中的定量分析与传统趋势外推法的定量分析区别在于其在定量分析中嵌入了大量的定性分析，以指导定量分析的进行，所以是一种融定性与定量分析于一体的预测方法。

(5)情景分析是一种对未来研究的思维方法，其所使用的技术方法手段大多来源于其他相关学科，重点在于如何有效获取和处理专家的经验和知识，这使得其具有心理学、未来学和统计学等学科的特征。

由于不确定性随着时间增加，可预见性随着时间减少。因此，在时间轴上，情景分析是介于预测和期望之间的区域。作为一种中长期预测方法，其应用范围主要有：未来发展具有很强的不确定性，有可能出现新的机遇和挑战，但依据并不充分；对未来发展有不同意见，各种意见的分歧很大，而且各有一定的理由；在未来发展中有众多因素的影响，其中人为因素(决策的选择等)影响、较为明显；影响未来发展的因素的信息量太大，项目分散，范围极广，而且获取这类信息的费用太高；过去曾有多种“突发性”现象出现，并造成了很大的损失；事物发展将或可能经历明显的“跳跃”。

(二)Markov 情景模拟

马尔可夫过程(Markov)是一种事物的随机发展过程，是基于一种独立的统计假设，在事物的现在状态已知的情况下，利用一步转移概率便可以预测将来①。它是具有“无后效性”的特殊随机过程，即某随机过程在 $t+1$ 时刻的状态只与 t 时刻的状态有关，而与以前各时刻的状态无关。侯西勇等曾将其运用到土地利用变化的研究中，土地利用类型之间相互转换的面积比例即为状态转移概率②。因而，可利用如下公式对土地利用变化进行预测。

系统初始概率：$\boldsymbol{S}^{(0)}=[S_1^{(0)}S_2^{(0)}\cdots S_n^{(0)}]$，其中，向量元素 $S_i^{(0)}$ 为各类土地的初始概率。系统的转移概率矩阵：

---

① 朱会义，李秀彬. 关于区域土地利用变化指数模型方法的讨论[J]. 地理学报，2003，58(5)：643-650.

② 侯西勇，常斌，于信芳. 基于 CA-Markov 的河西走廊土地利用变化研究[J]. 农业工程学报，2004，20(5)：286-291.

$$\boldsymbol{P}=(P_{ij})=\begin{bmatrix} P_{11} & P_{12} & \cdots & P_{1j} \\ P_{21} & P_{22} & \cdots & P_{2j} \\ \cdots & \cdots & \cdots & \cdots \\ P_{i1} & P_{i2} & \cdots & P_{ij} \end{bmatrix} \left(0<P_{ij}<1;\ \sum_{j=1}^{N} P_{ij}=1;\ i,\ j=1,\ 2,\ \cdots\right) \tag{8-3-10}$$

式中，P_{ij} 为从状态 i 转移到 j 的概率。第 k 步系统的概率向量：

$$\boldsymbol{S}^{(k)}=\boldsymbol{S}^{(0)}P^{(k)}=[S_1^{(k)}S_2^{(k)}\cdots S_n^{(k)}] \tag{8-3-11}$$

式中，$\boldsymbol{S}^{(0)}$ 为初始概率向量；$\boldsymbol{P}^{(k)}$ 为高阶转移概率矩。

在国土空间规划中，城市边界的划定方法较多，采用空间增长模拟运用较为普遍，即综合考虑生态保护底线的刚性约束与城市动态弹性发展的需要，在与相关规划充分衔接的基础上，开展城市用地限制性和适宜性评价。采用 ArcGIS(嵌入式 GIS)的空间分析模块，模拟生态约束条件下的城市空间增长趋势，探索一条城市开发边界的划定方法与思路，进而提出城市开发边界分区管控策略，以期为其他城市开展城市开发边界的划定工作提供参考①。

以元胞自动机(Cellular Automata，CA)核心原理为基础而开发的 CLUE-S、SLEUTH 等经典模型，为探索城市系统演变、城市扩张机制等提供了全新的认知视角。最为常见的是 CA 与 GIS 的集成，通过发挥 CA 在时空动态建模方面的优势并利用 GIS 强大的空间数据管理能力进行优势互补。到目前为止，利用三维 CA 模型进行的空间研究仍处于初级阶段，但其重要性已愈发显现，国土空间 CA 模型向三维发展已成为必然趋势②。

在“多轨合一”的国土空间规划背景下，汪贝等③曾尝试运用 CA 模型模拟城市增长。通过将土地优先发展概率值高的区域认为其拥有相对优先的土地开发或发展机会，一定程度上更倾向于转变为城市建设用地。土地优先发展概率值的计算公式为：

$$T_{ij}=\sum_{n=1}^{N}\lambda_n\times K_{ij}^{n} \tag{8-3-12}$$

式中，T_{ij} 为第 i 行 j 列元胞的土地优先发展概率值；K_{ij}^{n} 为各元胞重点管制内容；$n=1$，2，…，6，分别表示“土规”空间管制区、“土规”基本农田保护区、“城规”空间管制区、“城规”分期建设规划、“经规”重点建设项目、“经规”城市发展轴线；λ_n 为各重点管制内容的权重。

运用元胞自动机进行动态模拟的关键在于确定元胞转换规则，转换规则决定着下一时刻元胞的状态，各元胞根据状态转换规则随时间变化不断调整自身的状态④⑤。约束性 CA 考虑城市发展过程中的不确定性因素，将各种空间控制规则融入状态转换规则，可

① 曹靖，李星银，陈婷婷，等．基于空间增长模拟的安庆城市开发边界划定方法及管控策略[J]．规划师，2016，32(6)：23-30．

② 刘翠．基于细胞自动机的城市空间研究进展[J]．华中建筑，2018，36(4)：16-19．

③ 汪贝，张金亭，彭晓军．基于约束性 CA 的“三规”空间管制整合引导下的城市增长模拟[J]．地理与地理信息科学，2017，33(5)：69-74．

④ 周成虎，孙战利，谢一春．地理元胞自动机研究[M]．北京：科学出版社，1999．

⑤ 冯永玖，童小华，刘妙龙，等．基于 GIS 的地理元胞自动机模拟框架及其应用[J]．地理与地理信息科学，2010，26(1)：41-43．

以灵活地将规划整合成果加入未来城市扩张模拟过程。

三、系统动力学模型

系统动力学(System Dynamics，SD)模型是以系统力学和信息反馈理论为基础，把社会问题流体化，建立系统流图和构造方程，从而获得描述社会系统构造的一般方法，借助电子计算机强大的记忆功能和高速的运算能力，获得对真实系统的跟踪，实现了对社会系统的可重复性实验①。在国土空间规划中，系统动力学广泛应用于资源优化利用(水资源、耕地资源)环境生态保护和县域发展谋划等方面。进行SD模型的动态模拟可以分为这样五个步骤：定义系统、分析因果关系、建立系统流图、构造方程与运行模型、结果分析。

杨子江等人就曾针对昆明市水资源短缺的现状和水资源系统所具有的复杂系统特征，利用系统动力学方法建立了昆明市水资源承载力SD模型，寻求提高昆明市水资源承载力的途径。SD模型实质上是具有时滞的一阶微分方程组，一般用欧拉法数值积分来表示流率方程②，形式为：

$$L.K = L.J + DT(IR.JK - OR.JK) \tag{8-3-13}$$

式中，$L.K$、$L.J$ 为流位向量；$IR.JK$、$OR.JK$ 为流率向量；K 为现在时刻；J 为过去时刻；JK 为时刻 J 到时刻 K 的时间间隔；DT 为计算间隔。上式可变形为：

$$\frac{L.K - L.J}{DT} = IR.JK - OR.JK \tag{8-3-14}$$

通过计算机模拟方法研究系统模型的变化过程，进一步预测模型随时间的变化趋势。

第四节　优化规划方法

国土资源利用优化是国土空间规划重要组成部分。本节主要从区域发展综合优化、脆弱地带识别、水资源调控优化、城市土地利用优化等多个视角，梳理国土资源利用优化规划方法。

一、区域发展综合优化

我国空间管制和区域治理存在的核心问题是：长远和顶层的战略缺失或近期出现战略碎片化迹象、规划和政策因忽略区域差别化而针对性差、配套体系不完整、约束性手段欠缺等。针对这些问题，亟须在国土空间优化配置理论、区域协调发展理论、城市化和城乡发展一体化理论等方面实现创新。中国处于转型时期，而该转型及未来的发展面临的国内外环境和发展动力条件、约束因素和发展目标体系都具有自身的特色，已有的理论和国外发展的经验，都不足以正确指导中国特色社会主义道路的建设，因此，迫切需要通过理论创新修订现有的发展理念、提升发展认知水平、改变失衡的发展模式、重构完善的治理体系。相比之下，城镇化和区域发展规律的研究、国土空间格局演变过程

① 黄国安. 系统动力学模型在县级规划中的应用[J]. 科学·经济·社会，1988(5)：315-320.

② 杨子江，韩伟超，杨恩秀. 昆明市水资源承载力系统动力学模拟[J]. 长江流域资源与环境，2019，28(3)：594-602.

和调控机理的研究，同日益增长的国家需求相比差距很大，基础理论乃至数据、方法，特别是空间管制和区域治理理论亟须创新突破。

我国已经步入了推进城乡发展一体化、区域发展一体化和功能分区格局下协调发展的阶段，城乡之间、不同功能区之间，以及沿海和内陆地区之间能够差异化和特色化的分工合作发展，其前提条件之一是不同区域的人民生活质量和生活福祉在区域之间是均衡的。然而由于产业链条上附加值不同，承担不同功能的经济收益存在较大差别，如果民生质量完全依靠现行收入和分配体制下地域分工收益的话，就会出现从事基础产业比重越高的区域越穷、从事公益性事业事务越多的区域越穷的情形，区域格局进入非均衡状态，区域发展将极其不稳定，功能分工和特色各异的发展方式将会被打破。由于基础产业(如粮食)和生态产品(如水资源)短缺将对经济社会体系造成极大影响甚至是灾难性的破坏，因此，规避风险、维持其稳定就成为社会的“守夜人”——政府必须应对的现实。探讨通过分配环节和转移、补偿等支付方式实现城乡之间、不同功能区之间发展利益均衡和人民生活质量均衡的基本原理，特别将配套政策聚焦在实现缩小民生质量的差距方面，是保障区域均衡的前提。其中，基本公共服务均等化是“底线”。更复杂的命题是，如何通过社会效益和生态效益得到经济化的合理体现，用以弥补经济差距，实现综合效益的均衡。结合这样的思想，樊杰①曾对多年前建构的支撑主体功能区实现的区域均衡模型进行了补充，增加了民生质量变量，提出民生质量水平相等既可作为目标函数也可作为约束条件函数。

$$\begin{cases} D_i = \dfrac{\sum D_{im}}{P_i} = \dfrac{\sum D_{jm}}{P_j} = D_j \\ D'_i = r_i\left(\dfrac{\sum D'_{im}}{P_i} - \Delta l\right) = r_j\left(\dfrac{\sum D'_{jm}}{P_j} + \Delta l\right) = D'_j \\ Max\sum E = F(R,\ T) \end{cases} \tag{8-4-1}$$

式中，D_i、D_j 分别表示区域 i 和 j 综合发展状态的人均水平值；P_i 和 P_j 分别为当地人口总量；$m=1$，2，3；D_{i1}、D_{j1} 是经济发展效益；D_{i2}、D_{j2} 是社会发展效益；D_{i3}、D_{j3} 是生态环境效益；D'_i、D'_j 分别表示区域 i 和 j 民生质量的人均水平值；Δl 为二次分配，r_i 和 r_j 为物价指数；R 为区域 i 和 j 的并集。在追求区域发展空间均衡的过程中，应当实现综合受益 $\left(\sum E\right)$ 的最大化，这不仅同区域 R 如何划分有关，而且与时间 t 取值有关。

二、脆弱地带识别优化

生态空间通常包括具有重要水源涵养、生物多样性维护、水土保持、防风固沙、海岸生态稳定等功能的生态功能重要区域，以及水土流失、土地沙化、石漠化、盐渍化等生态环境敏感脆弱区域。《全国生态脆弱区保护规划纲要》提出以维护区域生态系统完整

① 樊杰. 我国国土空间开发保护格局优化配置理论创新与“十三五”规划的应对策略[J]. 中国科学院院刊，2016，31(1)：1-12.

性、保证生态过程连续性和改善生态系统服务功能为中心，优化产业布局，调整产业结构，全面限制有损于脆弱区生态环境的产业扩张，发展与当地资源环境承载力相适应的特色产业和环境友好产业，从源头控制生态退化；加强生态保育，增强脆弱区生态系统的抗干扰能力；建立健全脆弱区生态环境监测、评估及预警体系；强化资源开发监管和执法力度，促进脆弱区资源环境协调发展。

我国生态脆弱地区较多，如何精准识别脆弱地带是保护优化国土资源的关键。如西南山地区域地质环境多样，生态敏感度高，脆弱山地生态系统的组成、结构与过程受人类扰动的敏感性高，生态保护是国土空间开发的首要任务。黄河三角洲是我国典型的滨海盐渍土分布区，地下水埋藏浅，且矿化度高，蒸发量大，淡水资源少，土地生态环境脆弱，地下盐分易随水分蒸发升至地表，发生盐渍化。土壤盐分含量过高会影响作物正常生长发育，已成为制约农业生产力的主要环境因素之一①。

游动分割窗技术已被证明是简单而且可靠的一种判定界面的方法，适用于任何类型的反应变量。在国土空间规划中，能够有效识别生态脆弱地带的边界。游动分割窗原理如图 8-7 所示，假设具有 8 个取样点的窗体平均分割为半窗体 A 和半窗体 B，计算半窗体 A 和半窗体 B 之间的相异系数，然后将窗体向右移动一个取样点，再计算半窗体间的相异系数，直到右半窗端点达到最后 1 个取样点为止。之后将相异系数系列沿取样点坐标轴作图，根据曲线的峭度和变异定量判断交错带的类型、位置和宽度。陡峭的峰值区就是交错带所在的位置，峰宽即交错带的宽度，峰宽的端点即交错带和相邻生态系统（或群落）的边界。距离函数的峰值越陡，峰宽越窄，交错带为过渡明显的急变类型；相反，峰值较低且峰宽较大，交错带为渐变类型②。

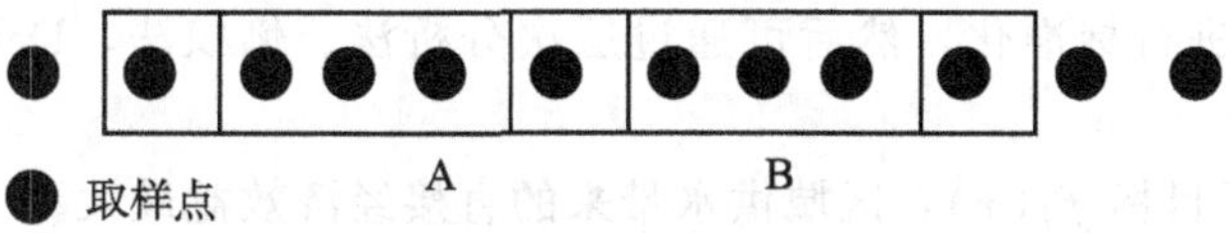

图 8-7 游动分割窗原理图

常用的相异系数有欧氏距离、相异系数、判别分析函数和 Mahalanobis 距离、Wilk 的 λ 系数和多样性函数及相异百分率等。平方欧氏距离(SED)计算公式：

$$SED_{nw} = \sum_{i=1}^{m} (X_{iAW} - X_{iBW})^2 \tag{8-4-2}$$

式中，SED_{nw} 为窗体为 n 时的平方欧氏距离；X_{iAW}，X_{iBW} 为半窗体 A 和半窗体 B 在参数为 i 时的值；m 为窗体变量数。

三、 水资源调控优化

水资源优化配置是一个非常复杂的多层次、多阶段、多主体、多目标、多关联、非

① 孙若钧，陈为峰，宋希亮，等. 黄河三角洲林草复合系统土壤水盐分布特征及其边界效应[J]. 应用生态学报，2019，30(8)：2549-2557.

② 石培礼，刘兴良. 游动分割窗技术在生态交错带定量判定中的应用：以四川巴郎山岷江冷杉林线为例[J]. 植物生态学报，2002(2)：189-194.

线性的风险决策问题①。它是指在一个特定的区域内，以效率、公平、协调、安全为原则，以社会、经济、生态环境的综合效益最大为目标，通过各种工程与非工程措施，对水资源在不同时间、空间、水源间、部门间进行协调，达到人水和谐，实现水资源的可持续利用和经济社会的可持续发展②。水资源优化配置的最终目标是水资源与经济、社会、生态环境和谐可持续发展，是我国国土空间优化的重要组成部分。

(一)调控优化方法

水资源优化配置的最终目标是水资源与经济、社会、生态环境和谐可持续发展③，因此优化模型目标函数包括社会效益、经济效益、生态环境效益。为了构建目标函数，先按某种规则(如地理特征、行政区划)把研究区分为 i 个子区，每个子区分 j 个用水部门(生活、工业、农业、生态四个部门)，每个部门分为 k 个用水行业。目标函数如下：

$$Z=\text{opt}\{f[f_x(x), f_j(x), f_k(x)]\} \quad (8\text{-}4\text{-}3)$$

式中，Z 为综合效益函数；$f_x(x)$，$f_j(x)$，$f_k(x)$分别为社会效益函数、经济效益函数和生态环境效益函数。

为了便于对优化模型进行求解，按照水资源缺水时对社会、经济和生态环境的影响程度，对式(8-4-3)中的三个变量进行加权求和：

$$Z=\text{opt}\left[\sum_{l=1}^{L} W_l f_l(x)\right] \quad (8\text{-}4\text{-}4)$$

式中，$l=1，2，3$，其为三个目标变量(社会效益、经济效益和生态环境效益)；$f_l(x)$为第 l 个目标变量的效益；W_l 为缺水分别对社会、经济和环境影响的权重系数，表示第 l 个目标变量相对于其他目标变量的重要性程度。由于社会效益、经济效益和生态环境效益三个目标变量的单位不同，量级差异也很大，所有在求 W_l 之前，需先对已经优化的三个目标变量结果进行标准化，然后可通过层次分析法、熵权法、Delphi 工具等确定其权重系数。

(1)经济效益子目标 $f_j(x)$：区域供水带来的直接经济效益最大。

$$f_j(x)=\max\left\{\sum_{i=1}^{I}\sum_{j=1}^{J}\sum_{k=1}^{K}\left[\sum_{m=1}^{M}(e_{ijk}^{m}-v_{ijk}^{m})x_{ijk}^{m}a_{ijk}^{m}+\sum_{n=1}^{N}(e_{ijk}^{n}-v_{ijk}^{n})x_{ijk}^{n}a_{ijk}^{n}+\sum_{p=1}^{P}(e_{ijk}^{p}-v_{ijk}^{p})x_{ijk}^{p}a_{ijk}^{p}\right]\beta_{ijk}\sigma_{ijk}\right\} \quad (8\text{-}4\text{-}5)$$

式中，x_{ijk}^{m}、x_{ijk}^{n}、x_{ijk}^{p} 分别为地表水源 m、地下水源 n、外调水源 p 给 i 子区 j 部门 k 行业的供水量(m^3)；e_{ijk}^{m}、e_{ijk}^{n}、e_{ijk}^{p} 分别为水源给行业供水的效益系数④(元/m^3)；v_{ijk}^{m}、v_{ijk}^{n}、v_{ijk}^{p} 分别为水源给行业供水的费用系数(元/m^3)；a_{ijk}^{m}、a_{ijk}^{n}、a_{ijk}^{p} 分别为水源的供水次序系数；β_{ijk} 为 i 子区 j 部门 k 行业的权重系数；σ_{ijk} 为 i 子区 j 部门 k 行业的用水公平

---

① 陈晓宏，陈永勤，赖国友．东江流域水资源优化配置研究[J]．自然资源学报，2002，17(3)：366-372.

② 侯景伟，孔云峰，孙九林．基于多目标鱼群-蚁群算法的水资源优化配置[J]．资源科学，2011，33(12)：2255-2261.

③ 方创琳．区域可持续发展与水资源优化配置研究：以西北干旱区柴达木盆地为例[J]．自然资源学报，2001，16(4)：341-347.

④ 雷霄．基于多目标规划的杨凌示范区水资源优化配置[J]．水资源与水工程学报，2009，20(4)：96-100+103.

系数。

(2)社会效益子目标 $f_s(x)$：区域总缺水量最小。

$$f_s(x)=\min\left\{\sum_{i=1}^{I}\sum_{j=1}^{J}\sum_{k=1}^{K}\left[D_{ijk}-\left(\sum_{m=1}^{M}x_{ijk}^{m}+\sum_{n=1}^{N}x_{ijk}^{n}+\sum_{p=1}^{P}x_{ijk}^{p}\right)\right]\right\} \tag{8-4-6}$$

式中，D_{ijk} 为 i 子区 j 部门 k 行业的需水量(m^3)。

(3)生态环境效益子目标 $f_h(x)$：区域重要污染物排放量最小。区域重要污染物是指造成某一区域生态环境污染的主要污染物。因各地的排污情况不同，重要污染物的类型、控制方式和控制目标也有所不同。

$$f_h(x)=\min\left[\sum_{i=1}^{I}\sum_{j=1}^{J}\sum_{k=1}^{K}\sum_{\tau=1}^{\tau}C_{ijk}^{\tau}O_{ijk}^{\tau}\left(\sum_{m=1}^{M}x_{mk}+\sum_{n=1}^{N}x_{nk}+\sum_{p=1}^{P}x_{pk}\right)\right] \tag{8-4-7}$$

式中，C_{ijk}^{τ} 为 i 子区 j 部门 k 行业排放重要污染物 τ 的浓度(毫克/升)；O_{ijk}^{τ} 为 i 子区 j 部门 k 行业的污染物 τ 排放系数。

此外，计算还需考虑供水、需水、水环境综合评价指数、水质总量控制等一系列约束条件。

(二)调控优化价值

采用多目标鱼群—蚁群算法对水资源优化配置模型进行的优化计算，能有效利用人工鱼群算法快速跟踪变化和跳出局部极值的优点和蚁群算法信息素正反馈的优点，并将人工鱼群算法中的拥挤度概念引入蚁群算法中，使算法具有较快的收敛速度和较高的寻优性能。运用该算法进行优化仿真计算，优化配置结果合理可行，丰富了智能优化方法在复杂水资源优化配置中的应用。

经济效益以区域供水带来的直接经济效益最大为目标；社会效益以区域总缺水量最小为目标；生态环境效益以区域重要污染物排放量最小为目标；约束条件包括供水、需水、水环境和经济发展协调度等。多目标鱼群—蚁群算法融合了人工鱼群算法的快速跟踪变化和跳出局部极值优点以及蚁群算法的信息素正反馈优点，并将人工鱼群算法中的拥挤度概念引入蚁群算法中，避免了蚁群算法初期可能早熟的问题。通过实验仿真，此算法具有较快的收敛速度和较高的寻优性能，能有效地找到优化解，为解决复杂的水资源优化配置问题提供了新的思路。

四、 城市土地利用优化

(一)国土空间用地指标预测

传统的土地规划重点关注的建设用地指标分配与空间布局上，是一种以地为中心的规划模式。大数据将能够清楚获知人对土地的需求与相应的行为特征，这样利用国土空间大数据，则有利于建立“以人为中心”的规划模式。例如，在土地数量需求预测上，可以利用手机信令数据或百度热力图等大数据，获取任何区域瞬时累积的人流量，再结合主要环境指标的最大容限值，从而准确判断土地的现实承载状况，进而合理预测土地需求量。

钟炜菁等采用手机信令数据以 2 小时为时间单元，将各时间段的记录人数进行空间可视化，展示上海市一天的人口动态空间分布变化，结果如图 8-8 所示，有效展示了上海市人口分布具有明显的单中心结构和从人口的动态流动性角度揭示出上海市域经历了“白天向心，夜间离心”的人口动态流动过程，形成“中心城区—郊区”昼夜人口分布差异明显的人口动态变化结构。大数据预测人口分布在时间和空间分辨率上比传统的人口调查手段有明显的优势①。分析方法如下。

(1)从基站到居委会尺度的空间单元映射。研究中手机位置只能精确到基站单位，且在不同地区基站分布的稀疏程度不同，以基站为空间分辨率，对位置的表达不利于空间维度上的信息挖掘，采用维诺图(Voronoi Diagram Area，VDA)②分区方法。每一个VDA区域唯一对应着一个空间位置的基站，其大小可以近似地描述对应基站的覆盖区域。然后将这一基站的记录人数在这一VDA区域内随机散点，再根据居委会的空间单元区域进行汇总，实现从基站分布到居委会的空间尺度，给后期移动通信数据与交通、土地利用、POI等其他数据的融合提供了相同的空间参照单元。

(2)职住地和消费休闲地的识别。研究通过对全市原始数据的整体分析，结合居住和就业行为的一般规律，制定了手机用户居住地和工作地的筛选规则，得到用户的居住地、工作地以及各类行为目的地的分布。

(3)昼夜比指标计算，计算公式为：

$$D=\frac{x_d}{x_n} \tag{8-4-8}$$

式中，D 是昼夜比，x_d 是10:00—12:00的记录人数天平均值，x_n 是22:00—24:00的记录人数天平均值。

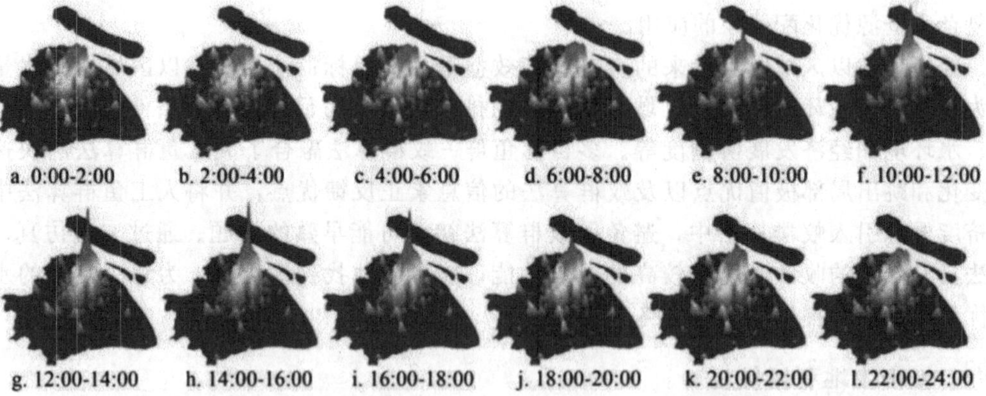

图8-8 基于手机信令数据的上海市人口动态空间分布③

(二)国土空间发展预测与优化

在预测城市用地空间布局与划定扩展边界方面，可以结合居民住房的区位选择大数

---

① 钟炜菁，王德，谢栋灿，等. 上海市人口分布与空间活动的动态特征研究——基于手机信令数据的探索[J]. 地理研究，2017，36(5)：972-984.

② WANG P，GONZALEZ C，HIDALGO CA，et al. Understanding the spreading patterns of mobile phone viruses [J]. Science，2009，324(5930)：1071-1076.

③ 同①。

据揭示的居住行为规律、居民智能公交刷卡大数据和手机信令数据反映的出行行为规律、开发商处的大数据揭示的开发行为规律等。通过各类行为空间的叠加，建立空间模拟模型，再结合土地管理部门手中的土地大数据反映的区域资源环境限制信息，可以准确预测城市未来开发的重点方向与重点区域，从而优化配置土地利用空间结构和相应的公共服务与基础设施配套，辅助划定城市开发边界。另外，通过网购消费行为大数据的挖掘，可以判断和预测居民消费结构的变化规律，从而可以与土地利用功能分区与空间配置结合起来，在规划中合理配置工业、仓储、商业等不同土地利用类型结构。王德等①利用手机信令数据，参照国外标准，在中心与外围通勤联系的基础上，加入消费联系作为辅助标准，构建基于消费联系的上海都市区调整准则对上海都市区边界进行划分，得到的区域范围内人口为 1 873.16 万人，约占上海市常住人口的 81%；面积为 2 840.03 km^2，这一空间范围约为以人民广场为中心的 40 km 半径区域，除中心城周边地区以外，还包括松江新城、嘉定新城、青浦新城、南桥新城部分地区、长兴岛、金山石化、临港工业区、惠南地区等。都市区范围整体上连续，存在长兴岛、南桥新城、金山石化、临港工业区等若干飞地。数据处理可设计为以下三步。

(1)识别用户职住地。

(2)识别用户的消费休闲出行。最后得出具有稳定居住地和工作地的用户 752 万人，约占手机数据识别的上海市常住人口的 45%，共提取双休日消费休闲出行总计约 444 万条记录。

(3)根据用户的居住地、工作地和消费休闲目的地之间的空间关系，计算内向通勤率、外向通勤率、双向通勤率、内向消费率、外向消费率和双向消费率六大类指标，构建划分标准，划分上海都市区。

复习思考题

1. 以全国或某省份为例，对该地区经济发展和社会进步关键指标进行简单预测。
2. 请结合具体某特定区域的功能特征，谈谈综合评价中应该注意的问题。
3. 请查阅有关资料，谈谈你对国土空间规划中大数据技术的理解和应用前景。
4. 请结合某一区域，谈谈你对国土空间优化的主要思路和方法。

阅读文献

1. 杨慧. 空间分析与建模[M]. 北京：清华大学出版社，2013

2. 自然资源部国土空间规划局. 国土空间规划理论探索[M]. 北京：中国地图出版社，2021.

3. 自然资源部国土空间规划局，自然资源部宣传教育中心. 国土空间规划管理手册[M]. 北京：中国大地出版社，2021.

4. 吴次芳，叶艳妹，吴宇哲，等. 国土空间规划[M]. 北京：地质出版社，2019.

5. 吴殿廷，乔家君. 区域分析与规划高级教程[M]. 2 版. 北京：北京师范大学出版社，2016.

---

① 王德，顾家焕，晏龙旭. 上海都市区边界划分——基于手机信令数据的探索[J]. 地理学报，2018，73(10)：1896-1909.

第九章 国土空间规划关键技术①

本章要点： 国土空间规划涉及很多复杂、专用的技术和方法。本章主要论述了“双评价”（资源环境承载能力评价、国土空间开发适宜性评价）、“三线三区”（城镇开发边界、永久基本农田和生态保护红线；城镇空间、农业空间、生态空间）划定、空间资源优化布局模型、建设用地指标分配等关键技术。

第一节 国土空间开发适应性评价概述

国土空间开发适应性评价和资源环境承载力评价，又称“双评价”，是空间规划编制的重要基础。本节内容主要依据自然资源部于2020年1月发布的《资源环境承载能力和国土空间开发适宜性评价技术指南》予以整理②。

一、“双评价”的内涵

“双评价”即资源环境承载能力评价和国土空间开发适宜性评价。

资源环境承载能力是指基于特定发展阶段，经济技术水平、生产生活方式和生态保护目标，一定地域范围内资源环境要素能够支撑农业生产、城镇建设等人类活动的最大合理规模。资源环境承载能力评价是对自然资源和生态环境本底条件的综合评价，反映国土空间在城镇开发、农业生产、生态保护功能指向下的承载能力等级，是开展国土空间开发适宜性评价的必要前提。

国土空间开发适宜性是指在维系生态系统健康和国土安全的前提下，综合考虑资源环境等要素条件，特定国土空间进行农业生产、城镇建设等人类活动的适宜程度。国土空间开发适宜性评价是以资源环境承载能力为前提，对国土空间开发和保护适宜程度的综合评价，是合理划定城镇空间、农业空间、生态空间以及城镇开发边界、永久基本农田、生态保护红线（简称“三区三线”）的重要依据，也是测度国土开发强度阈值范围、制定综合管控措施的科学参考。

二、“双评价”的目标与原则

（一）评价目标

分析区域资源环境禀赋条件，研判国土空间开发利用问题和风险，识别生态系统服务功能极重要和生态极敏感空间，明确农业生产、城镇建设的最大合理规模和适宜空间，为完善主体功能区布局，划定城镇开发边界、永久基本农田、生态保护红线，优化国土空间开发保护格局，科学编制国土空间规划，实施国土空间用途管制和生态保护修复提

---

① 本章由乔家君、吴殿廷执笔完成。

② 自然资源部. 资源环境承载能力和国土空间开发适宜性评价指南（试行）[EB/OL]. (2020-01-19)[2022-11-08]. https://www.gov.cn/zhengce/zhengceku/2020-01/22/content_5471523.htm.

供技术支撑，倒逼形成以生态优先、绿色发展为导向的高质量发展新路子。

(二)评价原则

(1)生态优先原则。以习近平总书记提出的生态文明思想为指导，突出生态保护功能，识别生态系统服务功能极其重要、生态极敏感区域，确保生态系统的完整性和连通性。在坚守生态安全底线前提下，综合分析农业生产、城镇建设的合理规模和布局。

(2)科学客观原则。体现尊重自然、顺应自然、保护自然的理念，充分考虑陆海全域国土空间土地、水、生态、环境、灾害等资源环境要素，加强与相关专项调查评价结果的统筹衔接，定量方法为主、定性方法为辅，客观全面地评价资源环境禀赋条件、开发利用现状及潜力。

(3)因地制宜原则。在强化资源环境底线约束的同时，充分考虑区域和尺度差异。各地特别是市县开展评价时，可结合本地实际和地域特色，因地制宜适当补充评价功能、要素与指标，优化评价方法，细化分级阈值。

(4)简便实用原则。在保证科学性的基础上，精选最有代表性的指标。紧密结合国土空间规划编制，强化目标导向、问题导向和操作导向，确保评价成果科学、权威、好用、适用。

三、"双评价"的工作流程

(一)制定工作方案

"双评价"是编制国土空间规划的前提和基础，也是国土空间规划编制过程中系列研究分析的重要组成部分。各级政府在开展国土空间规划编制工作时，按照各级国土空间规划编制总体要求和指南，建立双评价工作责任及协调机制，制定工作方案，明确职责分工，组织专门队伍，有序推进评价工作。

(二)开展评价工作

各省(区、市)依据工作方案组织开展省级"双评价"工作。参照全国"双评价"成果，结合本地实际情况，形成本行政区"双评价"初步成果。在通过专家论证基础上，修改完善形成"双评价"成果，支撑省级国土空间规划，指导市县级双评价工作。作为专题成果之一，省级国土空间规划在论证报批过程中要包括"双评价"成果。

各地市依据工作方案组织开展市县级"双评价"工作。参照全国和省级"双评价"成果，结合本地实际情况，形成本行政区"双评价"初步结果。在通过专家论证基础上，修改完善形成"双评价"成果。作为专题成果之一，市县级国土空间总体规划在论证报批过程中要包括"双评价"成果。在开展县级国土空间总体规划编制工作时，可直接利用所在市"双评价"成果；有条件或有必要的，可以独立开展县级"双评价"工作。

(三)评价技术流程

严格遵循评价原则，围绕生态保护、农业生产、城镇建设功能特征，构建差异化评价指标体系，以定量方法为主、定性方法为辅，评价过程中应确保数据可靠、运算准确、操作规范以及统筹协调，为科学编制国土空间规划奠定坚实基础。

评估工作运行环境采用地理信息系统软件，统一采用2000国家大地坐标系统、高斯-克吕格投影，陆域部分采用1985国家高程基准，海域部分采用理论深度基准面为高程基准。鼓励使用国土空间规划监测评估预警系统中的双评价辅助功能或智能数据处理与分析系统，提高评价效率。

1. 确定评价精度

省级(区域)层面评价建议以 50 m×50 m 栅格为基本单元进行分项评价。市县层面建议优先使用矢量数据进行分项评价，或以 20 m×20 m～30 m×30 m 栅格为基本单元进行评价。地形条件复杂或幅员较小的区域可适当提高评价精度。根据可获取数据情况，海域可适当降低评价精度。

2. 数据准备

根据评估方法，按照数据清单搜集评估所需的各类数据，如基础地理信息数据、土地利用现状及年度调查监测数据、水文监测数据、气象观测数据、遥感影像、地表参量、灾害类型与分布数据、交通路网分布与规划数据等。

市县层面，着重补充收集精细尺度的区域数据，如小流域水文监测数据、市县内气象自动站观测数据、高精度遥感影像数据、市县灾害监测数据等。

第二节 资源环境承载力评价

一、资源环境单要素评价

(一)土地资源评价

土地资源评价主要表征区域土地资源对农业生产、城镇建设的可利用程度。针对农业功能和城镇功能指向，分别采用农业耕作条件、城镇建设条件作为评价指标，通过坡度、高程等综合反映。评价时扣除河流、湖泊及水库水面区域。

(二)评价方法

1. 农业功能指向的土地资源评价

$$[\text{农业耕作条件}]=f([\text{坡度}],[\text{高程}],[\text{土壤质地}]) \tag{9-2-1}$$

农业耕作条件是指农业生产的土地资源可利用程度，需具备一定的坡度、高程、土壤质地等条件。对于地形条件复杂的地区，还可考虑坡向、坡型、地形部位等因素。

2. 城镇功能指向的土地资源评价

$$[\text{城镇建设条件}]=f([\text{坡度}],[\text{高程}],[\text{地形起伏度}]) \tag{9-2-2}$$

城镇建设条件是指城镇建设的土地资源可利用程度，需具备一定的坡度、高程条件。对于地形起伏剧烈的地区(如西南地区)，还应考虑地形起伏度指标。

3. 评价步骤

第一步：图件制备与叠加处理。将数字地形图和土壤类型图以土地利用现状图为参照进行投影转换，对每幅图进行修边处理，供数据提取和空间分析使用。

第二步：要素空间分析。基于数字地形图，计算栅格单元的坡度，按小于 3°、3°(含)～8°、8°(含)～15°、15°(含)～25°、大于等于 25°生成坡度分级图。各地可根据地形地貌特点，结合垂直地带性林草界线、农牧界线、种植业熟制等确定地形高程分级阈值，全国层面按小于 1 000 m、1 000(含)～2 000 m、2 000(含)～3 000 m、3 000(含)～4 900 m、大于等于 4 900 m 生成海拔高度分级图。以表层 30 厘米的平均质地为标准，将土壤质地按照黏质土(重壤、黏土)、壤土(轻壤、中壤)、砂壤土、沙土和砾质土生成土壤质地分类图。

第三步：土地资源评价与分级。以坡度分级结果为基础，结合高程和土壤质地，将土地资源的可利用程度划分为高、较高、中等、较低、低五种类型。高程大于等于4 900 m区域，农业和城镇土地资源等级直接取最低等级；高程在3 000～4 900 m的，将坡度分级降2级作为农业土地资源等级、将坡度分级降1级作为城镇土地资源等级；高程在2 000～3 000 m的，将坡度分级降1级作为农业土地资源等级。在此基础上，将土壤质地为沙土和砾质土的区域，再分别降1级和2级作为农业土地资源的最终结果。

第四步：地形复杂地区评价结果修正。在地形起伏剧烈的地区，进一步通过地形起伏度指标对城镇土地资源等级进行修正。基于栅格精度为20 m×20 m～30 m×30 m的格网，通过栅格与邻域栅格的高程差计算地形起伏度。邻域范围通常采用20公顷左右(如50 m×50 m栅格建议采用9×9邻域，30 m×30 m栅格建议采用15×15邻域，20 m×20 m栅格建议采用21×21邻域)，对于地形起伏度大于200 m的区域，将评价结果降2级作为城镇土地资源等级，地形起伏度在100～200 m的，将评价结果降1级作为城镇土地资源等级。各地可根据地形地貌特点进行调整。

4. 评价成果

对坡度、高程等指标进行评价，编制要素分级评价图、统计表。分析区域地形、地貌特点及其对农业耕作条件、城镇建设的影响。分别编制农业耕作、城镇建设条件空间分布图、统计表，并刻画可利用程度的空间分异特征。

(三)水资源评价

水资源评价主要表征区域水资源对农业生产、城镇建设的保障能力。针对农业功能和城镇功能指向，通过区域水资源的丰富程度反映。

1. 评价方法

$$[\text{水资源丰度}]=f([\text{降水量}],[\text{水资源总量}]) \tag{9-2-3}$$

水资源丰度是指区域水资源的丰富程度，通过降水量和水资源总量综合反映。水资源总量是指流域或区域内地表水资源量、地下水资源量扣除两者重复计算量后剩余量的代数和。其中，地表水资源量是指河流、湖泊、冰川等地表水体逐年更新的动态水量，即天然河川径流量；地下水资源量是指地下饱和含水层逐年更新的动态水量，即降水和地表水入渗地下水的补给量。

2. 评价步骤

第一步：降水量评价。基于区域内及邻近地区气象站点长时间序列降水观测资料，通过空间插值得到格网尺度的多年平均降水量数据，一般可按照大于等于1 200 mm、800(含)～1 200 mm、400(含)～800 mm、200(含)～400 mm、小于200 mm划分为很湿、湿润、半湿润、半干旱、干旱五个等级。局部区域可采用干旱指数进行补充评价。

第二步：水资源总量评价。开展省、地市水资源总量评价主要以县级行政区为评价单元，以本地水资源总量为评价指标，按照水资源总量模数大于等于$50\times10^4\ m^3/km^2$、20×10^4(含)～$50\times10^4\ m^3/km^2$、10×10^4(含)～$20\times10^4\ m^3/km^2$、5×10^4(含)～$10\times10^4\ m^3/km^2$、小于$5\times10^4\ m^3/km^2$划分为好、较好、一般、较差、差五个等级。我国北方地区现状供水结构中过境水源超过50%的省区，可采用最严格水资源管理制度“用水总量控制指标”或水量分配方案确定的允许利用的水资源量反映水资源丰富程度。我国西南地区受地形、地貌影响，水资源总量丰富但开发利用困难，结合地区实际条件应对水资源总量评价成果进行适当降级处理。已有大中型蓄引提调等水资源开发利用工程的，可根据工程规模和能力适度提高受水区水资源评价等级。

第三步：水资源评价与分级。考虑城镇和农业开发对降水和水资源总量依赖程度不同，可按照城镇指向和农业指向的水资源丰度评价矩阵，确定水资源丰富、较丰富、一般、较不丰富、不丰富五个等级。在不同层级评价中可根据实际需要，选取差异化的分级阈值标准和评价矩阵。城镇指向的水资源丰度评价矩阵、农业指向的水资源丰度评价矩阵分别如表 9-1、表 9-2 所示。

表 9-1　城镇指向的水资源丰度评价矩阵

降水量	水资源总量				
	好	较好	一般	较差	差
很湿	丰富	较丰富	较丰富	一般	一般
湿润	丰富	较丰富	一般	较不丰富	不丰富
半湿润	较丰富	一般	一般	较不丰富	不丰富
半干旱	较丰富	一般	较不丰富	较不丰富	不丰富
干旱	一般	较不丰富	较不丰富	不丰富	不丰富

表 9-2　农业指向的水资源丰度评价矩阵

降水量	水资源总量				
	丰富	较丰富	一般	较不丰富	不丰富
很湿	丰富	丰富	较丰富	一般	较不丰富
湿润	较丰富	较丰富	一般	一般	较不丰富
半湿润	一般	一般	一般	较不丰富	不丰富
半干旱	一般	较不丰富	较不丰富	较不丰富	不丰富
干旱	较不丰富	较不丰富	不丰富	不丰富	不丰富

3. 评价成果

对降水量、水资源总量等指标进行评价，编制要素分级评价图、统计表。分析区域降水、河流特点及其对农业生产、城镇建设的影响。分别编制水资源丰度空间分布图、统计表，并刻画其空间分异特征。

(四)海洋资源评价

海洋资源评价主要表征区域海洋资源对农业生产、城镇建设的可利用程度。针对海洋牧场和港口建设功能指向，采用资源利用条件作为评价指标，分别通过初级生产力和岸线、水深等指标反映。市县层面可结合区域海洋资源禀赋条件，增加海上可再生能源利用等功能指向，通过可再生能源利用条件指标反映。

1. 评价方法

(1)农业功能指向的海洋资源评价。

$$[海洋牧场资源利用条件]=f([初级生产力]) \tag{9-2-4}$$

海洋牧场资源利用条件是指海洋牧场建设的海洋资源可利用程度。

海洋牧场是指基于海洋生态学原理，利用现代工程技术，在一定海域内营造健康的生态系统，科学养护和管理生物资源而形成的人工渔场。海洋牧场是传统海水捕捞业与海水养殖业的结合，既区别于完全采捕野生渔业资源的海洋捕捞业，又区别于在人工设施形成的有限空间内生产、完全依赖人工投饵的海水养殖业。

(2)城镇功能指向的海洋资源评价。

$$[港口资源利用条件]=f([岸线],[水深]) \tag{9-2-5}$$

港口资源利用条件是指港口建设的岸线资源可利用程度，通过岸线、水深等条件反映。

2. 评价步骤

第一步：初级生产力评价。基于区域内初级生产力监测调查资料，通过空间插值得到格网尺度的初级生产力数据，一般可按照大于1 000 mg·C/(m^2·d)、500～1 000 mg·C/(m^2·d)(含)、150～500 mg·C/(m^2·d)(含)、50～150 mg·C/(m^2·d)(含)、小于等于50 mg·C/(m^2·d)划分高、较高、中等、较低、低五个等级。如果区域内缺乏初级生产力资料，也可根据经验公式由叶绿素含量估算得到。

$$P=0.5\times C\times Q\times Z\times D \tag{9-2-6}$$

式中，P为初级生产力，C为表层叶绿素含量，Q为同化系数，Z为真光层深度，D为昼长。

第二步：岸线评价。基于岸线利用现状调查资料，对岸线条件进行评价；评价等级可分为好、较好、一般、较差、差。

第三步：水深评价。根据交通运输部港口深水岸线标准，按岸线距10 m等深线的最短距离小于等于1.5 km、1.5～3 km(含)、3～4.5 km(含)、4.5～6 km(含)、>6 km划分为近、较近、中等、较远、远五个等级，即水深10 m的等深线距离岸线小于等于1.5 km、1.5～3 km(含)、3～4.5 km(含)、4.5～6 km(含)、>6 km分别评价为深、较深、中等、较浅、浅。

第四步：港口资源利用条件评价与分级。基于水深与岸线评价结果，参考以下判别矩阵划分港口资源利用条件等级。港口资源利用条件评价矩阵如表9-3所示。

表9-3 港口资源利用条件评价矩阵

水深	岸线				
	好	较好	一般	较差	差
深	好	好	较好	一般	差
较深	好	较好	较好	较差	差
中等	较好	较好	一般	较差	差
较浅	一般	一般	较差	差	差
浅	较差	差	差	差	差

3. 评价成果

对初级生产力、岸线、水深指标进行评价，编制要素分级评价图、统计表。分析区域海洋资源禀赋、水深地形特点及其对建设开发的影响。分别编制海洋牧场及港口建设功能指向的资源利用条件空间分布图、统计表，并刻画可利用程度的空间分异特征。

二、资源环境承载能力评价

资源环境承载能力评价(简称“环境评价”)主要表征区域环境系统对经济社会活动产生的各类污染物的承受能力，以及光照、热量、通风、海洋环境等环境条件对城镇建设、农业发展的支撑能力。针对农业功能和城镇功能指向，分别采用农业生产气候和环境条件、城镇建设环境条件作为评价指标，通过大气、水、土壤环境容量以及光热条件综合反映。滨海地区还需进一步评价海洋环境条件对海洋牧场的支撑能力，采用海洋牧场水动力和环境条件作为评价指标，通过流速、海水水质综合反映。

(一)评价方法

1. 农业功能指向的环境评价

[农业生产气候和环境条件]=*f*([光热条件]，[土壤环境容量])　　(9-2-7)

农业生产气候和环境条件是指环境系统对农业发展的支撑能力；光热条件是指自然气候条件对农业生产的支撑能力，通过大于等于10℃活动积温反映；土壤环境容量是指自然环境承纳重金属等主要土壤污染物的能力，通过土壤污染风险等级的高低反映。

[海洋牧场水动力和环境条件]=*f*([流速]，[海水水质])　　(9-2-8)

海洋牧场水动力和环境条件是指环境系统对海洋牧场重要设施及生物健康生长的限制作用，通过流速、海水水质等级(营养盐除外)反映。

2. 城镇功能指向的环境评价

[城镇建设环境条件]=*f*([大气环境容量]，[水环境容量])　　(9-2-9)

城镇建设环境条件是指环境系统对城镇建设的支撑能力；

大气环境容量、水环境容量是指在能够维持生态平衡并且不超过人体健康要求的阈值条件下，自然环境承纳主要大气、水污染物的能力。

(二)评价步骤

第一步：光热条件评价。整理区域内及周边地区气象台站长时间序列观测资料，统计各气象台站年平均大于等于10℃活动积温，分析海拔、坡度、坡向等要素对积温的影响，通过空间插值得到活动积温图层，按小于1 600°、1 600°(含)～3 400°、3 400°(含)～4 500°、4 500°(含)～8 000°、大于等于8 000°生成活动积温分级图。

第二步：土壤环境容量计算。主要方法为通过评估土壤污染风险等级高低反映土壤环境容量。整理区域内及周边地区土壤污染调查点位的调查资料，对土壤按照农用地，建筑用地(第一类、第二类)类型分类后，进行各点位主要污染物含量分析，通过空间插值得到土壤污染物含量分布图层，依据《土壤环境质量　农用地土壤污染风险管控标准(试行)》(GB 15618—2018)和《土壤环境质量 建设用地土壤污染风险管控标准(试行)》(GB 36600—2018)，按低于或等于风险筛选值、大于风险筛选值但小于等于风险管控值的70%、风险管控值的70%～100%(含)、风险管控值的100%～150%(含)、大于150%风险管控值划分为好、一般、较差、差、极差五个等级，生成土壤环境容量分级图。

第三步：大气和水环境容量计算。以行政单元或流域分区划定基础评价单元，充分借鉴全国环境容量相关研究经验，将大气、水环境容量按照强度划分为高、较高、一般、较低、低五个等级，并通过等级分布图空间叠加，生成大气、水环境容量分级图。

第四步：海洋牧场水动力和环境条件评价。基于评价区域数值模拟潮流资料，按最大流速小于等于1 m/s、1～1.5 m/s、大于1.5 m/s划分好、一般和差三个等级。基于评价区域海水水质监测资料，根据区域污染问题，选取pH、COD、溶解氧、石油类及重金属等指标(无机氮、磷酸盐、硅酸盐等营养盐指标除外)，根据《海水水质标准》(GB 3097—1997)分为第一类、第二类、第三类、第四类和劣四类五个等级。以流速评价结果为基础，结合海水水质进行调整，海水水质劣于第二类水质标准时，海洋牧场水动力和环境条件评价等级直接降为最低等级。

第五步：将农业生产气候和环境条件、城镇建设环境条件各指标由高至低分别赋予9分、7分、5分、3分、1分，并将其平均值作为环境条件评价得分，按照大于等于8分、6(含)～8分、4(含)～6分、2(含)～4分、小于2分的阈值划分农业生产(城镇建设)环境条件好、较好、中等、较差、差五个等级。需要说明的是，当省级行政单元的评价与全国评价不一致、市级行政单元的评价与省级评价不一致、区县级行政单元的评价与市级评价不一致时，可叠加计算求中间分值作为最终评价结果。

(三)评价成果

对主要大气、水和土壤污染物的环境容量、光热条件以及海洋水动力和环境条件进行单要素评价，编制环境容量、光热条件、海洋水动力和环境条件分级评价图、统计表。分析环境容量、光热条件、海洋水动力和环境条件、空间特征及其对农业生产和城镇建设的影响。编制农业生产气候和环境条件、城镇建设环境条件分布图、统计表，并刻画环境条件的空间分异特征。

三、生态评价

生态评价的目的主要是识别区域生态系统服务功能相对重要、生态敏感或脆弱程度相对较高的地区，通过生态系统服务功能重要性、生态敏感性反映。由于不同区域自然条件和生态问题差异较大，需在评价前对评价区生态系统状况及生态问题进行分析，识别评估区域的主导生态服务功能和关键生态问题，进而确定相应的评估指标。例如，在北方干旱半干旱地区评估时要重点考虑防风固沙功能和土地沙化问题，在西南喀斯特地区评估时要重点考虑石漠化问题，在滨海地区评估时要重点考虑海岸防护和海岸侵蚀等问题。

(一)评价方法

生态系统服务功能重要性在分析生态系统结构、过程与生态系统服务功能关系的基础上，分析生态系统服务功能特征，按其对全国和区域生态安全的重要性程度划分重要性等级。在省级尺度，评估指标主要包括生物多样性维护、水源涵养、水土保持、防风固沙和海岸防护等生态服务功能的重要性。

[生态系统服务功能重要性]＝max([生物多样性维护重要性]，[水源涵养重要性]，[水土保持重要性]，[防风固沙重要性]，[海岸防护重要性])　(9-2-10)

(二)评价步骤

第一步：因子评价与分级。根据评价区域主要生态系统服务功能与主要生态问题，选择评价因子，评估水源涵养、水土保持、防风固沙、生物多样性维护、海岸防护等生态服务功能重要性，以及水土流失、土地沙化、石漠化、海岸侵蚀等生态敏感性，评价结果划分为五个等级，由高到低分别赋予 5、4、3、2、1 的分值。

第二步：生态系统服务功能重要性评价。取水源涵养、水土保持、防风固沙、生物多样性维护、海岸防护重要性五项功能中重要性最高的等级，作为生态系统服务功能重要性等级，划分为生态系统服务功能重要性高、较高、中等、较低、低五个等级。

第三步：生态敏感性评价。取水土流失敏感性、土地沙化敏感性、石漠化敏感性、海岸侵蚀敏感性中敏感性最高的等级，作为生态敏感性等级，划分为生态敏感性高、较高、中等、较低、低五个等级。

第四步：市县尺度，生态方面不用再进行单项评价，直接使用全国、省级生态保护单项评价结果，全国、省级结果不一致时取较高值，并结合市县实际情况对边界进行修正。一方面，增加县市尺度特有的指标，修正最终的生态系统服务功能重要性评价结果与生态敏感性评估结果；另一方面，结合高分辨率分类数据，考虑自然边界，依据地形地貌或生态系统完整性确定的边界，如林线、雪线、流域分界线，以及生态系统分布界线，对评价结果边界进行优化。

(三)评价成果

编制生态系统服务功能重要性、生态敏感性要素分级评价图、统计表，分析区域生态系统服务功能重要性、生态敏感性的空间分异特征，编制分布图、统计表。

四、灾害评价

灾害评价主要表征区域灾害对农业生产和城镇建设的影响。选择气象灾害风险作为农业生产影响评价指标，通过干旱、洪涝、寒潮等灾害影响的大小和可能性综合反映；选择地质灾害危险性作为城镇建设影响评价指标，分别通过活动断层以及崩塌、滑坡、泥石流等地质灾害影响的大小和可能性综合反映。沿海地区还需进一步评价海洋灾害风险，并针对海洋牧场功能影响和滨海城镇建设影响分别遴选评价指标，通过海浪和海冰灾害危险性综合反映海洋灾害对海洋牧场功能的影响，通过风暴潮和海啸灾害危险性综合反映海洋灾害对滨海城镇建设功能的影响。

(一)评价方法

1. 农业功能指向的灾害评价

[气象灾害风险性]$=f$([干旱灾害危险性]，[洪涝灾害危险性]，[寒潮灾害危险性]) (9-2-11)

气象灾害风险性是指农业生产受到干旱、洪涝和寒潮等与气象因子有关的灾害的影响程度和强度。

[海洋灾害风险性]$=f$([海浪灾害危险性]，[海冰灾害危险性]) (9-2-12)

海洋灾害风险性是指沿海地区海洋牧场受到海浪、海冰等灾害的危险性。

2. 城镇功能指向的灾害评价

[地质灾害危险性]$=\max$([地震危险性]，[地质灾害易发性]) (9-2-13)

地质灾害危险性是指城镇建设及人类生存居住受到地震、地质灾害等影响的大小和可能性。其中，地震由活动断裂分布与规模表征，通过活动断层距离及地震动峰值加速度综合反映；地质灾害易发性主要通过崩塌、滑坡、泥石流、地面塌陷、地面沉降等地质灾害的易发程度和强度综合反映。可根据评价区域的实际灾害类别选择相应指标。

[海洋灾害风险性]＝max([风暴潮灾害危险性]，[海啸灾害危险性]) (9-2-14)

海洋灾害风险性是指滨海城镇建设功能受到风暴潮、海啸灾害的危险性。

(二)评价步骤

1. 气象灾害风险性评价步骤

第一步：气象灾害灾种选择。根据区域气象灾害类型特点，遴选对农业生产活动有重要限制作用的灾种，一般应包括干旱、洪涝、低温寒潮等。

第二步：单项灾种危险性评价。收集整理各类气象灾害历史资料，根据灾害发生频率与强度，分析水文气象、土壤植被等自然条件，以及降雨、低温等触发条件的相关程度，赋予各指标权重并评价单项灾种危险性。

第三步：气象灾害风险评价。根据单项灾种危险性评价结果，采用区域综合方法、最大因子方法等确定气象灾害风险，划分气象灾害为风险度高、较高、中等、较低、低五个等级。

2. 地质灾害危险性评价步骤

(1)地震危险性评价步骤。

第一步：活动断层距离分析。活动断层一般是指距今 12 万年以来有充分位移证据证明曾活动过，或现今正在活动，并在未来一定时期内仍有可能活动的断层。根据活动断层分布图，按照活动断层距离将其划分为高、较高、一般、较低和低五个等级。

第二步：地震动峰值加速度评价。地震动峰值加速度是与地震动加速度反应谱最大值相应的水平加速度，与地震烈度具有紧密的联系，是表征地震作用强弱程度的指标，是确定地震烈度、明确建筑物地震设防等级的重要依据。依据《中国地震动参数区划图》(GB 18306—2015)，确定地震动峰值加速度的具体数值，划分为高、较高、一般、较低和低五个等级。

第三步：地震危险性评价。取活动断层距离及地震动峰值加速度中的最高等级作为地震危险性等级，划分地震危险性为高、较高、一般、较低和低五个等级。

(2)地质灾害易发性评价步骤。

第一步：崩滑流易发程度评价。采用地形坡度、地形起伏度、地貌类型、工程地质岩组、斜坡结构类型、地震动峰值加速度、历史地质灾害发育程度等主要指标计算确定。评价模型建议采用概率比率模型、证据权模型方法，进行崩滑流易发程度评价，将易发程度分为高易发、较高易发、一般易发、较低易发、低易发五个等级。或直接利用历史地质灾害发育点密度、面密度和地质灾害隐患点，生成地质灾害易发程度，避让高易发区和地质灾害隐患点。

第二步：地面沉降易发程度评价。利用地面沉降累计沉降量或年地面沉降速率确定地面沉降易发程度等级，按照就高不就低原则，满足一项即可划入对应的等级。

第三步：地面塌陷高易发区评价。根据全国矿山地质环境调查采空区塌陷成果、重点地区岩溶塌陷调查或危险性评估成果，因地制宜，合理避让地面塌陷区。

第四步：地质灾害易发性评价。取崩滑流、地面沉降及地面塌陷中的最高等级作为地质灾害易发性等级，划分地质灾害易发性为高、较高、一般、较低和低五个等级。

(3)地质灾害危险性

取地震危险性和地质灾害易发性中的较高等级作为地质灾害危险性等级，划分地质灾害危险性为高、较高、一般、较低和低五个等级。

3. 海洋灾害危险评价步骤

第一步：风暴潮灾害危险性评价。综合考虑风暴增水和风暴潮超警戒指标评估风暴潮灾害危险性等级，划分风暴潮灾害危险性为高、较高、较低和低四个等级。

第二步：海啸灾害危险性评价。通过沿海岸段在各种地震海啸源场景下出现的最大波幅值评估海啸灾害危险性，划分海啸灾害危险性为高、较高、较低和低四个等级。

第三步：海浪灾害危险性评价。根据典型重现期内有效波波高评估海浪灾害危险性，划分海浪灾害危险性为高、较高、较低和低四个等级。

第四步：海冰灾害危险性评价。综合考虑冰厚、冰期以及密集度等冰情要素特征，划分海冰灾害危险性为高、较高、一般、较低和低五个等级。

第五步：取海浪和海冰灾害危险性评价中的较高等级作为针对海洋牧场功能的海洋灾害危险性等级，划分海洋灾害危险性为高、较高、一般、较低和低五个等级；取风暴潮和海啸灾害危险性评价中的较高等级作为针对滨海城镇建设的海洋灾害危险性等级，划分海洋灾害危险性为高、较高、较低和低四个等级。

(三)评价成果

对各气象灾种编制要素分级评价图、统计表，分析气象灾种空间分布格局及其对农业生产的影响；对地震危险程度和地质灾害易发程度编制要素分级评价图、统计表，分析地震、地质灾害空间分布格局及其对城镇建设的影响；对各类海洋灾害编制要素分级评价图、统计表，分析各类海洋灾害空间分布格局及其对海洋牧场及滨海城镇建设的影响。编制气象灾害、地质灾害、海洋灾害空间分布图、统计表，刻画气象灾害、地质灾害、海洋灾害的空间分异特征。

五、 资源环境承载能力集成评价

(一)集成准则

基于资源环境要素单项评价的分级结果，根据生态保护、农业生产、城镇建设三方面的差异化要求，综合划分生态指向的资源环境生态保护等级以及农业、城镇指向的资源环境承载能力等级，表征国土空间的自然本底条件对人类生活生产活动综合支撑能力。资源环境承载能力等级(生态保护等级)按取值由低至高可划分为Ⅰ级、Ⅱ级、Ⅲ级、Ⅳ级、Ⅴ级五个等级。集成评价应遵循的基本准则如下。

(1)保护等级高值区应具备重要的水源涵养、水土保持、防风固沙、生物多样性维护、海岸防护等生态功能，或属于水土流失、石漠化、土地沙化、海岸侵蚀等生态问题的敏感区域。

(2)资源环境承载能力高值区应具备较好的水土资源基础，即同时要求土地资源、水资源均对农业生产、城镇建设具有较好的支撑能力。

(3)资源环境承载能力高值区还应具备较好的生态环境本底，即同时要求环境容量较高、生态功能重要性较低。

(4)资源环境承载能力一定程度上还受自然灾害的约束，即自然灾害危险较高的地区，其资源环境承载能力受到约束。

(二)集成方法与步骤

1. 生态保护等级

生态保护等级按如下公式进行综合集成：

[生态保护等级]=Max([生态系统服务功能重要性]，[生态敏感性]) (9-2-15)

取生态系统服务功能重要性及生态敏感性评价结果的最大值，判定生态保护等级。

2. 农业功能指向的承载能力等级

农业功能指向的承载能力等级按如下公式进行综合集成：

[承载能力等级]=f([水土资源基础]，[光热条件]，[土壤环境容量]) (9-2-16)

[水土资源基础]=f([农业耕作条件]，[农业供水条件]) (9-2-17)

海洋农业功能(海洋牧场)指向的承载能力等级按如下公式进行综合集成：

[海洋牧场承载能力等级]=f([资源利用条件]，[水动力和环境条件]) (9-2-18)

第一步，基于农业耕作条件和农业供水条件两项指标，确定农业功能指向的水土资源基础，参考判别矩阵如表 9-4 所示。

表 9-4 农业功能指向的水土资源基础参考判别矩阵

农业耕作	供水条件				
	好	较好	一般	较差	差
好	5	5	4	3	1
较好	5	5	4	2	1
一般	5	4	3	2	1
较差	4	3	2	1	1
差	3	3	2	1	1

第二步，基于光热条件和水土资源基础两项，初步确定农业功能指向的承载能力等级，参考判别矩阵如表 9-5 所示。

表 9-5 农业功能指向的承载能力等级参考判别矩阵

光热条件	水土资源基础				
	好	较好	一般	较差	差
好	5	5	4	3	1
较好	5	4	4	2	1
一般	5	4	3	2	1
较差	4	3	2	1	1
差	3	2	2	1	1

第三步，根据土壤环境容量对初步评价结果进行调整，对于土壤环境容量评价结果为最低值的，农业功能指向的承载能力等级降为最低级别；对于土壤环境容量评价结果为次低值的，将初步评价结果下降两个级别作为农业功能指向的承载能力等级。

第四步，在此基础上，进一步纳入盐渍化敏感性和气象灾害风险指标，对初步评价结果进行修正。修正准则一般为：对于盐渍化敏感性高的区域，将初步评价结果下降一个级别；对于气象灾害风险性高的区域，将初步评价结果为Ⅴ级的调整为Ⅳ级。

第五步，滨海地区还需进一步评价海洋牧场承载能力等级，通过资源利用条件与水动力和环境条件综合反映。首先，基于资源利用条件与水动力和环境条件两项指标，根据参考判别矩阵，初步确定海洋牧场功能指向的承载等级，如表 9-6 所示。其次，纳入海浪、海冰灾害风险指标对初步评价结果进行修正。修正准则一般为：对于海洋牧场功能指向承载能力初步评价结果为Ⅴ级，但灾害风险高的海洋空间，将其承载能力等级下调一个级别。

表 9-6　海洋牧场功能指向的承载等级判别矩阵

资源利用条件	水动力和环境条件				
	好	较好	一般	较差	差
好	5	4	3	2	1
一般	3	3	2	2	1
差	1	1	1	1	1

3. 城镇功能指向的承载等级

城镇功能指向的承载能力等级按如下公式进行综合集成：

$$[\text{承载能力等级}]=f([\text{水土资源基础}],[\text{水、大气环境容量}]) \quad (9\text{-}2\text{-}19)$$

$$[\text{水土资源基础}]=f([\text{城镇建设条件}],[\text{城镇供水条件}]) \quad (9\text{-}2\text{-}20)$$

$$[\text{水、大气环境容量}]=\min([\text{水环境容量}],[\text{大气环境容量}]) \quad (9\text{-}2\text{-}21)$$

海洋城镇功能(港口建设等)指向的承载能力等级按如下公式进行综合集成：

$$[\text{港口承载能力等级}]=f([\text{港口资源利用条件}],[\text{城镇建设条件}]) \quad (9\text{-}2\text{-}22)$$

第一步，基于城镇建设条件和城镇供水条件两项指标，确定城镇功能指向的水土资源基础，初步确定城镇功能指向的承载等级，参考判别矩阵如表 9-7 所示。

表 9-7　城镇功能指向的水土资源基础参考判别矩阵

城镇建设	供水条件				
	好	较好	一般	较差	差
好	5	5	4	3	1
较好	5	5	4	2	1
一般	5	4	3	2	1
较差	4	4	3	1	1
差	3	3	2	1	1

第二步，根据水环境容量、大气环境容量确定水、大气环境容量指标结果，根据水、大气环境容量对初步评价结果进行调整，对于水、大气环境容量评价结果为最低值的，将初步评价结果下降一个级别作为城镇功能指向的承载能力等级。

第三步，进一步纳入地质灾害危险性指标和海洋灾害危险性指标，对初步评价结果进行修正。修正准则包括：对于城镇功能指向的承载能力初步评价结果为Ⅴ级和Ⅳ级，但地质灾害危险性极高的国土空间，将其调整为Ⅲ级；对于初步评价结果为Ⅴ级，但地质灾害危险性高的国土空间，将其调整为Ⅳ级。对海洋灾害危险性极高的海域，将滨海区域城镇承载能力初步评价结果为Ⅴ级的国土空间，调整为Ⅳ级。

第四步，滨海地区还需进一步评价港口建设功能指向的承载能力等级，市县层面可结合地方实际情况，增加海上可再生能源利用功能指向的承载等级评价。首先，基于港口资源利用条件和城镇建设条件，确定港口功能指向的承载能力等级。根据岸线向陆一侧纵深2千米范围内的陆域城镇功能指向的土地资源评价结果(即城镇建设条件指标)对港口资源利用条件评价结果进行调整，对于城镇建设条件为最低值的，将港口资源利用条件评价结果下降两个级别作为港口承载能力等级；对于城镇建设条件为次低值的，将港口资源利用条件评价结果下降一个级别作为港口承载能力等级；其余情况，港口资源利用条件评价结果直接作为港口承载能力等级。其次，纳入灾害风险指标对港口建设功能初步评价结果进行修正。修正准则为：对于港口建设承载能力初步评价结果为Ⅴ级，但海洋灾害风险高的国土空间，将评价结果调整为Ⅳ级。最后，海上可再生能源承载等级采用对应资源利用条件评价结果，同时纳入海洋灾害风险指标进行修正。修正准则为：对于海上可再生能源利用承载能力初步评价结果为Ⅴ级，但海洋灾害风险高的国土空间，将评价结果调整为Ⅳ级。

(三)集成结果

刻画承载能力空间分布格局。编制生态指向的生态保护等级和农业、城镇功能指向的承载能力等级和分布图、汇总表，分析承载能力等级(生态保护等级)Ⅰ级～Ⅴ级区域的数量和面积，分析承载能力等级(生态保护等级)的空间分布特征，总结地理分区、流域分布、海陆位置等地理背景下资源环境承载能力的基本规律。

解析承载能力限制性因素。通过综合等级与单项评价结果叠加分析，刻画不同承载等级下的水—土资源、水资源—环境、环境—生态等要素间组合特征，根据单项指标及其构成要素的分级结果，通过承载能力低值区、生态保护等级高值区分布，识别承载能力限制性要素。

第三节 国土空间开发适应性评价

一、 生态保护重要性评价

生态保护重要性反映国土空间中进行生态保护与维护的重要程度，生态保护重要性评价结果一般划分为极重要区、重要区和一般区三种类型。通常，极重要区生态保护等级高、生态系统的完整性和连通性好；重要区生态保护等级较高、具有一定生态系统完整性和连通性；一般区生态保护等级低、生态系统人工属性突出。

(一)评价准则

(1)根据生态保护等级确定不同等级优先区的备选区域。生态保护的重要区域首先应具备重要的生态功能,生态重要性越高,生态脆弱性越高,生态保护的重要程度越高。按照生态保护等级,确定生态极重要区、重要区的备选区域。

(2)确保生态斑块大小形状适宜生态保护需要。生态保护重要区域应该具有一定的面积,且破碎程度较低。对适宜生态保护的备选区域进一步评价斑块集中度,斑块集中度越高,说明破碎化程度越低,生态保护的价值越大。

(3)确保生态系统的完整性和连通性。对于具有地带性指示意义的生态系统,面积越大,空间分布越集中,生态保护重要程度越高。对于连绵山体、河流、湖泊、湿地等重点生态廊道,应对其生态功能进行整体评价,确保生态系统及其服务功能的整体性和连贯性。

(4)协调重点城镇开发建设和生态服务保障需求。对位于重点城镇周边,特别是城镇上风上水位置的重点生态区域,一方面应保障评价结果高等级区域的生态服务功能,保留高级别区域;另一方面也应统筹城镇开发建设的需求,调低评价结果为低等级区域的分值。

(二)评价指标及算法

生态斑块集中度用于刻画生态系统服务功能重要及生态敏感区域的规模及空间分异特征,通过聚集或邻近的斑块聚合为相对完整连片的地块实现,分别对生态保护极重要备选区和重要备选区进行聚合操作,聚合距离省级层面建议采用 50～150 m,市县层面建议采用 20～50 m,不同区域可根据地域特征进行适当调整,如表 9-8 所示。

表 9-8 生态斑块集中度评价分级参考阈值

斑块面积/km^2	≤0.25	0.25～0.5(含)	0.5～1(含)	1～2(含)	>2
斑块集中度	低	较低	一般	较高	高

(三)评价步骤

第一步,根据生态功能等级,确定生态保护极重要区、重要区的备选区域。将生态保护等级高(Ⅴ)的空间单元,作为生态保护极重要区的备选区域;将生态保护较高(Ⅳ)、中等(Ⅲ)、较低(Ⅱ)的空间单元,作为生态保护重要区的备选区域;将生态保护低(Ⅰ)的空间单元,直接划定为生态保护一般区。

第二步,根据斑块集中度初步确定生态保护重要性等级。按照生态保护重要性等级分区参考判别矩阵,进一步划分生态保护极重要区、重要区和一般区,如表 9-9 所示。

表 9-9 生态保护重要性等级分区参考判别矩阵

生态保护等级	生态斑块集中度				
	高	较高	一般	较低	低
高	极重要	极重要	极重要	重要	重要
较高	极重要	重要	重要	重要	一般
中等	重要	重要	重要	重要	一般

续表

生态保护等级	生态斑块集中度				
	高	较高	一般	较低	低
较低	重要	重要	重要	一般	一般
低	一般	一般	一般	一般	一般

第三步，根据生态廊道重要性对生态保护等级进行修正。对于野生动物迁徙、洄游十分重要的生态廊道地块，将初划结果为重要的地块调整为极重要区、一般区的地块调整为重要区。

第四步，根据自然地理地形地貌特征，对生态保护极重要区进行边界修正。

第五步，按照生态保护重要性结果评估生态保护格局及优化路径。编制生态保护极重要区、重要区和一般区分布图、汇总表，分析三类保护区的数量和面积、空间分布特征。通过三类保护区与现状生态格局的叠加分析，结合资源环境承载能力评价，解析生态保护的调整方向、重点，提出优化路径和具体措施。

(四)注意事项

(1)斑块集中度计算时，可根据当地具体情况，适当调整聚合距离和最小斑块规模。

(2)生态保护重要性判别矩阵可根据评价区域实际状况进行调整，但原则上生态保护极重要区只在生态保护等级高、较高区域中划分，生态保护重要区不在生态保护等级低值区中划分。

二、 农业生产适宜性评价

农业生产适宜性反映国土空间中进行农业生产活动的适宜程度，农业生产适宜性评价结果一般划分为适宜区、一般适宜区和不适宜区三种类型。通常地，农业生产适宜区具备承载农业生产活动的资源环境综合条件，且田块完整性和耕作便利性优良。农业生产一般适宜区具备一定承载农业生产活动的资源环境综合条件，但田块完整性和耕作便利性一般；农业生产不适宜区不具备承载农业生产活动的资源环境综合条件，或田块完整性和耕作便利性差。

(一)评价准则

(1)根据农业承载能力等级确定不同等级适宜区的备选区域。适宜农业空间布局的区域首先应具备承载农业生产活动的资源环境综合条件，水土资源条件越好，生态环境对农业生产约束性越弱，气象灾害风险的限制性越低，农业生产适宜程度越高。按照农业承载能力等级，确定农业生产适宜区、一般适宜区的备选区域。

(2)确保地块连片程度能够满足基本农业生产需求。适宜农业空间布局的区域应具有一定平整度，且破碎程度较低。对适宜农业空间布局的备选区域进一步评价地块连片度，若单个地块越大，地块连片度越高，农业空间适宜程度越高。

(3)兼顾现状农业生产格局。适宜农业空间布局的还应考虑现状农业发展状况，兼顾优化现状农业生产格局。对于粮食安全保障十分重要的区域，农业空间适宜程度可给予一定弹性，但不宜突破耕地应在坡度25°以下等刚性约束。

(二)评价指标及算法

地块连片度主要表征适宜农业生产田块的规模及空间分异特征，通过具备农业承载能力的用地规模反映。选择农业生产适宜区、一般适宜区的备选区域，分别将两类备选区域中相对聚集或邻近的斑块聚合为相对完整连片地块。其中，省级层面建议使用栅格数据分析，市县层面建议将栅格转换为矢量格式进行分析。聚合距离根据地形地貌特征确定，平原地区为30～50 m，山地丘陵区为20～30 m，海域为400～500 m，地块面积规模可结合区域特点适当调整，如表 9-10 所示。

表 9-10　地块连片度评价分级参考阈值

地块连片度	低	较低	一般	较高	高
平原田块面积/亩	＜150	150(含)～400	400(含)～600	600(含)～900	≥900
山地丘陵田块面积/亩	＜80	80(含)～150	150(含)～250	250(含)～400	≥400
海域斑块面积/公顷	＜250	250(含)～500	500(含)～1 000	1 000(含)～2 000	≥2 000

一般山地丘陵区分级标准可有所降低，但为保障耕作效率和农业机械化，地块形态应相对规整。通过对聚合结果进行修边处理，识别地块中宽度在200米内的细长部分，对细长部分的地块连片度进行降级处理，原则上其连片度等级应低于邻接地块等级。对修边后保留的部分进一步计算连片田块形状指数。计算公式如下：

$$[\text{地块形状指数}]=0.25\times[\text{地块周长}]/[\text{地块面积}]^{0.5} \tag{9-3-1}$$

对形状指数大于2的地块，应按照离心距离逐步降低其外围区域的连片度等级。离心距离是连片地块内格网到其几何中心的距离。计算连片地块内离心距离对平均离心距离的倍数。采用自然断点法对离心距离倍数由低到高分为五级，离心倍数为五级的外围区域地块连片度降两级，离心倍数为四级的外围区域地块连片度降一级。修边需降级部分原则上取其邻接地块离心距离降级要求高的等级降级，至少降一级。各地可根据地形地貌特点进行调整。

(三)评价步骤

第一步，根据农业承载能力等级，确定农业生产适宜区、一般适宜区的备选区域。将农业承载能力等级高(Ⅴ)、较高(Ⅳ)的空间单元，作为农业生产适宜区的备选区域；将农业承载能力等级较高(Ⅳ)、中等(Ⅲ)、较低(Ⅱ)的空间单元，作为农业生产一般适宜区的备选区域；将农业承载能力等级低(Ⅰ)的空间单元，直接划定为农业生产不适宜区，如表 9-11 所示。

第二步，根据地块连片度初步确定农业生产适宜性等级。按照农业生产适宜性分区参考判别矩阵，进一步划分农业生产适宜区、一般适宜区和不适宜区。原则上，永久基本农田的地块连片度不应低于一般等级。

表 9-11　农业生产适宜性分区参考判别矩阵

农业承载能力	地块连片度				
	高	较高	一般	较低	低
高	适宜	适宜	适宜	一般适宜	不适宜

续表

农业承载能力	地块连片度				
	高	较高	一般	较低	低
较高	适宜	适宜	一般适宜	一般适宜	不适宜
中等	一般适宜	一般适宜	一般适宜	一般适宜	不适宜
较低	一般适宜	一般适宜	一般适宜	一般适宜	不适宜
低	不适宜	不适宜	不适宜	不适宜	不适宜

第三步，结合牧业、渔业等农业生产活动需求，对重要草场、水域的农业生产适宜性等级进行适当调整。

第四步，按照适宜性结果评估农业生产格局及优化路径。编制农业生产适宜区、一般适宜区和不适宜区分布图、汇总表，分析三类适宜区的数量和面积、空间分布特征。通过三类适宜区与现状农业格局的叠加分析，结合资源环境承载能力评价，解析农业生产的调整方向、重点，提出优化路径与具体举措。

(四)注意事项

(1)地块连片度计算时，可根据当地具体情况，适当调整聚合距离和最小地块规模。

(2)农业生产适宜性判别矩阵可根据评价区域实际状况进行调整，但原则上农业生产适宜区只在农业承载能力高、较高区域中划分；农业生产一般适宜区不在农业承载能力低值区中划分。

三、 城镇建设适宜性评价

城镇建设适宜性反映国土空间中从事城镇居民生产生活的适宜程度，城镇建设适宜性评价结果一般划分为适宜区、一般适宜区和不适宜区三种类型。通常地，城镇建设适宜区具备承载城镇建设活动的资源环境综合条件，且地块集中度和综合优势度优良；城镇建设一般适宜区具备一定承载城镇建设活动的资源环境综合条件，但地块集中度和综合优势度一般；城镇建设不适宜区不具备承载城镇建设活动的资源环境综合条件，或地块集中度和综合优势度差。

(一)评价准则

(1)根据城镇承载能力等级确定不同等级适宜区的备选区域。适宜城镇空间布局的区域首先应具备承载城镇建设活动的资源环境综合条件，水土资源条件越好，生态环境对一定规模的人口与经济集聚约束性越弱，地质灾害风险的限制性越低，城镇建设适宜程度越高。按照城镇承载能力等级，确定城镇建设适宜区、一般适宜区的备选区域。

(2)确保城镇空间具有一定规模和集中连片布局的条件。适宜城镇空间布局的区域应具有一定规模和集中连片布局的条件。对适宜城镇空间布局的备选区域进一步评价地块集中度，若地块集中度越高，集中连片性相对较好，适宜程度越高。

(3)结合基础设施对国土开发的引导和支撑能力。适宜城镇空间布局的区域基础设施应具有一定网络化和干线(或通道)支撑条件。若基础设施网络密度和区位优势越高，城镇空间发育和拓展潜力越大，城镇建设适宜程度也越高。

(4)兼顾战略区位因素和优化城镇建设格局。适宜城镇空间布局的还应考虑开发轴带、重要廊道等宏观格局中的门户区位、节点区位等区位条件，并兼顾优化、整合现状城镇建设格局。对于战略区位十分重要的区域，城镇空间适宜程度可给予一定弹性。

(二)评价指标及算法

1. 地块集中度

地块集中度主要表征适宜城镇建设区域的规模及空间分异特征，通过具备城镇承载能力的用地规模反映。选择城镇建设适宜区和一般适宜区的备选区域，分别将两类备选区域中相对聚集或邻近的图斑聚合为相对完整连片地块。其中，省级层面建议使用栅格数据分析，市县层面建议将栅格转换为矢量格式进行分析。聚合距离根据地形地貌特征确定，平原区一般为100 m，山地丘陵区一般为20～50 m，可结合区域特点适当调整。

根据聚合后的地块面积，按面积大小将地块集中度依次划分高、较高、中等、较低和低五个等级，如表9-12所示。地块面积规模可结合区域特点适当调整。一般山地丘陵区分级标准可有所降低，但为保障地块形态相对集中，避免过度条带状拓展，需计算连片建设用地紧凑度。计算公式如下：

$$[用地紧凑度]=[连片建设用地面积]/[最小外切圆面积] \quad (9\text{-}3\text{-}2)$$

表 9-12　地块集中度评价分级参考阈表

地块面积/km^2	＜0.25	0.25(含)～0.5	0.5(含)～1.0	1(含)～2	≥2
地块集中度	低	较低	一般	较高	高

对连片适宜建设用地紧凑度偏低的地块，应按照离心距离逐步降低其外围区域的集中度等级。离心距离是地块内各点到重心的距离，用地紧凑度阈值及离心距离阈值根据实际情况进行确定。

2. 综合优势度

综合优势度评价主要表征区位条件、道路交通设施、环境气候等对城镇建设的引导、支撑和保障能力。根据不同尺度评价需求，分别采用差异化指标进行刻画，其中省级层面通过区位优势度与舒适度综合反映，市县层面通过区位条件、交通网络发展水平综合反映。

(三)评价步骤

第一步，根据城镇承载能力等级，确定城镇建设适宜区、一般适宜区的备选区域。将城镇承载能力等级高(Ⅴ)、较高(Ⅳ)的空间单元，作为城镇建设适宜区的备选区域；将城镇承载能力等级较高(Ⅳ)、中等(Ⅲ)、较低(Ⅱ)的空间单元，作为城镇建设一般适宜区的备选区域；将城镇承载能力等级低(Ⅰ)的空间单元，直接划定为城镇建设不适宜区。

第二步，根据地块集中度初步确定城镇建设适宜性等级。按照城镇建设适宜性分区参考判别矩阵，进一步划分城镇建设适宜区、一般适宜区和不适宜区。一般地，县城及以上层级城镇布局的地块集中度应为高等级区间，而重点镇布局的地块集中度不应低于一般等级，如表9-13所示。

表 9-13　城镇建设适宜性分区参考判别矩阵

城镇承载等级	地块集中度				
	低	较低	一般	较高	高
高	不适宜	一般适宜	适宜	适宜	适宜
较高	不适宜	一般适宜	一般适宜	适宜	适宜
中等	不适宜	不适宜	一般适宜	一般适宜	一般适宜
较低	不适宜	不适宜	一般适宜	一般适宜	一般适宜
低	不适宜	不适宜	不适宜	不适宜	不适宜

第三步，根据综合优势度修正城镇建设适宜性分区。对于综合优势度评价结果为低的地块，将初划适宜性分区结果均划分为不适宜区；对结果为较低的地块，将初划结果下调一级；对结果为高的地块，将适宜性分区初划结果中的一般适宜区上调一级为适宜区(港口不进行上调)。

第四步，滨海地区需进一步评价港口建设适宜性。将港口建设承载能力等级高(Ⅴ)、较高(Ⅳ)的空间单元，作为适宜区；将承载能力中等(Ⅲ)、较低(Ⅱ)的空间单元，作为一般适宜区，将承载能力低(Ⅰ)的空间单元直接划定为不适宜区。在此基础上，在省级层面结合陆域区位优势度指标，市县层面结合陆域区位条件指标，对港口建设适宜性分区进行调整修正。此外，滨海市县评价时，还可结合区域资源条件，评价海上可再生能源、滨海重化工等建设适宜性，应考虑离岸距离、水深、与人口聚居区距离等因素。

第五步，按照适宜性结果评估城镇建设格局及优化路径。编制城镇建设适宜区、一般适宜区和不适宜区分布图、汇总表，分析三类适宜区的数量和面积、空间分布特征。通过三类适宜区与现状城镇格局的叠加分析，结合资源环境承载能力评价，解析城镇建设的调整方向、重点，提出优化路径与具体举措。

(四)注意事项

(1)地块集中度计算时，可根据空间规划层级、斑块破碎化程度和当地具体情况，适当调整聚合距离和最小地块规模。省级层面评价聚合距离和最小地块规模可适当调高，市级、县级则适当调低。

(2)城镇建设适宜性判别矩阵可根据评价区域实际状况进行调整，但原则上城镇建设适宜区只在城镇承载能力高、较高区域中划分；城镇建设一般适宜区不在城镇承载能力低值区中划分。

第四节　国土空间“三区三线”管控的精细划分

党的十八大以来，一系列中央文件提出要构建国土空间规划体系，推进“多规合一”工作，科学划定“三区三线”。2015 年《生态文明体制改革总体方案》提出，要“构建以空间治理和空间结构优化为主要内容，全国统一、相互衔接、分级管理的空间规划体系”。随后，党的十九大明确要“完成生态保护红线、永久基本农田、城镇开发边界三条控制线划定工作”

“加大生态系统保护力度”“三区三线”的划定及管控成为构建空间规划体系的重要内容。

一、 国土空间规划中的分类分区

国土空间规划的空间组织和开发利用整治保护行为，必须落实到一个具体的对象上。在规划上，区域就是这个所谓的对象。因此，区域是国土空间规划的基础，也是国土空间规划的组织框架和基本单位。几乎可以说，区域划分是国土空间规划的开始，也是国土空间规划的主导工作。

国土空间规划区域划分的尺度不同，可划分出不同的类型。在全国主体功能区规划中，根据不同区域的资源环境承载能力、现有开发密度和发展潜力，统筹谋划未来人口分布、经济布局、国土利用和城镇化格局，将国土空间划分为优化开发区、重点开发区、限制开发区和禁止开发区四类。

(一)主体功能区划分的意义

主体功能区是指依据资源环境承载能力、现有发展状况和未来发展潜力等条件，结合区域间分工协作的需要，所确定的具有特定核心功能定位的空间单元①。划分主体功能区是国家实施可持续发展战略，实现空间科学发展的重大战略部署②。主体功能区划的目的在于引导经济布局与资源环境承载能力和人口分布相适应，促进人口、经济、资源环境的空间统筹，实现区域协调发展③。人口和产业高度集中在资源环境承载能力强、发展基础好、发展潜力大的区域，生态功能重要或生态脆弱的地区作为生态空间，保障国家的生态安全。

在国土空间规划体系下，主体功能区是一项基础制度，更是对国土空间开发的战略纲领，其定位可以归纳为基础性、战略性、约束性三个方面。第一，主体功能区划是国土空间规划的基础底图。主体功能区是在认知地表自然和人类活动分布格局演变规律的基础上④，提出的区域主要功能定位与发展方向，这就为差异化与精准化配置空间资源、落实空间政策、评估制度绩效提供了基本依据⑤。第二，主体功能区是国土空间规划的战略指引。国家顶层战略设计能够长期稳定地引导各级发展定位和空间部署，故而统筹协调省级空间开发与保护的总体格局，推动区域差异化协调发展，进一步指导各县市遵循资源禀赋，发挥比较优势，实现高质量发展，体现自上而下的国家战略意志。第三，主体功能区战略还体现了对各级国土空间的管控要求。区域一旦明确主体功能定位，意味着区域要受到主体功能对应管控规则的约束，开发强度等相关指标的逐级落实体现了管

---

① 城乡规划学名词审定委员会．城乡规划学名词[M]．北京：科学出版社，2021.

② 孙姗姗，朱传耿．论主体功能区对我国区域发展理论的创新[J]．现代经济探讨，2006(9)：73-76.

③ 宏观经济研究院国土地区所课题组，高国力．我国主体功能区划分理论与实践的初步思考[J]．宏观经济管理，2006(10)：43-46.

④ 樊杰，赵艳楠．面向现代化的中国区域发展格局：科学内涵与战略重点[J]．经济地理，2021，41(1)：1-9.

⑤ 樊杰．地域功能-结构的空间组织途径：对国土空间规划实施主体功能区战略的讨论[J]．地理研究，2019，38(10)：2373-2387.

控规则的逐级传导①。

(二)主题功能区划的依据

主体功能区划就是以服务国家自上而下的国土空间保护与利用的政府管制为宗旨，运用并创新陆地表层地理格局变化的理论，采用地理学综合区划的方法，通过确定每个地域单元在全国和省区等不同空间尺度中开发和保护的核心功能定位，对未来国土空间合理开发利用和保护整治格局的总体蓝图的设计、规划②。主体功能区划可以从资源环境承载力、空间开发强度、社会经济发展潜力三个方面入手，选取自然条件、自然资源禀赋、生态环境、区位条件、人口集聚度、社会经济发展水平和发展战略等代表性指标综合分析国土空间的自然、社会和经济系统。

1. 不同的“区”应该用不同的指标或标准来识别

由于不同层级划分的目的和依据不同，同一层级不同主体功能区的主导因素不同，所以不同层级应和同一层级不同功能区应该使用不同的指标或标准来识别。最为关键的是不要陷入环境决定论和技术决定论；能简化就简化，不要把简单问题复杂化。有的“区”直接用关键指标就能划出来，如目前的重点开发区、禁止开发区，就采用“一票决定”或“一票否决”的方式进行划分，无须新建立指标体系或标准。因此，建立“指标体系”不是最重要的，实际上可能也建不成统一的指标体系。

2. 不能以“资源环境承载能力”作为确定主体功能的单一依据

资源环境承载能力是一个区域发展不可或缺的主要因素，但不应将资源环境承载能力作为划定主体功能区的单一依据。即使某一区域具有较大的资源环境承载能力，也并不意味着它在将来就可以达到较高的开发密度。某些水源地，虽然植被很好、水热条件很好，资源环境承载能力比其他地区大，但也不能开发。资源环境承载能力低的地区不一定没有机会成为重点开发区，如一些原先资源环境承载能力不高，但通过集中建设、集中生产和生活，生态保护和环境治理效果很好的地区。实际上，资源环境承载能力是可变的，可以通过加大环境治理、生态维护提高某个地区的资源环境承载能力。

3. 低层次的区域就是要集中生产和生活，局部超载并不可怕

不能以目前的开发强度为标准确定区域的主体功能。开发强度大的地区，不见得一定作为重点开发区，如果它的承载潜力还很大，就可以进一步开发；但假如它承载力已经有限，资源环境约束难以突破，就应该作为优化开发区或限制开发区。同时，还要考虑提高其资源环境承载力的成本和收益。开发强度小的地区也不一定就作为重点开发区或限制开发区、禁止开发区，还要考虑开发的成本、效益和风险。总之，国土空间规划倡导集中生产和生活，用较小的面积搞生产和生活，塑造一个相对集中、高密度、高效率的空间开发格局，把更大的空间留给生态。

---

① 吴桐，岳文泽，夏皓轩，等．国土空间规划视域下主体功能区战略优化[J]．经济地理，2022，42(2)：11-17+73.

② 樊杰．中国主体功能区划方案[J]．地理学报，2015，70(2)：186-201.

4. 要从大的生态格局和重大基础设施布局出发确定各区域的主体功能

主体功能区划不是自然区划(依据自然分异规律)，也不是经济区划(依据地域分工理论)。“宜经济性”和“宜生态性”(广义生态，包括社会文化生态)是关键，主体功能区划二维价值取向如图 9-1 所示。生态格局与当前重大基础设施布局等，要作为区划的先决条件充分予以考虑和尊重①。

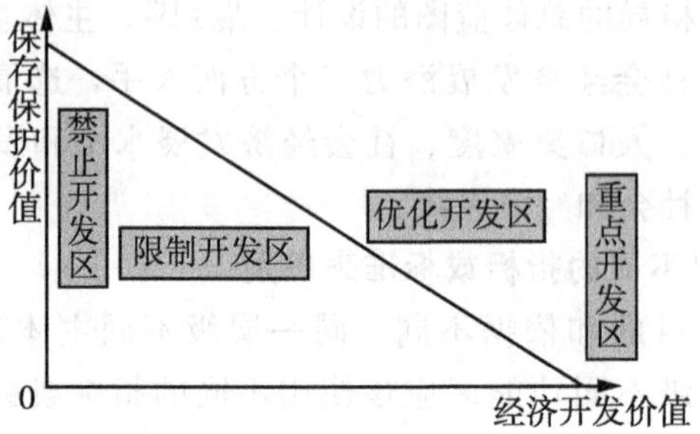

图 9-1　主体功能区划二维价值取向②

(三)主体功能区划分方法

在参考自然区划、生态区划、灾害区划等划分方法的基础上，主体功能区划分方法可分为三大类：参数评价法、类比法和专家评估法，如表 9-14 所示。在数据充足的地区优先采用参数评价法，建立区划数据库，对数据分级，然后构建开发适宜性和生态约束性判别矩阵，判别评价单元的主体功能类型③。在缺失资料、评估指标数据不完备的地区可采取类比法，即参照自然环境和社会经济条件相似地区的主体功能。虽然类比法不能确切地评价各指标的绝对值，但可以综合反映出区域的主体功能。在极为缺乏资料和评估精度要求不高的情况下可选用专家评估法，对低空间尺度的主体功能区划十分适用。专家评估法即依据对区域状况感知较多、较深入人员的经验，评估区域的主体功能。

表 9-14　主体功能区划分方法比较④

类别	参数评价法	类比法	专家评估法
适用情形	数据充足	资料缺失、数据不完备	尤其适用于缺乏资料的低空间尺度区划
原理	采用数理统计方法和模型予以划分	参照自然条件和社会经济条件相似地区的主体功能，从相对意义上进行区域对比，从而判别资料缺失地区的主体功能	依据专家经验进行判断

① 吴殿廷. 区域系统分析方法研究[M]. 南京：东南大学出版社，2014.

② 同①。

③ 段学军，陈雯. 省域空间开发功能区划方法探讨[J]. 长江流域资源与环境，2005，14(5)：540-545.

④ 同①。

续表

类别	参数评价法	类比法	专家评估法
评估精度	评估精度高	评估精度低，不能确切地评价各指标的绝对值，但能综合反映区域的主体功能	评估精度不高，但能客观反映实际情况

二、“三区三线”的概念及划定

(一)“三区三线”的基本内涵

“三区”指城镇、农业、生态三类空间；“三线”指的是根据城镇空间、农业空间、生态空间划定的城镇开发边界、永久基本农田和生态保护红线三条控制线。

城镇空间是指以城镇居民生产生活为主体功能的国土空间，包括城镇建设空间和工矿建设空间，以及部分乡级政府驻地的开发建设空间。

农业空间是指以农业生产和农村居民生活为主体功能，承担农产品生产和农村生活功能的国土空间，主要包括永久基本农田、一般农田等农业生产用地，以及村庄等农村生活用地。

生态空间是指具有自然属性、以提供生态服务或生态产品为主体功能的国土空间，包括森林、草原、湿地、河流、湖泊、滩涂、荒地、荒漠等。

城镇开发边界是指为合理引导城镇、工业园区发展，有效保护耕地与生态环境，基于地形条件、自然生态、环境容量等因素，划定的一条或多条闭合边界，包括现有建成区和未来城镇建设预留空间。

永久基本农田是指按照一定时期人口和社会经济发展对农产品的需求，依法确定的不得占用、不得开发、需要永久性保护的耕地空间边界。

生态保护红线是指在生态空间范围内具有特殊重要生态功能、必须强制性严格保护的区域，包括自然保护区等禁止开发区域，具有重要水源涵养、生物多样性维护、水土保持、防风固沙等功能的生态功能重要区域，以及水土流失、土地沙化、盐渍化等生态环境敏感脆弱区域，是保障和维护生态安全的底线和生命线。

(二)“三区三线”划定的思路与原则

城镇开发边界、永久基本农田、生态保护红线早期分别由不同部门划定，2019 年 11 月由中共中央办公厅、国务院办公厅印发的《关于在国土空间规划中统筹划定落实三条控制线的指导意见》，进一步明确了城镇开发边界、永久基本农田及生态保护红线等“三线”划定的基本原则和具体要求，提出了“结合国土空间规划编制，完成三条控制线划定和落地，协调解决矛盾冲突，纳入全国统一、多规合一的国土空间基础信息平台，形成一张底图，实现部门信息共享，实行严格管控”，明确了由自然资源部门统一划定“三线”。“三区三线”划定的基本思路如图 9-2 所示。

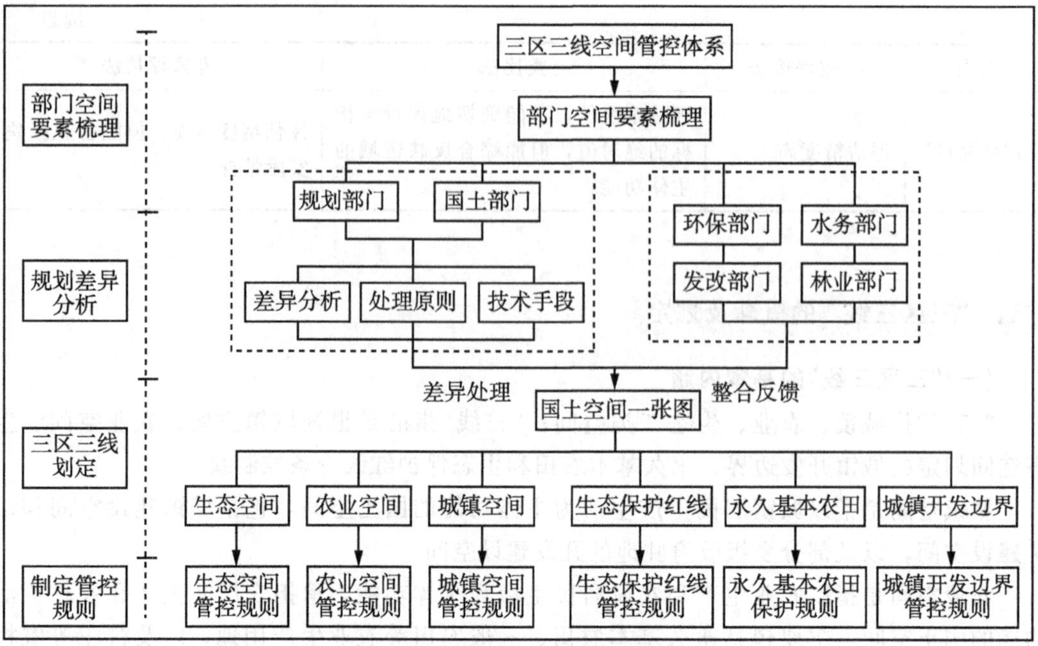

图 9-2 “三区三线”划定的基本思路①

“三区三线”协调的总原则——生态优先。在空间划定有矛盾或者模棱两可的时候，生态优先原则始终是“三区三线”划定的首要原则。

生态保护红线校核原则——只增不减。根据“双评价”，建议将生态保护能力等级(初步划定的五级生态保护能力等级)为高、较高，同时生态斑块集中度为高、较高的区域，初步划定为生态保护红线的管控范围。

基本农田校核原则——总量指标锚定。将“双评价”的农业适宜性评价结果与现已明确划定管控边界范围的基本农田保护区、一般农田进行校核，校核的原则为基本农田的总量指标维持不变，在空间位置上允许适当优化。

城镇开发边界校核原则——集约利用。将“双评价”的城镇适宜性评价结果与现已明确制定控规或开发意向的区域范围进行校核，需以推进高质量发展、集约利用土地开发建设为根本原则。

“三线”是“三区”内部最核心的刚性要求，体现分级传导，规划将采用勘界定桩、明确指标的数字控制，调整的程序较为严格。在空间关系上，“三区”各自包含“三线”，已经基本达成共识②。

目前，“三线”划定的原理及技术方法仍然不成熟，划分方法大多简单粗放。有些地区采用“拿来主义”直接将现有的城镇边界、耕地红线、自然保护区等直接拿来作为“三线”划分依据，存在随意性和主观性大，以及时空尺度不一致等问题。

① 刘勤志．基于“多规”整合的“三区三线”划定及空间管控探索——以浏阳为例[J]．贵州大学学报(自然科学版)，2019，36(5)：88-94．

② 王颖，刘学良，魏旭红，等．区域空间规划的方法和实践初探——从“三生空间”到“三区三线”[J]．城市规划学刊，2018(4)：65-74．

三、 城镇开发边界划定

(一)划定步骤

城镇(市)开发边界的划定方法主要分为反向法和正向法。

反向法体现了底线保障的基本思路，即“先底后图”，强调通过优先对不建设区进行控制来实现城乡空间的约束，以自然限制要素的充分保护为着眼点，由非建设性要素倒逼框定城镇(市)开发边界划定范围。具体的方法包括城市生态基础设施构建法①、最小阻力模型②、生态安全格局分析、土地生态适宜性③④及环境敏感性评价。反向法是划定城市开发边界较优先采用策略方法，2014 年 7 月原住建部和原国土部共同确定了全国 14 个城市开展划定城市开发边界试点工作，该 14 个城市基本采取了反向法来逐步选定城市开发边界可以划定的范围，且管控要素的优先次序大体相同，即将自然保护区、森林公园、地质公园、野生动植物自然栖息地、饮用水源保护区、蓄滞洪区、地质灾害高危险地区、生态公益林、自然岸线、湿地、风景名胜区等生态要素在空间落位，然后划定永久基本农田，最后再划定城市开发边界⑤。

正向法是以城市为着眼点，通过对城市扩展的驱动机制进行模拟分析，并充分考虑限制性因素来确定城市边界的方法。其划定步骤为：城市规模预测(包括极限规模预测和弹性规模预测)—城市土地再开发潜力分析—城市土地扩张管控分区—城市开发边界划定。正向法常用的技术方法有元胞自动机模型⑥⑦、人工神经网络方法⑧等，在郑州、西安等城市得到应用。国外亦有不少相关的探索性研究，Arsanjani 等巧妙地运用形态学理论，通过因子叠加分析得到城市发展倾向面，并运用智能体模型对德黑兰未来城市的扩张情况进行预测，据此划定城市开发边界。Sakieh 等⑨利用 SLEUTH 模型从紧凑和粗放

---

① 俞孔坚，李迪华，韩西丽. 论“反规划”[J]. 城市规划，2005(9)：64-69.

② 周锐，王新军，苏海龙，等. 基于生态安全格局的城市增长边界划定——以平顶山新区为例[J]. 城市规划学刊，2014(4)：57-63.

③ 王玉国，尹小玲，李贵才. 基于土地生态适宜性评价的城市空间增长边界划定：以深汕特别合作区为例[J]. 城市发展研究，2012，19(11)：76-82.

④ 王振波，张蕾，张晓瑞，等. 基于资源环境承载力的合肥市增长边界划定[J]. 地理研究，2013，32(12)：2302-2311.

⑤ 林坚，乔治洋，叶子君. 城市开发边界的“划”与“用”——我国 14 个大城市开发边界划定试点进展分析与思考[J]. 城市规划学刊，2017(2)：37-43.

⑥ 龙瀛，韩昊英，毛其智. 利用约束性 CA 制定城市增长边界[J]. 地理学报，2009，64(8)：999-1008.

⑦ 梅梦媛，陈振杰，张云倩，等. 居民活动空间与生态约束协调的城市开发边界划定方法——以长沙市为例[J]. 长江流域资源与环境，2018，27(11)：2472-2480.

⑧ 付玲，胡业翠，郑新奇. 基于 BP 神经网络的城市增长边界预测——以北京市为例[J]. 中国土地科学，2016，30(2)：22-30.

⑨ SAKIEH Y，AMIRI B J，DANEKAR A，et al. Simulating urban expansion and scenario prediction using a cellular automata urban growth model，SLEUTH，through a case study of Karaj City，Iran[J]. Journal of Housing & the Built Environment，2015，30(4)：591-611.

两种情景预测城市建设用地扩展情况，粗放式增长模式识别热点发展区域，紧凑增长模式决定了城市增长的填充形式，二者结合划定城市开发边界。

(二)划定方法

1. 最小阻力模型

MCR模型(Minimum Cumulative Resistance Model)，城市增长边界划定采用该模型需从“源”出发，克服不同类型景观的最小阻力或耗费的最小费用①。具体公式如下：

$$MCR = f_{\min} \sum_{j=b}^{i=a} D_{ij} * Z_i \quad (9\text{-}4\text{-}1)$$

式中，f 是一个未知的正函数，反映一种正相关关系；D_{ij} 是目标单元从源 j 到空间某一点 i 所克服阻力面的空间距离；Z_i 是空间某一点 i 对某种运动的阻力系数。

该模型重要的是要确定“源”和阻力面，对于城市用地增长而言，“源”为现状建设用地，现有建设用地作为人类居住活动的主要场所，对城市扩展具有很强的促进和辐射作用，城市发展通过“源”不断侵占周边的非建设用地而达到城市增长的目的。在运动过程中，需要克服不同的阻力，阻力越小的区域建设用地扩展越迅速，反之将难以扩展②。

2. 综合环境敏感性评价

基于GIS空间分析方法的建设用地规模边界划定办法，其基本思路是在GIS空间分析技术的支持下，依据相关文件的规定并结合区域实际，选择合适的评价指标，进行区域环境敏感性评价。在此基础上，确定区域禁止建设用地边界③。

目前，区域综合环境敏感性评价主要有加权计算和指数计算两种方法。在实际应用中，由于规划区各评价因子对综合环境敏感性的贡献率很难确定，因此，通常情况下均采用指数计算法来进行计算④。禁止建设区边界的确定，可在区域综合环境敏感性评价的基础上，采用“一票否决”的方法。如果环境敏感性评价中某一因子标定为高度敏感区需要保护，对各因子高度敏感区取“并”的集合，划定在禁止建设区内。具体表示为：

$$SU = \sqrt[n]{\prod_{i=1}^{n} CU_i} \quad (9\text{-}4\text{-}2)$$

$$D = \bigcup_{i=1}^{n} \Delta U_i \quad (9\text{-}4\text{-}3)$$

式中，SU为综合环境敏感性指数；CU_i 为因素 i 敏感性等级值；D 为禁止建设区用地范围；ΔU_i 为规划区环境敏感性评价中因子 i 标定的高度敏感区；n 为环境敏感性评价中的因子个数⑤。

---

① KNAAPEN J P, SCHEFFER M, HARMS B. Estimating habitat isolation in landscape planning[J]. Landscape and Urban Planning, 1992, 23(1): 1-16.

② 匡晓明，魏本胜，王路. 规模与生态增长并举的城市开发边界划定——以东湖国家自主创新示范区为例[J]. 规划师，2016，32(6)：10-15.

③ 何春阳，贾克敬，徐小黎，等. 基于GIS空间分析技术的城乡建设用地扩展边界规划方法研究[J]. 中国土地科学，2010，24(3)：12-18.

④ 谢花林，李秀彬. 生态安全评价法和GIS在土地利用规划环境影响评价中的应用[C]//中国土地学会，2008年中国土地学会学术年会论文集. 北京：中国大地出版社，2009：225-231.

⑤ 李爱贞，周兆驹，林国栋，等. 环境影响评价实用技术指南[M]. 北京：机械工业出版社. 2008.

3. VCA 和 CA 模型

对城镇边界识别与划定一般包含三个基于良好传播数据的步骤：地块生成、城镇地块选择（VCA 模型）以及城镇地区生成结果。第一步，对所有可能的地块根据全国地形测量中的精细尺度道路图层进行定义；第二步，基于几何和地理特性以及 POIs 密度，通过 VCA 方法自动选择地块；第三步，所有城镇地块都将被整合和绘制，从而生成明确的城镇地区。

基于矢量的约束 CA 模型可用于从不同城镇的道路网络生成的初始地块中选择城市街区。假定此过程类似于城镇扩展建模，已被广泛使用于 CA 应用程序中，该方法可通过下面的公式来说明：

$$S_{ij}^{t+1}=f(S_{ij}^{t}, \Omega_{ij}^{t}, \mathrm{Con}, N) \tag{9-4-4}$$

式中，一个地块在 $t+1$ 时的状态可被认为是该地块在 t 时各相关因素通过函数 f 所得的结果。在该函数中，S_{ij}^{t} 和 S_{ij}^{t+1} 指的是各个地块分别在时间点 t 和 $t+1$ 时的状态；Ω_{ij}^{t} 代表相邻地块的状态；Con 代表限制条件(Constraints)；而 N 代表全部规划地块的数量。

空间和功能特征将在测度地方潜力时反映出来，该过程可由下列逻辑回归模型的公式进行解释：

$$(P_l)_{ij}=\frac{1}{1+\exp\left[-\left(a_0+\sum_{k=1}^{m}a_k c_k\right)\right]} \tag{9-4-5}$$

式中，a_0 是常数，a_k 是响应空间变量 c_k 的估计系数，m 是空间变量的总数。因而在规划中，空间和功能因素将被结合在一起共同反映地块的状态。地块大小将被计算为相应多边形面积的对数。地块的紧凑度将被计算为地块周长的平方除以其面积的比率。而可达性将被整合为相应地块到市中心的最小欧氏距离。另外，有关功能的因素将通过计算 POIs 标准化密度的方式获得，且该量化结果将通过计算规划区域内最大密度的原始密度的比率来测量。

各地块的邻近潜力将通过其外围的相邻城市地块的数量来表达。该计算公式如下：

$$(P_\Omega)_{ij}=\frac{\sum \mathrm{Con}(S_{ij}^{t}=\mathrm{urban})}{n} \tag{9-4-6}$$

对于地块 ij，$\mathrm{Con}(S_{ij}^{t}=\mathrm{urban})$ 代表一定范围内的城市地块，而 n 代表所有可达地块数量。将相邻关系定义为地块附近的 500 m 距离。在限制条件中，还包含了两个图层：一是较为陡峭的区域（坡度大于 25°）；二是各类水体的区域。这类限制条件将通过 $\mathrm{Con}(\mathrm{cell}_{ij}^{t}=\mathrm{suitable})$ 的取值为 0 或 1 来表示，其中 1 代表该地块在发展为城市用地的过程中不存在客观限制，而 0 代表该地块的发展存在限制。

投影的 CA 模型典型转变流程展现在了图 9-3 中。首先，将预先获得的数据集作为基本变量输入模型中。具体而言，在迭代过程开始之前，将首先根据地方潜力等级确定一组初始城市街区并根据所报告的城市地区计算每个步骤中各个城市街区的总面积。根据典型城市的历史城市发展情况，计算空间变量的选择和系数。在每次迭代中，计算地方潜力、转换可能性和随机扰动并进一步整合作为最终的转变潜力。在分配的步骤中，最终具有最大转变概率的地块将在分配过程中从非城市转化为城市，直到定义的城市街区累积地区达到相应步骤所建议的城市地区量。该迭代过程将被重复进行预设的次数，以确保达到所报告的城市街区的总面积。当基于街区的城市地区模式生成时，整个模拟过程结束。

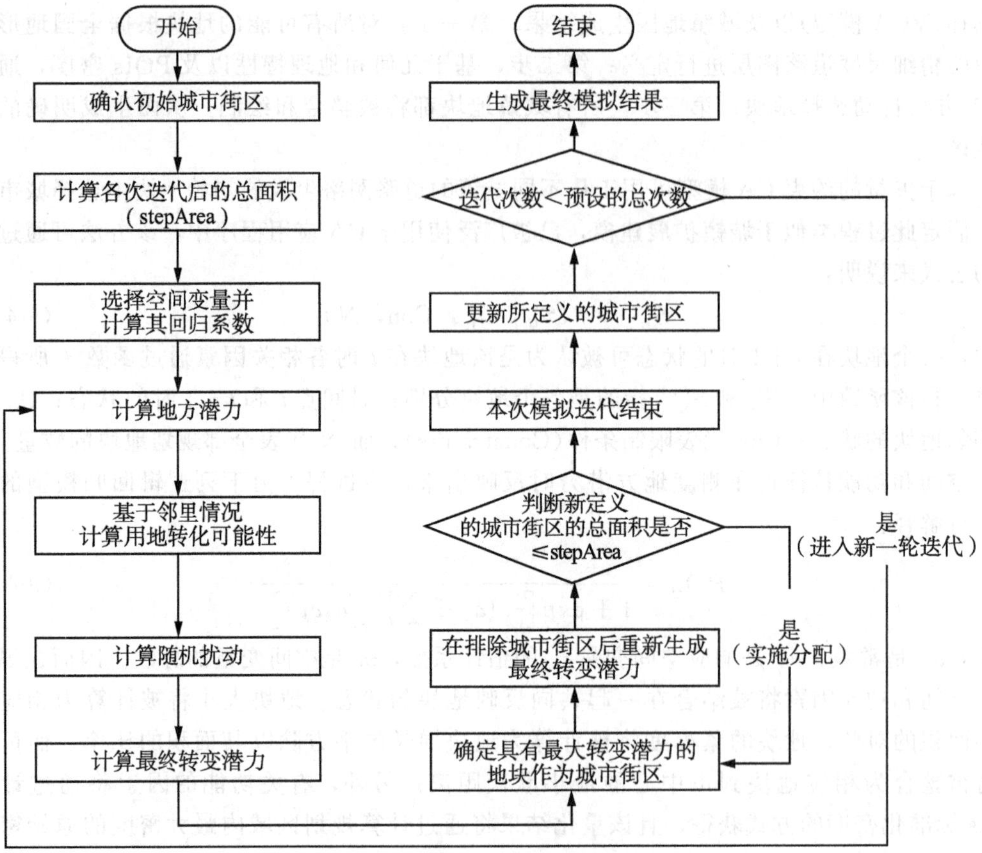

图 9-3　投影的 CA 模型典型转变流程①

（三）国土空间规划“三区”的划定

“三区”的管制刚性和重要性比“三线”相对较弱，“三区”作为“三线”动态调整的制度设计，其划定的技术路线是空间规划编制中的核心问题②。“三区”的划定要经过基于 ArcGIS 的定量评价、基于规划图的定性评价、综合叠加判定三个步骤。

1. 基于 ArcGIS 的定量评价

《生态文明体制改革总体方案》和《省级空间规划试点方案》均要求空间规划编制前应进行资源环境承载能力评价和针对不同主体功能定位的差异化专项评价，“三区”与城乡用地分类的对应表如表 9-15 所示。因此，划定“三区”前应进行资源环境承载能力评价、国土空间开发适宜性评价、生态敏感性评价、建设用地适宜性评价等基础评价，以评价结

① LIU X J，LONG Y. Automated identification and characterization of parcels with Open Street Map and points of interest[J]. Environment & Planning B，2015，43(2)：341-360.

② 吕冬敏. 浅谈空间规划中“三区三线”的划定与管制[C]//中国城市规划学会，2018 中国城市规划年会论文集. 北京：中国建筑工业出版社，2018：265-275.

果的叠加作为划定“三区”的基础，经过评价可以得到定量化的“三区”划分图，如图 9-4 所示。

表 9-15　“三区”与城乡用地分类的对应表

“三区”	一级土地地类	二级土地地类
城镇空间	城乡居民点建设用地	城市建设用地、镇建设用地、
	区域交通设施用地	铁路用地、公路用地、港口用地、机场用地、管道运输用地
	区域公用设施用地	区域性能源设施、水工设施、通信设施、殡葬设施、环卫设施、排水设施等用地
	特殊用地	军事用地、安保用地、外事用地、宗教用地、位于城乡建设用地范围内的以建设用地为主的风景名胜设施用地
	采矿用地	规划期内不关停和生态修复的采矿用地
	农林用地	城乡建设用地范围内的耕地、园地、设施农用地、田坎、坑塘水面、沟渠、农村道路
	其他非建设用地	城乡建设用地范围内的 10 公顷以下的盐碱地、沙地、裸土地、裸岩石砾地、荒草地
农业空间	城乡居民点建设用地	村庄建设用地
	盐田	盐田及其附属设施
	农林用地	城乡建设用地范围外的耕地、园地、设施农用地、田坎、坑塘水面、沟渠、农村道路
生态空间	特殊用地	位于城乡建设用地范围外的风景名胜设施用地、或位于城乡建设用地范围内的以林地、水面等生态用地为主的风景设施用地
	农林用地	林地、牧草地
	水域	河流水面、湖泊水面、水库水面、沿海滩涂、内陆滩涂、沼泽地、冰川及永久积雪
	其他非建设用地	城乡建设用地范围外的盐碱地、沙地、裸土地、裸岩石砾地、荒草地①

①　吕冬敏．浅谈空间规划中“三区三线”的划定与管制[C]//中国城市规划学会，2018 中国城市规划年会论文集．北京：中国建筑工业出版社，2018：265-275.

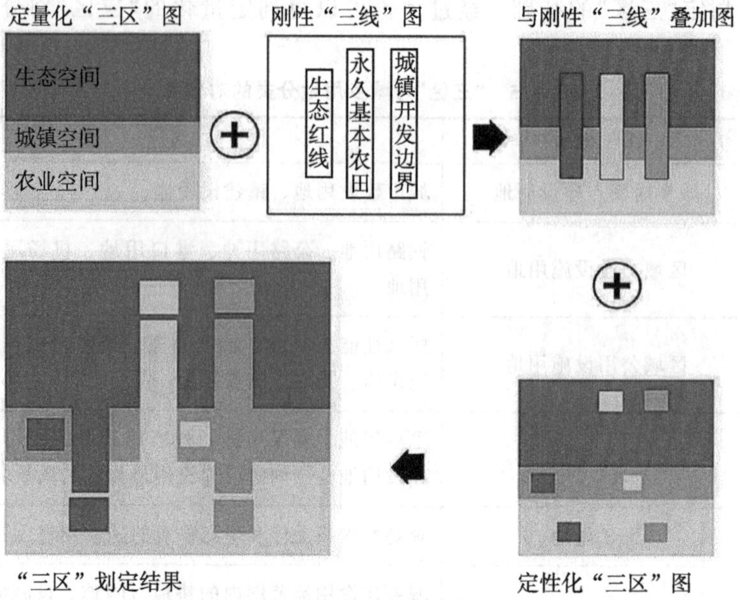

图 9-4 “三区”划定技术路线示意图①

2. 基于规划图的定性评价

“三区”是可以与土地分类类型相对应的，空间规划的土地用途规划图是基于现状、发展趋势和需求而确定的空间发展初步蓝图，可以将这张图上的各类用地转化为对应的“三区”类型，这样可以得到一张基于规划图的定性化的“三区”划分图。

3. 综合叠加判定

基于 ArcGIS 的定量化的“三区”划分图具有客观性、综合性、宏观性等优点，但也有细碎、难落地、难管控、对发展主体需求考虑不足、与现状建设矛盾大等问题。而基于规划图的定性化的“三区”划分图，与基于 ArcGIS 的定量化的“三区”划分图刚好互补，它能够充分反映空间发展的现状和发展主体的需求，但缺乏综合性、客观性；同时还应与“三线”图相叠加，明确刚性控制区域。综合叠加判定有两个步骤，定量化的“三区”划分图首先与“三线”图相叠加，然后再与定性化的“三区”划分图相叠加。

步骤一：与“三线”图相叠加，明确刚性控制区域以定量化“三区”图为基础，永久基本农田内的用地均为农业空间；位于国家自然保护区核心区内的永久基本农田可以调整为生态空间；生态红线内的用地均为生态空间；城镇开发边界内的用地一般为城镇空间，城镇开发边界内的生态红线用地为生态空间；城镇开发边界内的永久基本农田为农业空间。

步骤二：与定性化的“三区”图相叠加，尊重现状和发展需求在“三线”内的空间类型不变的前提下，以步骤一的叠加成果为基础，重点关注其与定性化“三区”图中相矛盾用地的空间类型的确定。对于矛盾地块原则上是以定性化的“三区”图上的空间类型为准。比如，如果步骤一叠加成果中是生态空间，而定性化“三区”图中是大片的村庄、农田，

① 吕冬敏. 浅谈空间规划中“三区三线”的划定与管制[C]//中国城市规划学会，2018 中国城市规划年会论文集. 北京：中国建筑工业出版社，2018：265-275.

则叠加的结果应是农业空间。

四、 生态保护红线划定

(一)划定步骤

1. 生态要素调查

对国土空间范围内存在的生态和环境问题进行诊断分析，掌握现有土地、海域使用现状和生态服务功能需求，搜集评估所需的各类数据，构建数据库并进行生态系统区划和空间制图。

2. 生态功能评价

在空间范围上，生态红线范围包括重要(点)生态功能区、生态脆弱区/敏感区和生物多样性保育区。根据生态评估参数的数据可获取性，确定评估的空间单元，统一评估工作精度要求。按照区域内生态环境特征和主要生态问题，选取合适的评估方法，合理甄选评价指标，分别从生态功能重要性、生态环境敏感性和生物保护多样性三方面进行科学评估。

3. 划定生态红线

将评估得到的生态功能重要区和生态环境敏感区进行叠加合并，并与禁止开发区进行校验形成生态保护红线空间叠加图，如图 9-5 所示，确保划定范围涵盖国家级和省级禁止开发区域，以及其他有必要严格保护的各类保护地。将生态保护红线边界与各类规划、区划空间边界及土地利用现状相衔接，综合分析开发建设与生态保护的关系，结合经济社会发展实际，合理确定开发与保护边界，划定生态红线，避免出现生态孤岛现象，提高生态保护红线划定的合理性和科学性。

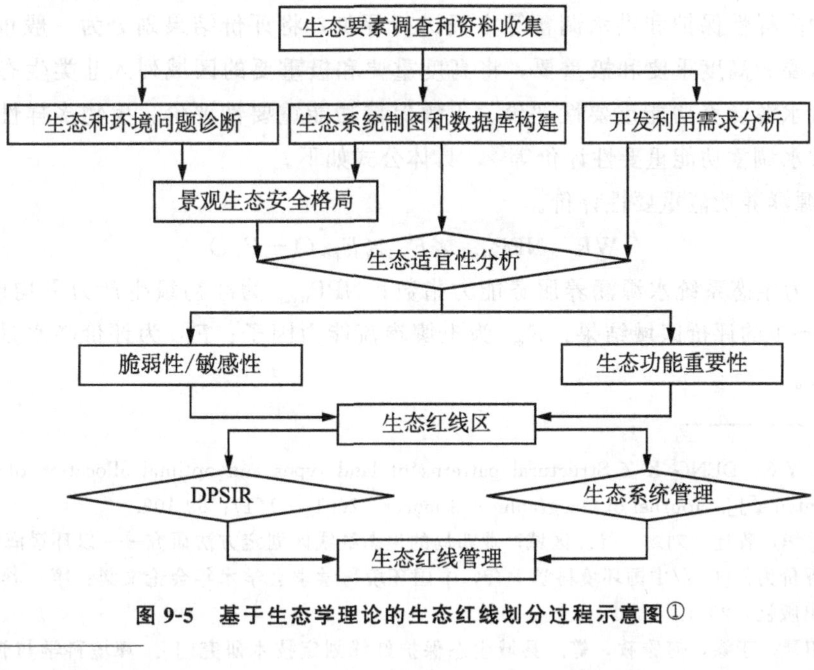

图 9-5 基于生态学理论的生态红线划分过程示意图①

① 林勇，樊景凤，温泉，等. 生态红线划分的理论和技术[J]. 生态学报，2016，36(5)：1244-1252.

(二)划定方法

目前生态红线划分主要基于线性适宜性指数模型，模型结构过于简单，难以反映评价单元生态属性和生态红线区划之间的复杂关系，在某些情形下非线性模型可能更为适合。生态影响评价是生态脆弱区/敏感区划分的重要基础，在国外海岸带综合管理中发挥着重要的作用①，但基于系统动力学的生态影响评价在国内研究案例中较为少见。现有的生态红线划分技术有待提高和完善，主要方法如下。

1. 生态风险评估方法

生态风险评估是预测未来的生态不利影响或评估过去因某种因素导致生态变化可能性的有效方法。生态风险可分为自然风险和人为活动给自然环境带来的风险。关注重点是自然生态风险对产业区可能造成的危害，用以帮助产业区在布局和选址上规避可能的自然损害。生态风险的评价主要依据某地区历史资料中记录的生态风险的强度、频度以及破坏性，运用AHP法(Analytic Hierarchy Process，AHP，即层次分析法)计算得到各类风险的权重。通过空间图层的叠加计算各类风险源的综合影响等级。其计算公式如下：

$$R_k = \sum_{i=1}^{k} F_i \times D_i \tag{9-4-7}$$

式中，R_k 为第 k 个风险小区的生态风险值，F_i 为第 i 种风险源的综合生态风险权重，D_i 为第 i 种生态系统类型的综合生态损失度。分别计算出每个风险小区的风险值后，进行聚类分析，将综合风险值分为五个等级，最终合成生态风险综合评价图②。

2. 生态功能区评价方法

围绕各重要(点)生态功能主导生态功能，针对区域典型生态系统，分析生态系统服务功能的区域规律，明确其空间分布，然后在区域进行综合分析。通过水源涵养、土壤保持、生物多样性保护和洪水调蓄等方面进行评价，将评价结果划分为一般重要、较重要、中等重要、高度重要和极重要，将高度重要和极重要的区域列入Ⅱ类生态保护红线区域。涵盖水源涵养功能重要性评价、土壤保持功能重要性评价、生物多样性保护重要性评价、洪水调蓄功能重要性评价等③，具体公式如下。

(1)水源涵养功能重要性评价。

$$\mathrm{WR} = \mathrm{NPP}_{\mathrm{mean}} \times F_{\mathrm{sic}} \times F_{\mathrm{pre}}(1 - F_{\mathrm{slo}}) \tag{9-4-8}$$

式中：WR为生态系统水源涵养服务能力指数；$\mathrm{NPP}_{\mathrm{mean}}$ 为净初级生产力平均值；F_{slo} 为归一化到0～1的评价区域结果；F_{pre} 为土壤渗流能力因子；F_{sic} 为评价降水量数据插值归一化结果。

---

① LIU Y S, DENG X Z. Structural patterns of land types and optimal allocation of land use in Qinling Mountains[J]. Journal of Geographical Sciences, 2001, 11(1): 99-109.

② 刘雪华，程迁，刘琳．等．区域产业布局的生态红线区划定方法研究——以环渤海地区重点产业发展生态评价为例[C]//中国环境科学学会，中国环境科学学会学术年会论文集：第一卷．北京：中国环境科学出版社，2011.

③ 苏相琴，于嵘，何雅孜，等．县域生态保护红线划定技术研究[J]．环境科学与管理，2015，40(7)：37-39.

(2)土壤保持功能重要性评价。

$$S_{pro}=NPP_{mean}\times(1-k)\times(1-F_{slo}) \tag{9-4-9}$$

式中，S_{pro} 为土壤保护服务能力指数；NPP_{mean} 为净初级生产力平均值；k 为土壤可侵蚀因子；F_{slo} 为归一化到 0～1 的评价区域结果。

(3)生物多样性保护重要性评价，主要以珍稀濒危、特有动植物为保护目标，主要收集区域内濒危种、特有种、一级和二级保护物种等。

(4)洪水调蓄功能重要性评价。

$$Q_i=F_{pre}\times Q_w \tag{9-4-10}$$

$$Q=\frac{Li_{max}-Li_{min}}{dem-Li_{min}} \tag{9-4-11}$$

式中，Q_i 为区域内多个湿地洪水调蓄服务相对能力指数；F_{pre} 为降水因子；Q_w 为评价单元水体面积比；Li_{max} 为最大水位；Li_{min} 为最小水位；dem 为评价单元的海拔高度。

3. 生态保护红线空间范围划定的指标体系

生态保护红线划定的空间范围是区域生态功能最重要、生态敏感性最高的地区。因此，选择能表征生态系统特征和功能，有效评价其生态敏感性的指标体系，是划定“空间”红线的关键①。

中国位于亚欧大陆东南部，地形自西向东跨越三大阶梯，复杂的地貌和独特的气候形成了多种生态系统类型，提供了众多生态服务功能。而快速城市化和工业化过程，导致了土地利用方式的急剧变化和大量污染物排放，形成了土壤生态功能丧失、多样性减少、环境污染等生态环境问题。表 9-16 根据大量的研究综述了从土壤保持、水源涵养、洪水调蓄、防风固沙、生物多样性保护等方面来评价中国自然生态系统的主要功能，以及从土壤侵蚀、土地沙化、土壤盐渍化、石漠化、海岸带侵蚀敏感性、地质灾害敏感性等方面评价生态敏感性的指标体系。

根据已有对生态功能、生态敏感性以及生态保护红线划定的研究，综合中国自然环境特征和主要生态系统分布特点，从生态保护红线划定的角度将中国划分为东北、东部沿海、北部和西北、中部和南部、西南五个地区，针对每个地区的生态环境现状和面临的主要环境问题，提出各区域在划定生态保护红线空间范围时，可供参考的关键评价内容及对应的指标体系，如表 9-17 所示。

此外，各个地区都具有一定的自然文化遗产或景观保护区域，可将其与其他特殊保护区统一归为禁止开发区，包括国家和地方规定的自然保护区、森林公园、地质公园、古迹遗址、重点文物保护地、水源保护地、基本农田保护地等，也应是生态保护红线划定的空间范围。

---

① 蒋大林，曹晓峰，匡鸿海，等. 生态保护红线及其划定关键问题浅析[J]. 资源科学，2015，37(9)：1755-1764.

表 9-16　生态功能、生态敏感性评价指标体系一览①

评价内容		所选指标
生态功能重要性	土壤保持功能	降水侵蚀力、土壤质地、地形起伏度、地表覆盖类型、水系分布、地貌、植被类型
	水源涵养功能	水系分布、地貌类型、植被类型、土地利用、降水分布、NDVI、水源地、水功能
	洪水调蓄功能	水库分布、湖泊和洼地分布
	防风固沙功能	风速、空气相对湿度、土体颗粒平均粒径、土体硬度、植被覆盖度、人为地表结构破损率、坡度
	生物多样性保护功能	自然保护区分布、保护物种分布、森林分布、土地利用、野生动植物物种数量占全省物种数量比例、湿地面积、生物资源量
	海岸带防护功能	海岸侵蚀速率、土地利用、自然保护区类型、地下水分布
	产品提供功能	单位面积第一产业产值
	景观保护功能	风景名胜区、森林公园、地质公园、自然保护区
生态敏感性	土壤侵蚀敏感性	降水侵蚀力、土壤质地、地形起伏度、坡度、地表覆盖类型、植被类型、年降雨量、土壤可蚀性
	土地沙化敏感性	植被覆盖度、土壤可蚀性、大风时数、湿润指数
	土壤盐渍化敏感性	地下水位、蒸发量、降雨量、地下水矿化度、地形
	石漠化敏感性	岩性、坡度、植被盖度、土地利用、地形
	生物多样性及生境敏感性	保护物种分布、土地利用、生态环境类型、物种丰富度，生物多样性、自然保护区、水源地、坡度
	海岸带侵蚀敏感性	自然岸线类型、海岸侵蚀程度、海水侵蚀面积
	地质灾害敏感性	各类地质灾害发生概率、灾害密度、大于25°坡地比例、地震烈度

表 9-17　不同地区“空间”红线划定指标体系建议②

评价内容	地区	评价	内容
生态功能重要性评价	东北地区	水源涵养功能；生物多样性保护功能；产品提供功能	湖泊/水库分布、水系分布、植被覆盖度、植被类型、土壤质地、生物多样性、重要生物物种分布、土地覆盖类型、农产品产量、林产品产量
	东部沿海地区	海岸带防护功能；生物多样性保护功能；产品提供功能	土地覆盖类型、海堤/防浪堤分布、植被覆盖度、生物多样性、重要生物物种分布、渔业产品产量

① 蒋大林，曹晓峰，匡鸿海，等. 生态保护红线及其划定关键问题浅析[J]. 资源科学，2015，37(9)：1755-1764.

② 同①。

续表

评价内容	地区	评价	内容
生态功能重要性评价	北部和西北地区	防风固沙功能；土壤保持功能；产品提供功能	土壤粒径、风速、大风日数、坡向、植被覆盖度、坡度、土壤可蚀性、降水侵蚀力、地形起伏度、土地利用方式、农产品产量、畜牧业产量
	中部和南部地区	洪水调蓄功能；水源涵养功能；生物多样性保护功能；产品提供功能	湖泊/水库最高水位、湖泊/水库最低水位、湖泊/水库分布、湖泊/水库面积、湿地面积、水系分布、生物多样性、重要生物物种分布、植被覆盖度、植被类型、土壤质地、土地覆盖类型、农产品产量
	西南地区	土壤保持功能；水源涵养功能；生物多样性保护功能；产品提供功能	土壤质地、土壤可蚀性、降水侵蚀力、坡度、地形起伏度、植被覆盖度、土地利用方式、湖泊/水库分布、水系分布、生物多样性、重要生物物种分布、土地覆盖类型、农产品产量、林产品产量
生态敏感性评价	东北地区	冻融侵蚀敏感性	气温、冰川分布、冻土分布、坡度、植被覆盖度
	东部沿海地区	海岸带侵蚀敏感性；台风灾害敏感性	风暴潮影响区、海平面上升影响区、海岸带土地覆盖类型、台风过境时降水量、台风过境时风速、海拔高程
	北部和西北地区	沙漠化敏感性；土壤盐渍化敏感性；土壤侵蚀敏感性	干燥度、大风时速、土壤质地、植被覆盖度、坡度、地下水矿化度、降水量、土壤可蚀性、降水侵蚀力、植被类型、土地利用方式
	中部和南部地区	土壤侵蚀敏感性	土壤可蚀性、降水侵蚀力、土壤质地、坡度、植被类型、植被覆盖度
	西南地区	土壤侵蚀敏感性；石漠化敏感性；地质灾害敏感性；冻融侵蚀敏感性	土壤可蚀性、降水侵蚀力、土壤质地、坡度、植被类型、植被覆盖度、石灰岩分布、岩性、地形、土地利用、气温、各地质灾害分布、地质灾害历史记录、冰川分布、冻土分布

4. 生态保护红线划定的技术路线

生态保护红线划定有空间划定和数量确定两个主要部分。“空间”红线的划定，需要在区域的生态环境现状进行调查、分析和评价的基础上，根据研究区域的实际情况和数据的可得性，识别重要的生态功能和生态系统敏感性问题，选择科学合理的评价内容和指标，通过数据的标准化处理和模型计算，评价研究区的生态功能和敏感性。其中生态功能最重要的、生态敏感性最高和最脆弱的区域，将属于红线区。同时，通过实地调研，考察划定区域的生态完整性、景观破碎状态和廊道连通性，参考景观生态学或生态网络理论，注意红线区之间的连接性，避免红线区过于集中或者过于破碎化，对初步划定结果加以修正，得到最终的红线空间范围，技术路线如图 9-6 所示。生态保护红线的划定可以充分利用 3S 技术在空间数据获取和处理方面的优势，提高工作效率。

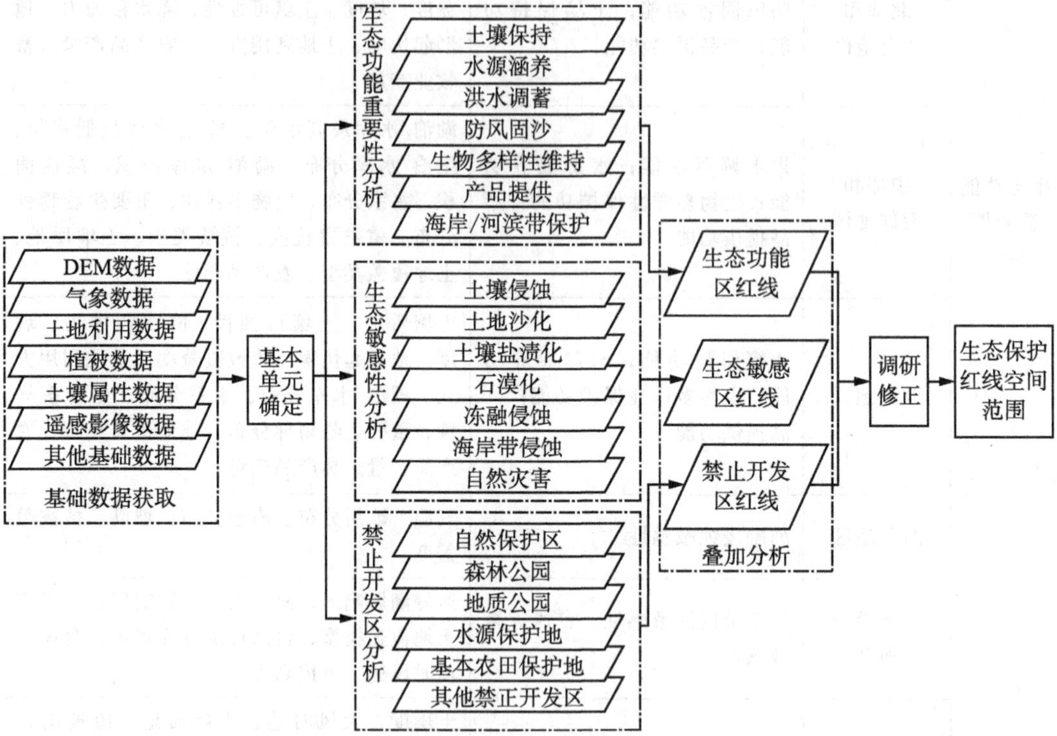

图 9-6　生态保护红线划定的技术路线(示意图)①

5. 生态保护红线划定的关键问题分析

目前，虽然在一些地方已经开展了生态保护红线划定的工作，在划定的理论基础、技术和方法等方面有了较多的积累，但由于生态保护红线划定受研究区地理分布特点、面积大小、生态功能不同等因素的影响，如何科学准确地划定特定区域的生态保护红线，仍然有许多问题值得思考。

(1)生态保护红线最小面积的确定。一个地区生态保护红线的空间范围是由生态功能最重要的区域、生态敏感性最高的区域共同构成，但如何进行生态功能分级、生态敏感性分级以确定生态功能最重要的区域和生态敏感性最高的区域，是确保生态保护红线维持该地区生态系统稳定的基础。以往研究中分级的方法主要有两种，一种是根据评价内容的属性，人为地分级赋值，例如，在生物多样性保护重要性评价分级时，将生物多样性保护重要性分为极重要、重要、比较重要和一般四个等级，分别赋值 7、5、3、1，其中极重要区是野生生物保护区、国家和省级保护物种分布区，重要区是有林地、茂密灌

① 蒋大林，曹晓峰，匡鸿海，等. 生态保护红线及其划定关键问题浅析[J]. 资源科学，2015，37(9)：1755-1764.

木林，比较重要区是疏林地、草地和园地等，一般区是耕地、居民地和裸地等，再根据分级情况将极重要的区域划为生态保护红线。另一种分级方式是利用 GIS 软件(如 Arc GIS 中的自然断裂法)，将评价结果分为若干等级，取其中等级最高的生态功能区和生态敏感区划为生态保护红线。不同的分级方法，类似于在一系列连续的数值中取不同的阈值，阈值取得不同，得到的结果就会有较大的差异。如何对评价结果进行分级，进而划定生态保护红线空间范围，是一个有待深入研究的问题，这直接影响到生态保护红线的面积。再者，当生态保护红线划定出来以后，其面积和所占全区总面积的比例为多大时，才能保证区域的生态安全和经济社会可持续发展，也是值得深入思考的问题。国家首轮试点的 4 个省(区)，生态保护红线面积平均达到该省(区)国土面积的 20%，其他一些地区的实践和研究结果划定的生态保护红线面积占研究区面积比例也主要集中在 18%～24%。

(2)评价内容的选择。不同生态系统，因为所处地理位置、生物地理进化过程和社会经济发展历史不同，具有不同的生态功能，面对的环境胁迫也不同。因此，不同地区在划定生态保护红线空间范围时评价的生态功能和敏感性存在差异。例如北方的草原地区，气候干旱少雨，乔木稀少而草本较多，受盲目开垦和过度放牧的影响，面临严重的沙漠化问题，因此，北方草原地区划定生态保护红线时主要考虑的生态功能是保持水土和防风固沙，面临的威胁主要是沙漠化；而西南森林地区，气候温和，雨量充沛，动植物种类丰富，但面临滑坡泥石流等地质灾害的威胁，所以在生态保护红线划定时主要考虑的生态功能则是土壤保持和生物多样性维护，面临的主要威胁是地质灾害。在具体研究区划定生态保护红线空间范围时，首先分析研究区在全国生态功能区中的位置，把握研究区最突出的生态功能和面临最大的环境压力，并结合当地实际生态环境状况，识别研究区的其他重要生态功能和环境胁迫，客观全面地评价区域的生态环境现状，科学合理地划定生态保护红线，保证区域生态安全，保障社会经济的可持续发展。

(3)最小评价单元的确定。生态保护红线划定区域的大小不同，生态环境特征存在较大差异，因此各个地区确定的最小评价单元也就不一样。一般而言，基本评价单元可以是行政区、流域或者规则格网，其中行政区可以是村级、乡镇或者县级，规则格网可以是 500 m×500 m、1 km×1 km、10 km×10 km 等，基本评价单元过大会导致评价结果过于概括、内部差异性体现不明显；而评价单元过小，会带来缺乏基础数据和较大工作量等问题。在已有的生态保护红线划定研究中，研究者采用较多的方式是建立规则格网，但各研究中格网大小并不一样。例如，许岩等在研究渤海生态保护红线划定时采用 2.5 km×2.5 km 的格网作为基本单元。冯宇在研究呼伦贝尔草原生态保护红线划定时，采用 1 km×1 km 的格网作为基本评价单元。具体采用何种方式和多大的尺度作为区域的最小评价单元，应根据实际研究区域的大小、自然地貌、生态环境特征和数据可得性等进行确定，但基本单元确定的基本原则是要尽可能体现空间上的异质性。

(4)评价方法和权重的确定。同一个评价内容，可以用不同的评价方法进行评价，而不同的评价方法由于所选指标或者模型上的差异会导致不同的评价结果，进而影响到生态保护红线划定结果的边界和面积。例如生态功能重要性的生物多样性维持功能评价，可以从生物物种的分布出发，预测重要生物的活动范围，结合实地调查的区域生物多样性和环境信息数据，划定生物多样性保护的边界；也可以从评价生物生境的角度出发，通过分析重要生物赖以生存的栖息地环境，划定保证其生存的最小生境范围。以上两种评价方法最终得到的结果在边界和面积上可能就不重合。前人在研究生态保护红线划定方法时，评价研究区的生态功能或生态敏感性主要有两种不同的途径，一些研究者直接通过选择表征研究区生态功能和环境胁迫的指标，分析研究区的生态功能重要性和生态敏感性，进而划定生态保护红线的空间范围；另一些学者是通过甄别研究区的具体生态功能和环境胁迫，如防风固沙、生物多样性维持等，再选择指标评价每一个具体的功能或胁迫，最后将研究区各种生态功能和环境胁迫的评价结果叠加，得到最终的生态保护红线空间范围。因此，在对研究区的生态环境现状评价时，方法有很多，具体该以何种方法进行客观准确地评价，仍需进一步研究。此外，一个研究区的生态功能和环境压力可能是多方面交织在一起的，例如，当一个研究区同时具有土壤保持、水源涵养、生物多样性维护等多个生态功能时，那么该如何权衡各个功能的重要性呢？如果直接选择指标分析研究区的生态功能，那各个指标之间的权重又应该如何确定？这些问题都关乎生态保护红线最终的划定结果。综述前人的研究，有些将各评价指标赋予相同的权重，而另一些研究对所选指标赋予不同的权重进行处理，权重的确定常采用专家打分法或层次分析法。例如，冯宇在研究呼伦贝尔草原生态保护重要性评价时，应用层次分析法确定各个指标的权重。刘雪华等在其研究中将评价生态敏感性的四个指标赋予等权重，评价生态服务功能的三个指标采用非等权重。许岩等在研究渤海生态保护红线划定时，将评价生态功能重要性和环境灾害危险性的两个指标按等权重处理，评价生态敏感性的三个指标采用非等权重处理，最后对生态功能重要性、生态环境敏感性和环境灾害敏感性分别以 0.35、0.45、0.20 的权重综合计算，划定研究区的生态保护红线。综上，在划定生态保护红线空间范围时，对研究区现状评价时采用何种方法，各指标或评价内容以怎样的权重处理，仍是一个待解决的问题。

(5)数据精度和空间化处理。由于不同区域划定生态保护红线时选择的基础数据不同，划定结果的精度就不同。例如以 1 km×1 km 为基本单元划定生态保护红线，结果的分辨率为 1 km，在生态保护红线的最终边界确定时，究竟该将保护边界落地到 1 km×1 km 内的何处，就是个问题。基础数据的精度或者误差、红线范围划定过程中的主观性等，都会对红线边界产生一定的影响。所以，生态保护红线划定时，尽可能选择精度较高、较为详细的数据，尽量降低人为主观性的影响，以保证划定结果具有较高的精度和可操作性。此外，由于数据属性、数据格式和数据可得性等原因，用于生态保护红线划定的各基础数据，并非所有的数据都能很好地进行空间化处理。DEM、植被覆盖度等空间数据可直接获取，但诸如点数据、重点生物的生境范围边界和一些较难获取的参数，空间化处理会存在一定的困难，如果以一个固定值代表整个研究区，必定会对结果造成误差。例如降水量、气温等气象数据只有点数据，区域较大兴许可以对多个监测点数据进行插值，但如果研究区域只有一个或者没有气象站，要想获得空间化的气象数据就比较困难。具体研究时，应权衡各种方法，尽量减小误差，使评价结果更为客观合理。

(6)红线划定结果与区域规划的协调。生态保护红线划定的结果也许会与当地发展规划相冲突，如何解决这种矛盾直接关系到生态保护红线最后的落地问题。例如，生态保护红线划定的空间范围与当地规划的产业园在空间上重合，这种情况下就会出现两种结果：一是以保护为主，拆迁已规划建设的产业园；二是以经济建设为主，重新修改划定的生态保护红线边界。为避免划定的生态保护红线与当地规划相冲突，在生态保护红线划定时，应听取当地人民群众和有关部门的意见，充分分析和权衡后，确定最后的红线范围。其中，对于直接关乎当地生态安全、必须严格实施保护的区域，要毫无疑问地实施保护，其他有冲突的区域，可与当地规划部门适当协商，共同制定一个合理的解决方案。

(7)生态保护红线的监督与管理。生态保护红线一旦划定，就要实施严格保护，任何开发建设活动要限制在“空间”红线范围外和“数量”红线范围内。国家和地方应尽快出台对应的生态保护红线立法、监督和管理政策，提出确实可行的生态保护红线监督管理措施，建立区域的生态保护红线保护效益考核评价机制。对于破坏生态环境并造成严重后果的，应追究其相应责任。而对于红线外区域的发展，也一定要遵循红线划定时提出的环境和资源的指导“数值”，以保证区域的可持续发展。

五、 永久基本农田的划定

永久基本农田的划定，要防止划远不划近、划劣不划优、划零不划整甚至把园地、荒地划入基本农田，或者将基本农田划成上山入海的现象。同时，永久基本农田的划定要重视与相关规划的衔接性，减少不同规划之间的冲突，并充分考虑前瞻性和发展的不确定性。当前耕地与基本农田保护主要借助于土地利用总体规划，采取最直接的指令性的指标控制方式，把基本农田保护目标自上而下层层分解给各地区①，以保证任务的有效落实。

(一)划定步骤

(1)基础调查。首先开展区域土地利用变更调查或国土调查，全面清查土地利用现状，掌握真实的土地基础数据。同时，开展耕地质量等级调查与评定。耕地质量等级评定成果的转化和运用，对永久基本农田调整质量分析、永久基本农田划定后期质量管护起着重要的支撑作用。

(2)目标分解。永久基本农田保护指标分解方法可以采用因素法，统筹考虑各区域基本农田保护压力、可调整耕地比重、未划入基本农田耕地面积、建设用地需求等因素，采用因素权重法测算，从而形成永久基本农田保护目标分解方案。

(3)斑块核实。根据分解下达的任务，在有关部门的配合下，由自然资源部门协同地方政府、农业、林业等部门对区域内永久基本农田的耕地斑块逐一核实，确定基本农田的地块、边界、地类、面积、片(块)编号、质量等级等信息。

(4)红线划定。严格落实永久基本农田优进劣出，着力提高永久基本农田质量和集中连片程度，优化永久基本农田形态布局，可以在原有永久基本农田划定的基础上，进行局部适度调整。根据划定任务，制定全域永久基本农田划定方案，划定永久基本农田保护红线。

(5)红线建库。按照《永久基本农田数据库标准》，建立永久基本农田数据库，将永久

① 陈百明．耕地与基本农田保护态势与对策[J]．中国农业资源与区划，2004，25(5)：4-7.

基本农田保护图册的内容，纳入数据库管理。

(二)划定方法

1. 耕地邻域替代评价法

耕地邻域替代评价法是根据农用地分等研究成果所选取的分等因素指标和权重，利用GIS空间叠加和缓冲区分析功能，对基本农田保护区内拟整理的地块运用邻域分析法，设定有效邻域半径为200 m，分别计算各地块的评价指标分值。在此采用农用地分等技术方法中的自然质量分评价指标体系、权重值与计算方法(式9-4-12)，评价农村居民点整理后的地块质量①。为使分析结果更接近实际情形，运用邻域范围内的耕地质量替代计算农村居民点复垦后的质量水平时，对不同等级耕地以其面积的比重为权重乘计算地块分值估算出整理地块的最后质量分值(式9-4-13)。邻域范围内耕地质量评价公式如下：

$$C_L = \frac{\sum_{k=1}^{m} w_k \times f_k}{100} \tag{9-4-12}$$

式中，C_L 为邻域范围内耕地所对应分等地块的自然质量分，为介于0～1的分值；k 为评价因素编号；m 为评价指标的数目；w_k 为第 k 个评价指标的权重；f_k 为影响耕地质量的评价指标分值，取值为0～100。然后利用邻域范围内各耕地地块的自然质量等级，采用面积权重的方法求出待整治的农村居民点地块的自然质量分值。

$$F = \sum_{i=1}^{n} C_{u} \times \frac{a_i}{A} \tag{9-4-13}$$

式中，F 为农村居民点地块的自然质量分，为介于0～1的分值；C_{Li} 为邻域范围内第 i 块耕地的自然质量分；i 为邻域范围内不同等级耕地；n 为耕地数目；a_i 为第 i 块耕地面积(hm^2)；A 为邻域范围内耕地的总面积(hm^2)，$A = \sum a_i$。

2. 适宜性评价法

对位于低度生态安全格局范围内的未利用地不予考虑开发的潜力，对拟进行整理的未利用地按照自然适宜性评价的方法进行分析(式9-4-14)。选择土壤质地、土层厚度、土壤有机质、土体构型作为自然适宜性评价的限制因素，利用土壤数据库确定参评图斑的属性数据，并对参评指标的分值进行量化处理，采用指数加权模型计算每个评价单元的自然适宜性分值，公式如下：

$$\begin{cases} S = 0 & X_k = 0 \\ S = \sum_{k=1}^{n} X_k \times w_k & X_k \neq 0 \end{cases} \tag{9-4-14}$$

式中，S 为评定单元自然适宜性综合总分值；n 为评价因子数；w_k 为第 k 个评价因子的权重；X_k 为第 k 个评价因子的量化分值，取值为0～100。

3. 景观指数分析法

运用专门针对景观斑块空间分析的ArcView系统扩展模块Patch Analyst② 来预测基

① 李灿，张凤荣，朱泰峰，等．基本农田保护区规划调控下的土地利用空间重构分析[J]．农业工程学报，2012，28(16)：217-224.

② 郑新奇，付梅臣．景观格局空间分析技术及其应用[M]．北京：科学出版社．2010.

本农田保护区专项规划实施前后的农田景观变化。Patch Analyst 模块最大的优势就是能直接测算矢量类型数据，能有效地测算规划预期的地块变化情景。通过选取农田斑块面积(CA)、斑块形状指数(SHAPE)、斑块周长面积比(PARA)、分维数(FRAC)，斑块密度(PD)、最大斑块指数(LPI)、边界密度(ED)等农田景观格局指数，在 ArcGIS9.3 平台下进行分析。

六、“三区三线”的管控

(一)具体要求

通过对“三区三线”关系的分析可知，不同的区、线划定应把握的原则和要求不同，应根据“三区三线”各自的特征和关系，探索差异化的管控方式。实行“三区三线”分级管控。建立健全以“三区”管控为一级、“三区三线”分类分区管控为二级、土地用途管控为三级的管控体系。强化一级管控体系中开发强度的管控，注重开发强度指标和农用地转用指标对接，提出基础设施廊道和生态廊道管控要求。强化二级管控体系中负面清单管控，根据功能定位和保护程度不同，提出准入负面清单管控原则。强化三级管控体系中农业用地、建设用地和其他用地三大类用地管控，从现状管制、规划管制、审批管制和开发管制等方面提出管控原则，重点加强农用地、生态用地的用途管制。

1. 生态空间管控要求

一是严格遵循相关法律法规实施自然生态空间用途管制，市县二级应细化生态空间分级分类，对生态保护红线和一般生态空间实施差别化管控，制定差别化的准入条件、用途转用和生态修复要求。二是结合生态保护红线类型，细化允许、限制和禁止的人类活动类型的规模、强度、布局和环境要求等条件，制定准入正面、负面清单。红线范围内坚持自然修复为主，工程修复为辅，加强生态修复提升。完善国家重点生态功能区转移支付政策，探索建立横向生态保护补偿机制。三是统筹一般生态空间保护和利用。在一般生态空间范围内按依法依规、限制开发的要求进行管理，允许在不降低生态功能、不破坏生态系统的前提下，进行土地利用结构和布局的调整，鼓励因地制宜探索土地复合利用，发挥自然生态空间生产、景观、休闲、文化等多种功能。

2. 农业空间管控要求

一是建立和完善基本农田保护负面清单，符合法定条件的重点项目选址确实难以避免永久基本农田的，必须进行严格论证，报国务院批准并补划。强化永久基本农田对各类建设布局的约束和引导，严格落实保护责任，建立健全考核、补偿、监管的长效机制。二是依据国土空间适宜性，科学合理引导农业结构调整，提高农用地综合效益和质量。制定空间准入条件和负面清单，因地制宜制定禁止和限制发展产业名录。在区域内实施非农建设的，须严格执行建设项目审批要求。三是加强一般耕地“三位一体”保护，条件符合的，划入基本农田整备空间。强化对非农建设占用耕地的控制和引导，提高耕地综合生产能力。加快划定粮食生产功能区、重要农产品生产保护区，认定特色农产品优势区，明确区域生产功能，保障国家粮食安全和重要农产品有效供给。

3. 城镇空间管控要求

一是实行城镇开发边界分级审批，城镇开发边界一经批准不得擅自修改，确需修改的，应按程序报相应审批机关批准。二是实施规划编制许可制度，开展分区规划、专项规划、详细规划等相关规划编制工作，不得突破城镇开发边界进行空间布局，同时实施存量用地更新、改造、用途变更规划许可。三是实施建设开发行为许可制度，各类城镇开发和集中建设活动，必须在城镇开发边界内选址，符合土地利用总体规划和城市(镇)总体规划的空间管控要求。严格控制城镇开发边界外的各类城镇开发建设活动。

(二)完善体系

注重三类空间用途转用管理。从严控制生态空间转为城镇空间、农业空间，禁止生态保护红线内空间违法转为城镇空间和农业空间①。加强对农业空间等转为生态空间的监督管理。鼓励城镇空间、符合国家生态退耕条件的农业空间及其他空间转为生态空间。制定三类空间用途的转用规则，建立空间用途转用更新制度，及时将空间用途变化情况纳入国土空间基础信息平台。强化“三区三线”管控措施。

建立管控法律基础。这是保障统一国土空间用途管制实施的重要基础。要通过国土空间规划立法，明确“三区三线”用途管制依据、主体、内容、程序、实施等内容，确定“三区三线”的法律地位。依据上位法律，适时开展与“三区三线”管理事权冲突的法律法规立改废管制，建立“三区三线”用途管制的法律保障。制定综合的“三区三线”管理办法，作为国土空间用途管制制度建设的重要组成部分。

健全“刚弹结合”的管控机制。在强化“三线”刚性管控的同时，适应自然条件和发展战略需求，在资源环境承载能力评价和国土空间适宜性评价基础上，建立“三区三线”动态调整机制，增强“三区三线”空间管控的弹性。在城镇空间内，对不可预期的重大事件和重大项目，针对可能面临重大转型机遇的战略空间，进行城镇用地留白布局。在城镇空间外，为应对未来人口变化和经济发展的不确定性，调控国土空间开发和保护的匹配关系，为建设开发预留弹性，进行空间留白布局。

完善主体功能区划分。现行主体功能区主要依据资源环境承载能力、现有开发密度和发展潜力三个因素划分，没有考虑国土空间开发的适宜性，导致主体功能区战略政策和制度陷入落地难的困境。因此，需要深化资源环境承载能力评价和国土开发适宜性评价，对主体功能定位与两者不相符的县市区，结合行政区划调整，合理调整其主体功能定位，为“三区三线”精准落地、有效实施奠定基础。

配给差别化空间政策。“三区三线”是落实主体功能区战略和制度的重要手段。将主体功能区配套资源环境、产业、人口、财税等政策，按三类空间实行差别化政策配给，保障主体功能区政策制度落地。建立完善基本农田、林业和水资源经济补偿制度。探索多元化的补偿方式，对生态空间、农业空间比例高的地方政府给予更多政策倾斜和指导。加强监管监督考核。将“三区三线”纳入国土空间基础信息平台，为国土空间相关的规划、审批、监管与分析决策提供基础服务。建立“三区三线”实施情况提醒制度和征信平台。将“三线”管控考核结果作为评价地方领导班子和领导干部的重要参考。

(三)管控重点

1. 城市发展边界

在三区三线的管控中，永久基本耕地红线和农业生产空间管控相对简单，即严格遵

① 张建平. 我国国土空间用途管制制度建设[J]. 中国土地，2018(4)：12-15.

守国家相关文件研究，绝不触碰耕地红线。而在城镇(市)发展边界划定过程中，要特别重视关注以下几个问题。

(1)城市开发边界的合理定位。基本的认识是：城市开发边界是国土空间管制、城乡建设管理以及粮食安全和生态安全保障的政策工具[①]，划定目的是控规模、调结构、优布局，促进城市转型发展[②]。城市开发边界并不等同于“绿带隔离”或是“经济屏障”，而是需要综合当地的经济发展现状，区域生态格局以及重要的自然资源状况，并在深入分析的基础上参照未来的发展目标来联合划定的[③]。城市开发边界不仅是一条由相关规划划定的技术界线，更是一条城市空间管控的政策线，应当从区域协调发展和城乡统筹发展的高度来设定城市开发边界的政策目标，将其放在未来空间规划体系构建、提升政府现代治理能力的框架内进行。

(2)城市开发边界管控的刚性与弹性。弹性是相对于刚性而言的。弹性着重强调的是过程，而刚性则侧重于法规的终极目标。社会的发展并不是静止的，它总是随着时间的不断推移而发生经济、技术、环境等方面的变化。所以城市开发边界的范围并不是一个静态的产物，它也需随着社会的不断发展而趋于完善。美国波特兰市的城市增长边界要求增长边界内的土地应保证城市未来20年发展的需要，而每五年根据城市实际发展情况对增长边界进行评估和调整。城市增长边界修正的模式有立法修正(Legislative)、主要调整(Major)和微调(Minor)，边界修正由规划委员会(Meto. Council)专门负责，且必须按照严格的法定流程，其中立法修正和主要调整度均需要举行公众听证会。从国际的经验不难看出，城市增长边界首先应该从法律上给予充分的肯定，使其具有不可逾越的刚性，其次要为之留有一定的弹性。当然这个弹性的最终决定权不应该完全放任给市场机制，而应由政府、企业和公众三者协调商定。政府、企业和公众各利益主体的行为直接影响到决策，城市问题的解决需要三者行为的协同。目前我国城市的增长管理，主要是政府和企业在进行博弈，缺乏公众参与的影响。从博弈论的角度出发，增长管理既是规则，也是均衡的结果。增长管理制度变迁应该是政府、企业、公众三方相互博弈从一个均衡转到另外一个均衡的过程，也是合理协调三者利益关系的过程[④⑤]。

(3)城市开发边界的整合管理。用边界来管控空间并非一个全新的技术手段，在已有的土地利用和城市规划的编制技术中均早已采用。土地利用采取划定规模边界、扩展边界与禁建边界的方式，形成允许建设区、有条件建设区、限制建设区和禁止建设区，构成“三界四区”的空间管制体系。城市规划要求中心城区划定禁建区、限建区、适建区和已建区。此外，还要求划定中心城区、城市规划区等的边界范围。要建立城市开发边界的空间管控技术，则需要整合现有的空间管控界线关系，特别是要进一步研究中心城区、

---

① 林坚，刘乌兰. 论划定城市开发边界[J]. 北京规划建设，2014(6)：14-21.

② 董祚继. 对大城市边界划定的正确理解和认识[J]. 中国土地，2014(12)：9-11.

③ 冯科，吴次芳，韦仕川，等. 城市增长边界的理论探讨与应用[J]. 经济地理，2008，28(3)：425-429.

④ 同③。

⑤ 尹超，林凯旋. 城市开发边界的划定方法与具体问题解析——以苏州市吴江区为例[J]. 规划师，2016，32(10)：62-66.

城市规划区这类与开发边界功能相近的界线是否还有必要保留的技术问题①。同时，城市开发边界应当与三类空间、生态保护红线与永久基本农田红线之间有着明确的空间边界和逻辑关系界定，目前在处理城市开发边界与永久基本农田、生态保护红线的关系时有两线合一、两线并立、三线并立多种处理方式，需要进一步明确生态保护红线的内涵和外延，协商划定城市开发边界、永久基本农田、生态保护红线，并要依照“山水林田湖草生命共同体”理念，可以允许在城市开发边界、生态保护红线内存在少量永久基本农田、生态公益林等，并明确它们占城市开发边界或生态保护红线控制区域的面积比例上限②。

2. 生态保护红线

根据生态安全格局构建需要，综合考虑区域或流域生态系统完整性，充分与相邻行政区域生态保护红线划定结果进行衔接与协调，开展跨区域技术对接，确保生态保护红线空间连续，实现跨区域生态系统整体保护。规范红线区的各类活动，确定活动的类型和强度，进行生态保护红线的严格管理。重视把握以下关键问题。

(1)生态保护红线划定的初衷。生态保护红线划分的目的是维护区域生态系统完整性和连通性，确定需要保护的生态重要功能区和生态脆弱区/敏感区的空间范围③。但是目前不少的生态保护红线划定背离了红线划定的初衷，不仅没有起到维护区域生态系整性和连通性的效果，反而造成了生态系统的孤立和割裂。在划定过程中必须对划定区域的生态完整性、景观破碎状态和廊道连通性进行细致考察，参考景观生态学或生态网络理论，注意红线区之间的连接性，避免红线区过于集中或者过于破碎化④。

(2)生态保护红线最小面积的确定。在生态保护红线的探索研究中，根据生态服务功能需求、保护生态系统完整性和生态过程可持续性的需要，确定不同类型的重要生态区和脆弱区的空间范围和最小保护面积，是生态保护红线划分技术研究中的重要内容。面积红线的确定和空间红线的划分需要有机结合、综合考虑。在根据评价单元的自然、社会和经济属性划定空间红线时需要考虑面积红线的数量要求，空间红线划分的标准要因面积红线变化而变化，不可一概而论。面积红线也需要根据区域生态功能服务需求和生态环境问题的类型和严重程度因地制宜地进行设定。如何对评价结果进行分级，进而划定生态保护红线空间范围，是一个有待深入研究的问题，这直接影响到生态保护红线的面积。再者，当生态保护红线划定出来以后，其面积和所占全区总面积的比例为多大时，才能保证区域的生态安全和经济社会可持续发展，也是值得深入思考的问题。国家首轮试点的 4 个省(区)，生态保护红线面积平均达到该省(区)国土面积的 20%，其他一些地

---

① 胡飞，何灵聪，杨昔．规土合一、三线统筹、划管结合——武汉城市开发边界划定实践[J]．规划师，2016，32(6)：31-37.

② 林坚，刘乌兰．论划定城市开发边界[J]．北京规划建设，2014(6)：14-21.

③ 林勇，樊景凤，温泉，等．生态红线划分的理论和技术[J]．生态学报，2016，36(5)：1244-1252.

④ 蒋大林，曹晓峰，匡鸿海，等．生态保护红线及其划定关键问题浅析[J]．资源科学，2015，37(9)：1755-1764.

区的实践和研究结果划定的生态保护红线面积占研究区面积比例也主要集中在18%～24%[①②]。但总体上看，不能一概而论。

第五节　空间资源优化布局模型

优化空间资源利用方式是国土空间规划的重要方面。这里利用系统科学，特别是运筹学的思想方法，探讨空间资源优化布局的数学表达方式。

一、空间资源布局问题分析

(一)传统的空间利用决策

传统的空间利用决策通常是在综合分析各布局因素及其变化的基础上，用“拍脑袋”的方法来决定各种利用方式，主要是各宗地用作什么，因而很难最优，甚至谈不上“优化”。随着市场经济的发展及科学技术的进步，特别是数学、计算机科学在各领域的应用，这种传统的决策方法已满足不了社会发展的需要，空间资源利用急需改进决策方法，提高决策水平，尽量给出定量的和优化的决策结论。

(二)空间资源利用的决策思路

空间资源利用有两种决策思路：一是假定各宗地之间无差异，决策问题主要是根据主观需求和资源供给条件，确定各种利用方式的不同面积；另一种是考虑各宗地(或各类地)的差异，决策问题主要是根据主观需要、资源供给条件及各宗地对不同利用方式的适应性，决定各宗地采取哪种利用方式。前者是典型的区位论问题，已有很多学术成果；后者较为复杂，特在此作些讨论。

(三)影响空间资源利用效果的因素

影响空间资源利用效果的因素很多，如土地资源的自然属性，区位和交通条件，技术、资本、人力资源投入等。用数学的方法来研究这些因素对空间资源利用的影响，有的是很难表示的，如技术条件等，有的能够表示，但也必须做出特殊的假定。

(1)自然属性。应该说，在一个不太大的地域范围内，各宗地采取某种利用方式都是可以办到的，只要投入(技术、资金、人力等)足够多。因此，描述土地自然属性对空间资源利用的影响可以用各宗地相同的投入所导致的单位产出不同来表示，也可以用相同的单产所需要的不同投入表示。

(2)区位交通条件。区位、交通条件直接影响土地利用利润的大小(因运费不同)和实现利润的难易程度(因易运输程度不同)，可以用把运输成本计入总成本的办法考虑该因素对空间布局的影响。运输成本是运输量、运输距离和运输价格的函数。

(3)社会需求。社会需求对土地利用方式的影响，除了特殊原因如耕地保护等之外，主要表现在产品价格和市场容量两个方面。一般说来，价格越高，市场容量越小；价格

① 燕守广，林乃峰，沈渭寿. 江苏省生态红线区域划分与保护[J]. 生态与农村环境学报，2014，30(3)：294-299.

② 李晓翠，何建华. 生态红线划定的技术方法研究——以鄂州市为例[J]. 测绘与空间地理信息，2017，40(1)：50-55.

越低，市场容量越大。

(4)投入能力。空间资源利用投入包括资金、劳力和技术等。这些投入中，除技术外，都可以定量地加以描述。它们对利用方式的影响既表现在总量限制(总供给能力有限)上，也表现在单位面积投入的强度上。其中后者可在土地自然属性中予以考虑。因而，在投入方面，我们只考虑总量限制和单位价格即可。

一般说来，这些投入之间有很大的互补性，如可通过多投入资金来提高产出，也可以通过增加人力来提高产出。所以，在条件许可的情况下，应构造包括投入要素互补特征的数学模型体系。

二、空间资源利用决策的简化模型

假设规划对象(各宗地)都是一张白纸，即不考虑各宗地原先的功效以及改变利用方式所需要的各种投入。

(一)决策问题

假定有 N 个宗地(各宗地内部无差异)，要采取 M 种利用方式，且每个宗地只有一种利用方式——如果宗地太大，那就对其进行分割，直到没有必要采取两种或两种以上利用方式为止。现在的问题是：如何安排各宗地的利用方式才能在满足各种约束条件的情况下获得最大的效益？这是一个典型的 0～1 规划问题①。

(二)假定条件和符号设定

(1)各宗地的面积为 W_i。

(2)假定只有 m 个产品(功能)需求，各地到市场的距离 D_i 为已知，市场对 j 产品的需求量最大值为 $\max Q_j$，最小值为 $\min Q_j$，均为已知。

(3)各产品单位距离、单位重量的运输价格为 T_j。

(4)各产品的市场价格 C_j 假定不变。

(5)i 宗地采取 j 种利用方式(一种利用方式对应一种产品)的单产为 P_{ij} 假定不变(只是要求的投入不同，以此体现各宗地)。

(6)为保证 i 地采取 j 利用方式单产 P_{ij}，单位面积需投入的劳力为 L_{ij}，资金为 S_{ij}，为简化，只考虑这两种投入。

(7)因自然环境和区位交通条件的不同，各宗地的劳力、资本价格不同，分别假定为 L_i，S_i。

(8)假定 i 地采取 j 利用方式，则 $Y_{ij}=1$，否则 $Y_{ij}=0$，Y_{ij} 为待求的决策变量。

(三)约束条件

(1)满足社会要求，上位规划或其他约束条件如耕地面积不能少于多少、生态保护面积必须达到一定比例，后者可折算成总利用面积。则有：

$$\min Q_i \leqslant \sum_{i=1}^{n} W_i Y_{ij} \leqslant \max Q_j \quad j=1, 2, \cdots, m \tag{9-5-1}$$

(2)资源约束。假设所供给的资源在各宗地之间是可以互相流动的，只是供给价格不同，则有如下资源约束条件。

① 胡运权. 运筹学教程[M]. 5版. 北京：清华大学出版社，2018.

资本使用不超过总供给能力 S：

$$\sum_{i=1}^{n}\sum_{j=1}^{m} W_i \times S_{ij} \times Y_{ij} \leqslant S \tag{9-5-2}$$

劳动力占用不超过总供给能力 L：

$$\sum_{i=1}^{n}\sum_{j=1}^{m} W_i \times L_{ij} \times Y_{ij} \leqslant L \tag{9-5-3}$$

假定所供给的资源在各宗地之间不能够互相流动，供给价格也不一样，则除上述约束条件外，还需增加如下资源约束。

各宗地资本使用不超过供给能力 S_i：

$$\sum_{j=1}^{M} W_i \times S_{ij} \times Y_{ij} \leqslant S_i \tag{9-5-4}$$

各宗地劳动力占用不超过供给能力 L_i：

$$\sum_{j=1}^{M} W_i \times L_{ij} \times Y_{ij} \leqslant L_i \tag{9-5-5}$$

(3)变量的自然要求。

一地有且只能有一种利用方式(等于0位闲置)：

$$\sum_{j=1}^{M} Y_{ij} \leqslant 1(i=1,\ 2,\ \cdots,\ N) \tag{9-5-6}$$

(四)目标函数

效益有各种不同的理解，如生态效益、经济效益、社会效益和综合效益等。一般地区的国土空间规划都是在满足限制条件的基础上追求综合效益极大化。这里分三种情况给出目标函数。

1. 某种效益的极大化或极小化

如果生态功能不能下降、耕地面积不能少于特定值、建设用地不能多于特定值等。此时有一般公式：

$$\min Q_j \leqslant \sum\nolimits_{i=1}^{n} W_i Y_{ij} P_{ij} \leqslant \max Q_j \quad j=1,\ 2,\ \cdots,\ m$$

即第 j 类产品必须介于其最大值、最小值之中。

若只规定某类功能的土地面积(如基本农田)不能少于或多于(如建设用地)某临界值，则在上述公式中去掉 P_{ij} 即可。

2. 综合效益极大化

设不同产品的综合价值折算系数 C_j，则有：

$$\sum_{j=1}^{M}\sum_{i=1}^{N} W_i Y_{ij} P_{ij} C_j \Rightarrow \max \tag{9-5-7}$$

3. 总投入最小

为不冒风险，有时也把总投入最小作为决策的最主要因素加以考虑。此时空间资源利用决策的目标函数是：

$$\sum\nolimits_{j=1}^{M}\sum\nolimits_{i=1}^{N} W_i Y_{ij}\left[(S_i S_{ij} + L_i L_{ij}\right] \Rightarrow \min \tag{9-5-8}$$

4. 几点说明

(1)为保证上述模型有解，资源(劳力、资金)供给必达一定水平。

(2)若要考虑投入要素的互补问题，应首先建立投入要素变化与单位面积上的产出之间的关系方程。

$$P_{ij}=\mathrm{U}\{L_{ij},\ S_{ij}\} \tag{9-5-9}$$

将单位面积上的产出看成各项投入的函数，投入变量成为决策变量。此时，因 P_{ij}、L_{ij}、S_{ij} 已不是常量，因而土地资源利用问题转化为混合规划问题，其求解过程异常复杂。

(3)若考虑多个地区(假定为 f 个)情况，社会需求方面的约束条件将变成：

$$\min Q_{kj}\leqslant \sum_{i=1}^{N} W_iA_{ik}Y_{ij}P_{ij}\leqslant \max Q_{kj}\ (k=1,\ 2,\ \cdots,\ f;\ j=1,\ 2,\ \cdots,\ m) \tag{9-5-10}$$

其中 A_{ik} 是 i 宗地的产品运往 k 市场的比例系数，显然 $0\leqslant A_{ik}\leqslant 1$，$A_{ik}$ 是待求的决策变量。

这种情况下单个功能最大或综合效益最大的目标函数均不变。总费用最小的目标函数变为：

$$\sum\nolimits_{j=1}^{M}\sum\nolimits_{i=1}^{N}\{W_iY_{ij}[(S_iS_{ij}+L_iL_{ij})]+\sum\nolimits_{k=1}^{F}D_{ik}A_{ik}P_{ij}T_j\}\Rightarrow \min \tag{9-5-11}$$

(4)若同时考虑市场价格与市场容量的相互制约关系，应首先建立价格与容量之间的关系方程：

$$C_{kj}=\mathrm{H}\{Q_{kj}\} \tag{9-5-12}$$

其中 C_{kj} 和 Q_{kj} 分别是 k 市场 j 产品的价格及供应量，且 Q_{kj} 满足

$$Q_{kj}=\sum_{i=1}^{N} W_iA_{ik}Y_{ij}P_{ij}\ (i=1,\ 2,\ \cdots,\ n) \tag{9-5-13}$$

此时可假定市场容量无上下限，即价格极低时，市场容量非常大；价格极高时市场容量相当小。这种状况下的优化模型将发生如下变化。

在约束方程中去掉市场约束，目标函数中总产值项变为：

$$\sum_{k=1}^{F}\sum_{j=1}^{M} C_{kj}Q_{kj} \tag{9-5-14}$$

此时布局决策已转化为混合规划问题，其求解过程也将变得非常复杂。

三、 考虑现有利用方式的复杂决策模型

上述模型没有考虑现实中各宗地都已经被利用的现实，因而在实际的国土空间规划中是无法操作的。但如果把各宗地转换成新利用方式的成本计算进来，则仍可以按照上述的思路来决定各宗地的土地利用方式。即：

假定 i 宗地现在的利用方式是 j，即 $X_{ij}=1$；若转换成新利用方式的是 X'_{ik}，如果 $j=k$，即利用方式没有变，则转换成本就是 0；若二者不等，则假定转换成本为 ZX_{ijk}(第 i 宗地利用方式从 j 转换到 k 需要的投入；不包括每年正常生产、保障 k 功能正常产出的投入，后二者在“简单模型”中已涉及)。把这个转换成本计算到前述的费用之中，把原先利用方式的收益(计算方法参照前述)。这时的规划目标就不是简单的新利用方式价值极大化，而是扣除原先利用方式收益后的极大化(类似于经济学中扣除机会成本)，其他方面都不变。

需要说明的是：上述简单模型和复杂模型中，其规划目标所计算的都是规划期内某一年的目标(通常是规划期末，即目标年的目标)；实际上，在考虑利用方式转换的情况下，就要考虑转换利用方式后、规划期内的累积收入，因为一次性转换费用可以换来转换后的逐年收入。

以上就是利用系统科学理论和运筹学方法进行空间资源分配的决策模型。根据有限理性原理，这套模型的价值不在于实实在在地将其应用到规划决策过程中，而是提供了一种思维方式和决策原理。当然，如果条件具备，特别是各种信息都很完备，未来社会需求和资源供给价格能够把握，就应该按照这个模型来决定各宗地的利用方式。

第六节 建设用地指标分配方法

一、建设用地指标分配的总体思路

用地指标的分配逻辑反映了政府与市场的关系，即政府对市场需求的响应、权衡和调节。在市场机制的作用下，要素集聚是城市发展的关键动力和集中反映，作为关键经济要素的土地在城市之间的配置决定了城市土地开发的类型结构和空间格局；省级政府主导的用地指标分配本质上是各城市土地发展权的分配，通过影响各城市可开发土地的总量和结构来控制城市的土地开发类型和空间结构，以达到引导市场布局、解决市场失灵的目的，实现特定的区域宏观调控目标。在自上而下的空间规划体系下，这种关系体现了自下而上的发展空间需求与自上而下的资源分配调节之间的矛盾①。

具体可以从三个角度解析。一是需求和供给问题。土地资源意味着发展利益，用地指标分配意味着发展权配置的区域导向，下级政府都期望获得更多可开发的土地资源以提高区域竞争力、促进地方发展，因此其土地开发的需求很难自我约束，上级政府的土地资源供给限制成为鼓励、引导甚至强制各地保护耕地和生态空间的重要政策工具。二是公平和效率问题。上级政府会根据区域发展情况进行统筹，在保证区域整体利益最大的前提下进行公平和效率的权衡，有选择地鼓励、扶持或限制、约束某些地方的发展，这代表着政府对区域发展格局调控的导向性，也为各地发展空间设定了差异化的上限。三是政府间的利益耦合。上级政府承担着发展和保护的双重任务，在使用土地开发权益分配这一关键政策工具时，并不会完全依赖行政力量强行分配，而要采取合适的激励措施，引导每一个地方政府都能主动集约利用土地，进而为这种双重任务的实现而努力。因此，用地指标的分配会依据各地的土地利用效率而适度奖惩，通过这种类似市场化的奖惩机制，促使各地政府将满足本地空间开发的市场需求和区域整体的土地集约利用目标相结合，实现上下级政府目标诉求的耦合。上述关系的具体表现都形成于其特定的时空环境，因此，区域在不同的发展阶段和均衡程度之下，其用地指标的分配策略也会存在差异。用地指标分配的理论框架如图 9-7 所示。

---

① 黄大全，朱世豪，刘涛．中国土地利用规划的指标分配逻辑：兼论对国土空间规划的启示[J]．自然资源学报，2022，37(9)：2387-2402.

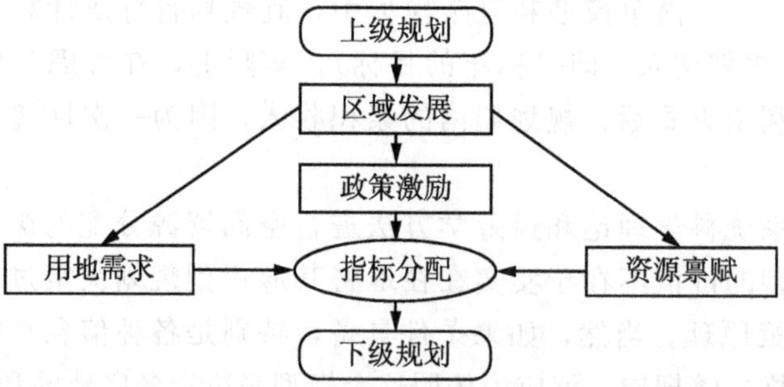

图 9-7　用地指标分配的理论框架①

首先，用地指标的分配以各地方经济社会发展对土地资源的需求为引导。经济、人口的集聚增长是建设用地扩张的基本驱动力，建设用地的投入也会促进社会经济的发展。保障社会经济发展对建设用地的需求、支撑地方的经济社会发展目标，是用地指标分配的重要原则之一。上级政府在分配有限的建设用地指标时，自然会考虑区域内各地经济社会发展现实需求的差异性，尽可能满足各地发展的基本空间需求。

其次，用地指标的分配需要考虑土地资源禀赋差异导致的供给条件的限制。用地指标本质上是政府管控建设用地规模扩张的政策工具，需要充分考虑土地、水等资源禀赋和资源环境承载能力，落实国土空间规划的管控作用，防止国土空间的过度开发，促进区域的可持续发展。因此，上级政府会限制资源条件较差地区的土地开发，将更多指标分配给资源禀赋更好、发展空间更大的地区，以维护城市发展底线。

再次，用地指标的分配包含政策激励机制。面对地方政府依靠扩张式发展导致的土地供需矛盾突出、利用粗放低效等问题，中央政府建立了严格的土地用途管制、督查制度和激励机制，其目的在于促进地方政府发挥有限国土空间的最大综合效益。高层级政府倾向于促进建设用地的集约高效利用，以便有更多空间用于耕地和生态保护，实现发展和保护目标的平衡。为此，对于土地利用效率更高、土地利用更加集约的地方政府，上级政府会优先安排建设用地指标，允许其适当增加建设用地规模，甚至给予用地指标的奖励，以体现规划的鼓励性和引导性。反之，上级政府会限制其扩张，并督促整理存量用地。

最后，用地指标的分配策略存在区域差异，不同经济发展阶段的区域会采取不同的用地指标分配策略，体现其差异化的空间战略导向。一方面，处于不同经济发展水平和发展阶段的区域面临着不同的问题和目标，可能采取不同的区域调控战略，而用地指标反映的发展权分配则是实现区域战略的核心工具。另一方面，区域内部各地经济发展水平的空间差异性或均衡性也会影响到政府开展区域调控的战略导向，空间规划中的用地指标分配很可能被用作强化或缓解区域差异的政策工具。例如，将有限的用地指标集中用于培育增长极，带动区域整体发展；或将其均衡分配给所辖各地区，甚至用于扶持落后地区的追赶战略，以促进区域整体的均衡发展。

---

① 黄大全，朱世豪，刘涛．中国土地利用规划的指标分配逻辑：兼论对国土空间规划的启示[J]．自然资源学报，2022，37(9)：2387-2402．

土地指标是国土空间治理的抓手，而建设用地的定额成为国土空间规划的核心。国土空间规划中对建设用地的管控更加强调对其的限定含义，本节辨析了基于定额的思路探讨国土空间规划中的建设用地指标控制和分配的意义，并探讨了国土空间规划下的建设用地定额原则及定额给定方式及思路。并以某地区国土空间规划实践为例，探讨了建设用地定额标准确定的思路，为国土空间规划中建设用地定额确定提供思路借鉴①。

二、国土空间规划下的建设用地定额释义

(一)建设用地定额释义

在国土空间规划诞生之前，建设用地指标主要在土地利用规划、城乡规划和主体功能区规划中核定。在城乡规划中，通过人均标准即人均城乡居民点建设用地控制建设用地总量，通过容积率和比例控制建设用地结构。在土地规划中，与建设用地指标使用情况挂钩，通过分配增量、切块管理、分期下达的方式确定建设用地总量，形成重点项目指标、自控指标、调控指标。自控指标综合考虑土地利用总体规划实施情况，新增建设用地计划落实考核情况，以及指标需求预报、经济指标、重点项目计划等确定分配方案。在主体功能区规划中，一个区域范围内用于建设开发的国土空间占国土空间总量的比重，即开发强度，是建设用地定额的核心控制参数，是具有政策内涵及可操作性的关键指标。

定额本初的定义是指从总体的生产工作过程来考察，规定出社会平均必需的消耗数量标准，这种标准就称为定额。在实际的使用拓展中，定额通常用来指对某一资源使用或者消耗的限定。建设用地定额可以理解为在城乡规划建设管理中，对建设用地这种资源使用的限定。在早期的城乡规划中，建设用地指标主要是用来表征城市的期望规模，后期随着对土地财政的压制和建设用地管控的增强，建设用地指标的限定含义越来越厚重。而在国土空间规划下，对建设用地资源使用的限定含义更加凸显，因而将涉及建设用地使用限定的内容称为建设用地定额，建设用地定额是核定建设用地规模的重要依据，是控制建设用地外拓，保护耕地和生态用地，提高土地资源利用效率的有效手段，是建设用地管控的抓手。对于像人均建设用地这类用来确定定额的标准，则称为定额标准。定额标准是根据规划编制的需要，对各类空间资源规定的数量标准，包括涉及空间资源保护与利用的关键指标、参数及测算方法。

(二)建设用地定额的核定内容

在传统的规划操作中，从定额的约束手段上讲，对一个城市或地区的建设用地指标定额控制通常通过分层和分类双向控制。分层主要是针对定额标准约束对象而言，如在城乡规划中通过总体规划、详细规划、专项规划不同层次规划里的定额标准层层实现建设用地指标定额。分类主要是针对定额标准的约束作用而言，通常包括框定总量和控制结构两个抓手。框定总量主要是控制规模、管控类的数量标准，如用地总量、用海总量等预期性的控制目标，反映对国土空间资源开发利用的控制；控制结构主要是控制质量、锁定规划标准，反映要素配置关系，如城乡规划中的道路用地比例以及生态、农业等相

---

① 张博. 国土空间规划中的建设用地定额探讨——某地区的规划实践[J]. 中国建设信息化，2020(13)：72-75.

关比例关系，重点考量结构合理性。

在国土空间规划中，一个地区的建设用地定额核定目标包括总量控制、结构控制和弹性控制。总量控制即该地区的建设用地总量(总定额)；结构控制即通过对该地区分地区的建设用地量(分区定额)、分时期的建设用地量(分期定额)实现对建设用地结构的控制；弹性控制即针对战略不确定性预留的建设用地指标(弹性定额)，以体现定额的弹性。相对于传统规划中对建设用地的控制，国土空间规划中除了总量控制和结构控制外，增加了弹性控制。定额给定方式则是建设用地定额的载体。

三、国土空间规划下建设用地定额要求

(一)定额原则

国土空间规划的背景：一是对国土空间的整合与精细化利用，优化国土空间的利用，实现高质量发展；二是生态约束下，对国土空间从严管控。在这两大背景下，国土空间规划中的建设用地指标定额实际是空间权益如何分配、空间如何配置的问题，空间权益的分配应秉持突出安全、效率、品质、公平公正等价值导向，刚弹结合，地区差异的原则。因此，在国土空间规划中进行建设用地指标定额时通常要守底线、重效率、有弹性、节约集约。

1. 生态底线，总量锁定

资源约束、承载力生态底线是国土空间规划中建设用地指标定额首要遵循的约束，一切建设用地指标的谈论均须在保证底线不动摇的基础上对指标进行调整分配，要秉着节约集约的原则，将一个地区的建设用地指标进行总量锁定。

2. 节约集约，增存挂钩

全面促进资源节约利用的要求，致力于解决因无序开发、过度开发、分散开发导致的优质耕地和生态空间占用过多、生态破坏、环境污染等问题，推动低效土地再开发利用，在指标分配中综合考虑现状人均建设用地、单位产值消耗建设用地规模等建设用地绩效指标，实行严格的节约用地分配标准，促进土地节约集约利用。落实自然资源部关于健全建设用地“增存挂钩”机制的要求，在分解下达新增建设用地过程中，将批而未供和闲置土地数量作为重要测算指标，对批而未供、闲置土地多和处置不力的地区，适当减少新增建设用地指标；对批而未供和闲置土地处理得当的地区，适当奖励新增建设用地指标，推动形成绿色发展方式，实现高质量发展。

3. 注重效率，空间差异

建设用地的分区定额中，在区域公正的基础上，应注重效率，不搞平均主义，要兼顾区域内的战略定位，保障战略，落实区域战略定位，尤其要更好服务国家重大战略实施。

4. 留有余地，刚弹结合

在建设用地的控制中，越来越强调不确定性影响带来的建设用地应对。为了保持空间规划中土地指标控制的权威性，不能因发展环境和形势的变化而出现建设用地指标控制的不适应性而被动调整空间规划。

(二)定额给定方式与思路

1. 指标组合，改变单一标准的定额给定方式

从定额的给定方式看，现实操作中主要采用确定标准、规定增幅和规定区间三种形式。确定标准的方式如通过确定人均建设用地标准，结合人口总量便可以实现对城市或地区的建设用地总量控制，这种方式通常存在以人定地的单一维度，忽视了用地总量的复杂性；规定增幅的给定方式如主体功能区规划中的开发强度，这种方式往往存在难以确定增幅警戒线规定区间，如各类建设用地比例，这种方式往往空间性较弱，无法表达设施的可达性和覆盖率。因此，纵观建设用地定额标准，存在如下问题：单一标准，考量维度单一，无法兼顾建设用地指标定额的复杂性；难以确定标准及警戒线；空间性较弱，一刀切的统一标准难以应对地方的巨大差异。

针对国土空间规划的背景要求以及目前定额标准存在的不足，建设用地定额的给定方式结合城乡规划、土地规划的优势，人地脱钩，考虑效率、发展导向来确定指标，采取组合优化等方式优化定额给定方式。即改变单一标准的定额方式，采用两个甚至多个指标组合的方式来确定建设用地指标定额。比如在建设用地总量控制上，采用确定型标准和增幅的组合定额方式框定总量，在用人均建设用地面积与人口规模框定的确定型的建设用地总量的基础上，与现状和评价导向(如效率)挂钩，规定增幅。在分地区建设用地控制上，用确定型标准与分级引导相组合的方式来实现结构的刚性控制与弹性预留。定额给定方式如表 9-18 所示。

表 9-18　定额给定方式优化①

目标与作用	给定方式
总量控制	确定型标准
	规定增幅
结构控制	确定型标准
	规定区间
弹性控制	分级引导、规定区间

2. 识别空间差异，指标分级引导

针对国土空间规划中对建设用地定额的“注重效率，空间差异”的原则，在操作中要突出空间属性，增加空间性标准，通过识别差异因子区别对待。根据地区的发展现状、生态约束、战略定位差异等因素，分区设定相应的标准。如在现状情况和“双评价”基础上，根据“双评价”结论，对于在人均×人口规模的建设用地定额方式的基础上，综合考虑现状开发强度和发展导向，进而从增长率和增长规模两方面，对标以往发展和双评价结论施加控制，可制定减量、减速增长、平稳增长、加速增长等地区差别化的分级引导方式。

① 张博. 国土空间规划中的建设用地定额探讨——某地区的规划实践[J]. 中国建设信息化，2020(13)：72-75.

3. 增补校核指标，预控弹性与调整

一方面，为了突出绿色与集约发展，在建设用地指标的基础上，增补整合生态、农业方面的定额，包括容量角度的森林公园的人均指标、生态系统服务角度的人均生态用地指标、农业生产效率角度的人均耕地面积、环境目标角度的水面率、河网密度、蓝绿空间比例，通过增补生态类的指标形成校核。如建设用地的定额与生态、农业等用地定额挂钩，基于生态、农业等涉及生态绿色发展效益对建设用地定额给予相应的增减。另一方面，在确定的用地定额基础上，通过与某类指标的校核，预先留出调整余地，预控调整方向，如在地区建设用地指标分配完成之后，通过确定的地区用地建设规模与实际的城镇建设用地需求指标进行核对，形成不同类型的弹性预控导向。

四、某地区国土空间规划建设用地定额核定与分配

(一)框定城镇建设用地总量与增量

依据《某地区总体规划(空间类 2015—2030)》的约束性指标管控要求，锁定地区建设用地指标不突破，除去机动建设用地指标预期值、多规村庄建设用地指标、重大基础设施指标、预留水库调减指标和特殊用地，锁定地区城镇建设用地总量目标作为城镇建设用地指标调整目标值，城镇建设用地较原来减少了 25 km^2。

(二)预判服务人口与城镇等级以识别空间差异

为了应对国家战略未来在布局与建设用地指标需求上的不确定性，依据主体功能区格局、历年人口增长情况和环境容量确定各市县城镇人口及服务人口，预判城镇等级。环境容量方面主要考虑三种情况：增长空间较大，位于生态连绵区外，且受生态约束较小；增长空间中等，位于生态连绵区内，或受一定生态约束；增长空间较小，位于生态绿线区内，或受生态约束较大。战略功能判断主要考虑：战略功能的核心承载区、战略功能的主要承载区、战略功能的关联承载区。综合起来，将某地区各地市分为一级城镇、二级城镇、三级城镇，根据城镇层级确定各县市建设用地分配导向，城镇建设用地指标向中心城市适度倾斜，根据发展条件和规模结构放大南北两极和东西两翼的城镇空间增长弹性。

(三)增量与弹性双维度组合确定建设用地指标分配原则

从增量与弹性两个维度确定建设用地指标的分配原则，其中增量维度分为高增量(大于 60 km^2)、中增量(10～60 km^2)、低增量(小于 10 km^2)三型；弹性维度分为高弹性(2.5～3 倍)、中弹性(2 倍左右)、低弹性(1.2～1.5 倍)三型。在确定各城市的建设用地增量与弹性时结合城镇在城乡体系中的位置以及在城镇群中的发展情况与定位。某地区增量与弹性双维度的建设用地指标分配原则如表 9-19 所示：省域中心城市(一级城镇)在增量上均确定为高增量，a 市、c 市确定为高弹性，d 市、b 市和 e 市确定为中弹性；地区性中心城市(二级城镇)均确定为中增量，结合实际情况 f 县、g 县、h 市、j 县为高弹性，i 县、k 县、l 县、n 县定为中弹性，m 县、o 县为低弹性；县(市)域中心城市(三级城镇)为低增量、低弹性。某地区国土空间规划建设用地定额校核调整思路如图 9-8 所示。

表 9-19 增量与弹性双维度的建设用地指标分配原则①

区域	省城中心城市（一级城镇）	地区性中心城市（二级城镇）				县（市）城中心城市（三级城镇）	
A 都市群	a 市○	d 市□	f 县○	i 县□	n 县□		
B 滨海带	b 市□		g 县○	j 县○		p 市★	s 县★
C 城镇组群	c 市○			k 县□		q 县★	
D 城镇组群		e 市□	h 市○				
E 城镇组群				l 县□		r 县★	
F 城镇组群				m 县★	o 县★		
注：■高增量（>60 平方千米）				○高弹性（2.5～3 倍）			
■中增量（10～60 平方千米）				□中弹性（2 倍左右）			
■低增量（<10 平方千米）				★低弹性（1.2～1.5 倍）			

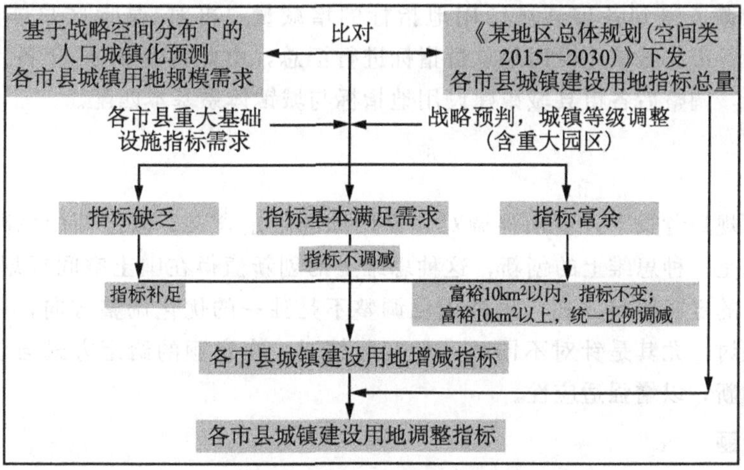

图 9-8 某地区国土空间规划建设用地定额校核调整思路②

(四)依据用地绩效确定不同的人均建设用地指标

以提高土地使用效率为目标，根据各市（县）当前的人均用地水平，结合其在城镇等级中的地位确定规划人均城镇建设用地指标，从人口角度测算城镇建设用地需求。根据用地绩效，确定不同的人均城镇建设用地，得到各市县 2035 年城镇用地规模需求。城镇用地绩效下人均城镇建设用地确定如表 9-20 所示。

① 张博．国土空间规划中的建设用地定额探讨——某地区的规划实践[J]．中国建设信息化，2020(13)：72-75．

② 同①。

表 9-20 城镇用地绩效下人均城镇建设用地确定①

现状	分类	规划导向
人均超过全省平均	Ⅰ类	大幅提高效率，降低至国内发达地区水平
	Ⅱ类	一级城镇及二级城镇优先提高效率，降低至当前全省平均或降低 10%
人均低于全省平均	Ⅰ类	集聚区及增长高区优先提高效率，较现状降低 10%
	Ⅱ类	三级城镇提高效率，较现状降低 5%

(五)各市县建设用地规模校核确定指标调整方向

各市县城镇用地规模需求与《某地区总体规划(空间类 2015—2030)》各市县城镇建设用地总量指标(包含未落图量)进行比对，得到指标不能满足需求、指标基本满足需求、指标大于需求三种情况。考虑各市县重大基础设施新增需求，校核之后得到新的指标缺乏(指标不能满足需求)、指标基本满足需求、指标富余(指标大于需求)三种情况。统筹考虑国家及省级重大园区，对指标缺乏的重点市县城镇进行补足，对指标富余的市县进行统一比例扣减。得到各市县城镇用地指标的增减量，再对《某地区总体规划(空间类 2015—2030)》各市县城镇建设用地总量指标进行汇总，由此得到 2035 年各市县城镇建设用地指标总量，调整后各市县城镇建设用地指标与城镇体系基本匹配。

四、小结

国土空间规划背景下，更加强调对建设用地的限定含义，以定额的思路对建设用地指标进行分配是一种思维上的创新，这种思维上的创新值得在国土空间规划中进行运用。文章随之探讨的定额给定方式与思路优化调整不是独一的优化调整方向，还有更多的优化思路值得探讨，尤其是针对不同地区的实际情况，在定额的给定方式与思路上有更多针对实际的创新，以增强适应性。

复习思考题

1. 简述“双评价”的目标和原则。
2. 请结合某区域的特定方面，谈谈你对资源承载力的理解和认识。
3. 请结合某一区域，谈谈生态适应性、农业生产适宜性或城市建设适宜性评价的思路和方法。
4. 请结合某一区域，谈谈基本农田红线、生态保护红线或城镇开发边界划定的思路和方法。
5. 请结合某一区域，谈谈建设用地指标分配中应该注意的问题。

阅读文献

1. 自然资源部国土空间规划局. 国土空间规划理论探索[M]. 北京：中国地图出版

① 张博. 国土空间规划中的建设用地定额探讨——某地区的规划实践[J]. 中国建设信息化，2020(13)：72-75.

社，2021.

2. 自然资源部国土空间规划局，自然资源部宣传教育中心. 国土空间规划管理手册[M]. 北京：中国大地出版社，2021.

3. 吴次芳，叶艳妹，吴宇哲，等. 国土空间规划[M]. 北京：地质出版社，2019.

4. 曹根榕，顾朝林，张晓明，等. 国土空间“双评价”及其规划编制应用研究[M]. 北京：科学出版社，2021.

5. 张京祥，黄贤金. 国土空间规划原理[M]. 南京：东南大学出版社，2021.

第十章　国土空间规划面临的挑战及应对策略①

本章要点：做任何规划都要有依据，包括法律依据和上位规划等；也要处理好规划对象的不同方面、规划对象与外界之间的关系，包括不同目标的协调、内外资源的统筹等。本章从规划的法理、机理、本质属性等角度考察当前国土空间规划面临的挑战，提出了相应的应对策略。

第一节　国土空间规划法理

一、 挑战一：国土空间规划的法律依据是什么？

法理是母法与子法之间的法学议题的因循关系。国土空间规划作为国家新时期空间类基础性规划，要保证其规划地位和规划实施效果，必须有法律方面的依据②。

(一)来自国内外实践的启示

日本是世界上国土空间规划编制、实施效果最好的国家之一，其根本原因就是有这样的法律，而且先出台这样的法律——日本第一次国土综合规划编制始于1962年10月，此后不久(1965年)就颁布实施了国土综合开发与利用的法律。我国20世纪80年代开始有计划、有组织地编制各级国土规划，所提出的“开发、利用、治理、保护”八字方针直到现在也是实用的③。但最终效果并不理想，甚至没有被国务院批准实施。其不成功的原因很多，诸如规划的特色不鲜明，“上管天、下管地、中间管空气”；计划经济色彩较浓，指令性较强，指导性、刚性强，引导性较差；重视资源开发，轻视资源保护；重视物质形态规划，对人口、资源、环境与经济发展之间的矛盾缺乏针对性的解决方案④，等等。但是，非常重要的原因在于没有法律依据⑤。

(二)直接法律依据

2018年启动的国土空间规划体系建构，在法律法规建设方面做出了很大的努力，也有一些很好的成果积累。2018年11月中央全面深化改革委员会第四次会议审议通过了《中共中央 国务院关于统一规划体系更好发挥国家发展规划战略导向作用的意见》，强化了空间规划的基础作用，但在基本法律建设方面还没有直接的成果，诸如《国土空间规划法》《国土空间开发保护法》等。相关的法律倒是有，如《土地管理法》《城乡规划法》《环境

---

① 本章由吴殿廷、王金岩执笔完成。

② 吴殿廷. 国土空间规划的法理和机理[J]. 开发研究，2020(6)：1-6.

③ 毛汉英，方创琳. 我国新一轮国土规划编制的基本构想[J]. 地理研究，2002(3)：267-275.

④ 吴殿廷，刘睿文，吴铮争，等. 日本新国土规划考察和辽宁省新一轮国土规划的初步设计[J]. 地理研究，2009，28(3)：761-770.

⑤ 王静，蔡玉梅. 21世纪中国国土规划的构想与建议[J]. 中国人口·资源与环境，2003，13(1)：121-123.

保护法》等，但这些法律不能直接拿过来作为新一轮国土空间规划的法律依据。

(1)2019 年 8 月 26 日施行的修订版《土地管理法》提出，国家建立国土空间规划体系，编制国土空间规划应当坚持生态优先，绿色、可持续发展，科学有序统筹安排生态、农业、城镇等功能空间，优化国土空间结构和布局，提升国土空间开发、保护的质量和效率。依法批准的国土空间规划是各类开发、保护、建设活动的基本依据。已经编制国土空间规划的地区不再编制土地利用总体规划和城乡规划。考虑到国土空间规划已经在全国铺开，并分五级逐级推进，即国家、省、地市、县和乡镇全面覆盖。对于土地利用规划来说，该法律从现在开始已经没有意义——不能约束和指导土地利用规划——土地利用总体规划不再单独做了，土地利用详细规划只是作为国土空间规划的专项规划，不单独上报和审批；对国土空间规划的约束和指导又不到位——没有说清楚国土空间规划的主体和客体，以及国土空间规划编制实施和监督检查要求等。

(2)2019 年 4 月 24 日通过的《城乡规划法》修订版，只是对规划区内的“建设活动”提出要求，而“规划区”仅指“城市、镇和村庄的建成区以及因城乡建设和发展需要，必须实行规划控制的区域”，不能覆盖整个国土空间，农田、草原、林地、生态屏障等都不在其列。因此，《城乡规划法》不能作为指导和约束国土空间规划的法律依据。2019 年 5 月 28 日，自然资源部发布的《自然资源部关于全面开展国土空间规划工作的通知》提出：各地不再新编和报批主体功能区规划、土地利用总体规划、城镇体系规划、城市(镇)总体规划、海洋功能区划等，已批准的规划期至 2020 年后的城镇体系规划、主体功能区规划，城市(镇)总体规划，以及原省级空间规划试点和市县“多规合一”试点等，要按照新的规划编制要求，将既有规划成果融入新编制的同级国土空间规划中。这就是说，新的《城乡规划法》从发布之日起就对城乡规划和城市(镇)的总体规划编制没有实际指导意义——不再单独编制，城镇详细规划和城市设计等只能作为国土空间规划的专项规划因而不单独报批了。按理说，《城乡规划法》修编也是自然资源部负责的，同一部门负责的法律出现如此的冲突，也是过渡期的尴尬。由此可以说，我国的立法机制、体制不很顺畅，相关法理研究等基础性工作任重道远，国土空间规划呼唤“根本大法”——《国土空间规划法》。

(3)2014 年修订的《环境保护法》中的“环境”——“大气、水、海洋、土地、矿藏、森林、草原、湿地、野生生物、自然遗迹、人文遗迹、自然保护区、风景名胜区、城市和乡村等”，虽然涵盖了“国土空间”的各个方面，但“环境保护”的原则——“坚持保护优先、预防为主、综合治理、公众参与、损害担责的原则”并不涉及“利用”。而国土空间规划的目标有两个：保护——守住底线；利用——效用极大化。因此说，《环境保护法》对于国土空间规划来说，只能作为保护方面的参考，不能作为指导国土空间规划的直接依据。

2019 年 3 月，自然资源部将《国土空间开发保护法》《国土空间规划法》列入年度立法工作计划。《国土空间规划法》正式颁布实施后，国土空间规划的编制和实施顺利进入正常的法律程序。

二、 挑战二：国土空间规划的上位规划在哪里？

(一)用发展规划指导空间规划

除了缺乏直接的法律依据外，国土空间规划作为基础性规划还需要有上位规划作指导。2018年11月《中共中央 国务院关于统一规划体系更好发挥国家发展规划战略导向作用的意见》提出，要立足新形势新任务新要求，明确各类规划功能定位，理顺国家发展规划和国家级专项规划、区域规划、空间规划的相互关系，避免交叉重复和矛盾冲突。具体来说就是：国家发展规划，即中华人民共和国国民经济和社会发展五年规划纲要，是社会主义现代化战略在规划期内的阶段性部署和安排，主要阐明国家战略意图、明确政府工作重点、引导规范市场主体行为，是经济社会发展的宏伟蓝图，是全国各族人民共同的行动纲领，是政府履行经济调节、市场监管、社会管理、公共服务、生态环境保护职能的重要依据。国家发展规划居于规划体系最上位，是其他各级各类规划的总遵循。国家级专项规划、空间规划，均须依据国家发展规划编制；国家级空间规划要细化落实国家发展规划提出的国土空间开发保护要求，规划期与国家发展规划不一致的，应根据同期国家发展规划的战略安排对规划目标任务适时进行调整或修编。这就是说，国家层面的国土空间规划，其上位规划是国家发展规划；不同层级的空间规划可以参照国家层面的要求和做法依次类推，即省级的国土空间规划以该省的发展规划(国民经济和社会发展五年规划)为上位规划；地市级、县市级乃至乡镇级也是如此，也应如此。

这就造成一种尴尬局面，即用短期的发展规划(国民经济和社会发展规划是每隔五年编制一次，简称"五年规划")来指导一个较长时期的国土空间规划，在时间衔接方面是无法操作的——空间规划的周期一般都很长，《城乡规划法》提出"城镇总体规划的规划期限一般为二十年。城市总体规划还应当对城市更长远的发展做出预测性安排。土地利用总体规划要求对今后一段时期内(通常为十五年)土地利用做出总安排。自然资源部《关于全面开展国土空间规划工作的通知》指出，国土空间规划期限是2019—2035年，远景展望到2050年。用较短时间内的规划指导较长时间内的规划，那超出时间段的国土空间规划，其依据是什么？

(二)发展规划、空间规划均需要灵活创新

有鉴于此，我们建议通过如下两条途径来避免上述尴尬。

(1)国家(区域)发展规划，不应局限于五年规划，要在五年规划的基础上，展望性地提出十年、十五年乃至二十年的发展方向和大致目标，即做成战略性规划，而不是或不仅仅是五年一轮的操作性规划。2020年10月29日中国共产党第十九届中央委员会第五次全体会议通过的《中共中央关于制定国民经济和社会发展第十四个五年规划和二〇三五年远景目标的建议》，就不局限于"十四五"期间(2021—2025年)，而是展望性地提出了2035年愿景目标建议，2021年3月全国人民代表大会审议通过的《"十四五"规划纲要》，已经对此做出了相应的安排。

(2)一般的国土空间规划，近期要做实，努力做到定性、定量、定位，保证操作性；远期要做虚，即展望性，空间利用以定性为主，定量、定位方面以弹性为主，并留有充分余地；高层次的国土空间规划突出权威性、协调性和指导性，具体约束性指标可以定量，但在定位方面留有余地。

第二节 国土空间规划机理

机理是指为实现某一特定功能的过程中，系统内各要素的内在工作方式以及诸要素在一定环境条件下相互联系、相互作用的运行规则和原理。

一、挑战三：编制过程是自上而下还是自下而上？

我国的各级各类规划，一般都要求下级规划服从上级规划，因此都是先有国家级规划后有地方性规划；先有高层次区域的规划，后有低层次区域的规划。自然资源部2020年1月发布的《省级国土空间规划编制指南（试行）》提出，省级国土空间规划是对全国国土空间规划纲要的落实和深化，是编制省级相关专项规划、市县等下位国土空间规划的基本依据，在国土空间规划体系中发挥承上启下、统筹协调作用，对市县级规划编制提出指导性约束要求。市县规划以省域国土空间格局为指引，2019年6月12日自然资源部国土空间规划局发布的《市县国土空间总体规划编制指南》指出，市县规划是本级政府对上级国土空间规划要求的细化落实，是对行政辖区内国土空间开发保护活动做出的具体安排，侧重实施性。

（一）计划经济的弊端不容忽视

这种自上而下的规划体制能保证全国总体管控好，协调发展好。但也存在两个问题：一是上级规划的基础依据是什么？一张图就能保障其规划的科学性、严谨性吗？没有系统翔实的其他基础数据，规划就容易成为“空中楼阁”。二是地方特色、下级诉求怎么体现？规划和计划一样，很容易造成“一管就死，一放就乱”的局面。当年计划经济失败，原因就在于此。

（二）现实工作中的矛盾

自上而下的规划编制方法在现实中也遭遇矛盾：真要是“自上而下”编制规划的话，那就应该先编制、发布全国的规划，后编制、发布省域的规划，以此类推，才能保证下级服从上级。但现实情况是：全国的国土空间规划（纲要）滞后于各省的规划，各省、地市，甚至有的县域规划超前于全国规划，这必然造成混乱。

（三）现代空间规划重视社会参与和协商

日本在进行第六次国土规划时吸取了前五次的经验和教训，从注重“开发”到强调“形成”，更加强调以人为本；采取协议式、协商式与参与性结合的方式编制规划，即在国土规划编制时，预先根据国土交通省法令征求国民的意见，同时与环境及其他相关行政机构协商，听取都道府县及指定城市的意见，且必须通过国土审议会的调查审议①。

德国宪法规定，区域规划是跨部门的和跨地方行政区域的协调性规划，对区域规划明确赋权——在区域规划目标和地方发展规划目标产生冲突时可以通过协商手段来解决，但当协商失败后，有权终止地方的权衡权利。协商过程是不可或缺的②。

荷兰空间规划划分基底层、网络层、物态层三个方面，采用上下结合的方法。其中基底层自上而下确定；网络层、物态层采取自下而上的方法确定，值得尊重和借鉴③。

习近平总书记“以人民为中心”的执政理念，要求规划过程中多考虑人民的诉求，多

① 吴殿廷，虞孝感，查良松，等．日本的国土规划与城乡建设[J]．地理学报，2006，61(7)：771-780.

② 李远．联邦德国区域规划的协调机制[J]．城市问题，2008(3)：92-96+101.

③ 肖燕，钱乐祥．生态经济综合区划研究回顾与展望[J]．中国农业资源与区划．2006，27(6)．60-64.

听听人民的声音，而人民在基层、在社区。这更要求国土空间规划必须上下互动。

(四)唯上下互动才能做到科学合理

张京祥等学者结合我国的实际情况认为新时期区域规划编制应该把握八大趋势①，其中第一个也是最重要的就是由“自上而下”强制型规划转向双向互动互求、协商型规划，通过制定公平准则，建立公开的规划体系，广泛吸收各种利益集团(政府、部门、社团、企业等)参与规划的全过程，以寻求解决区域发展中的各种利益冲突，进而制定出一个透明度高、可信度强、满足全社会愿望的区域规划。这种规划在西方发达国家叫契约式规划②。

新时代国土空间规划应采取自上而下为主、自下而上为辅的做法，形成上下互动、逐渐融合统一的编制方法。首先，自下而上收集资料，解译遥感图像，建立基础数据库和图库。然后，自上而下定盘子(初步确定大的空间格局，类似于四类主体功能区的确定)、划框子(国土空间规划的体例、技术标准等)、拟调子(国土空间规划的指导思想和原则要求，以及大的发展方向及目标)；自下而上明点子(禁止开发区、重点开发区、交通枢纽及主要城市等点状要素的特殊情况和发展要求)、找格子(点状要素集聚形成的格子状区域如城市群现状及趋势)、抽条子(城市带、交通带、海岸带、河流沿线等带状区域的现状及趋势)……经过这样几上几下的过程，就可以把各级国土空间规划很好地衔接起来，既保证国家及宏观区域的大局不出问题，也体现了地方、低层次区域的特殊性和发展诉求。

不同空间尺度下国土空间规划的衔接(表 10-1)。

表 10-1　不同空间尺度下国土空间规划的衔接

层级	国家层面	省级层面	市(县)级层面
目的、目标	构建国家合理有序的空间开发格局；提升全球竞争力，维护生态安全空间	构建省域合理有序的空间开发格局，统筹省域空间的协调发展，提升竞争力	为上级国土空间规划提供数据和资料；提出自身的发展诉求；细化和落实上级国土空间规划部署
基本地域单元	禁止开发区和限制开发区落实到具体的自然边界；重点开发区和优化开发区以县级单位为基本划分单元	以乡镇为基本划分单元，乡镇内差异较大的可以村屯为基本划分单元	以千米网格和土地利用规划中的具体地块为基本划分单元，结合各类功能区的特点和要求把握划分的尺度
规划依据	侧重于对大的自然地域分异规律的识别，符合国家宏观发展战略	综合分析自然、经济、社会、生态系统	土地适宜性分析，做好“双评价”
数据来源	全面的统计数据收集、处理；禁止开发区和限制开发区确定主要基于已有的单项区划成果	全面的统计数据收集、处理，辅之专门调查和遥感图像解译	专门调查、抽样调查和遥感图像解译

---

① 张京祥，吴启焰. 试论新时期区域规划的编制与实施[J]. 经济地理，2001(5)：513-517+526.

② 吴唯佳. 非正式规划：区域协调发展的新建议[J]. 规划师，1999(4)：104-106.

续表

层级	国家层面	省级层面	市(县)级层面
方法	以基于现实基础和参数评价法为主，结合专家评估法，对总量和结构等进行折中、综合调整	以基于现实基础的参数评价法为主，结合专家评估法，缺失数据地区可用类比法，对结果进行折中、综合调整	参数评价法为主
意义	确定全国国土空间协调发展的方向性、纲领性、战略性的图景。通过对空间布局的引导和限制，来统筹整个国土空间的协调、持续、健康发展	统筹谋划省内人口、经济、资源环境的空间协调，实现省域范围的空间发展战略和合理空间布局	为统筹区域内城市规划、土地利用规划等空间规划提供平台；指导国家和省级层面国土空间规划具体区域目标的制定

注：根据自然资源部国土空间规划编制指南等资料，并结合前人成果收集、整理。

二、挑战四：价值权衡——“以人为本”与“生态优先”的关系怎么摆?

从经济学的角度看，所有的规划，都应该符合“效益(用)极大化”原理。当然，“效益(用)极大化”的内涵有多重理解，诸如经济效益极大化、社会效益极大化、生态效益极大化(或生态风险极小化)等。在同一个地区的国土空间规划中，这些不同方面的效益矛盾冲突在所难免，因而需要做出权衡。目前无论是学界，还是业界，对此都没有公认的研究成果。实际上，可以用运筹学的线性规划方法来解决这个问题。

(一)恰当权衡不同效益之间的关系

在不同效益方面，找到它们的换算关系，然后归并为一个目标的规划。规划的关键是确定不同效益之间的换算函数。新一轮国土空间规划，一致强调“双评价”，即“资源环境承载能力评价”和“国土空间开发适宜性评价”，自然资源部还为此特别颁布了《资源环境承载能力和国土空间开发适宜性评价指南(试行)》。其中“国土空间开发适宜性”包括“生产(建设用地)适宜性”和“生态适宜性”，但在二者之间的换算关系方面，还少有实质性、操作性技术成果。

(二)在守住底线的基础上追求效用极大化

以某一个效益的极大化为目标函数，而以其他方面效益的特定值为最大或最小的约束条件，规划的关键是那些“特定值”的确定。这种多目标规划方法在新一轮国土空间规划中很好用，因为“特定值”确定问题其实就是“守住底线”“不超过承载力”等。其中“生态方面的底线”，就是“生态安全”“生态效益不再下降”；“社会方面的底线”就是“粮食安全(基本农田达到一定面积/比例)”“人均建设用地不能低于或超过多少平方米”，等等。把生态效益和社会效益作为约束条件，此时的国土空间规划，就是经济效益极大化的线性规划。当然，不同类型地域单元的经济效益、生态效益及社会效益测算方法都要科学、严谨，需要大量技术参数，因此说做好双评价是国土空间规划的基础和关键①。

① 顾朝林. 科学的“双评价”是新时代国土空间规划的关键和基础[J]. 城市与区域规划研究，2019，11(2)：1-4.

三、挑战五：低层次区域核算承载力有意义吗？

(一)纯自然系统确实有个承载力问题

自然环境中，确实存在“承载力”问题，比如，湖泊生态系统中养殖业规模太大，排放的污染物超过了湖泊的自净能力，久而久之导致蓝藻暴发，水质不可逆恶化；草原牧场也有类似的情况，建筑承载力也很类似——山坡上植被减少，或坡底支撑物被破坏，或坡上建筑物太多，破坏了原先的地应力，导致滑坡、泥石流发生①。但在国土空间规划中，一般的规划对象都不是这种单一地貌单元，更不是纯自然地域。

(二)社会经济领域“承载力约束”不适合较小区域

自然资源部办公厅印发的《资源环境承载能力和国土空间开发适宜性评价指南(试行)》，其中的人口承载力值得斟酌。以水资源为例，其人口承载力就是根据区域人口可用水量除以城镇人均需水量确定可承载的城镇人口规模，即所谓的“以水定城”。这也有问题，需要斟酌。

首先，社会经济空间的承载力与纯自然环境中的承载力不是一回事——简单、直接地用资源承载力作为规划的基础约束，既不科学也难做到。

其次，局部的、个别的地域单元超载并不可怕。按照联合国的标准，北京曾是世界缺水最严重的城市，但有了南水北调(不是本地产生的水资源)就可以解决这个问题，甚至可以建设雄安新区。水是可以大规模调遣的(如南水北调)，粮食、生活用品也可以大规模、长距离调配。当然，“超载”也有个限度，过度超载，就会造成“规模不经济”现象或问题②。

(三)中小区域更应适度集中布局人口和产业

在全球经济一体化的大背景下，城市化、集中化、集聚化趋势明显，大城市越来越大，简单地强调区域资源承载力约束是值得斟酌的，特别是对较小区域而言。从人地关系和社会运营成本的角度看，就应该集中生产和生活(局部适度超载)，将更大的空间留给生态，这样既可以降低公共服务的建设、运营成本，也可以生产更多更好的生态产品。

进一步说，对于较大尺度的国家、区域或城市区域，确实要考虑以粮食安全、生态安全为重要内容的总体承载力问题，这是区域发展必须面对的底线。但对于开放的次级地域，计算其承载力的意义，需要进一步加以核实和精细化分析。比如，香港、澳门、北京，都是严重超过自然资源承载力的区域，但也都是经济社会发展得比较好的区域。北京如果以水定城，其发展力就无法自圆其说③。雄安新区以水定城就不可能规划建设——华北地区普遍缺水，华北地下漏斗是世界最大的地下漏斗④。但现在有了南水北

---

① 郝庆，邓玲，封志明．国土空间规划中的承载力反思：概念、理论与实践[J]．自然资源学报，2019，34(10)：2073-2086.

② 张真理，罗瑞芳．北京人口调控的反思与转型[J]．城市发展研究，2015，22(5)：6-11.

③ 吴殿廷，袁俊，常旭．定都与迁都：兼论中国迁都问题[M]．长春：东北师范大学出版社，2008.

④ 郭燕枝，王小虎，孙君茂．华北平原地下水漏斗区马铃薯替代小麦种植及由此节省的水资源量估算[J]．中国农业科技导报，2014，16(6)，159-163.

调，北京、雄安新区的水源瓶颈就得到了破解，未来一定能建设得更好。

第三节 对国土空间规划本质属性的再认识

一、 挑战六：国土空间规划是管控性规划还是发展性规划？

(一)发展性规划和管控性规划

从规划目标来看，所有的规划不外乎两种典型类型，一类是发展性规划，如区域规划(包括国民经济和社会发展规划)、城市(乡)规划、开发区(产业园区)规划、产业发展规划、旅游发展规划等；另一类是控制性规划，如环境保护规划、生态治理规划、土地利用规划等①。

发展性规划指以发展为主题，按照目标导向的思路追求利益极大化的规划。不同的经济体制，发展性规划的功能不同；不同对象的规划，也有不同的功能诉求。在中国特色社会主义市场经济体制下，总体上说，发展性规划具有引导区域战略目标的实现、优化配置公共资源、促进高质量发展、协调发展和可持续发展的功能。

和发展性规划等强调发展、赶超、跨越、利益极大化等不同，环境保护规划、土地利用规划、生态治理规划等规划，主要目的不是去发展什么和怎样发展，而是不允许做什么或不允许做到什么程度等，此类规划属于管治性规划。实际上，国外的规划，包括区域规划、城市规划等，多注意“限制”“禁止”内容，更像是管治性规划，欧盟更是把空间规划做成空间管治规划②；我国正处在“发展”时期，发展是硬道理，区域规划、城市规划等多强调发展和建设，“发展性规划”色彩较浓③。

(二)新时代国土空间规划是发展性与管控性相结合的规划

新时代国土空间规划的总体目标是：统筹国土保护、开发、利用和整治，引领推动高质量发展和共同缔造高品质生活，促进实现国土空间治理体系和治理能力现代化，全面构建形成安全、和谐、开放、协调、富有竞争力和可持续的美丽国土。统筹对象四个关键词“保护、开发、利用和整治”中，“保护”和“整治”是“管控”，“开发”和“利用”是“发展”。所以，国土空间规划既不是纯粹的管控性规划，也不是纯粹的发展性规划，而是介于二者之间、管控与发展相结合的规划。国土空间规划既要按照管控性规划的要求，把该管的管好、管住，也要遵循发展性规划的规律，利用好资源，发展好经济，服务好社会④。

(三)用目标导向与问题导向相结合的方法编制好国土空间规划

一般情况下，管控性规划可以采取问题导向法编制规划，其正指标只有最小值没有最大值，如耕地保有量；负指标没有最小值只有最大值，具有约束力，是强制性目标，如能源消耗、耕地面积、污染排放强度等。发展性规划，应该采取目标导向法编制规划，

---

① 国家开发银行规划院. 科学发展规划的理论与实践[M]. 北京：中国财政经济出版社，2013.

② 刘慧，高晓路，刘盛和. 世界主要国家国土空间开发模式及启示[J]. 世界地理研究，2008(2)：38-46＋37.

③ 杨伟民. 发展规划的理论和实践[M]. 北京：清华大学出版社，2010.

④ 吴殿廷，张文新，王彬. 国土空间规划的现实困境与突破路径[J]. 地球科学进展，2021，36(3)：223-232.

正指标没有最大值只有最大化，负指标没有最小值，只有极小化。因此，其指标只是引导性的，不是强制性的，如人均收入、GDP 增长速度、城乡收入差距等。规划指标方面，高层次规划强调指导性，低层次规划注重操作性；发展性的指标强调引导性，管控性的指标强调操作性。

这就是说，国土空间规划是发展性规划和管控性规划相结合的综合规划，应该采取问题导向和目标导向相结合的方法进行编制。2008 年吴殿廷在主持辽宁省国土规划总体规划(原国土资源部国土规划试点)时，提出辽宁省国土规划的指导思想是：以科学开发利用国土资源为基本出发点，以人口、资源、环境与经济、社会协调发展为主线，以优化国土开发空间布局为重点，突出地区主体功能，差异化开发整治，优化生态环境，珍惜国土资源，提高国土经济密度，统筹海陆空和地上地下资源，融合自然、经济、社会资源，改革绩效评价体系，均衡发展基本公共服务，依靠自主创新、集成创新、引进消化再创新，强化国土科学管理，重塑国土生态文明新格局①。编制思路如图 10-1 所示，这是典型的“目标导向(自上而下)和问题导向(自下而上)”相结合的规划方法。

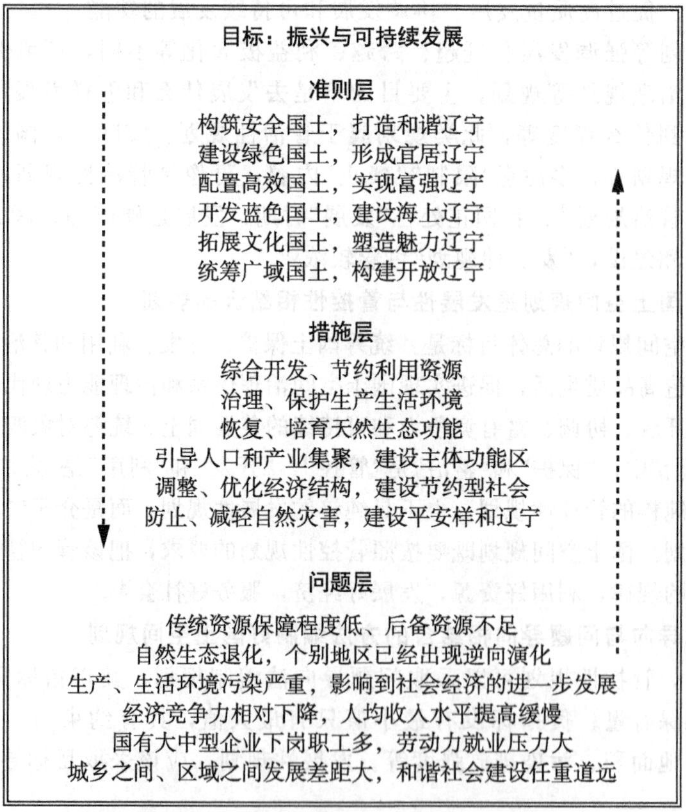

图 10-1　辽宁省国土规划(总体规划)编制思路图②

① 吴殿廷，刘睿文，吴铮争，等，日本新国土规划考察和辽宁省新一轮国土规划的初步设计[J]. 地理研究，2009，28(3)：761-770.

② 辽宁省国土规划总项目组. 区域(辽宁)国土规划研究[M]. 沈阳：辽宁人民出版社，2010.

还应该注意的是在新一轮国土空间规划中，高层次(国家、省级)规划和底层(乡镇、村屯)空间规划，是管控性规划——最高层次确定管控指标，最低层次落实到位；中间层面的规划，即地市级、县域规划，可以是发展性规划。不同层级的规划，其编制思路和目标重点是不同的，其“管控性”与“发展性”的关系是变化的，一般说来，位于主体功能区中的优化开发区，其县市的管控性要求就应该高一些，发展性的诉求不能太高，如北京市的延庆区，虽然属于县市级地域，但只能服从于北京、京津冀协同发展的要求，为纾解非首都功能做出贡献。而重点开发区中的县市，发展性的诉求就可以强一些，如成渝城市群的一些县市。

二、挑战七：规划对象是地理区域还是行政区域

(一)国土空间规划中的地理区域和行政区域

自然物质循环、能量循环、水循环等，以及生态安全，都是以地理单元为基础的①，因此，有必要以地理单元为基础编制和实施国土空间规划，科学测定和确定管控类指标。承载力就是从这个角度看才有意义②。但发展性的诉求，是以行政单元为主推进的，因此也需要编制行政区域范围内的国土空间规划。那么，到底是先编制地理单元的空间规划，还是先编制行政区域的空间规划？从理论上说应该是前者，即先编织地理单元的空间规划，然后再编制该单元内相关行政区域的空间规划。但目前的实际情况是：京津冀、长江经济带、粤港澳大湾区和黄河流域等地理单元的空间规划在推进，有的甚至已经完成，但其他大地理单元，诸如青藏高原、辽河流域、淮河流域等地理单元的空间规划尚无推进迹象，这不能不影响有关行政单元国土空间规划编制的科学性和可行性。

(二)左右逢源——编制科学合理的国土空间规划

参照前述“上下互动”做法，先编制地理单元、特别是大的自然地理单元的战略性规划，把总的管控性指标确定好，再通过协商互动的方法，将这些指标分解、落实到行政区域中。从全国的角度看，一个系统完整的国土空间规划编制系统，应如图 10-2 所示。考虑到时间进度和人力成本，可以变通一下，即先自上而下编制一个粗略点的战略性规划，强调权威性和战略指导性，但要把与承载力、生态安全等控制性指标确定准确，把主体功能区合理划分，并针对有关行政区域，通过土地类型图和行政区划图叠加的方法提出责任分担方案；然后再自下而上，编制一个系统翔实的规划，把有关控制性指标和任务落实到位。

关于地理单元管控性目标向行政单元分解的方法，这里以某地理单元内有关行政区耕地保护指标分解为例加以说明。首先，在翔实的土地类型底图上，叠加行政区划详细图，以下一级、甚至下两级行政单元为基础，测定该地理单元内各行政区不同类型土地利用的面积比例，再结合定性判断如土地质量、地貌区位等重要性等划定相关行政单元(省域)的耕地保护指标。

---

① 郭明，肖笃宁，李新. 黑河流域酒泉绿洲景观生态安全格局分析[J]. 生态学报，2006(2)：457-466.

② 夏军，朱一中. 水资源安全的度量：水资源承载力的研究与挑战[J]. 自然资源学报，2002(3)：262-269.

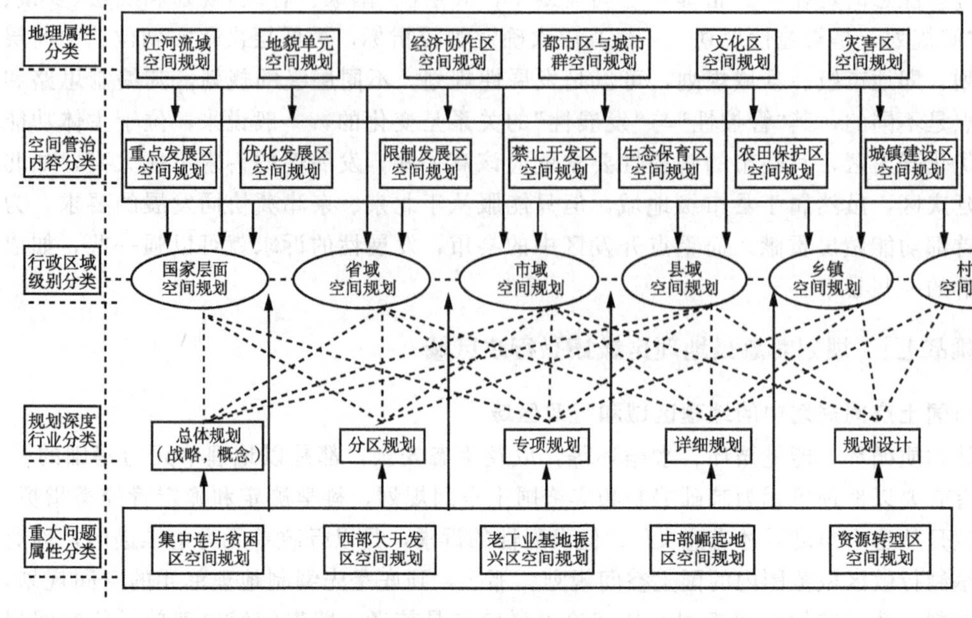

图 10-2　国土空间规划的层级与类型①

三、 挑战八：国土空间规划是科学还是艺术？

作为全面推进的基础性规划，国土空间规划编制及其实施是一项十分复杂的系统工程，地理学应该为此做出自己的贡献。从地理学地域性、综合性的角度看，目前全国各级各列的空间规划都面临着实实在在的困境，亟须开拓思路，寻找突破。总结本章内容，我们可以得到如下五点结论和讨论。

(1)国土空间规划既是一个管控性的规划，也是一个发展性的规划。最高层次(全国性的规划)和最低层次(县域、乡镇)的规划，侧重于管控，其中最高层次的规划，关键是要在守住底线(生态安全、粮食安全、主体功能区等)、确定管控目标(基本农田面积等)等方面最好统筹部署；最低层次的规划则要在具体指标方面落实到位。而中间层面的规划，则可以在经济、社会发展诉求方面，诸如中心城市、城市群、战略性新兴产业和重大基础设施的宏观布局方面多下功夫。当然，不同地市和县市，所处阶段也不一样，“发展性”和“管控性”的尺度也不尽相同。

(2)管控性规划应该以地为本，守住底线，确保安全；发展性规划应该以人为本，努力追求经济社会效益的极大化。国土空间治理涉及五大方面的利益诉求，可运用利益相关者理论的“五赢模型”，即通过协商、协调、协议、协作实现协同共赢。

(3)从理论上说，注重顶层设计，强化规划及其实施中下级服从上级，能够确保国土空间治理总体上不出大问题，且行之有效。但以习近平“以人民为中心”的执政理念要求国土空间规划的运作全过程，则必须注重自下而上的过程。

① 方创琳，等. 区域规划与空间管制论[M]. 北京：商务印书馆，2007.

后记

习近平总书记在党的二十大报告中明确提出要促进区域协调发展，构建优势互补、高质量发展的区域经济布局和国土空间体系，这是今后一段时间内我国国土空间规划理论与实践发展的方向和任务。国土空间规划以空间资源的合理保护和有效利用为核心，以空间资源(土地、海洋、生态等)保护、空间要素统筹、空间结构优化、空间效率提升、空间权利公平等方面为重点，探索“多规融合”模式下的规划编制、实施、管理与监督机制。世界主要发达国家均开展国土空间规划或相关规划的编制工作。

2015 年 9 月，中共中央、国务院颁布的《生态文明体制改革总体方案》要求“构建以空间治理和空间结构优化为主要内容，全国统一、相互衔接、分级管理的空间规划体系”。2018 年 3 月，国务院机构改革，整合成立了自然资源部，专设国土空间规划局。2019 年 1 月 23 日，中共中央、国务院下发的《中共中央 国务院关于建立国土空间规划体系并监督实施的若干意见》指出，要建立国土空间规划体系并监督实施。作为空间治理最重要学科，地理学必须从原先的基础科学向决策科学转化。为此，国务院学位办地理学科评议组计划将“国土空间规划的理论与实践”课程设为全国地理学研究生的骨干课程。我们有幸承担了该课程的教学指南编写任务，本教材则是在此基础上面向该课程编写的专门教材。

研究生骨干课程“国土空间规划的理论与实践”的大纲由北京师范大学吴殿廷、青海师范大学史培军和北京师范大学陈波完成，本教材以课程大纲为依据，增加了国土空间规划的最新进展，补充了规划编制方法。主要参编人员的分工是：北京师范大学宋金平负责第二章的撰写，张文新负责第三章、第七章的撰写，黄大全参与了第五章和第七章的撰写，西南大学涂建军和北京师范大学李琳娜参与了第六章的撰写，河南大学乔家君负责第八章、第九章的撰写，其他内容以及全书的统稿、定稿工作由北京师范大学吴殿廷和山东大学王金岩共同完成。感谢中国科学院樊杰研究员和国务院学位办地理学科评议组成员以及参加该课程大纲讨论过程中长春会议、南昌会议与会人员对该课程大纲的指导，感谢北京大学林坚教授对本教材的认真审阅和详细指导，感谢北京师范大学地理科学学部宋长青部长对本教材编撰工作的支持和肯定并亲自作序。

国土空间规划理论复杂、技术庞杂，我国新一轮国土空间规划时间紧、要求高，还有很多问题需要探究。作为研究生教材，本书的理论体系、内容结构和重点问题还有待完善，希望广大读者特别是国土空间规划的一线工作人员及教学一线专家不吝赐教。

吴殿廷　2023 年国庆节于北京师范大学

(4)在中国特色社会主义体制下，管控性规划应该以地理单元为基础，发展性规划应该以行政单元为基础。作为管控性与发展性相结合的国土空间规划，既需要编制地理单元的空间规划，也需要编制行政区域的空间规划。根据现实可行性，应先自上而下编制一个粗略一点的地理单元的战略性规划，然后再自下而上编制一个系统翔实的行政区规划，把有关控制性任务落实到位，也给发展性的诉求留有充分的余地。

(5)国土空间规划诸多困境与“基础研究滞后”有密切关系，但“基础研究”并不仅仅指“地理基础研究”，换句话说，诸多困境并不都是地理学基础研究滞后造成的(因而应该加强地理基础研究)，包括国土空间规划的法理和机理研究等，都落后于实践的需要。在国土空间规划方面，地理学不能“包打天下”，同样，国土空间规划的困境也不能都归咎于地理学的基础研究滞后。

国土空间规划与其说是科学，倒不如说是一项艺术，更多情况下只能靠实践探索。完全按照科学、严谨的要求，既编制不出来也实施不好，因为数据本身就不可能完备，很多基础性的数据也测不准。恰如模糊数学原理一样——越是精确就越不准确、越不科学，何况人力、物力、财力有限，即便能获得完备信息，那获得的时间成本有时也是难以忍受的，这就是现代决策的有限理性原理。

复习思考题

1. 谈谈你对国土空间规划本质属性的认识。

2. 国土空间规划编制中如何进行上下互动。

3. 国土空间规划法律法规建设中还需要做哪些努力?

4. 结合你家乡的具体情况，谈谈在国土空间规划中如何处理好生产、生活和生态三方面的关系。

5. 如何在国土空间规划中恰当使用承载力理论。

阅读文献

1. 自然资源部国土空间规划局. 国土空间规划理论探索[M]. 北京：中国地图出版社，2021.

2. 吴次芳，叶艳妹，吴宇哲，等. 国土空间规划[M]. 北京：地质出版社，2019.

3. 王金岩. 空间规划体系与空间治理[M]. 南京：东南大学出版社，2017.

4. 张京祥，黄贤金. 国土空间规划原理[M]. 南京：东南大学出版社，2021.

5. 赵映慧，齐艳红，姜博. 国土空间规划导论：试行版[M]. 北京：气象出版社，2021.

6. PATRICK W P，HARTMANN T. An Introduction to Spatial Planning in the Netherlands[M]. London：Routledge，2022.

7. ROO GD，HILLIER J. Complexity and Planning[M]. London：Routledge，2016.

8. WILLIAMS R H. Planning in Europe：Urban and Regional Planning in the EEC[M]. London：Routledge，2018.